산스크리트 필사본의 데바나가리 필사체 연구

- 13-19세기 필사본을 중심으로 -

저자 / 박영길

동국대 인도철학과에서 샹까라의 창조론으로 철학박사 학위를 받았다. 1997-2006년까지 한국요가연수원과 청담요가수련원에서 하타요가를 지도했고 2000년부터 동국대, 한국외대, 한국해양대, 원광대, 금강대 등에서 인도철학, 하타요가, 산스크리트 등을 강의했고 현재 경북대 인문학술원 동서사상연구소에 재직하고 있다.

저·역서로는 요가의 84체위법 전통: 체위전통에 대한연구(G. Bühnemann) (2011[a]); 샹까라의 베단따 철학과 명상(J. Bader) (2011[b]); 꾼달리니:내재된 에너지의 각성(A. Mookerjee) (2012); 하타요가의 철학과 수행론 (2013); 산스끄리뜨 시형론(C.P. Brown) (2014); 하타의 등불: 월광에 의거한 번역과 역주 (2vols) (2015); 하타요가 문헌연구: 성립사와 고유한 수행론(희귀 걸작편) (2019); 계란다상히따: 산스끄리뜨 번역과 역주 (2022); 하타요가의 호흡법 연구:꿈브하까 편람의 국역과 역주 (2023[a]); 하타의 보석 목걸이: 번역과 역주 (2023[b])가 있고,

공저로는 인도철학과 요가(카토 타카히로 외 5) (2020); Routledge Handbook of Yoga and Meditation Studies, London(Susanne Newcombe and Karen O'Bein-Kop 외 33) (2021)가 있다.

경북대학교 동서사상연구소 학술총서 7
산스끄리뜨 필사본의 데바나가리 필사체 연구
-13-19세기 필사본을 중심으로-

2025년 6월 15일 초판 1쇄 인쇄
2025년 6월 30일 초판 1쇄 발행

펴낸이	박영길
펴낸이	정창진
펴낸곳	다르샤나
출판등록	제2025-000063호
주소	서울시 마포구 잔다리로 7길 12, 1층(서교동)
전화번호	(02)871-0213
전송	0504-170-3297
ISBN	979-11-993586-0-7 93270
Email	yoerai@naver.com
blog	naver.com/yoerai

값은 뒤표지에 있습니다.

※ 저자와의 협의에 따라 인지를 생략합니다.
※ 잘못된 책은 구입하신 서점에서 바꿔드립니다.
※ 이 책의 저작권은 저자에게 있습니다. 서면에 의한 저자의 허락 없이 내용의 일부를 인용하거나 발췌하는 것을 금합니다.

※ 이 저서는 2019년 대한민국 교육부와 한국연구재단의 지원을 받아 수행된 연구임
 (과제번호 NRF2019S1A5A2A01048913)

경북대학교 동서사상연구소 학술총서 7

산스크리트 필사본의 데바나가리 필사체 연구

- 13-19세기 필사본을 중심으로 -

저자 박영길

다르샤나

목차

일러두기_11

제1부 데바나가리 필사본의 구성과 특징_15

I. 필사본의 구성_17

1. 본문과 여백의 약호, 숫자, 망갈라_17
2. 본문의 부호와 여백의 해설, 수정 부호_25
    1) 필사자의 해설 부호: 표시 (4회)_26
    2) 필사자의 수정 부호: 표시 (2회)_27
3. 마지막 페이지의 콜로폰_28

II. 데바나가리 필사본의 일반적 특징_35

1. 아바그라하(avagraha: ऽ)의 누락_36
2. 자음 중복(Gemination)_40
    1) k 중복_40
    2) g 중복_42
    3) c 중복_42
    4) j 중복_43
    5) t 중복_45
    6) d 중복_47
    7) n 중복_48
    8) p 중복_48
    9) b 중복_49
    10) m 중복_49
    11) y 중복_52
    12) l 중복_53
    13) v 중복_54
    14) ś 중복_56
    15) ṣ 중복_57
3. 자음의 혼용_58
    1) v, b의 혼용_58
    2) p와 y의 혼용_63
    3) pa와 ya 구별 기호_64
    4) tt와 t의 혼용 _66
4. 비음 ṅ, ñ, n의 아누스바라(ṃ)화_68

5. 아누스바라(anusvāra)의 다양한 형태_73
6. 사본의 오탈자_78
7. 생략 부호, 약호_80

제2부 데바나가리 필사본의 오류 수정 유형_87
I. 여백에서의 수정_89
II. 텍스트 내에서의 수정_95
1. 'x' 또는 'x x' 표시_95
2. 번호 매김_97
3. 행간에 작은 글씨로 수정_100
4. 단다의 추가: 모음의 증대_101
5. 단다의 제거: 모음의 감소_105
6. 체크 표시 또는 스트로크: 모음의 감소_106
7. 음절 또는 문장의 삭제_107
8. 비사르가 추가_109
9. 아바그라하의 추가_110

제3부 모음의 다양한 서체_111
I. 모음 a, ā (Initial vowel a, ā)_113
II. 모음 i, ī_116
1. 머리글자 i, ī (Initial vowel i, ī)_116
2. 부대형 i, ī (Diacritic vowel with i, ī)_119
III. 모음 u_120
1. 머리 글자 u (Initial vowel u)_120
2. 부대형 (Diacritic vowel with u)_122

IV. 모음 ū_128

1. 머리글자 ū (Initial bowel ū)_128

2. 부대형 ū (Diacritical bowel with ū)_130

V. 모음 ṛ, ṝ_133

1. 머리 글자 ṛ, ṝ (Initial bowel r, ṛ)_133

2. 부대형 ṛ, ṝ (Diacritical bowel with ṛ, ṝ)_135

VI. 모음 e_137

1. 머리글자 e (Initial bowel e)_137

2. 부대형 e (Diacritical bowel with e)_141

VII. 모음 ai_142

VIII. 모음 o_143

1. 머리글자 o (Initial bowel o)_143

2. 부대형 o (Diacritical bowel with o)_143

IX. 모음 au_144

제4부 자음과 결합 자음의 다양한 서체_145

ka 행_147

I. ka_147

1. ka_147
2. ku_151
3. kū_157
4. kṛ_159
5. kk-_163
6. kta_164
7. ktṛ_169
8. ktra_169
9. kra_170
10. kla_174
11. kva_175
12. kṣa_176
13. kṣu_193
14. kṣma_196
15. kṣya_198

II. kha_201

III. ga_203

1. ga_203
2. gu_203
3. -g-_204

IV. gha_206
1. gha_206 2. ghra_208
V. ṅ-_209
1. ṅga_209
ca 행_211
I. ca_211
1. cca_211 2. -ca_212
II. cha_213
1. cha_213 2. ccha_215
III. ja_218
1. ja_218 2. jja_219 3. jju_222
4. jña_224 5. jjñā_225
IV. jha_227
ṭa 행_229
I. ṭa_229
II. ṭha_231
III. ḍa_231
1. ḍa_231 2. -ḍ-_234
IV. ḍha_235
V. ṇa_237
1. ṇa_237 2. ṇu_240 3. -ṇ-_241
ta 행_243
I. ta_243
1. ta_243 2. tu_243 3. tṛ_246
4. tṝ_247 5. tta_248 6. tyu_249
7. tra_251 8. tva_253 9. t-_255
II. tha_257

III. da_259

1. da_259 2. du_263 3. du_269
4. dṛ_270 5. dgu_272 6. ddha_274
7. dbha_281 8. dma_283 9. dya_284
10. dyu_288 11. dr_289 12. dru_292
13. dva_293 14. dvyu_296 15. dvra (dbra)_296

IV. dha_297

1. dha_297 2. dhu_301 3. dhru_303
4. dhv_305

V. na_307

1. nū_307 2. nna_307

pa 행_309

I. pa_309

1. pa_309 2. pu_310 3. pū_311
4. pṛ_312

II. pha_313

III. ba_314

1. bda_315 2. bra_317 3. bdha_317

IV. bha_318

1. bha_318 2. bhū_320 3. bhrru_323

V. ma_324

1. ma_324 2. mu_324

반모음_327

I. ya_327

1. ya_327 2. -yu_330 3. yu_331

II. ra_332

1. ra_332 2. ru_334 3. rū_336

III. la_339
IV. va_343
1. va_343
2. v_343
1) vṛ_343 2) -vyu_344
3) vyū_345 4) -vv_345
치찰음_347
I. śa_347
1. śa_347 2. śu_350
3. śca_352 4. śru_354
II. ṣa_356
1. ṣa_356 2. ṣka_358 3. ṣṭa_358
4. ṣṭha_360 5. ṣṇa_361 6. ṣṇu_365
7. ṣ-_368
IV. sa_369
1. sa_369 2. su_371 3. sū_374
4. stu_375 5. stra_377 6. stha_379
7. s-_381 8. -s-_382
기음_385
1. ha_385 2. hu_396 3. hṛ_405
4. hṇa_409 5. hn-_410 6. hma_411
7. hya_414 8. hyu_417 9. hra_418
10. hva_421
숫자_425

제5부 필사체 목록_437
모음_439
자음과 결합 자음_445
ka 행_445
ca 행_457
ṭa 행_461
ta 행_465
pa 행_479
반모음 (ya, ra, la, va)_483
치찰음 (śa, ṣa, sa)_489
기음 (ha)_499
숫자_504

▤ 참고문헌_506
▤ 후기_511

일러두기

1. 필사본 이미지

1) 본서에 수록된 필사본은 '하타요가원전연구회(https://cafe.daum.net/nath) 컬렉션'이고 그 외의 사본은 2007-2010년 울너 프로젝트(Woolner Project: https://istb-staticsites.univie.ac.at/woolner)를 진행하며 저자가 펀잡대학교(파키스탄)에서 촬영한 자료임.

Ⓐ : 하타요가원전연구회 소장본

Ⓦ : 울너 컬렉션(Woolner Collection)

2) 기타: 출판본, 인터넷 공개 자료(참고문헌: 별도 표기)

Ⓗ *Haṭhapradīpikā*

Ⓣ *Tattvabodha*

Ⓥ *Vākyasudhā*

Ⓨ *Yogasūtraṭīkā*

Ⓚ *Kumbhakapaddhati*

2. 본문

1) 순서

본서의 알파벳 순서는 산스끄리뜨 알파벳 순임

2) 로마자 띄어쓰기

데바나가리의 경우 띄어쓰기가 되어 있지 않지만 문법 사항이 종료되었을 경우 분철했다.

(Ex. 1) *Vedāntādhikaraṇamālā*Ⓦ

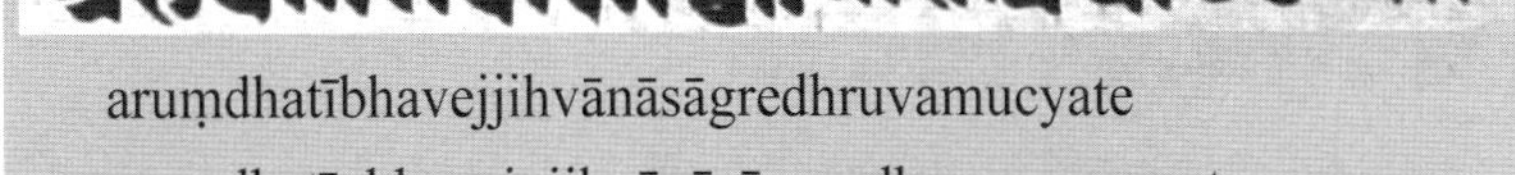

arumḍhatībhavejjihvānāsāgredhruvamucyate

→ arumḍhatī bhavej jihvānāsāgre dhruvam ucyate

(Ex. 2) *Mahābhārata*Ⓐ

kumudaḥkuṃdaraḥkuṃdo→ kumudaḥ kuṃdaraḥ kuṃdo

3) 자음의 혼용

v, b 등 자음 혼용의 경우 그대로 표기하고 필요할 경우 각주에 원-글자를 기재했다.

(Ex.) *Bhagavadgītā*Ⓐ

vrahmavidyāyāṃ → brahmavidyāyāṃ

4) 본문: 비음의 아누스바라 화

제1부에서 다루겠지만 대부분의 필사본에서 비음 ṅ, ñ, n은 ṃ으로 되어 있는데 여기서도 그대로 표기하고 필요할 경우 각주에 기입했다.

(Ex. 1) *Yogasūtra-ṭīkā*Ⓦ

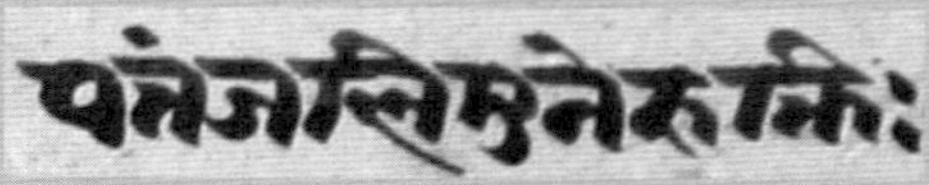

pataṃjalimuner uktiḥ→ patañjalimuner uktiḥ

(Ex. 2) *Kulārṇavatantra*Ⓐ

vadaṃti hṛdayānaṃdaṃ→ vadanti hṛdayānandaṃ

5) 아바그라하

필사본에서 아바그라하는 대부분 생략되었지만 로마자로 옮길 때 누락된 아바그라하를 {'}로 표기했다.

(Ex.) *Mahābhārata*Ⓐ

nyagrodhoduṃbarośvattha···→nyagrodhoduṃbaro {'}śvattha..

6) 오탈자

본문에서는 필사본의 오탈자를 그대로 기재하되 각주에서 'Corr.'로 수정했다.

Ex. *Bhagavadgītā*Ⓐ

···n avakṣe {'}haṃ ya ete {'}tra

Corr. ···n avekṣe {'}haṃ ya ete {'}tra

7) 원문, 단어의 번역

서체의 이해를 돕기 위해 필요할 경우 원문을 각주에서 번역하였다.

3. 주요 약호

(!)	문자 그대로(*sic erat scritpum*)
{'}	누락된 아바그라하(avagraha) 보충
[ ]	누락된 음절
F.	폴리오 (Folio)
MS.	필사본 (Manuscript)
Ac	수정 전의 원 글자 (*ante cibum*)
Pc	수정 후의 글자 (*post cibum*)
r.	필사본 앞면 (*recto*)
v.	필사본 뒷면 (*verso*)
Corr.	각주에서의 원문 교정
l, ll	행 (line) 번호

I	1 인칭	*m.*	남성	*sg.*	단수
II.	2 인칭	*f.*	여성	*du.*	양수
III.	3 인칭	*n.*	중성	*pl.*	복수

Bvr.	소유 복합어
Fpt.	미래 수동 분사
Impf.	과거
Impv.	명령법
Ind.pres.	직설법 현재
Opt.	원망법
Pf.	완료
Pass.	수동
Ppp.	과거 수동 분사

제1부 데바나가리 필사본의 구성과 특징

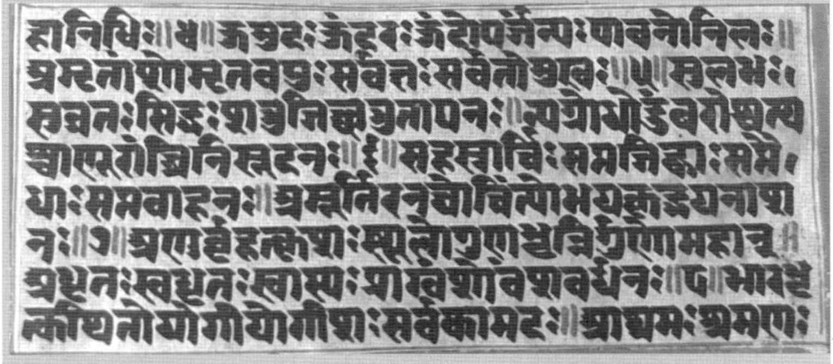

Mahābhārata. F.14vⒶ

1 hānidhiḥ||4||kumudaḥ kuṃdaraḥ kuṃdo parjaṃnyaḥ pāvano {ʾ}nilaḥ|
2 amṛtāṃśo {ʾ}mṛtavapuḥ sarvajñaḥ sarvato mukhaḥ||5||sulabhaḥ
3 suvrataḥ siddhaḥ śatrujic chatrutāpanaḥ||nyagrodhodumbaro {ʾ}śvattha-
4 ś cāṇūrāṃghrinisūdanaḥ||6||sahasrārciḥ saptajihvāḥ saptai
5 dhāḥ saptavāhanaḥ|| amūrtir anagho {ʾ}ciṃtyo bhayakṛd bhayanāśa-
6 naḥ||7||aṇur bṛhat kṛśaḥ sthūlo guṇabhṛnnirguṇo mahān||
7 adhṛtaḥ svadhṛtaḥ svāsyaḥ prāgvaṃśo vaṃśavardhanaḥ||8||bhārabhṛ-
8 t kathito yogī yogīśaḥ sarvakāmadaḥ||āśramaḥ śramaṇaḥ

I. 필사본의 구성

1. 본문과 여백의 약호, 숫자, 망갈라
2. 본문의 부호와 여백의 해설, 수정 부호
3. 마지막 페이지의 콜로폰

II. 데바나가리 필사본의 일반적 특징

1. 아바그라하(avagraha)의 누락
2. 자음 중복(Gemination)
3. 자음의 혼용
4. 비음 ṅ, ñ, n의 아누스바라(ṃ)화
5. 아누스바라(anusvāra)의 다양한 형태
6. 사본의 오탈자
7. 생략 부호, 약호

I. 필사본의 구성

1. 본문과 여백의 약호, 숫자, 망갈라

필사본은 해당 텍스트의 본문 외에 여백에서도 수정 기호, 서명 등 다양한 정보를 담고 있다. 사본의 일반적 이미지는 다음과 같다.

(Ex. 1) *Bhagavadgītā*Ⓐ

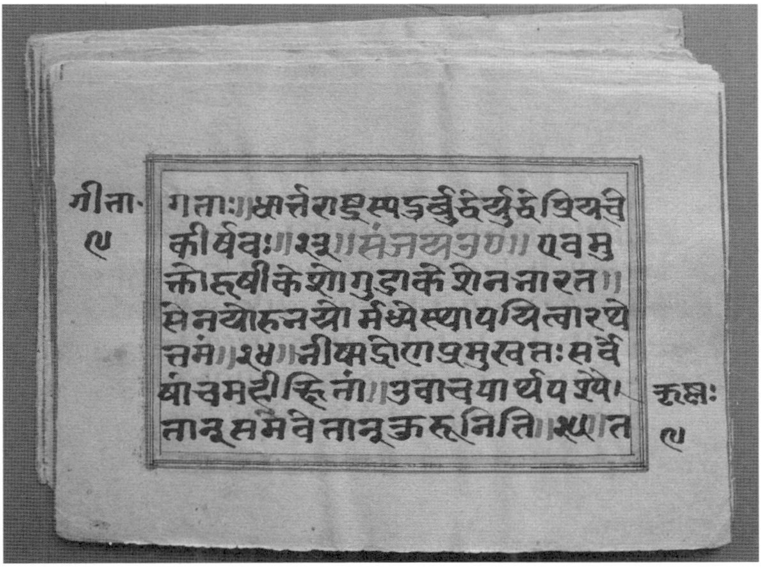

위 이미지는 『바가바드 기따』(*Bhagavadgītā*) 필사본 중 아홉 번째 폴리오(Folio)의 뒷면(verso)이다(F9v). 사각 박스 안에 기록된 일곱 개의 행이 『바가바드 기따』의 본문이다.

두 번째 줄의 중앙부에 있는 ‘‖23‖ saṃjayau°’ 중에서 숫자 ‘23’은 『바가바드 기따』(제I장) 23번째 게송이 끝났다는 것을 의미하고 붉은색으로 된 ‘saṃjayau°’는 필사자가 제24송을 필사하기 전에 ‘산자야가 제24송에서 다음과 같이 말했다’는 것을 먼저 밝히는 부분인데 ‘saṃjaya u°’에서 ‘u°’는 완료 분사 uvāca(말했다)의 약자(略字)이다.[1]

그다음 글자 ‘evam u’부터 제25송이 시작되고 마지막 줄 오른쪽 끝부분의 ‘‖25‖’는 제25송이 끝났음을 의미하고 그다음 글자 ‘ta…’부터 제 26송이 시작된다.

왼쪽 여백 상단에는 ‘gītā°’와 숫자 ‘9’가 적혀 있는데 여기서의 ‘gītā°’는 *Bhagavadgītā*의 약자이고 ‘9’는 폴리오의 일련번호를 의미한다.

오른쪽 여백 하단의 ‘kṛṣṇaḥ’는 망갈라(maṅgala)인데[2] 여기서의 (kṛ)는 ‘kṛ의 다양한 이체자 중 하나’(Type III2)이고 (ṣṇa)는 필사본 특유의 글자이다.[3] ‘kṛṣṇaḥ’ 아래에 있는 숫자 9 역시 폴리오의 일련번호이다. 종이로 된 데바나가리 사본의 경우 폴리오 번호는 뒷면(verso)의 오른쪽 여백 상단에 기록되지만 위 사본처럼 오른쪽 여백 아래에도 동일하게 기록된 예도 적지 않게 발견된다.

---

1) 필사본의 다양한 약자, 생략 부호 등은 아래의 7번 항목을 참조.
2) ‘kṛṣṇaḥ’ 외에 ‘rāma’, ‘rāma°’가 빈번하게 사용되지만 망갈라가 없는 경우도 적지 않다.
3) 이 점에 대해서는 제3부의 ṣṇa항목을 참조.

(Ex. 2) *Vedāntasāra-ṭīkā* of Nṛsiṃha Sarasvatī[W]

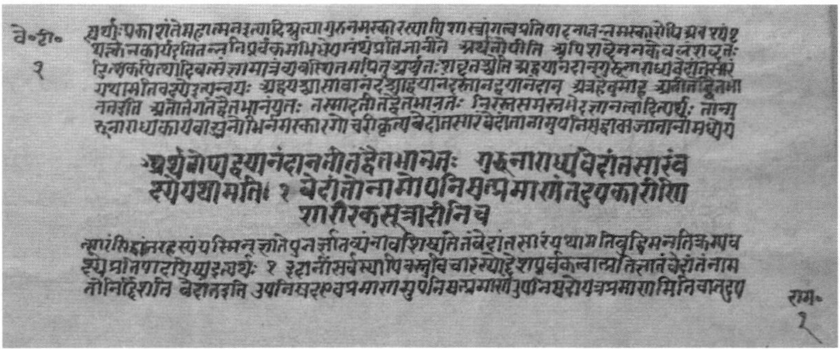

위 필사본은 사다난다(Sadānanda, 15th)의 작품인 『베단따 정요』(*Vedāntasāra*)의 본문과 느리싱하 사라스바띠(Nṛṣiṃha Sarasvati)의 주석을 함께 수록한 전형적인 주석서 사본이다.

정중앙의 세 줄은 『베단따 정요』의 본문(mūla)이고 그 위와 아래단의 작은 글씨들이 느리싱하 사라스바띠의 주석(ṭīkā)이다. 이와 같이 본문과 주석을 삼단으로 분리시킨 형태의 사본을 뜨리빠타(Tripaṭhā)라고 하는데 본문과 주석이 한 면에 있다는 점에서 가독성이 높을 뿐만 아니라 미적으로도 아름다운 형태이다.[4)]

왼쪽 여백의 상단에는 've°ṭī°' 와 숫자 '1'이 적혀 있는데 've°ṭī°'는 *Vedāntasāra-ṭīkā*의 약자이고 '1'은 폴리오의 일련번호를 의미한다.[5)] 오른쪽 여백 하단의 'rāmā°'는 망갈라이고 그 아래의 숫자 '1' 역시 폴리오의 일련번호이다.

4) 심재관 2013, 119.

5) 데바나가리 필사본의 경우 폴리오의 일련번호가 기재되지 않는 사본도 발견되기도 하지만 거의 대부분 뒷면(verso)의 왼쪽 상단의 약호(서명) 밑이나 오른쪽 하단부 또는 위 그림처럼 두 곳 모두에 기재되기도 한다.

(Ex.3) *Īśa-upaniṣad-ṭīkā* of BrahmānandaⒶ

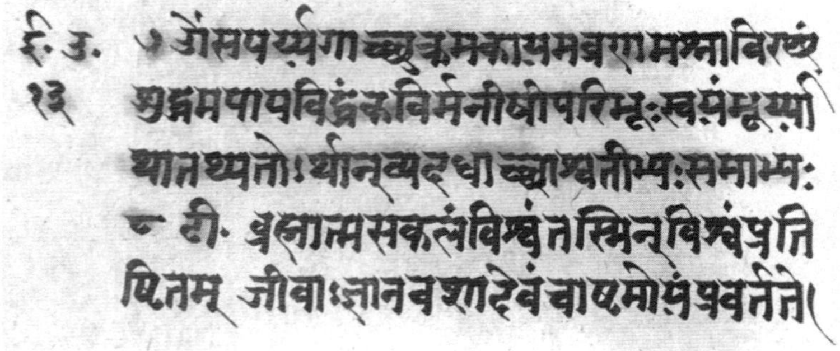

위 사본은 『이샤 우빠니샤드』(*Īśa-upaniṣad*)와 그것에 대한 주석(*Ṭīkā*)이 함께 수록된 사본 중 13번째 폴리오의 뒷면(F13v)이다. 이 필사본은 앞에서(Ex.2) 살펴보았던 필사본과 달리 본문과 주석을 분리하지 않은 형태이다. 하지만 『이샤 우빠니샤드』의 본문에 해당하는 부분에 주황색의 덧칠을 해서 본문을 주석과 구별하고 있다.[6]

본문에서 네 번째 줄의 '8 ṭī°'에서 숫자 '8'은 『이샤 우빠니샤드』의 게송 번호이고 'ṭī°'는 ṭīkā(주석)의 약호로 'brahmātmasakalaṃ…'부터 주석이 시작된다는 것을 밝히고 있다.

왼쪽 여백의 상단에는 'ī°u°'와 숫자 '13'이 있는데 'ī°u°'는 *Īśa-upaniṣad*의 약자이고 '13'은 폴리오의 일련번호이다.

6) 게송(mūla)과 주석을 2단 또는 3단으로 분리하지 않은 사본은 거의 대부분 게송에 주황색 덧칠을 함으로써 주석과 구별하고 있다.

(Ex. 4) *Yogasūtravṛtti* of BhojadevaⓌ

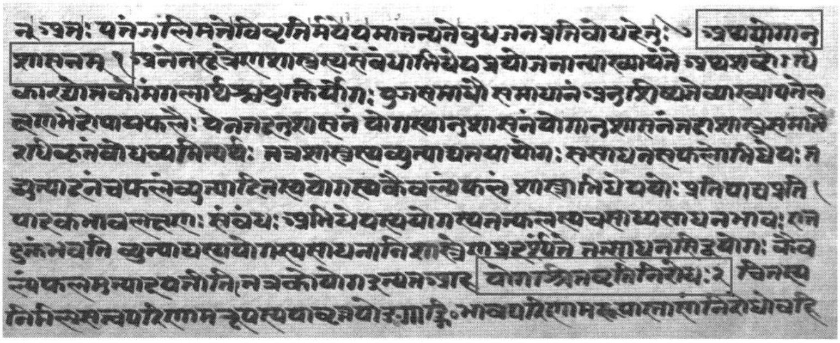

위 사본은 빠딴잘리(Patañjali)의 『요가경』(*Yogasūtra*)과 브호자데바(Bhojadeva)의 주석이 함께 필사하고 있는데 앞에서(Ex.3) 살펴보았던 필사본과 마찬가지로 『요가경』 본문에 주황색 덧칠(*ll.*1-2, *l.*9)을 함으로써 본문을 주석과 구별하고 있다.

첫 번째 줄의 숫자 7까지는 『요가경』에 대한 주석을 시작하기 전에 브호자데바의 서두이고 숫자 7 뒤에 주황색으로 덧칠된 부분(박스로 표시함)'atha yogānu'와 두 번째 줄의 'śāsanam'이 『요가경』의 첫 번째 경문(atha yogānuśāsanam 1[7]))이다. 아홉 번째 줄에 주황색으로 덧칠된 'yogaś cittavṛttinirodhaḥ 2'가 『요가경』의 두 번째 경문(yogaś cittavṛttinirodhaḥ[8]))이고 나머지는 모두 브호자데바의 주석이다.

한편, 5번째 줄에 주황색으로 덧칠된 부분(ity arthaḥ: 라는 의미이다)과 7-8번째 줄에 주황색으로 덧칠된 부분(etad uktaṃ bhavati: 이 점에 대해 언급된다)은 주석문을 강조하기 위한 표시이다.

---

7) '이제 요가로 전해지는 가르침이 시작된다. 1.'

8) '요가는 마음 작용의 지멸이다. 2.'

(Ex. 5) *Kaṭha-upaniṣad*[Ⓐ]

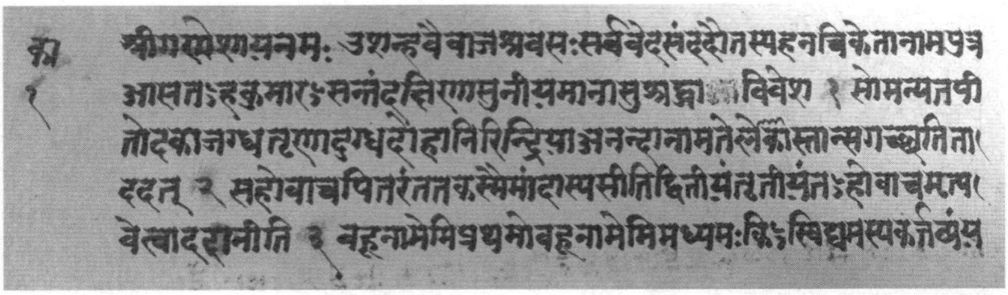

위 필사본은 *Kaṭha-upaniṣad*첫 번째 폴리오의 뒷면(F1v)이다. 왼쪽 여백의 'kā'는 *Kaṭha-upaniṣad*의 약호이고 그 밑에 있는 숫자 1은 폴리오의 일련 번호이다. 이 필사본의 본문은 여타의 필사본 첫 페이지와 마찬가지로 'śrīgaṇeśāya namaḥ'라는 망갈라 이후부터 시작된다.

(Ex. 6) *Brahmasūtra*[Ⓦ]

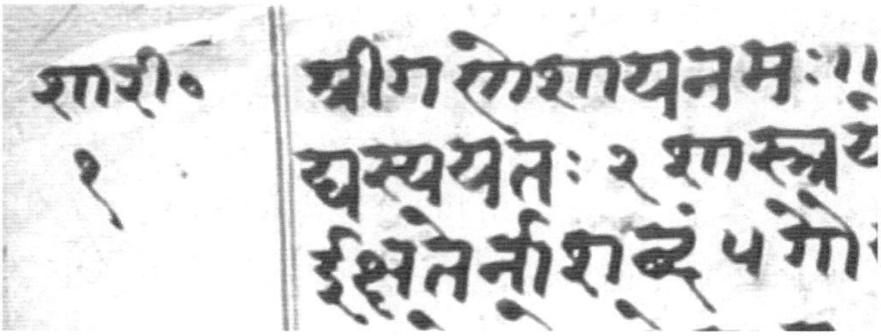

위 필사본은 *Brahmasūtra* 필사본 중 첫 번째 폴리오의 뒷면(F1v)이다. 왼쪽 여백 상단의 'śārī°'는 *Śārīraka-mīmāṃsā*(『자아에 대한 탐구』)의 약자인데 이 작품은 일반적으로 『베단따 경』(*Vedāntasūtra*) 또는 『브라흐마 경』(*Brahmasūtra*)로 더 널리 알려진 작품이다. 여기서 숫자 1은 제1폴리오를 의미한다.

본문은 'śrīgaṇeśāya namaḥ'라는 망갈라 이후부터 시작된다.

(Ex. 7) *Pañcadaśī* of Vidyāraṇya[W]

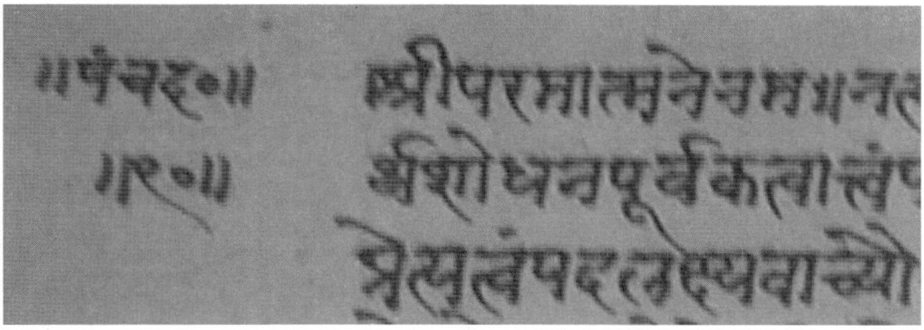

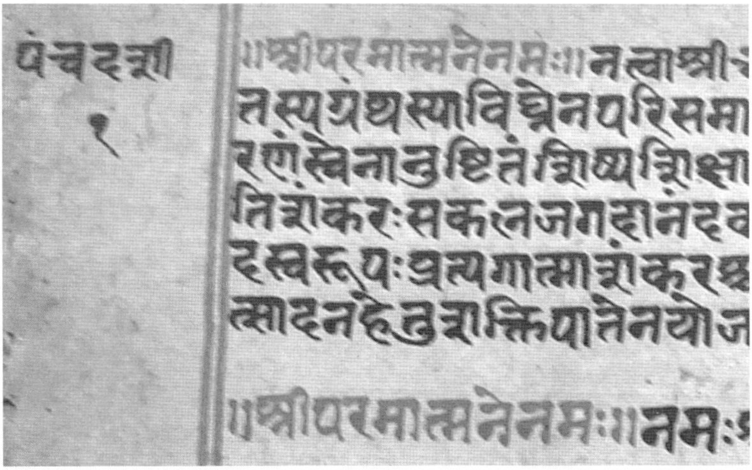

두 필사본은 모두 비디야란야의 *Pañcadaśī* 필사본이다. 첫 번째 필사본은 왼쪽 여백 상단에 'pañcada°'로 *Pañcadaśī*를 약기(略記)하고 있고 두 번째 그림은 서명 전체를 기재하고 있다. 두 필사본의 망갈라는 모두 'śrīparamātmane namaḥ'로 되어 있다.

(Ex. 8) *Yogavāsiṣṭha-ṭīkā*Ⓦ

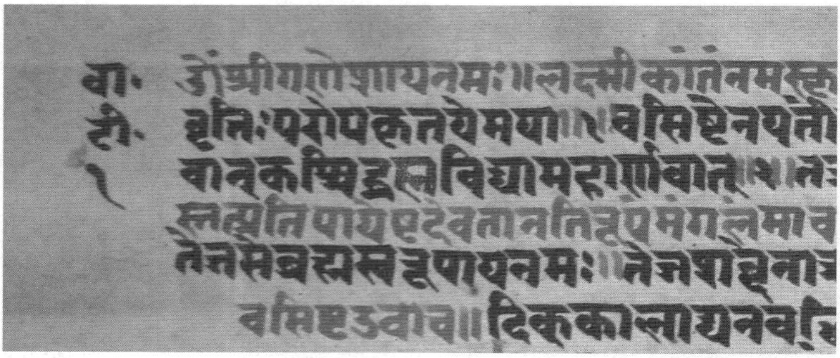

왼쪽 여백의 'vā° ṭī°'는 *Yogavāsiṣṭha-ṭīkā*의 약자이고 '1'은 폴리오 번호이다.

(Ex. 9) *Jīvanmuktiviveka* of VidyāraṇyaⒶ

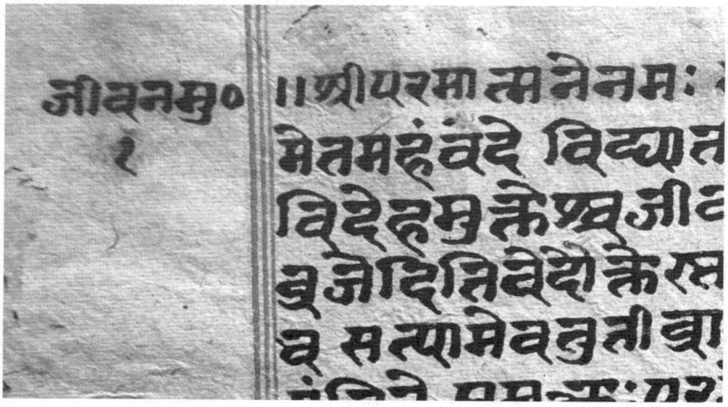

왼쪽 여백의 'jīvanmu°'는 *Jīvanmuktiviveka*의 약자이고 '1'은 폴리오 번호이다.

2. 본문의 부호와 여백의 해설, 수정 부호

필사본에는, 위에서 언급했던 약호, 폴리오 번호 외에 수정 기호를 비롯한 다양한 부호가 사용되고 필사자의 설명이나 해설 등도 발견된다. 아래의 사본은 텍스트의 본문과 필사자의 교정과 해설이 담긴 모범적인 예이다.

(Ex. 1) *Vedāntasūtra-bhāṣya* of Śaṅkara[W]

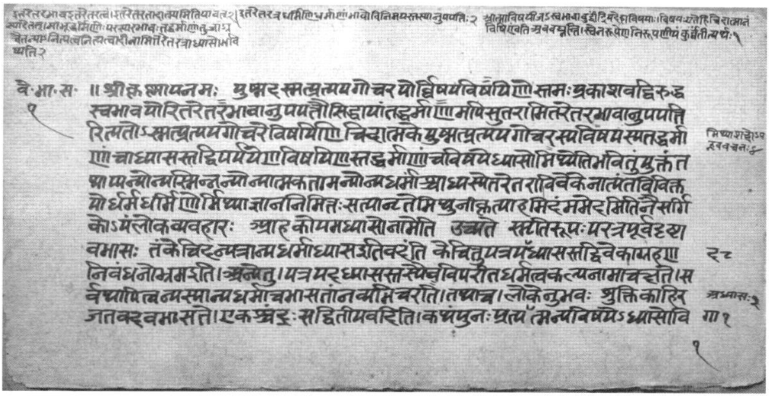

본문의 첫 번째 줄 'śrīkṛṣṇāyā namaḥ'라는 망갈라의 왼쪽 여백에 있는 've°bhā°sa°'는 *Vedāntasūtra-bhāṣya-savyākhyā*의 약호이고[9] 그 밑에 있는 숫자 '1'과 오른쪽 여백 하단의 숫자 '1'은 폴리오 번호이다.

사본 중앙부의 11개 행은 『베단따 경(*Vedāntasūtra*, =*Brahmasūtra*)에 대한 샹까라의 해설(bhāṣya)』을 담은 본문인데 여백의 상단에는 세 부분의 가필(加筆)이 있고 오른쪽 여백에는 네 개의 가필이 있다.

---

9) 대체로 필사본은 '텍스트의 본문(mūla)와 주석(bhāṣya)을 함께 필사할 경우에 savyākhyā라는 제목을 사용한다.

위 사본의 본문에 와 와 같은 두 개의 부호가 사용되었는데 일반적으로 두 기호는 거의 동일한 수정 부호로 사용되지만 여기서는 구별된다. 이 중에 는 까마귀의 발(kākapada)로 불리는데 주로 누락된 음절을 삽입해라는 의미로 사용되었고 는 필사자가 특정 문장의 의미를 여백에서 해설한 위치를 표시한 기호이다.

1) 필사자의 해설 부호: 표시 (4회)

여백 상단에 좌, 중, 하의 세 덩어리로 된 작은 글씨가 필사자의 해설인데 끝에는 숫자 2, 2, 1이 각각 매겨져 있는데 여기서의 숫자 2, 2, 1은 본문의 행 번호를 의미한다. 오른쪽 여백에는 숫자 4가 되어 있는데 이 숫자는 네 번째 행 번호를 의미한다.

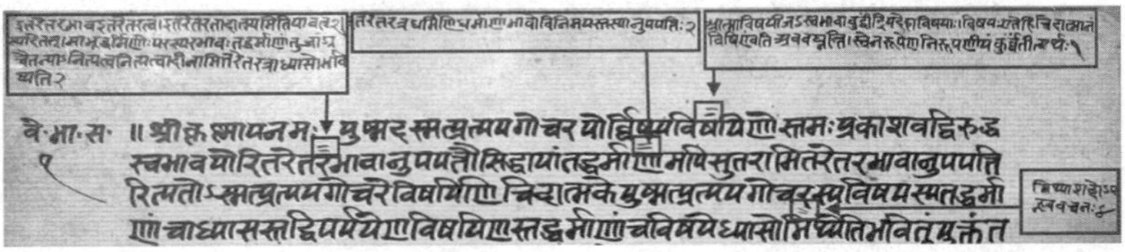

(1) 여백 상단의 왼쪽 첫 번째 메모는 본문의 두 번째 행의 9번째 음절에 ''가 표시된 부분 'itaretarabhāvānupapattau'의 의미를 해설한 부분이다.

(2) 여백 상단의 두 번째 메모는 두 번째 행의 중반부에 ''가 표시된 'tad dharmaṇam'과 관련된 의미를 해설한 부분이다.

(3) 여백 상단의 세 번째(오른쪽) 메모는 첫 번째 행의 ''가 표시된 'viṣayaviṣayiṇe'와 관련된 의미를 해설한 부분이다.

(4) 오른쪽 여백에도 'mithyāśabdo 'pi huvavacanaḥ 4'10)라는 메모가 있는데 이것은 필사자가 네 번째 줄에 ' '표시된 부분 '{'}dhyāso mithyeti bhavituṃ'의 의미를 설명한 것이다.

2) 필사자의 수정 부호: 표시 (2회)

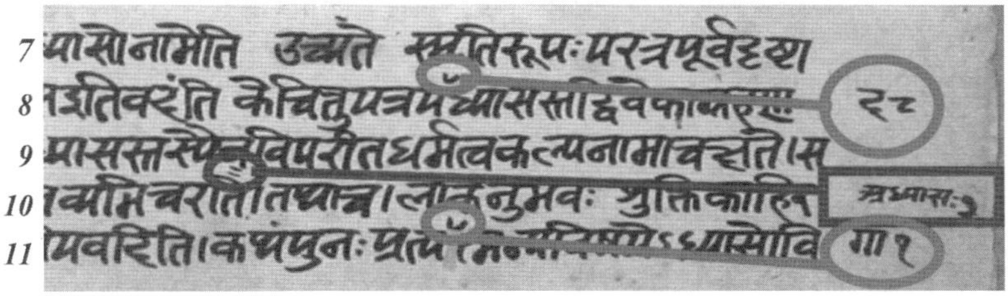

(1) 첫 번째의 ' '은 8번째 행의 'ya'와 'dhyāsas'사이에 있고 오른쪽 여백에는 'da 8'이라는 메모가 있다. 'da 8'의 의미는 '여덟 번째 행의 ya와 dhyāsas 사이에 da라는 음절을 추가하라는 것'이다.

MS[Ac] *l*.8 kecit tu yatra ya∨dhyāsas···

→ MS[Pc] *l*.8 kecit tu yatra yad adhyāsas11)

(2) 두 번째의 ' '는 11번째 행의 'pratya'와 'tmany'사이에 있고 오른쪽 여백에는 'gā 1'이 있다. 여기서 숫자 1은 '밑에서부터 위로 세었을 때의 첫 번째 행'을 의미하는데 그 의미는 'pratya와 tmany사이에 gā라는 음절을 추가해라는 것'이다.

MS[Ac] *l*.11 pratya∨tmany aviṣaye···

→ MS[Pc] *l*.11 pratyagātmany aviṣaye12)

* 필사본의 오류 수정 유형은 제2부를 참조.

---

10) *Corr*: mithyāśabdo 'pi bahuvavacanaḥ 4

11) '혹자는 가탁이 이루어지는 곳에···'

12) '[감관의 인식] 대상이 아닌 '내적(內的) 자아에'(pratyagātmany)···'

(3) 한편, 10번째 행의 첫 두 음절 'rati'위에 '▬'라는 기호가 있고 오른쪽 여백에 'adhyāsaḥ 2'가 기록되어 있는데 여기서의 숫자 2는 아래에서 위로 세었을 때 두 번째 줄을 의미하는데 여기서의 '▬'는 수정 기호가 아니라 '▬표시가 있는 문장의 의미'를 여백에서 설명한다는 기호이다.

3. 마지막 페이지의 콜로폰

필사본의 끝부분에는 서명, 저자, 필사자, 필사 지역, 필사 시기, 필사 동기 등에 대한 정보가 담긴 콜로폰(간기)이 있다.[13] 콜로폰은 거의 주황색으로 덧칠되어 있지만 붉은색으로 필사한 경우도 있다.

(Ex. 1) *Yogavasiṣṭhasāra-vivaraṇa* (F39v)ⓦ

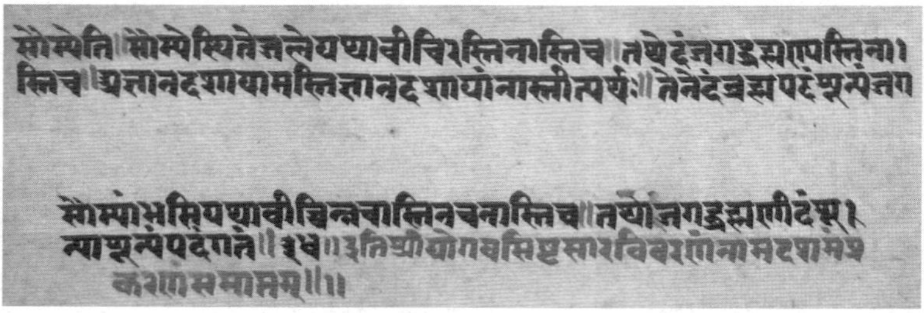

*l.*4　||34|| iti śrīyogavasiṣṭhasāravivaraṇaṃ nāmadaśamaṃ pra-
*l.*5　karaṇaṃ samāptam[14]

위 사본은 간략히 서명만 밝히고 있다. 한편, 콜로폰 중 네 번째 줄의 nāmadaśa는 navadaśa(제19장)의 오기이다.

---

13) 콜로폰은 제일 마지막 페이지뿐만 아니라 각 장(章)의 끝에 있는 경우(장간기)도 발견된다.

14) '이것으로 『쉬리-요가바시쉬타-사라의 주석』의 제9장이 끝났다'

(Ex. 2) *Bhagavadgītā* (F13v)Ⓐ

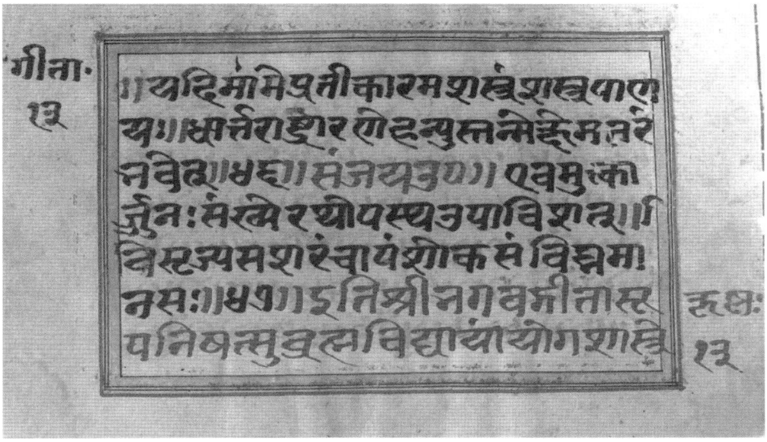

l.6 ||47||iti śrībhagavadgītāsū-

l.7. paniṣatsu brahmavidyāyāṃ yogaśāstre ···

6-7번째 줄의 붉은 글씨로 된 부분이 콜로폰인데 여기서의 콜로폰은 특정 장(章)이 끝났다는 것을 밝히는 부분 중 일부이다.

(Ex. 3) *Saptasūtra* of ŚaṅkaraⒶ

l.1 ··· || iti saptasūtrasamāpta || śubham astu saṃvat

l.2 || 1700 || phāguṇāmāsa || kṛṣṇapakṣe pūrṇamāsī śubhadine manikarṇi···

위 사본의 콜로폰은 서명(*Saptasūtra*)과 필사 연도(saṃvat 1700, 서력 1644년)와 월(phāguṇa-māse, kṛṣṇa-pakṣa, pūrṇamāsī, 2-3월 중에서 보름달에서 초승달까지의 15일 중 만월) 그리고 일자(śubha-dine, 상서로운 날)를 간략히 기록하고 있다.

(Ex. 5) *Bhagavadgītā*Ⓐ

l.2 ···ḥ ‖ 18 ‖ śubham astu ‖ saṃva-
l.3 t ‖ 1731 ‖ samaya aṣā(!)
l.4 ḍhavadi prathamdīne liṣi(!)
l.5 taṃ ···

위 사본은 마지막 페이지가 채색된 사본이다.

콜로폰에 따르면 이 사본의 필사 연도는 'saṃvat 1731'(서력 1675년)년이고 필사 월(月)은 'āṣāḍha-vadi'(7-8월의 절반)이고 일자는 'prathama-dīna'(첫 번째 날)이다. 한편, 3번째 줄 끝부분의 'aṣā'는 'āṣā'(āṣāḍha)의 오기이고 4번째 줄의 마지막 글자 'ṣi'는 'khi'(likhitaṃ, 필사했다)의 오기이다.

그 외에 필사 년월일이 기재된 예는 다음과 같다.

saṃvat 1795 caitraśu° 7 gu[15]
'삼바뜨 력 1795년(A.D. 1739) 3~4월의 7일 목요일에… [필사했다.]'

15) 'caitraśu śu·7'에서 'śu·7'는 'śudi 7'(제7일)의 약기(略記)이고 'gu'는 'guruvāsare'(목요일에)의 약기이다.

(Ex. 6) *Yogamaṇīprabhā* of Rāmānanda Sarasvatīⓦ

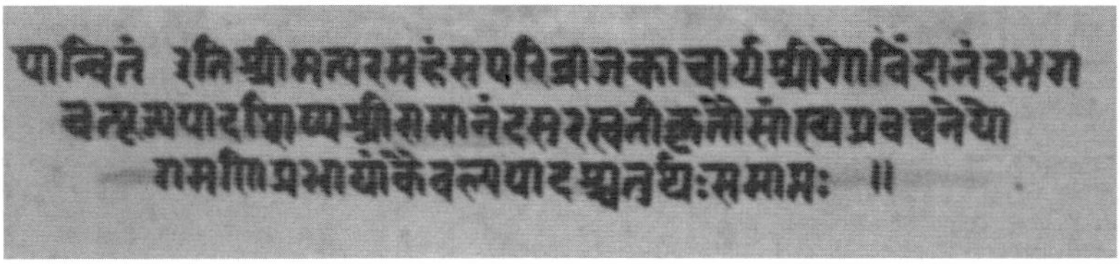

l.1 …pānvitaṃ iti śrīmat paramahaṃsaparivrājakācārya-śrīgoviṃdānaṃda-bhaga-

l.2 vatpūryapādaśiṣya-śrīrāmānaṃdasarasvatīkṛtau sāṃkhya-pravacane yo-

l.3. gamaṇīprabhāyāṃ kaivalyapādaś caturthaḥ samāptaḥ.[16]

위 필사본은 빠딴잘리의『요가경』에 대한 주석 *Yogamaṇīprabhā*의 마지막 페이지이다. 콜로폰은 주석가가 고빈다 바가바뜨의 제자인 라마난다 사라스바띠라는 것을 밝히고『요가 보석의 광명』이라는 서명과 더불어 제4장 독존품(獨存品)이 끝났음을 밝히고 있다.

(Ex. 6) *Vedāntasāra-ṭīkā* (F44v)ⓦ

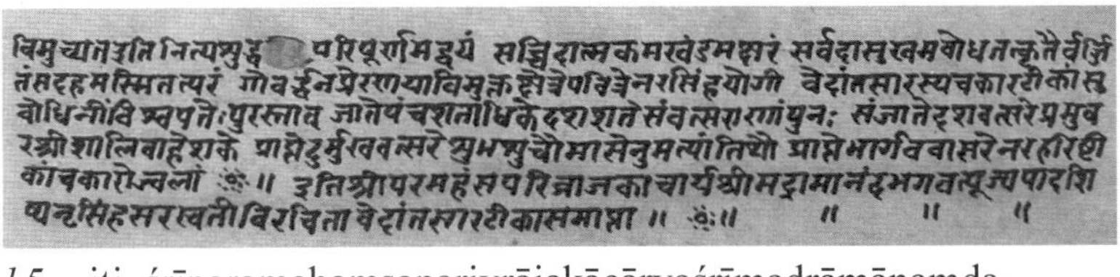

l.5 iti śrīparamahaṃsaparivrājakācāryaśrīmadrāmānaṃda-bhagavatpujyapāda-

l.6. śiṣyanṛsiṃhasarasvatīviracitāvedāntasāraṭīkā samāptā ‖ * ‖ [17]

---

16) '이것으로 쉬리마뜨-빠라마항사-빠리브라자까-아짜리야-쉬리-고빈다난다- 바가바드뿌즈야빠다의 제자인 쉬리-라마난다 사라스바띠가 저술한 상캬의 가르침에 대한『요가 보석의 광명』중에서 제4장 독존품이 끝났다'

콜로폰에 따르면 이 필사본은 『베단따 정요』에 대한 느리싱하 사라스바띠(Nṛsiṃha Sarasvatī)의 주석(ṭīkā)이다. 『베단따 정요』의 저자는 사다난다(Sadānanda)로 알려져 있는데 위 콜로폰은 저자를 밝히지 않고 느리싱하 사라스바띠라는 주석가의 이름과 더불어 그가 라마난다(Rāmānanda)의 제자라는 것만 밝히고 있다.

(Ex. 8) *Pavanavijayasvarodaya* (F43v)Ⓦ

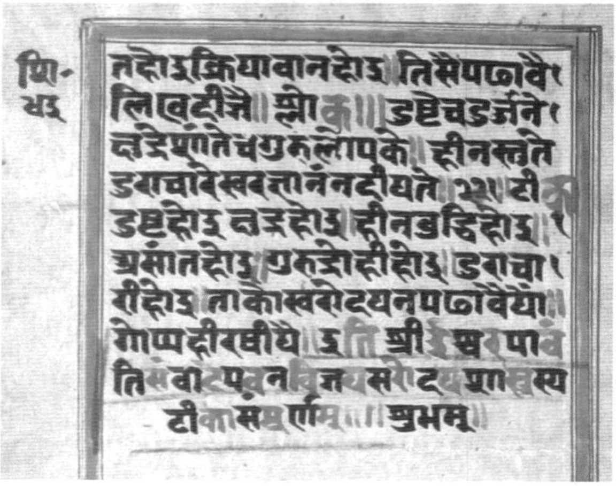

l.8 iti śrīīśvarapārva-

l.9 tisaṃvāde pavanavijayasarodayaśāstrasya-

l.10 ṭīkāsaṃpūrnam|| śubham || [18]

위 콜로폰은 서명을 'pavanavijayasvarodaya'가 아니라 'pavanavijayasarodaya'로 오기했는데 이러한 오기 역시 필사본에서

17) '이것으로 쉬리-빠라마항사-빠리브라자까-아짜리야-쉬리마드-라마난다-바가바뜨-뿌즈야빠다의 제자 느리싱하 사라스바띠가 쓴 『베단따 정요』에 대한 주석이 끝났다'

18) '이것으로 쉬리-이쉬바라와 빠르바띠의 대화로 된 『빠반나-비자야-스바로다야』의 주석이 끝났다. 행운이 [깃들지어다]'

빈번하게 발견된다.

한편, 콜로폰의 서두 'iti śrīīśvara…'에서 śrī는 반모음화되어 'śryīśvara…'로 되어야 하지만 'śrī'의 경우 반모음화된 예는 거의 발견되지 않았다.

(Ex. 9) *Yogavāsiṣṭha* (F336v)ⓦ

위 사본은 콜로폰 없이 필사 연도와 서명이 별도로 기록되어 있다.

'saṃ° 1355 yogvasiṣṭha ‖ patra 336'

여기서 'saṃ° 1355'는 'saṃvat력 1355년'(서기 1299년)을 의미하고 'yogvasiṣṭha'는 서명이고 'patra 336'은 폴리오 번호 336을 의미한다.

II. 데바나가리 필사본의 일반적 특징

데바나가리 필사본의 서체는 출판본의 서체와 달리 이체자가 적지 않고 자음 중복, 자음 누락 등의 변수가 많으므로 별도의 훈련이 없다면 사본의 정보를 온전하게 파악하기는 쉽지 않다. 특히 띄어쓰기의 경우 필사본은 출판본보다 더 극단적으로 이루어지지 않았고 비음 ṅ, ñ, n의 아누스바라(anusvāra) 화(化), 자음의 혼용과 중복, 아바그라하(avagraha: ऽ)으로 판독에 어려움을 준다. 필사본에서 흔히 발견되는 일반적 현상은 다음과 같다.

1. 아바그라하(avagraha: ऽ)의 생략
2. 자음 중복(Gemination)

   k, g, c, j, t, d, n, p, m, y, r, l, v. ś ṣ
3. 자음의 혼용
5. 비음의 아누스바라(anusvāra) 화
5. 아누스바라(anusvāra)의 다양한 형태
6. 사본의 오탈자

1. 아바그라하(avagraha: ऽ)의 누락

출판본과 비교했을 때 필사본만의 큰 특징은 ‘연성(sandhi)에 의해 머리글자 a가 탈락되었다는 것’을 표시하는 기호 아바그라하(ऽ)가 대부분 생략되었다는 점이다. 아바그라하의 생략은 단순한 것 같지만 실제로는 이체자, 자음 중복 현상, 오탈자 그리고 특히 데바나가리 특유의 붙여쓰기로 인해 판독에 어려움을 준다.

* 여기서는 편의상, 생략된 아바그라하를 {’}으로 표기해서 살펴보면 다음과 같다.

(Ex. 1)

Ⓐ

…navakṣehaṃ yaetetra

→ …n avakṣe {’}haṃ ya ete {’}tra

→ …n avekṣe {’}haṃ ya ete {’}tra[19)]

위 예문의 경우, 두 곳의 아바그라하가 생략되었는데 첫 번째는 ahaṃ(나는)이고 두 번째는 atra(여기에)이다. 한편, 위 그림의 두 번째 음절 va는 ve의 오기이고 세 번째 음절 (kṣe)는 ‘kṣ의 다양한 이체자 중 하나’(Type IV[2])인데 아바그라하마저 누락되어 있어 쉽게 눈에 들어오지 않는 사례 중의 하나이다.

---

19) ‘여기서(atra) 내가(aham) … 그들을 바라본다(avakṣe)’

(Ex. 2) *Mahābhārata*Ⓐ

nyagrodhoduṃbarośvattha···

→ nyagrodhoduṃbaro {'}śvattha···[20]

위 예문의 경우 여섯 번째 음절 śvattha 앞에 있어야 할 아바그라하가 누락되었다. 한편, 네 번째 음절의 (duṃ)은 du의 다양한 이체자 중 하나(Type II)인데 데바나가리 특유의 붙여쓰기 및 아바그라하의 누락으로 판독에 어려움을 준다.

(Ex. 3) *Upadeśasāhasrī* of ŚaṅkaraⒶ

kūṭasthepiphalaṃ

→ kūṭasthe {'}pi phalaṃ[21]

위 예문 역시 연성 규칙에 의거해서 api의 a가 탈락되었지만 아바그라하가 생략된 형태이다. 한편, 그림의 첫 번째 음절 (kū)는 'kū의 다양한 이체자 중 하나'(Type II^1) 이다.

---

20) '니야그로다, 우담바라, 아쉬바타 나무···'

21) '불변의 상태에서도 결과는'

(Ex. 4) *Tattvabodha*Ⓣ

purușohaṃbrāhmaṇohaṃśūdrohama…

→ purṣo {'}haṃ brāhmaṇo {'}haṃ śūdro {'}ham a…[22]

'aham'의 a가 모두 탈락되었지만 아바그라하는 생략되었다.

(Ex. 5.) *Bhagavadgītā*Ⓐ

sthāṇuracaloyaṃ

→ sthāṇur acalo {'}yaṃ[23]

위 예문의 세 번째 음절 (ṇu)는 'ṇu의 다양한 이체자 중 모음 u가 오른쪽에 붙은 형태'이다.

(Ex. 6) *Bhagavadgītā*Ⓐ

yajñārthātkarmaṇonyatra

→ yajñārthāt karmaṇo {'}nyatra

---

22) '내가 남자이고, 내가 브라문이고, 내가 슈드라이다. … [라는 그릇된 자아관…]'

23) '이것은 견고하며 움직이지 않으며'

(Ex. 7) *Upadeśasāhasrī* of Śaṅkara Ⓐ

ṛtepi
→ ṛte {'}pi [24]

위 예문은 첫 번째 음절 (ṛ)의 특이한 형태(Type I^2) 및 아바그라하의 생략으로 긴 문장 내에서는 판독하기 어려운 형태이다.

* 아바그라하가 표기된 경우

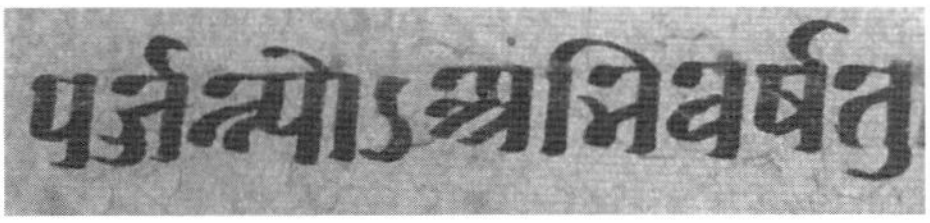

Yajur-veda Ⓐ

parjjannyoḥ 'bhivarṣatu
→ parjanyoḥ 'bhivarṣatu

위 그림의 경우 parjanyoḥ(비구름의)가 아니라 자음 j와 n가 중복되어 'parjjannyoḥ'로 되어 있는데 후술하겠지만 이와 같은 자음 중복 현상 역시 필사본에서 대단히 빈번하게 발견된다.

Yogasūtrabhāṣya Ⓦ

athaśabdo 'dhi···[25]

---

24) '결여할지라도'
25) 'atha(자, 이제)라는 말은 [주제가···]'

2. 자음 중복(Gemination)

필사본에서 빈번하게 발견되는 현상 중 하나가 자음 중복이다. 아래의 사본은 여타의 사본보다 더 과도하게 자음이 중복되어 있을 뿐만 아니라 아바그라하의 생략, 그리고 모든 음절이 붙어 있어 판독에 어려움을 준다.

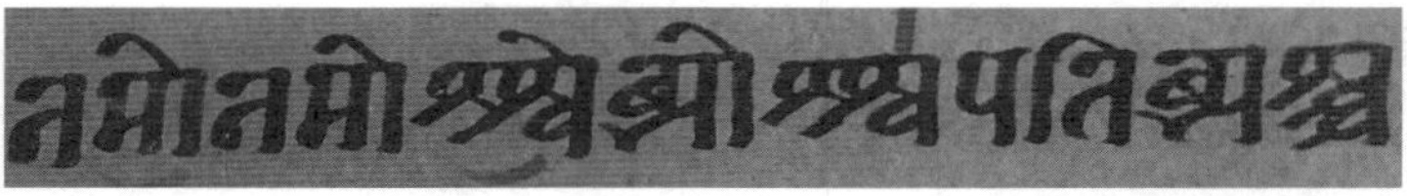

Yajur-vedaⒶ

namośśvebbhyośśvapatibbhyaścca

→ namo {'}śśvebbhyo {'}śśvaptatibbhyaś cca

→ namo 'śvebhyo 'śvaptatibhyaś ca[26]

필사본에서 중복된 자음은 k t g c j t d n p m y l v ś ṣ 등과 같은 15개인데 그중에 특히 빈번한 것은 k t c j p m y v이다.

1) k 중복

(Ex. 1)

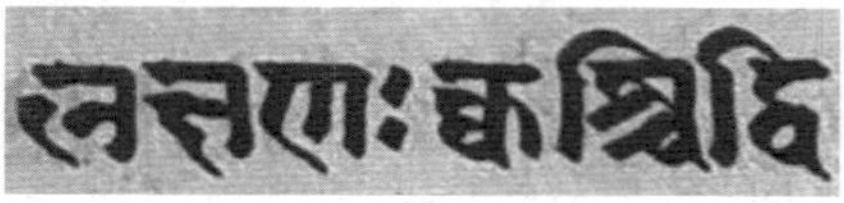

Ⓦ

lakṣaṇaḥ kkaścid vi…

→ lakṣaṇaḥ kaścid vi…

26) '말(馬)들에게 그리고 말의 신들에게 인사드립니다'

위 그림에서 k가 중복된 곳은 네 번째 음절인데 바로 이 kka는 아래 그림 첫 번째 음절 kva와 유사한 형태이다.

*참고: kva

 Ⓐ

kvaccin no {'}bhaya
→kvacin no {'}bhaya

(Ex. 2)

아래의 세 그림에서 *Tarkasaṃgraha, Tarkabhāṣā, Tarkāmṛta*라는 서명에서 k가 모두 중복되어 있다.

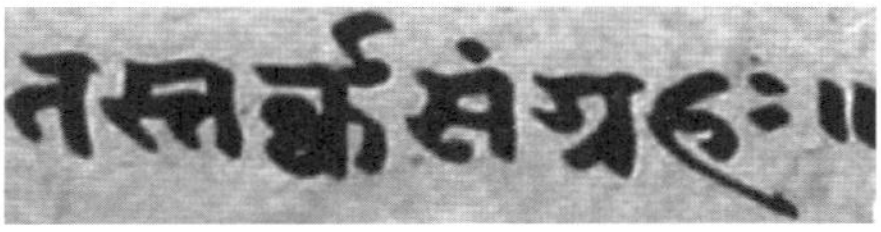 Ⓦ

..tas tarkkasaṃgrahaḥ

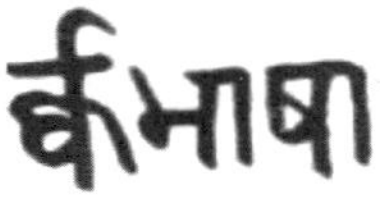 Ⓦ

[ta]rkkabhāṣā

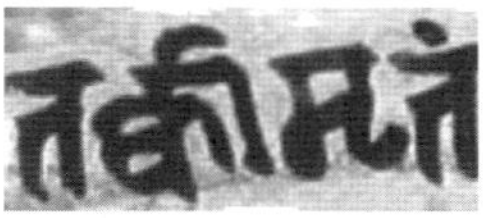 Ⓦ

tarkkāmṛtaṃ

2) g 중복

g 중복은 흔하지 않고 특정 필사본 한 개에서 발견되었다.

(Ex. 1) *Yajur-veda*

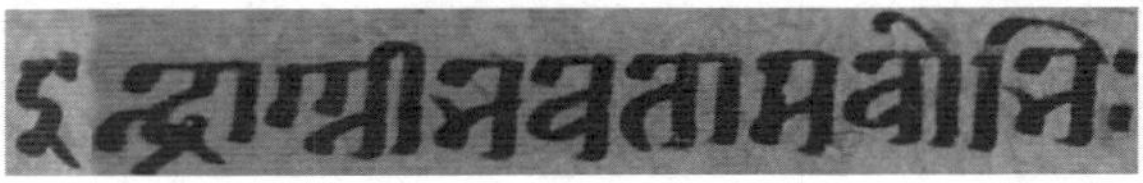
Ⓐ

indrāggnībhavatām avobhiḥ

→ indrāgnī bhavatām avobhiḥ

(Ex. 2) *Yajur-veda*

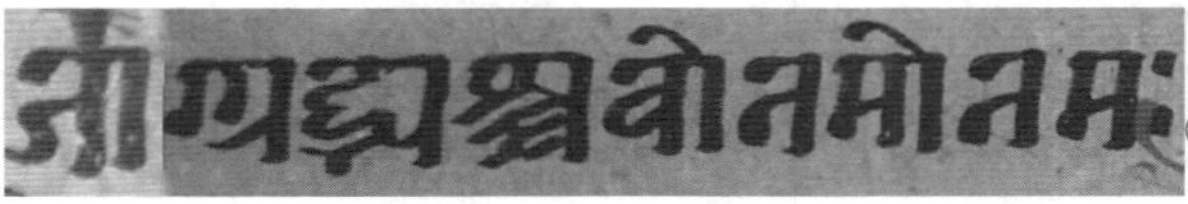
Ⓐ

jāggraddbhyaścca vo namo namaḥ

→ jāgradbhyaś ca vo namo namaḥ

두 번째 그림의 경우 'g'뿐만 아니라 'd'와 'c'도 중복되어 있다.

3) c 중복

(Ex. 1) *Upadeśasahasrī*Ⓐ

kvaccin no bhaya 2…

→ kvacin no {'}bhaya…[27]

27) '어디에서도 두려움이 없이…'

위 예문에서는 c가 중복되었고 아바그라하가 생략되어 있다.

(Ex. 2) *Tattvabodha*Ⓣ

arccayanti

→ arcayanti

(Ex. 3) *Yajur-veda*Ⓐ

…naśccitra　　　…yibbhyaścca

→ …naś citra　　→ …yibhyaś ca

4) j 중복

j 중복 현상 역시 다수의 필사본에서 빈번하게 발견된다.

(Ex. 1) *Bhagavadgītā*Ⓐ

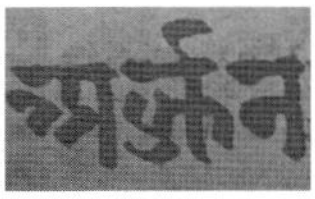

rjju　　　arjjuna

→ arjuna[28]

위 예문의 두 번째 음절 jju는 jj가 중복된 형태이고 모음 u가 오른쪽에 붙은 형태이다.

---

28) '아르주나여!'

(Ex. 2) *Bhagavadgītā*Ⓐ

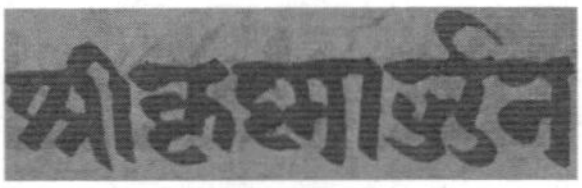

rjju   śrīkṛṣṇārjjuna···

→ śrīkṛṣṇārjuna···[29]

(Ex. 3) *Bhagavadgītā*Ⓐ

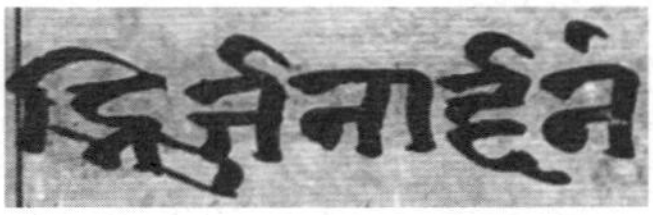

BhagavadgītāⒶ

···dbhir jjanārddanaṃ

→ ···dbhir janārdanaṃ[30]

(Ex. 4) *Upadeśasahasrī-ṭīkā*Ⓐ

vivarjjitaṃ

→ vivarjitaṃ[31]

(Ex. 5) *Yajurveda*Ⓐ

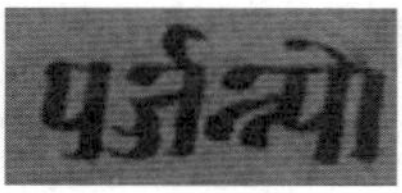

parjjannyo

→ parjanyo[32]

---

29) '쉬리-끄리쉬나와 아르주나…'
30) '…들에 의해 자나르다나를…'
31) '결여된'
32) '비구름이'

위 예문의 경우 j뿐만 아니라 n도 중복되었다.

한편, 아래 두 그림의 jj는 자음 중복이 아니라 원 글자인데 첫 번째 그림의 (jju)와 두 번째 그림의 (jju)는 'jju'의 다양한 이체자들이다.

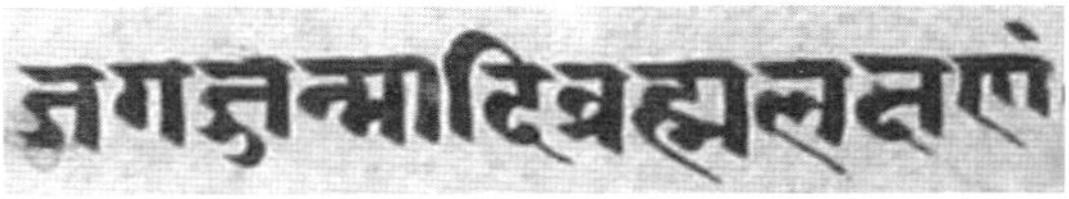

jagaj janmādibrahmalakṣaṇaṃ[33] *Vedāntādhikaraṇamālā*Ⓦ

 *Upadeśasahasrī-ṭīkā*Ⓐ

…de rajjunibhatva…[34]

5) t 중복

t는 tt로 중복되기도 하고 반대로 tt에서 t가 생략된 형태도 빈번하게 발견된다. (이 점에 대해서는 아래의 II-3항목을 참조)

(Ex. 1)

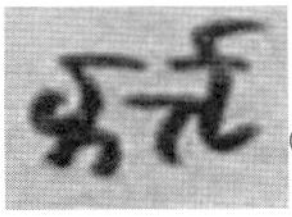Ⓦ Ⓦ

karttṛ → kartṛ[35]

…rttṛ →…rtṛ

---

33) '세계(jagat)의 창조(janma)[자]라는 브라흐만의 정의는'

34) '…에서 새끼줄(rajju)과 같은…'

35) '행위자…'

(Ex. 2) *Bhagavadgītā*Ⓐ

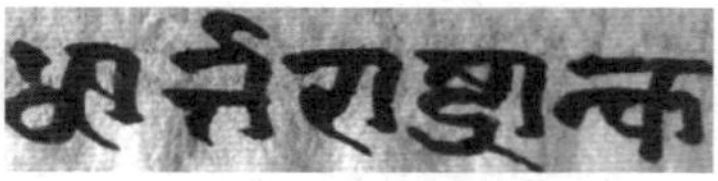

dhārttarāṣṭrān ka···

→ dhārtarāṣṭrān ka···

(Ex. 3) *Upadeśasāhasrī*Ⓐ

karttṛbhoktṛtva

→ kartṛbhoktṛtva[36]

(Ex. 4) *Tattvabodha*Ⓣ

śīttoṣṇasukhaduḥkhādi

→ śītoṣṇasukhaduḥkhādi[37]

(Ex. 5) *Yajur-veda*Ⓐ

kayāsttotṛbbhya···

→ kayāstotṛbhya···[38]

---

36) '행위자이고 [행위의] 향수자라는…'
37) '추위(śīta)와 더위(uṣṇa), 즐거움과 고통 등…'
38) '모든 숭배자들에게(stotṛbhya[ḥ])…'

(Ex. 6) *Yajur-veda*Ⓐ

sattyomadānāmmamaṃ hi ṣṭho

→ satyo madānām maṃ hi ṣṭho

위 예문의 여섯 번째 음절 뒤의 는 아누스바라의 다양한 형태 중 하나이다(아래의 5번 항목을 참조).

6) d 중복

(Ex. 1) *Bhagavadgītā*Ⓐ

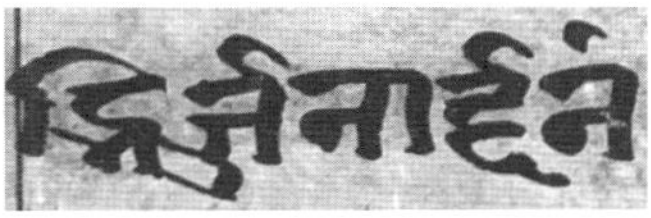

…dbhir jjanārddanaṃ

→ …dbhir janārdanaṃ[39)]

위 예문은 'd'뿐만 아니라 'j'도 중복되었다.

(Ex. 2) *Īśa-upaniṣad*Ⓐ

u vviddyāyāṃ

→ u vidyāyāṃ[40)]

---

39) '…들에 의해 자나르다나를…'

7) n 중복

 *Yajur-veda*Ⓐ

parjjannyo

→ parjanyo[41]

8) p 중복

p 중복 현상 역시 다수의 필사본에서 빈번하게 발견된다.

(Ex. 1) *Upadeśasāhasrī*Ⓐ

sarppā darppaṇa

→ sarpā[42] → darpaṇa[43]

(Ex. 2) *Upadeśasāhasrī*Ⓐ

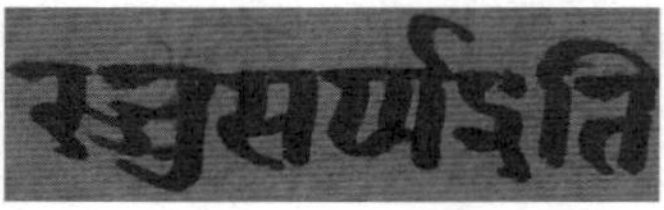

rajjusarppa iti

→ rajjusarpa iti[44]

---

40) '지혜 속의'
41) '먹구름이'
42) '독사'(*f.sg.No.*)
43) '거울'

(Ex. 3) *Yajur-veda*Ⓐ

bṛhasppatiḥ → bṛhaspatiḥ[45]

ppratidhīyatām → pratidhīyatām[46]

9) b 중복

b 중복 현상은 드물게 *Yajurveda* 필사본 한 개에서 발견되었는데 아래의 두 예는 bhya가 bbhya로 된 형태이다.

 *Yajur-veda*Ⓐ

kayāsttotṛbbhya···

→ kayāstotṛbhya···

 *Yajur-veda*Ⓐ

···yibbhyaś cca

→ ···yibhyaś ca

10) m 중복

m 중복 현상 역시 빈번하게 발견된다. 대표적인 단어는 dharma, karma이다.

---

44) '새끼줄(rajju)과 뱀(sarpa)이라는'

45) '기도의 신께서'

46) '명상했던 분에게'

(Ex. 1: dharma) *Bhagavadgītā*Ⓐ

dharmmakṣetre
→dharmakṣetre

dharmma iva
→ dharma iva

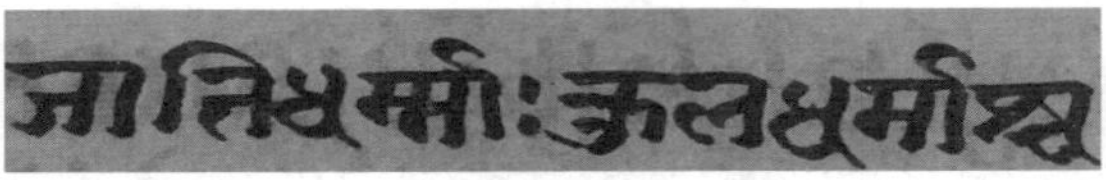

BhagavadgītāⒶ

jātidharmmāḥ kuladharmāś ca
→ jātidharmāḥ kuladharmāś ca[47]

위 예문은 동일 필사본이지만 첫 번째의 dharmnāḥ는 m이 중복된 반면 두 번째의 kuladharmāḥ는 중복되지 않았다.

TattvabodhaⓉ

svadharmmānu···
→svadharmānu

(Ex. 2: karma)

BhagavadgītāⒶ

eva ca karmmaṇi
→ eva ca karmaṇi

47) ‘출생의 다르마와 가문의 다르마들은’

 *Upadeśasahasrī-ṭīkā*Ⓐ

karmmaśabdair nirucyate

→ karmaśabdair nirucyate[48]

 *Tattvabodha*Ⓣ

prāravdhakarmmaṇāṃ

→ prārabdhakarmaṇāṃ[49]

위 예문의 'm'역시 중복되었고, b는 v로 되어 있는데(prāravdha) 이러한 현상 역시 필사본에서 빈번하게 발견된다.

(Ex. 3: mithyā)

 *Upadeśasahasrī*Ⓐ

śruter mmithyoktitva…

→ śruter mithyoktitva…[50]

48) '까르마라는 용어 등으로 [그 의미가] 설명되었다.'

49) '시동업(始動業)들의'

50) '성전에서 허위라고 말해졌으므로…'

11) y 중복

y 중복 역시 다수의 필사본에서 빈번하게 발견된다.

(Ex. 1) *Īśa-upaniṣad*Ⓐ

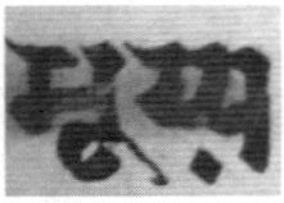

bhūyya

→bhūya

한편, 후술하겠지만(II-3) 일부 사본은 ya와 pa를 구별하기 위해 ya 밑에 점을 찍기도 하는데 위 그림도 그 예 중 하나이다.

(Ex. 2) *Tattvabodha*Ⓣ

iti śrīmac chaṃkarācāryya···

→ iti śmīmac chaṃkarācārya···[51]

(Ex. 3)

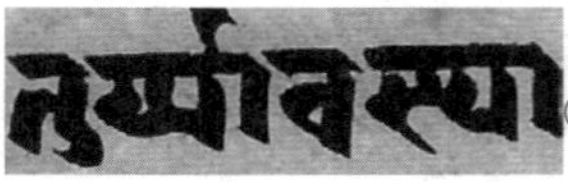Ⓐ

turyyāvasthā

→ turyāvasthā[52]

---

51) '이것으로 쉬리마뜨-샹까라짜리야(Śaṅkarācārya)···'

52) '제사위(第四位)는'

(Ex. 4) *Yajur-veda*Ⓐ

 Ⓐ  Ⓐ

sūryyaḥ kāryyaṃ

→ sūryaḥ[53] → kāryaṃ[54]

한편, 아래 그림의 5번째 음절 yy는 yi가 반모음화된 경우이다.

 *Upadeśasahasrī*Ⓐ

… pratyayānvayy ahaṃkāraḥ[55]

12) l 중복

l의 자음 중복 현상 역시 적지 않은 사본에서 발견된다. loka, durlabha가 대표적이다.

(Ex. 1)

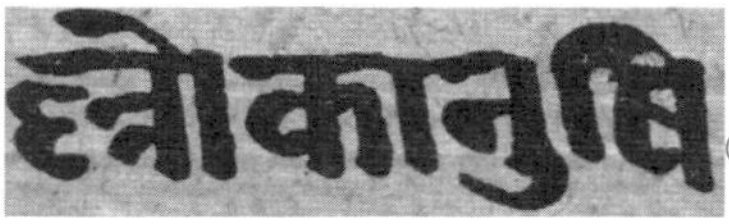 Ⓐ

llokānuṣi…

→ lokānuṣi…

53) '태양은'

54) '의무를'

55) '…관념과 관련된 아함까라는'

(Ex. 2) *Gheraṇḍasaṃhitā*Ⓦ

devānām api durllabham 21

→ devānām api durlabham 21[56)]

아래의 그림은 l 중복이 아니라 원글자인데 다소 특이한 형태이다.

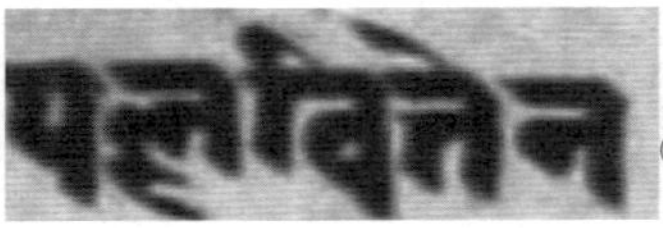 Ⓦ

pallavitena

13) v 중복

v 중복 역시 빈번하게 발견된다.

(Ex. 1) *Tattvabodha*Ⓣ

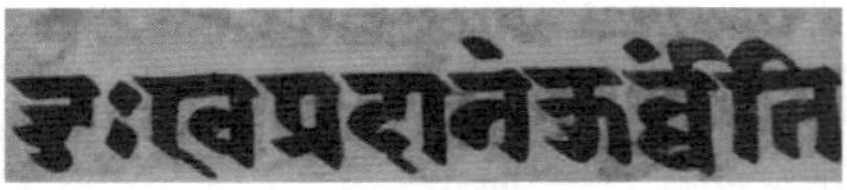

duḥkhapradānaṃ kurvvaṃti

→ duḥkhapradānaṃ kurvanti

위 예문에서 동사 kurvanti(III.sg.)는 kurvvaṃti로 되어 있다. 한편, 첫 음절 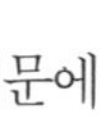(du)는 'du의 다양한 이체자 중 하나'(Type I[3])이고 여섯 번째의 (ku)는 'ku의 다양한 이체자 중 하나'(Type III[1])이다.

56) '신들조차도 얻기 힘든 것이다. ||21||'

(Ex. 2) *Yajur-veda*Ⓐ

namo vvisṛjaddbhyaḥ

→ namo visṛjadbhyaḥ[57]

Yajur-vedaⒶ

namo vvrātebbhyo vvrātapatibbhya …

→ namo vrātebbhyo vrātapatibbhya …[58]

(Ex. 3) *Īśa-upaniṣad*Ⓐ

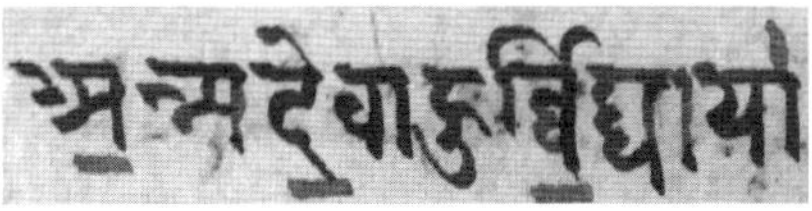

anyad evāhur vviddyāyā

→ anyad evāhur vidyāyā

위 예문의 경우 v뿐만 아니라 d도 중복되었다. 한편 위 그림의 다섯 번째 음절 hu는 'hu의 다양한 이체자 중 하나'(Type II^{3})이다.

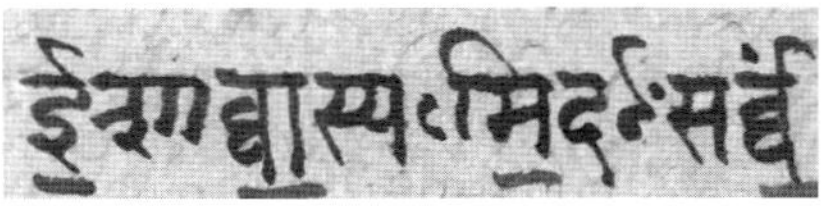

Īśa-upaniṣadⒶ

īśāvvāsyam idaṃ sarvvaṃ

→ īśāvāsyam idaṃ sarvaṃ[59]

---

57) '유출자들에게 경배합니다'

58) '모임과 회동의 신들에게 경배합니다'

위 예문의 여섯 번째 음절 뒤의 는 아누스바라의 다양한 형태 중 하나이다.(아래의 5번 항목 참조)

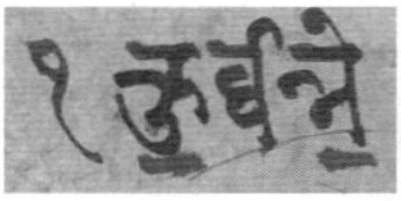 *Īśa-upaniṣad*Ⓐ

1 kurvvann e···

→ 1 kurvann e···

위 예문의 현재 분사 kurvann 역시 kurvvann으로 되어 있는데 첫 번째 음절  (ku)는 'ku의 다양한 이체자 중 하나'(Type III^{1})이다.

(Ex. 4)

 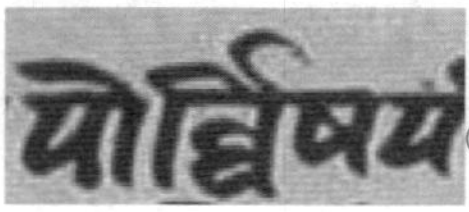Ⓦ

sarvva	···yor vviṣaya···
→ sarva	→ ···yor viṣaya···[60]

14) ś 중복

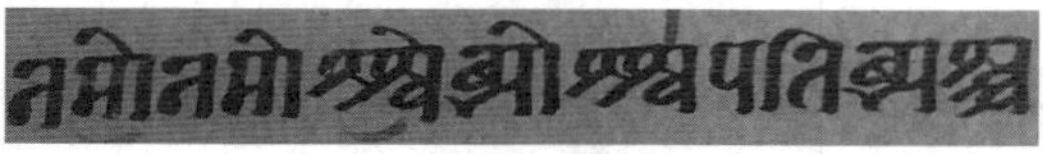 *Yajurveda*Ⓐ

namo namośśvebbhyośśvapatibhyaś ca

→ namo namo {'}śvebhyo {'}śvapatibhyaś ca[61]

---

59) '이 모든 것은 이샤(Īśa)에 의해 싸여 있다'

60) '[주관과 객관]의 대상···'

61) '말(馬)들에게 그리고 말의 신들에게 인사드립니다'

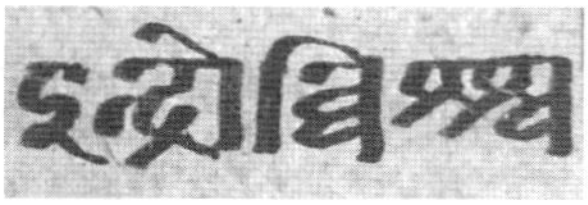 *Yajur-veda*Ⓐ

indrovviśśva…

→ indro viśva…

15) ṣ 중복

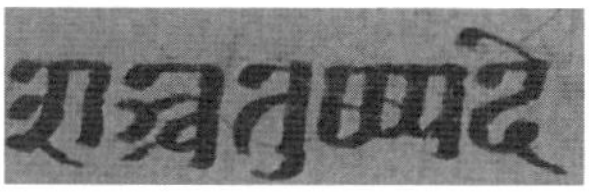 *Yajur-veda*Ⓐ

śañ catuṣṣpade → śañ catuṣpade

3. 자음의 혼용

1) v, b의 혼용

필사본에서 특히 빈번하게 발견되는 또 하나의 특징은 b와 v가 혼용되거나 또는 바뀐 경우이다. 일반적으로 b가 v로 대체된 경우가 더 많이 발견되는데 대표적인 단어는 bahu, brahma, bīja, sarva이다.

(1) b → v

(Ex. 1) *Upadeśasāhasrī*Ⓐ

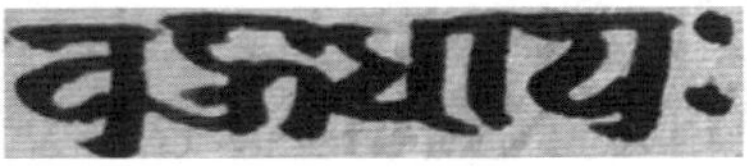

vahudhā yaḥ
→ bahudhā yaḥ

…pi vahudhaiko
…pi bahudhaiko

두 예문에서 bahu는 vahu로 되어 있다. 한편, 왼쪽 그림의 두 번째 음절 (hu)과 오른쪽 그림의 세 번째 음절 hu는 'hu의 다양한 이체자 중 하나'(Type II[1])이다.

(Ex. 2) *Vedāntādhikaraṇamālā*Ⓦ

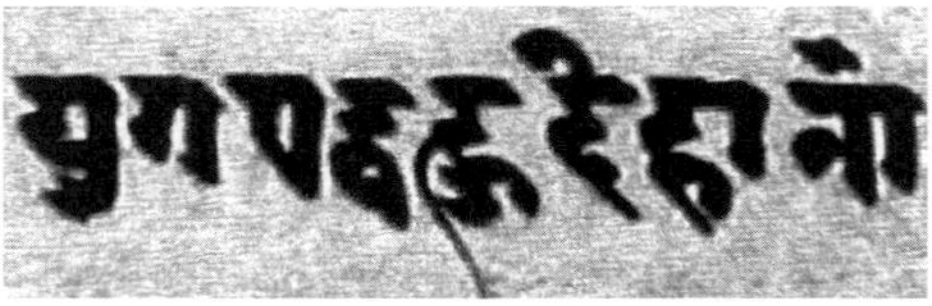

yugapad vahudehānāṃ
→ yugapad bahudehānāṃ[62]

---

62) '동시에(함께) 많은 신체들의'

(Ex. 2) *Vedāntādhikaraṇamālā*Ⓦ

tasmād ātmamansor vahutvaṃ

→ tasmād ātmamansor bahutvaṃ[63)]

위의 두 예문에서의 bahu 역시 vahu로 표기되어 있다. 한편 첫 번째 그림의 다섯 번째 음절과 두 번째 그림의 아홉 번째 음절  (hu)는 'hu의 다양한 이체자 중 하나'(Type III)이다.

(Ex. 3) *Bhagavadgītā*Ⓐ

Ⓐ

vahūdaraṃ vahudaṃṣṭrākarālaṃ

→ bahūdaraṃ bahudaṃṣṭrākarālaṃ[64)]

위 그림의 경우 두 곳의 bahu가 모두 vahu로 되어 있다. 한편 위 그림의 두 번째 음절 (hū)은 'hū의 다양한 이체자 중 하나'(Type II[1])이고 여섯 번째 음절의 (hu)는 'hu의 다양한 이체자 중 하나'(Type II[1])이다.

---

63) '그러므로 아뜨만과 마나스의 다수성…'

64) '많은 배와 수많은 무시무시한 엄니를 지닌'

(Ex. 4)

b가 v로 곧잘 표기되는 또 하나의 단어는 brahma이다.

 *Bhagavadgītā*Ⓐ

vrahmavidyāyāṃ

→ brahmavidyāyāṃ

 *Haṭhapradīpikā*Ⓦ

vrahmaraṃdhre

→ brahmarandhre[65]

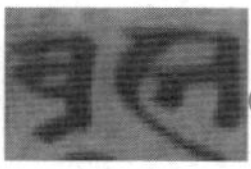Ⓦ

vrahma

→ brahma

(Ex. 5)

 *Mahābhārata*Ⓐ

aṇurvṛhatkṛśaḥ

→ aṇur bṛhat kṛśaḥ [66]

---

65) '브라흐만의 동굴에서'

66) '극미인 것, 광대한 것, 얇은 것은'

 *Tattvabodha*Ⓣ

prāravdhakarmmāṃ

→ prārabdhakarmmāṃ[67)]

그 외에 b → v의 혼용 사례는 다음과 같다.

 *Tattvabodha*Ⓣ

vuddhyahaṃkāra

→ buddhyahaṃkāra[68)]

 *Gorakṣaśataka*Ⓦ

vaddhapadmāsanastho

→ baddhapadmāsanastho[69)]

 Ⓐ

haṃ kṣaṃ vahimātrā

→ haṃ kṣaṃ bahimātrā[70)]

---

67) '시동업(始動業)들의'
68) '통각(統覺), 아만(我慢)'
69) '연화좌를 취한 자는'
70) 'haṃ, kṣaṃ이고 외적 요소는…'

 Ⓐ

vahunātra kim ukte
→ bahunātra kim ukte[71]

 Ⓐ

vaṃdhāt
→ bandhāt[72]

(2) v → b

위에서 언급했던 것과 달리 v가 b로 표기된 경우도 발견된다.

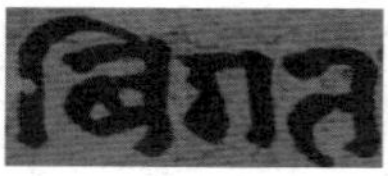

bigata
→ vigata…[73]

 Ⓦ

sarba
→ sarva[74]

---

71) '여기서 더 해야 할 말이 있겠는가?'
72) '결합을 통해서'
73) '소멸된…'
74) '일체'

2) p와 y의 혼용

필사본에 따라 y와 p가 구별되지 않거나 혹은 결합 자음에서 거의 유사한 형태를 취한 경우도 많지만 대부분 문맥에서 판독 가능하다.

 Ⓦ

itpuktalakṣaṇāyāṃ
ity uktalakṣaṇāyāṃ[75]

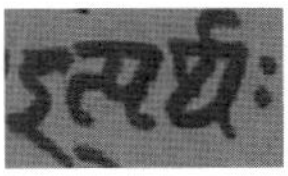 Ⓦ

ity arthaḥ

…ābhāsasyāpy avastutaḥ[76] *Upadeśasāhasrī*Ⓐ

한편, 위 그림의 마지막 세 음절 'vastutaḥ' 중 'tu'는 모음 u가 오른쪽에 붙은 형태이다.

75) '으로 설명된 특성에 있어서'
76) '…으로 나타날지라도 비본질적인 것은'

3) pa와 ya 구별 기호

य 밑에 점을 찍어 **प**와 구별하는 사본도 드물게 발견된다.

(Ex. 1) *Kaṭha-upaniṣad*Ⓐ

iṃdriyebhyaḥ paraṃ

위 예문은 y의 하단부에 점을 찍어 p와 구별하고 있다.

(Ex. 2) *Īśa-upaniṣad*Ⓐ

śrīgaṇeśāya namaḥ[77]

(Ex. 3) *Īśa-upaniṣad*Ⓐ

bhūyyaⒶ

위 예문은 y가 중복되었지만 yya 밑에 점을 찍어 pp와 구별하고 있다.

77) '쉬리-가네샤에게(gaṇesāya) 경배합니다'

(Ex. 4) *Īśa-upaniṣad-ṭīkā*Ⓐ

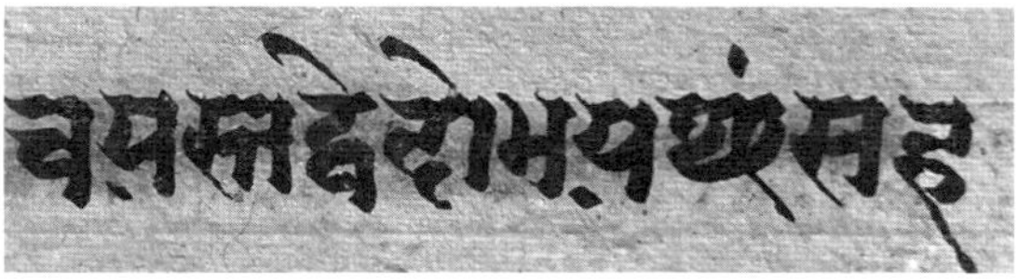

ca yas tad vedobhayaṃ saha[78)]

위 그림의 일곱 번째 음절 ya 뒤에 있는 은 아누스바라의 다양한 부호 중 하나이다(아래의 5번 항목을 참조).

(Ex. 5) *Kaṭha-upaniṣad*Ⓐ

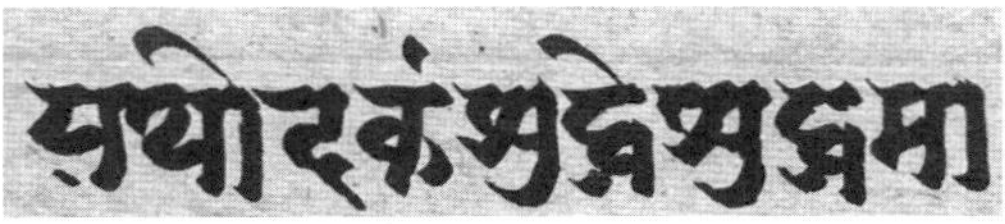

yathodakaṃ śuddhe śuddham ā…[79)]

첫 번째 음절의 ya 역시 아래에 점을 찍어 pa와 구별하고 있다. 한편, 첫 번째 그림의 여섯 번째 음절과 일곱 번째 음절의 (ddha)는 'ddha의 다양한 이체자 중 하나'(Type III)이다.

그 외, 위 필사본에서 발견되는 다른 예는 다음과 같다.

Kaṭha-upaniṣadⒶ

yad jñātvā mucyate[80)]

---

78) '그리고 그 둘을 동시에 알고 있는 자는(vedobhayam)'
79) '마치(yathā) 청정한 곳에 있는 청정한 물이…'

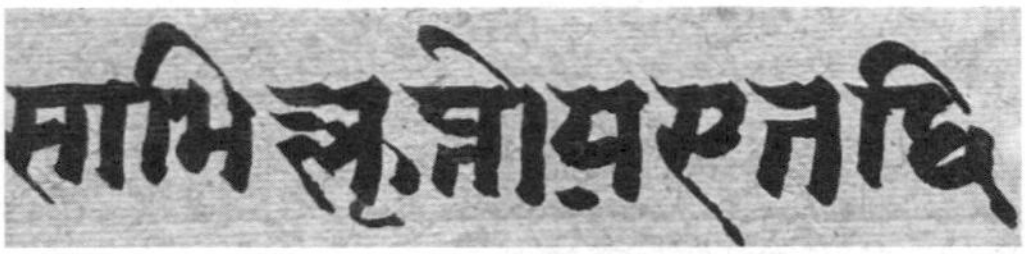 *Kaṭha-upaniṣad*Ⓐ

…sābhikḷpto ya etad vi..[81]

4) tt와 t의 혼용

자음 중복 현상과 반대로 한 음절이 누락된 형태도 빈번하게 발견되는데 대표적인 것이 t이다. 적지 않은 사본에서 tattva, sattva는 tatva, satva로 되어 있다.

(Ex. 1)

 Ⓐ

satvarajastamaḥ

→ sattva-rajas-tamaḥ[82]

(Ex. 2) *Tattvaviveka* of ŚaṅkaraⒶ

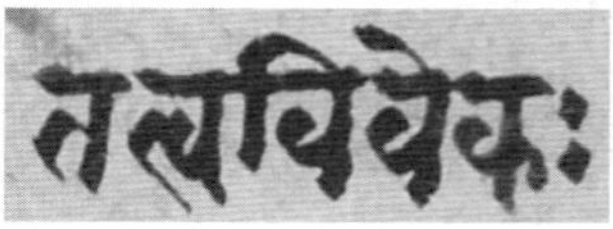

tatvavivekaḥ

→ tattvavivekaḥ[83]

---

80) '…자각함으로써 해탈한 자(yad)'
81) '으로 밝혀지는 바로 그것은…'
82) '삿뜨바, 라자스, 따마스는'
83) '진리에 대한 식별이란'

tatvasvarūpa···

→ tattvasvarūpa···[84)]

한편 위에서 설명된 sattva, tattva의 경우와 달리 tt가 t로 되어 있을 경우 오독의 가능성도 있다. 예를 들어 'adarśanā**tt**vanādyanantabrahma'(adarśanāt-tv-anādyanantabrahma)가 'adarśanātvanādyanantabrahma'로 되어 있을 경우 'adarśanāt tu anādyanantabrahma'(하지만 통찰하지 못함으로써 무시무종의 브라흐만을···)가 아니라 다른 식으로 분석될 수도 있다.

84) '진리의 본질···'

4. 비음 ṅ, ñ, ṇ의 아누스바라(ṃ)화

필사본의 특징 중 하나는 비음 ṅ, ñ, ṇ이 ṃ로 대체된 것이다.

1) ṅ → ṃ

(Ex. 1) chaṅkara…

 *Tattabodha*Ⓣ

iti śrīmac chaṃkarācāryya

→ iti śrīmac chaṅkarācārya

위 예문에서 chaṃkarācārya(Śaṅkarācārya)의 ṅ이 ṃ으로 대체되었고 마지막 음절 y는 yy로 중복되었다.

(Ex. 2) liṅga

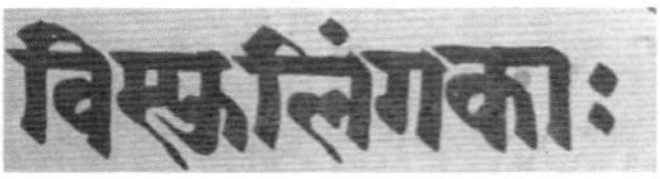 *Siddhāntakaumudī*Ⓐ

visphuliṃgakāḥ

→ visphuliṅgakāḥ[85)]

(Ex. 3) asaṅga

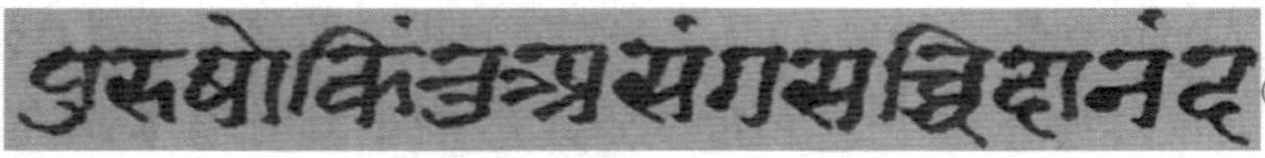 Ⓐ

puruṣo kiṃ tu asaṃgasaccidānaṃda

→ puruṣo kiṃ tu asaṅgasaccidānanda[86)]

---

85) '불꽃의 화염은'

86) '뿌루샤는 무엇인가? 무착(無着)이고 존재-의식-환희[를 본성으로

(Ex. 4) saṅga

 Ⓦ

saṃgaṃ tyaktvā

→ saṅgaṃ tyaktvā[87]

2) ñ → ṃ

(Ex. 1) pañca

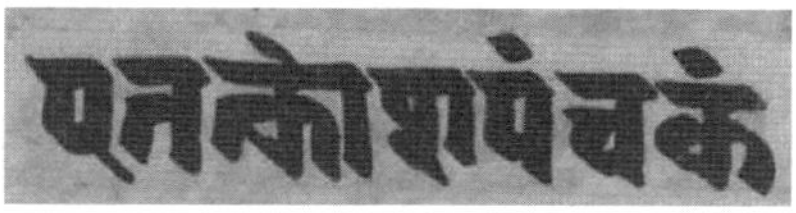 *Tattvaviveka*Ⓣ

etat kośapaṃcakaṃ

→ etat kośapañcakaṃ[88]

(Ex. 2)

아래의 세 그림에서 Patañjali는 모두 Pataṃjali로 되어 있다.

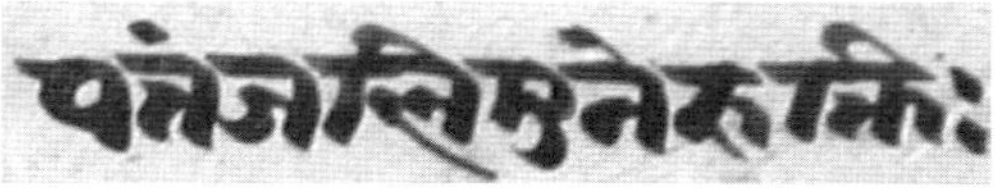 *Yogasūtravṛtti*Ⓦ

pataṃjalimuner uktiḥ[89]

하는…]'

87) '집착을 버리고서'

88) '이것이 [참자아를 가리는] 다섯 덮개(五藏)이다'

89) '빠딴잘리 무니(신선)께서 말씀하신'

Yogasūtra-ṭīkāⓎ

pataṃjalimuner uktiḥ

Yogasūtra-ṭīkā of BhojadevaⓌ

2 iha khalu bhagavān pataṃjaliḥ[90)]

3) n → ṃ

n은 거의 대부분 ṃ으로 되어 있다.

(Ex. 1) kundara

MahābhārataⒶ

kumudaḥ kuṃdaraḥ kuṃdo
→ kumudaḥ kundaraḥ kundo

위 그림의 4-6번째 음절 kundaraḥ는 kuṃdaraḥ로 되어 있고 마지막 단어 kundo는 kuṃdo로 되어 있다. 한편, 위 그림의 첫 번째, 네 번째, 일곱 번째 음절의 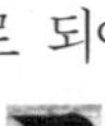(ku)는 'ku의 다양한 이체자 중 하나'(Type III[1])이다.

90) '2. 이제, 실로 바가반 빠딴잘리께서는…'

(Ex. 2) indriya

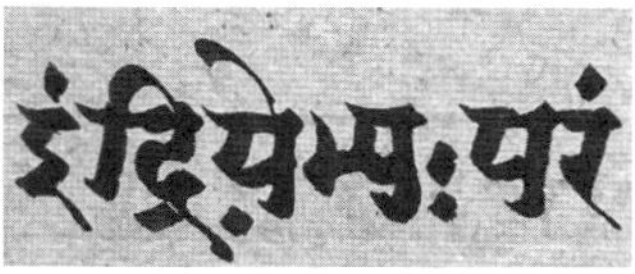

Kaṭha-upaniṣadⒶ

iṃdriyebhyaḥ paraṃ

→ indriyebhyaḥ paraṃ[91)]

필사본에서 indriya는 대부분 iṃdriya로 되어 있는데 위 예문도 그 사례 중 하나이다.

한편, 앞에서(III-3) 다루었듯이 세 번째 음절 ya 밑에 있는 점은 pa와 구별하기 위한 기호이다.

(Ex. 3) bhavantaḥ

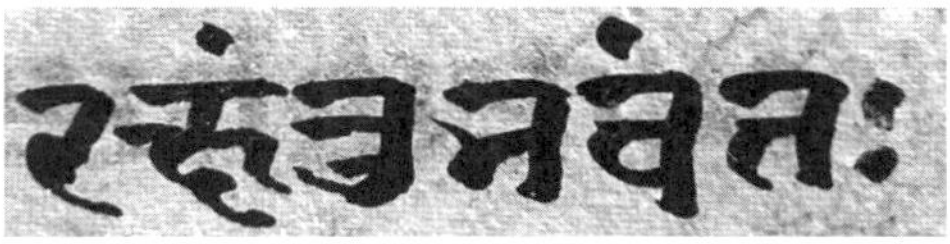

BhagavadgītāⒶ

…rakṣaṃtu bhavaṃtaḥ

→ …rakṣaṃtu bhavantaḥ[92)]

한편, 위 예문의 두 번째 음절 (kṣa-)는 'kṣa의 다양한 이체자 중 하나'(Type IV^2)이다.

그 외의 n이 아누스바라로 표기된 예는 다음과 같다.

---

91) '감관들보다 위대한 것'

92) '수호할지어다'

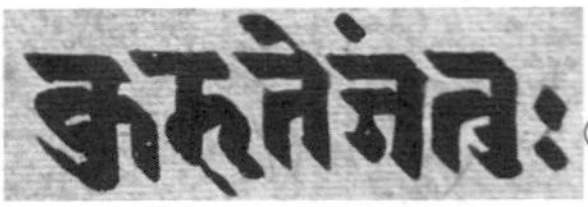
Ⓐ

kurute jaṃtuḥ···

→ kurute jantuḥ···

HaṭhapradīpikāⒽ

pauraṃṭakaḥ

→ pauraṇṭakaḥ (人)

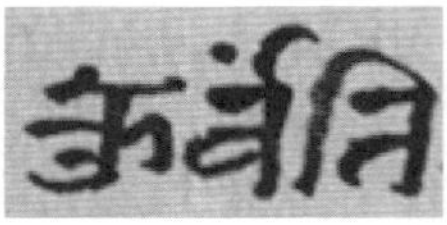
Tattvabodha of ŚaṅkaraⒶ

kurvaṃti

→ kurvanti

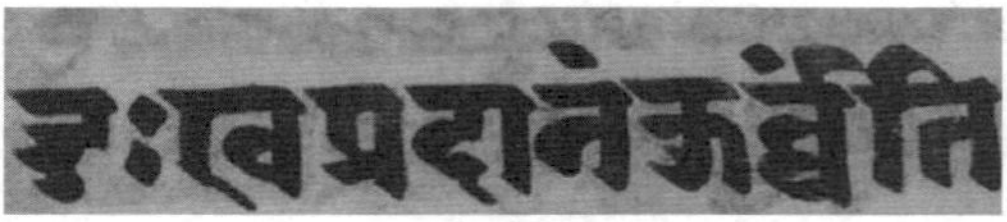
TattvabodhaⓉ

duḥkhapradānaṃ kurvvaṃti

→ duḥkhapradānaṃ kurvvanti[93)]

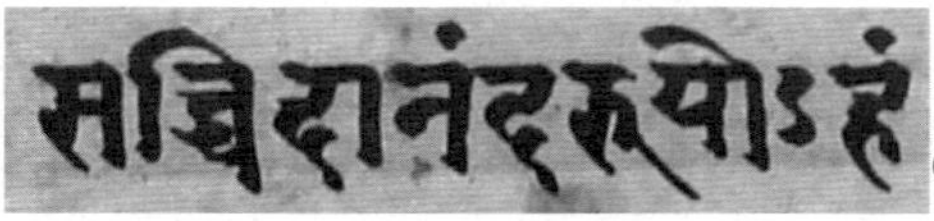
GheraṇḍāsaṃhitāⓌ

saccidānaṃdarūpo 'haṃ

→ saccidānandarūpo 'haṃ[94)]

---

93) duḥkhapradānaṃ kurvanti

5. 아누스바라(anusvāra)의 다양한 형태

아누스바라는 일반적으로 점() 또는 마름모꼴()로 표시되지만 다음과 같은 형태도 발견된다.

아누스바라(ṃ)의 형태					
1	**2**	**3**	**4**	**5**	**6**

1) 

(Ex.) tāṃ

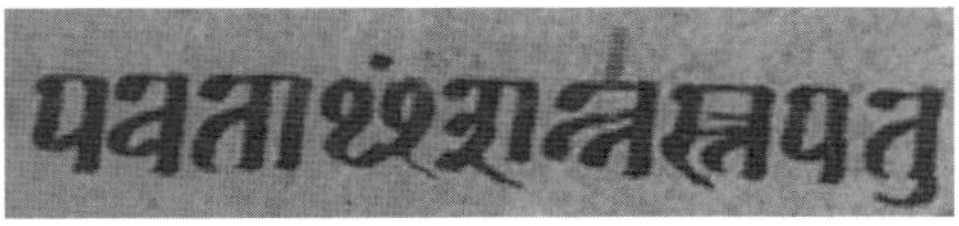

Yajur-vedaⒶ

pavatāṃ śan nas ttapatu (pavatāṃ śan nas tapatu)

2) 

(Ex. 1) yaṃ

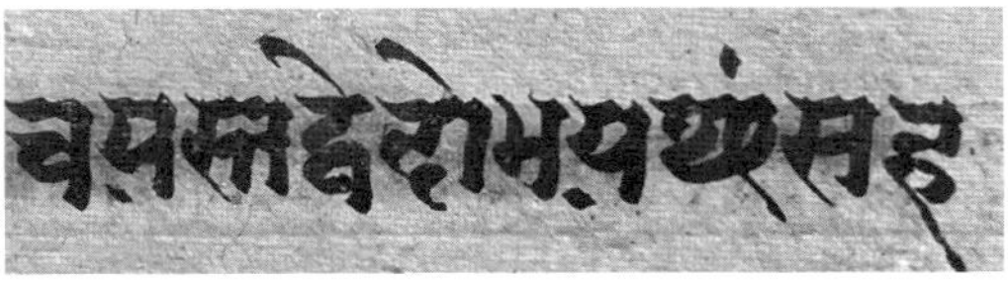

Kaṭha-upaniṣadⒶ

ca yas tad vedobhayaṃ saha[95]

94) '나는 존재-의식-환희를 본질로 한다'

95) '그 둘을 모두 알고 있는 자는'

(Ex. 2) taṃ

 *Īśa-upaniṣad*Ⓐ

smarakṛtaṃ smara 15[96)]

(Ex. 3) …taṃ

 *Īśa-upaniṣad*Ⓐ

bhasmāṃtaṃ śa…[97)]

3) 

ṃ을 로 표기한 예는 *Yajur-veda* 필사본 1개에서 발견되었다.

(Ex) mmaṃ

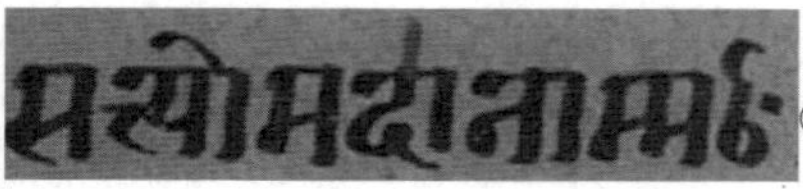Ⓐ

sattyo madānām maṃ

(Ex.)śaṃ Ⓐ

śaṃ rātrīḥ

---

96) '행한 것을 기억하라, 기억하라. 15송'
97) …는 잿더미로 사라진다(antaṃ)'

4) 

(Ex. 1) yaṃ idaṃ

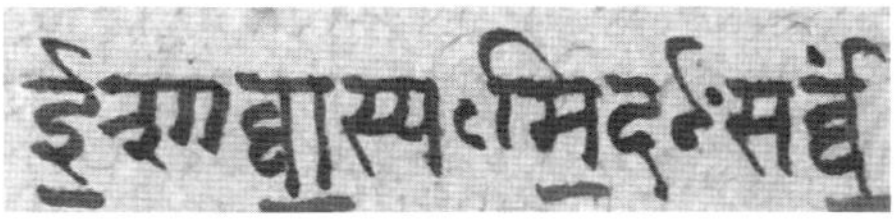
Īśa-upaniṣadⒶ

īśāvvāsyam idaṃ sarvvaṃ (īśāvāsyam idaṃ sarvaṃ)

(Ex. 2) taṃ

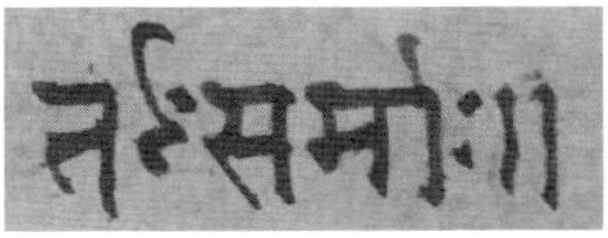
Īśa-upaniṣadⒶ

…taṃ samāḥ

5) 

(Ex) …yāṃ

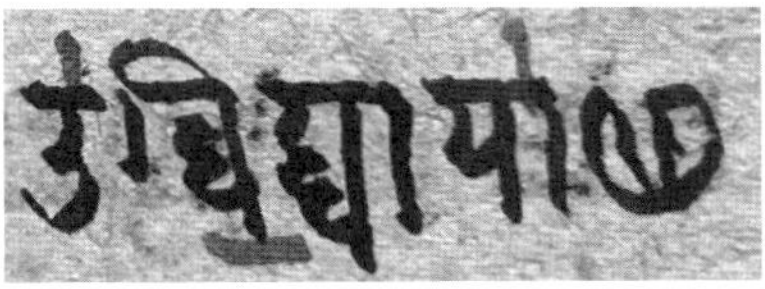
Īśa-upaniṣadⒶ

u vviddyāyāṃ (u vidyāyāṃ)

6) , 

(Ex. 1) maṃ

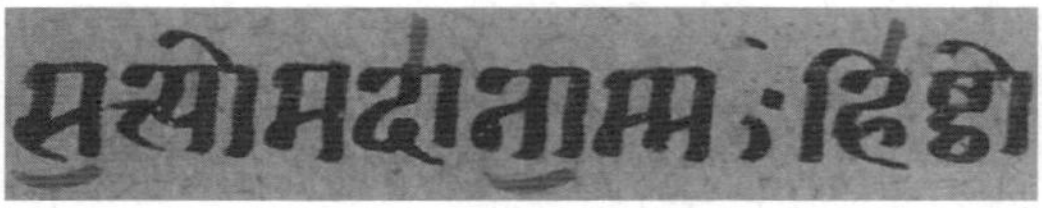
Yajur-vedaⒶ

sattyo madānām maṃ hiṣtho[98]

(Ex. 2) taṃ

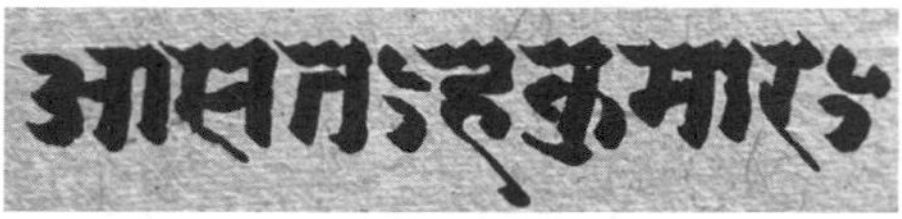
Kaṭha-upaniṣadⒶ

āsa taṃ ha kumāraṃ[99]

(Ex. 1) taṃ

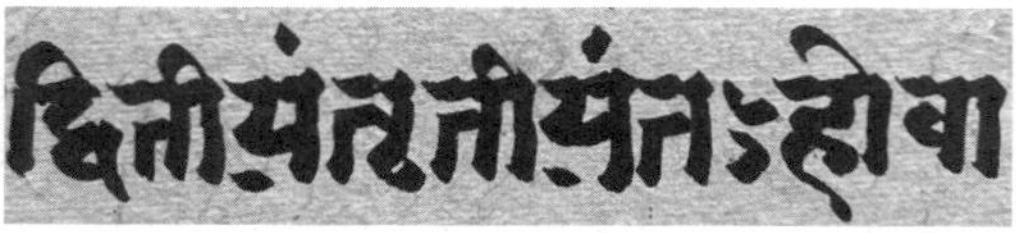
Kaṭha-upaniṣadⒶ

dvitīyaṃ tṛtīyaṃ taṃ hovā…[100]

(Ex. 2) kiṃ

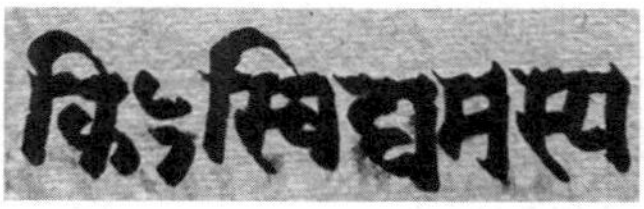
Kaṭha-upaniṣadⒶ

kiṃ svid yamasya[101]

---

98) satyo madānām maṃ hiṣṭho
99) '…이 있었다. 실로 그(taṃ) 어린이는'
100) '두 번, 세 번 [묻자] 그에게(taṃ) 말했다'

한편, 동일 필사본 내에서 과 이 혼용된 사례도 발견된다.

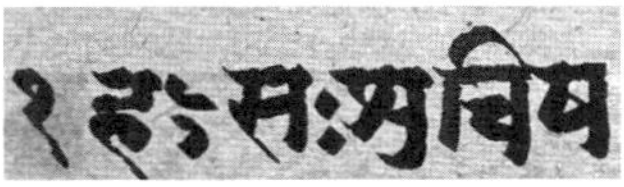 *Kaṭha-upaniṣad*Ⓐ

1 haṃsaḥ śuciṣa

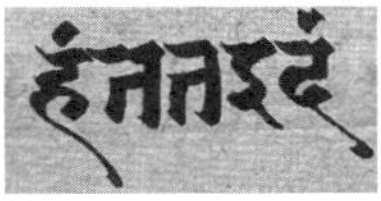 *Kaṭha-upaniṣad*Ⓐ

haṃta ta idaṃ

101) ‘야마에게 실로 무엇을(kiṃ)’

6. 사본의 오탈자

적지 않은 사본의 경우 위에서 열거한 방식으로 필사자에 의해 수정되기도 하지만 오류가 그대로 있는 경우도 많이 발견된다.

(Ex. 1)

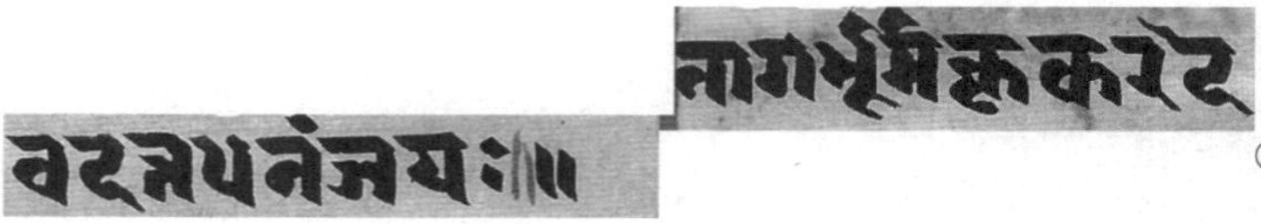

Ⓐ

nāgarbhūrmakṛkaradevadattadhanaṃjayaḥ 11
→ nāgakūrmakṛkaradevadattadhanaṃjayaḥ 11

위 그림은 나가(nāga), 꾸르마(kurma, 끄릿까라(kṛkara), 데바닷따(devadatta), 다낭자야(dhanañjaya)와 같은 다섯 보조 생기(prāṇa)를 열거하는 부분인데 nāga뒤에 열거되어야 할 것은 kūrma이지만 rbhū로 되어 있다.

(Ex. 2)

Ⓦ

phalguprakāmam a···
→ phalguprakāśam a···102)

위 예문에서 다섯 번째 음절은 śa가 아니라 ma로 되어 있다.

---

102) '붉은 빛을…'

(Ex. 3) *Bhagavadgītā*Ⓐ

iddhiyasyeṃdriyasyārthe
→ i{ṃ}driyasyeṃdriyasyārthe

두 번째 음절은 ddhi로 되어 있는데 아마도 4-5번째 음절과 동일한 음절인 'ṃdri'일 것으로 추정된다.

(Ex. 4) *Yogasūtravṛtti*Ⓦ

sasādhanasaphalo {'}bhidheyaḥ
→ samādhanasaphalo {'}bhidheyaḥ

위 예문의 경우 samādhana(삼매)가 sasādhana로 되어 있다.

(Ex. 5) *Haṭhapradīpikā*Ⓣ

ānasaṃ kuṃbhakaś ci···
→ āsanaṃ kuṃbhakaś ci···[103]

위 예문에서 āsanaṃ(좌법)이 ānasaṃ(수레)으로 잘못 필사되었다.

103) '아사나(체위) 그리고 꿈브하까(들숨 후 멈춤, =호흡법)가···'

7. 생략 부호, 약호

1) 생략 부호

본문에서 생략되는 글자는 대부분 완료 동사 uvāca(*Pf. III.sg.*)인데 대부분 'u°'로 약기(略記)하고 있다.

(Ex. 1) *Īśa-upaniṣad*Ⓐ

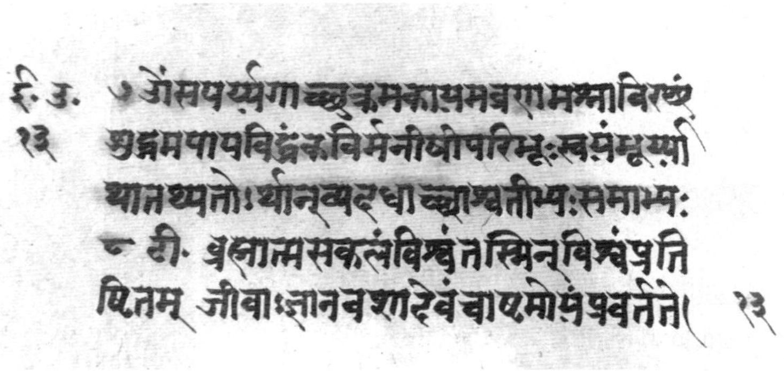

네 번째 줄의 첫 번째 숫자 8 뒤에 있는 'ṭī°'는 ṭīkā의 약자로 그 의미는 1-3번 행의 내용이 '8송에 대한 주석이라는 것'을 의미한다. 그 외에 필사본의 오른쪽 여백 하단에 일종의 망갈라로 śrīra(śrīrāma), rā(rāma) 등으로 약기한 경우도 적지 않게 발견된다.

(Ex. 1) *Bhagavadgītā*Ⓐ

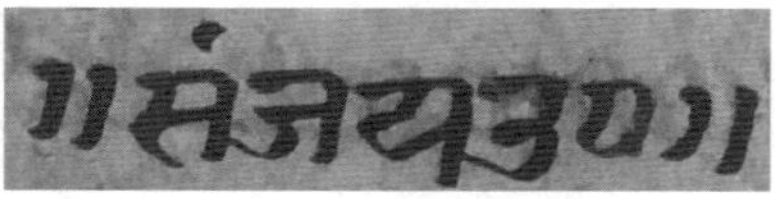

saṃjaya u° ||

→ saṃjaya uvāca || 104)

2) 서명(書名)

필사본의 경우 뒷면의 왼쪽 여백 상단에 서명을 약호(약기)로 기재하고 그 밑에 폴리오의 일련번호를 기재하고 있다.

(Ex. 1) *Bhagavadgītā*Ⓐ

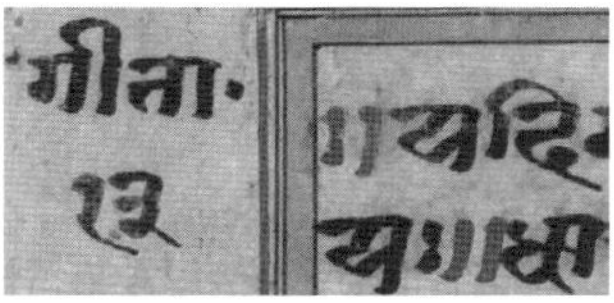

위 예문의 왼쪽 상단의 여백에 'gītā°'와 숫자 '13'이 기재되어 있는데 'gītā°'는 *Bhagavadgītā*의 약호이고 '13'은 폴리오 번호이다.

(Ex. 2) *Brahmasūtrabhāṣya* of ŚaṅkaraⓌ

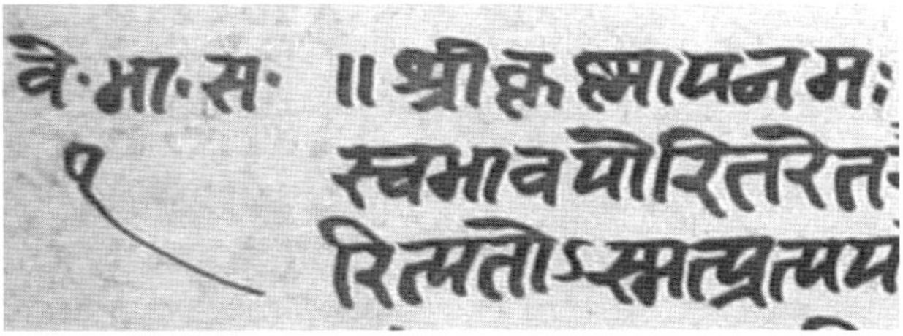

왼쪽 여백에 've°bhā°sa°'라는 약호와 폴리오 번호 1이 기재되어 있는데 여기서의 've°'는 *Vedāntasūtra*(『베단따 경(經)』, =『브라흐마 수뜨라』)를 의미하고 'bhā°'는 bhāṣya(주석)를 의미하고 'sa°'는 saha (함께) 또는 savyākhyā(주석과 함께)를 의미한다. 따라서 그 의미는 '베단따 경과 그것에 대한 주석서를 함께 묶은 사본'을 의미한다.

---

104) '산자야가 말했다'

(Ex. 3) *Śārīraka-mīmāṃsā* (*Vedāntasūtra*)ⓦ

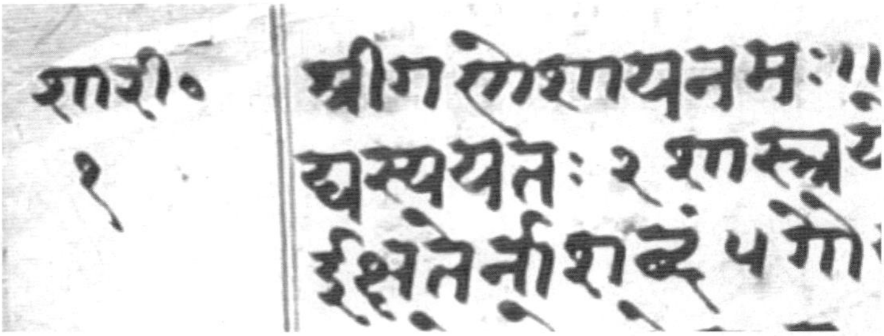

왼쪽 여백의 'śārī°'는 *Śārīraka-Mīmāṃsā*(『자아에 대한 탐구』)의 약자이다. 이 작품은 『베단따 경』(*Vedāntasūtra*), 『브라흐마 경』(*Brahmasūtra*)으로 더 널리 알려져 있다. 왼쪽 여백의 숫자 1은 폴리오 번호이다.

(Ex. 4) *Nyāyasūtravṛtti*ⓦ

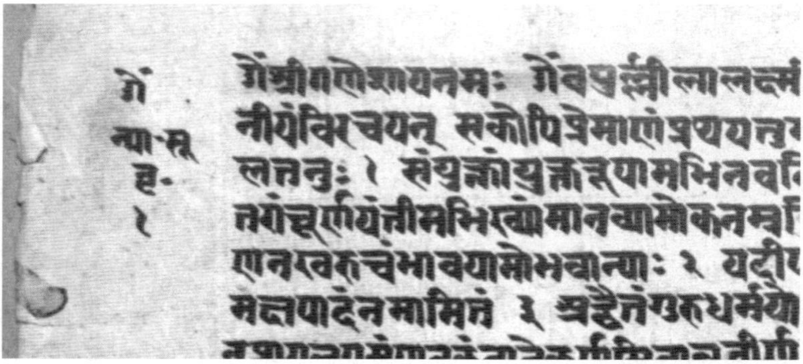

왼쪽 여백에 일종의 망갈라인 'oṃ'이 있고 그 밑에 'nyā°sū°vṛ°'와 숫자 '1'이 있는데 'nyā°sū°vṛ°'는 *Nyāyasūtra-vṛtti*의 약호이고 숫자 '1'은 폴리오의 일련번호이다.

(Ex. 5) *Siddhantakaumudī*Ⓐ

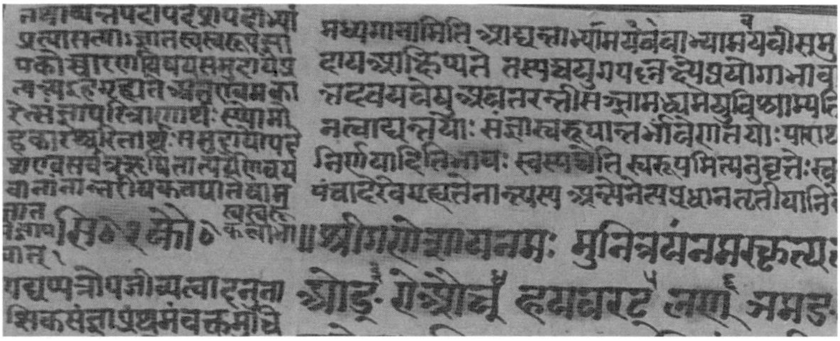

위 사본은 왼쪽과 오른쪽 상단의 여백에 주석이 있고 본문은 오른쪽의 밑에서 두 번째 줄 'śrīgaṇeśāya namaḥ' 이후의 munitrayaṃ… 부터 시작된다. 왼쪽 여백의 'si°1 kau°'은 '*Siddhantakaumudī*의 첫 번째 폴리오'를 의미한다.

(Ex. 6) *Haṭhapradīpikā*Ⓦ

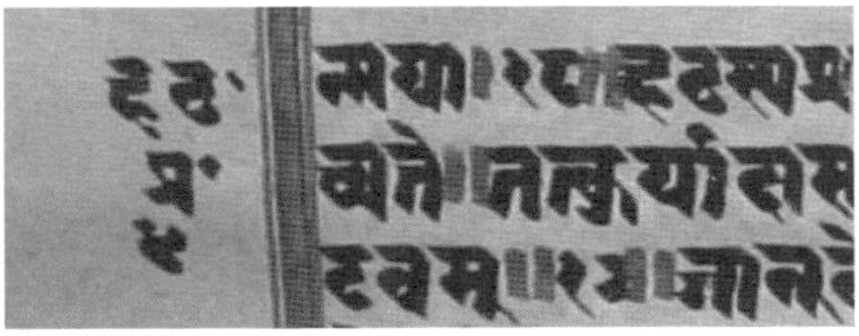

왼쪽 상단의 여백에 'haṭha°pra°'와 숫자 '4'가 표기되어 있는데 'haṭha°pra°'는 *Haṭhapradīpikā*(*Haṭhayogapradīpikā*)의 약자이고 숫자 '4'는 이 면이 네 번째 폴리오라는 것을 표시하는 페이지 번호이다.

(Ex. 7) *Īśa-upaniṣad* Ⓐ

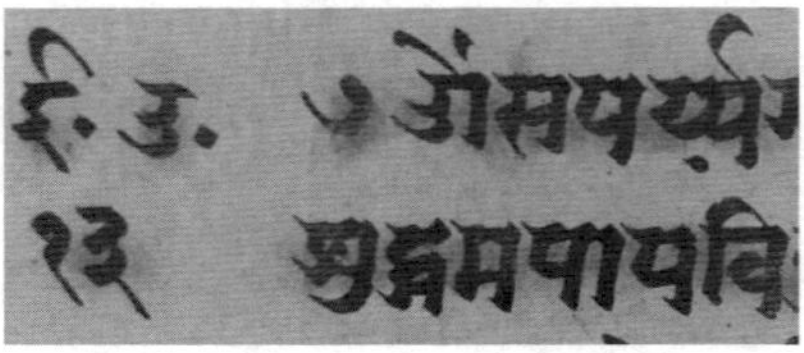

왼쪽 여백에 'ī°u°'와 '13'이 기재되어 있는데 'ī°u°'는 '*Īśa-upaniṣad*'의 약자이고 '13'은 폴리오 번호이다.

(Ex. 8) *Sāṃkhya-tattvakaumudī* of Vācaspati MiśraⒶ

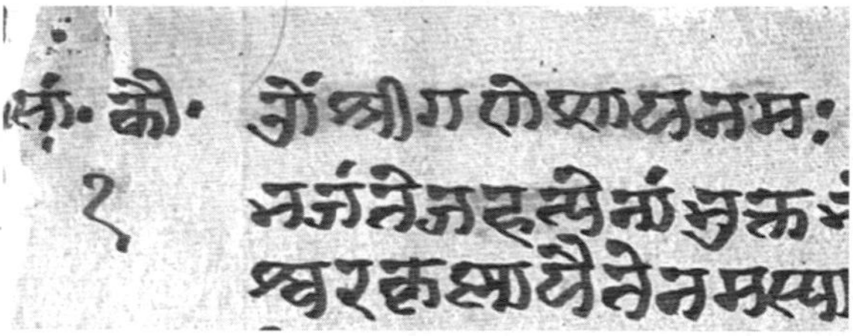

왼쪽 여백의 'sāṃ°kau°'는 '*Sāṃkhya-tattvakaumudī*'의 약호이고 숫자 '1'은 폴리오 번호이다.

3) 필사 연도, 월일, 요일의 약호

필사 연월일은 필사본의 마지막 콜로폰에 기재되어 있다.[105) 데바나가리 필사본의 경우 대부분 Vikram Saṃvat력(曆)으로 되어 있는데 56을 뺀 숫자가 서력이다.

---

105) 필사 연월일이 기재되지 않은 필사본도 적지 않게 발견된다.

(Ex. 1) *Yogavāsiṣṭha*Ⓦ

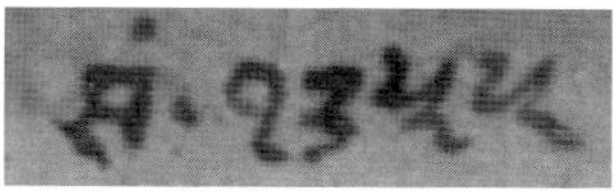

saṃ° 1355

saṃvat력 1355년, AD. 1299

위 그림은 사본이 필사된 연도를 적은 부분인데 여기서의 'saṃ°'은 saṃvat(삼바뜨 력曆)의 약자이다.

(Ex. 2)

Ⓦ

saṃvat 1795 caitraśu° 7 gu

saṃvat 1795 caitra-śudi 7 guruvāsare[106)]

'caitraśu śu°7'에서 'śu°7'는 śudi7(제7일)의 약기(略記)이고 'gu°'는 guruvāsara(목요일)의 약기이다.

106) 삼바뜨 력 1795(A.D. 1720)년 3-4월 제7일 목요일에… [필사했다]

제2부 데바나가리 필사본의 오류 수정 유형

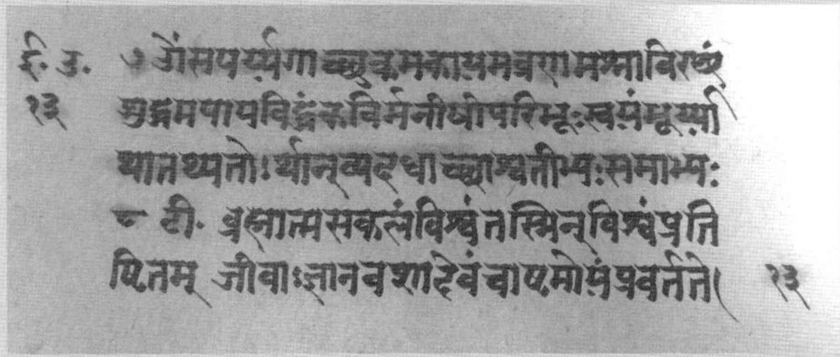

Iśa-upaniṣad-ṭīkā. F.13v[A]

ī°u°
13

¹ ‖7‖ oṃ sa paryyagāc chukram akāyam avraṇam aśnāvirachaṃ
² śuddham apāpaviddhaṃ kavir manīṣī paribhūḥ svayaṃbhūr yyā-
³ thā tathyatoḥ {ʼ}rthān vyadadhāc chāśvatībhyaḥ samābhyaḥ
⁴ ‖8‖ ṭī. brahmātmasakalaṃ viśvaṃ tasmin viśvaṃ prati-
⁵ ṣṭhitam jivā ʼjñānavaśād evaṃ cāṣṭamoyaṃ pravartate-   13

I. 여백에서의 수정

II. 텍스트 내에서의 수정

1. 행간에서의 작은 글씨로 수정
2. x 또는 x   x표시
3. 번호 매김
4. 단다(।)의 추가: 모음의 증대
5. 단다의 제거: 모음의 감소
6. 체크 표시: 모음의 감소
7. 음절 또는 문장의 삭제
8. 비사르가 추가.
9. 아바그라하의 추가

필사본(Manuscript, 筆寫本)은 사람이 손으로 쓴 것이므로 오탈자를 비롯해서 음절이나 철자의 획(serif) 탈락, 중복 등 부주의나 혼동으로 인한 오류들이 있을 수밖에 없고 따라서 대부분의 사본에는 수정된 흔적이 남아 있다. 서체를 비교해서 수정된 글자가 필사자 자신의 필체인지 아닌지 여부 그리고 수정되기 이전의 글자(또는 삭제된 원문)들 그리고 오류가 수정되지 않은 채 그대로 재필사된 경우 등등 '수정과 관련된 사항' 역시 사본의 계통도 등을 밝히는데 하나의 단서가 되므로 그 자체로 중요하다고 할 수 있다.[1]

I. 여백에서의 수정

누락된 음절이나 단어 혹은 문장을 추가하기 위해 사용되는 기호 중 가장 일반적인 것은 까까빠다(kākapāda: 새의 발, 까마귀의 발)로 불리는 ,  표시이고 그 외에  등과 같은 기호도 빈번하게 사용된다. 이 기호들은 본문 속에서 수정해야 할 글자 위에 표시되고, 추가되어야 할 음절이나 단어는 좌•우 여백에 '수정해야 할 행(line)을 표시하는 숫자'와 함께 기록된다.

1) 제2부는 박영길 2010의 소논문을 수정, 보완한 것임

(Ex. 1) *Upadeśasāhasrī-ṭīkā*Ⓐ

위 사본의 경우 세 번째 행의 6번째 음절이 삭제되고 그 위에 '=' 부호가 있으며 왼쪽의 여백에 'hu'라는 글자가 있다. 여기서의 '='는 위에서 설명했던 수정 기호 까까빠다()와 같은 의미로 사용되었는데 그 의미는 'va와 vacana' 사이에 'hu'를 삽입해서 'vahuvacana'(많은 말, bahuvacana)2)로 만들어라는 것이다.

MS^{Ac} ···m upapattiḥ va$^{=}$vacanaprayogād a···
MS^{Pc} → ···m upapattiḥ va**hu**vacanaprayogād a···

위 예문의 경우, 필사본의 일반적 경향대로 bahu(많은)의 b는 v로 되었고 왼쪽 여백의 (hu)는 'hu의 이체자 중 하나'(Type II[1])이다.

2) 앞의 제1부 II-3항에서 살펴보았듯이 필사본의 경우 v와 b는 대체로 혼용된다.

(Ex. 2) *Brahmsūtrabhāṣya* of Śaṅkara[Ⓦ]

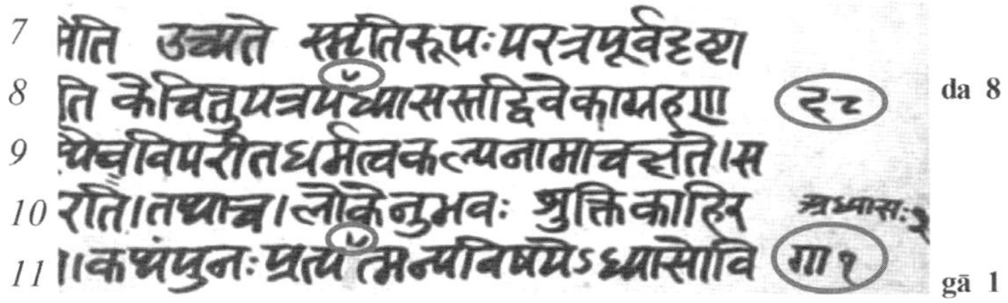

(1) 수정 기호 ' '는 여덟 번째 행의 'ya'와 'dhyāsa' 사이에 있고 오른쪽 여백에 'da 8'이 있다. 'da 8'에서 숫자 8은 여덟 번째 행을 의미하고 'da'는 '여덟 번째 행에 표시가 있는 곳'에 추가해야 할 음절이다. 교정자의 의도는 8번째 행의 'ya'와 'dhyāsas' 사이에 'da 를 삽입해서 'yadhyāsas'를 'yadadhyāsas'로 수정해라는 것이다.

MS^{Ac} kecit tu yatra ya$^{\vee}$dhyāsas tad vivekāgrahaṇa···
→ MS^{Pc} kecit tu yatra ya**d a**dhyāsas tad vivekāgrahaṇa···[3)]

(2) 제11행의 'pratya'와 'tmanya···' 사이에 ' ' 표시가 있고 오른쪽 여백에 'gā 1'이 기록되어 있다. 여기서 숫자 '1'은 위의 경우와 달리, 밑에서부터 세었을 때의 첫 번째 행을 의미하고 'gā'는 추가되어야 할 음절이다. 교정자의 의도는 11번째 행의 'pratya'와 'tmanya' 사이에 'gā'라는 음절을 삽입해라는 것이다.

MS^{Ac} kathaṃ punaḥ pratya$^{\vee}$tmany aviṣaye 'dhyāso vi···
→MS^{Pc} kathaṃ punaḥ p**ratyagātm**any aviṣaye 'dhyāso vi···[4)]

---

3) '혹자는 가탁이 일어날 때 그것을 구별하지 않는 것··· [으로 정의한다]'
4) '감관의 인식 대상이 아닌 내적 자아(pratygātmany)에 어떻게 가탁

(3) 한편, 열 번째 행의 첫 두 음절 'rati'위에 '='라는 기호가 있고 오른쪽 여백에 'adhyāsaḥ 2'가 기록되어 있다. 숫자 '2'는 아래에서 위로 세었을 때 두 번째 줄을 의미하는데 여기서의 '='는 수정 기호가 아니라 '= 표시가 있는 문장의 의미'를 여백에서 설명한다는 기호이다.

(Ex. 3) *Upadeśasāhasrī* of Śaṅkara[Ⓐ]

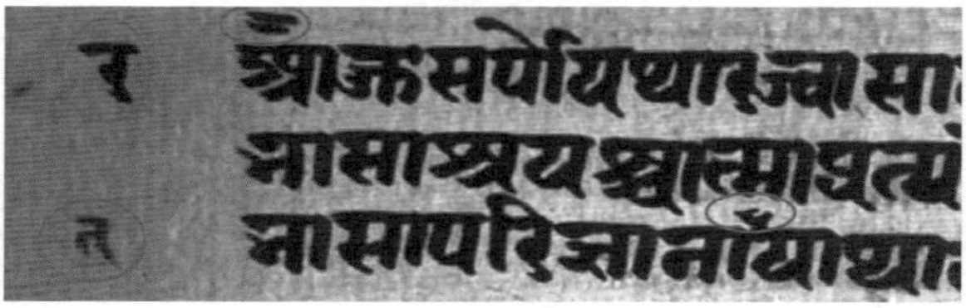

(1) 첫 번째 행의 첫 번째 음절 'ā'위에 '=' 표시가 있고 왼쪽 여백에 'ra' 음절이 있으므로 여기서의 '='는 'ra와 ā를 결합하라는 부호'로 파악된다. 따라서 필사본의 본문은 'ājjusarpo…'로 시작하지만 ra을 추가하면 'rājjusarpo'가 된다.

MS^{Ac} = ājjusarpo yathā
→ MS^{Pc} **rā**jjusarpo yathā[5]

(2) 세 번째 행의 'nā'와 'yā' 사이에 't'를 삽입하면 nātyā가 된다.

MS^{Ac} …bhāsāparijñānā yāthā…
→ MS^{Pc} …bhāsāparijñānā**t** yāthā…[6]

(假託, adhyāsa)이 일어날 수 있겠는가?'

5) '마치 새끼줄(rajju)과 뱀처럼'

6) '마치 빛을 지각하지 못함으로(bhāsa-aparijñānāt)'

(Ex. 4) *Bhagavadgītā*Ⓐ

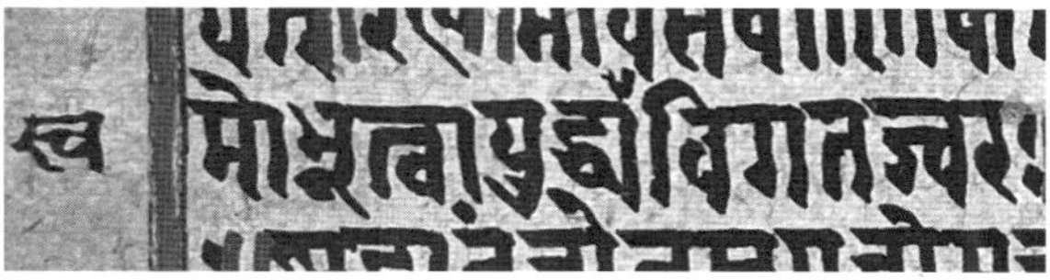

두 번째 행의 'yuddhā와 vigata…'사이에 ''가 있고 왼쪽 여백에 'sva'가 있으므로 이 부분에 'sva'를 삽입하면 II인칭 단수 명령형 'yuddhasva'가 된다.

MS^{Ac} …mo bhūtvā yuddhā∨vigatajvaraḥ

→ MS^{Pc} …mo bhūtvā yuddha**sva** vigatajvaraḥ[7]

---

7) '흥분하지 말고… 하고서… 그대는 싸워라(yuddhasva, *Impv.II.sg.*)'

II. 텍스트 내에서의 수정

추가되어야 할 음절이나 문장은 대부분 행(line) 번호와 함께 여백에 기록되지만 본문 내에서 수정된 예도 빈번하게 발견된다. 이 경우 음절이나 획의 삭제를 의미하는 ✗ , ↙, ▬, ━ 를 비롯해서 단다의 추가를 의미하는 ⌒ , ⌒ 부호 등이 사용된다.

1. 'x' 또는 'x x'표시

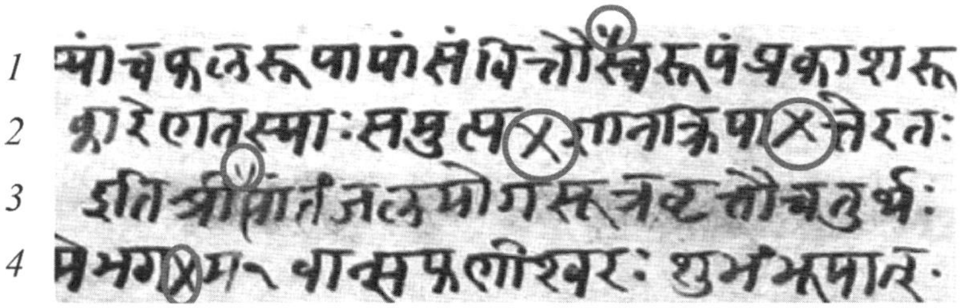

Yogasūtravṛtti of Nāgojībhaṭṭa

음절, 문장의 삽입을 뜻하는 까까빠다 ' ✔ '는 1행과 3행에 발견되고 '✗ ⋯ ✗'는 2행에서 발견되며 네 번째 행에는 '✗'가 발견된다. 추가해야 할 글자는 여백이 아니라 본문 내에서 발견된다.

(1) 첫 번째 행과 두 번째 행
 첫 번째 행의 ✔ 는 'ttau'와 'sva'사이에 있고, 추가해야할 단어는 여백에 있는 것이 아니라, 바로 그 아래의 행 '✗와 ✗ 사이'에 있는 'jñānākriyā'이다.

MS^{Ac} *l*.1: … saṃvittau$^{\vee}$svarūpaṃ prakāśarū…
MS^{Ac} *l*.2: …kāreṇa tasyāḥ samutpa ^{x} jñānākriyā ^{x} tterataḥ

교정자(필사자)가 의도한 것은 두 가지인데 첫 번째는 제2행의 'jñānākriyā'를 제1행의 'ttau와 sva'사이에 삽입해서 'saṃvittau jñānākriyā svarūpaṃ'으로 만들라는 것이고 두 번째는 제2행의 'samutpa'와 'tterataḥ'를 연결시켜 'samutpatterataḥ'로 만들라는 것이다.

교정자(필사자)가 의도하는 문장은 다음과 같다.

→ MS^{Pc} *l*.1 … saṃvittau **jñānākriyāsvarūpaṃ** prakāśarū…
→ MS^{Pc} *l*.2 … kāreṇa tasyāḥ s**amutpatter ataḥ**

(2) 세 번째 행과 네 번째 행

세 번째 행의 경우 'śrī와 pā' 사이에 까까빠다(∨)부호가 있고 네 번째 행의 'me bhaga' 다음에 '×'표시와 'mat'가 있다.

MS^{Ac} *l*.3: iti śrī$^{\vee}$spātaṃjalayogasūtravṛttau caturthaḥ
MS^{Ac} *l*.4: …me bhaga^{x}mat vān saphaṇīśvaraḥ …

교정자의 의도는, 제4행의 '×가 표시된 mat'를 제3행의 까까빠다에 삽입해라는 것이다. 이 경우 제3행은 'śrīmatpataṃjali…'가 되고 네 번째 행은 'mat'가 삭제되었으므로 'bhagamatvān'이 아니라 'bhagavān'이 된다.

→ MS^{Pc} *l*.3: iti śrī**mat**pātaṃjalayogasūtravṛttau caturthaḥ[8)]
→ MS^{Pc} *l*.4: …me **bhagavān** saphaṇīśvaraḥ…[9)]

---

8) '이것으로 성스러운(śrīmat) 빠딴잘리요가경(pātaṃjalayogaśastra)에 대한 주석 중에서 네 번째 가르침이… [끝났다]'

한편, 위 예문의 세 번째 줄의 pātañjala의 ñ은 아누스바라화 되어 있는데 이것 역시 필사본에서 빈번하게 발견된다.(제1부 I-4 참조).

2. 번호 매김

본문의 행간에 번호를 매겨 음절의 위치를 바꿈으로써 오류를 수정하는 경우도 빈번하게 발견된다.

(Ex. 1) *Siddhāntakaumudī*Ⓐ

위 사본의 경우 4번째 음절 'si' 위에 숫자 2가 있고 5번째 음절 'hi' 위에 숫자 1이 있다. 수정자가 의도하는 것은 1번의 'sahita'와 2번의 'nāsi'의 순서를 바꾸어서 'nāsisahita'를 'sahitanāsi'(동반된 코…[소리])로 만들어라는 것이다.

MS^{Ac} mukhanāsi^{2}sahi^{1}takayo…
→ MS^{Pc} mukha**sahitanāsi**kayo…[10)]

---

9) '…존귀한(bhagavān) '뱀신'(saphaṇīśvara, =빠딴잘리)은'
10) '입과 동반된(sahita) 코(nāsika)의…'

(Ex. 2) *Haṭhapradīpikā* of Svātmārāmaⓦ

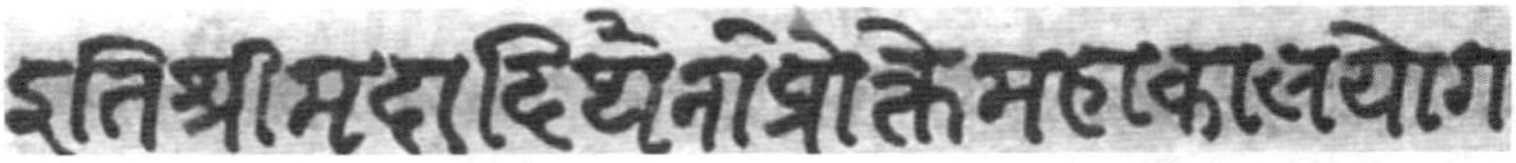

7번째 음절 'tha' 위에 2라는 번호가 있고 여덟 번째 음절 'na'위에 1이라는 수정 기호가 있다. 필사자(교정자)가 의도하는 것은 '숫자 2의 tha와 숫자1의 na의 순서를 바꾸라는 것'이다. 이 경우 'ādithanā'는 'ādinātha'(아디나타, =쉬바)가 된다.

MS^{Ac} iti śrīmad āditha^{2}nā^{1}prokte mahākālayoga
→ MS^{Pc} iti śrīmad ādi**nātha**prokte mahākālayoga…[11]

(Ex. 2) *Tantravartika* (saṃvat 1650년) 1593 C.E.

ⓦ

첫 번째 음절 'mi' 위에 숫자 2가 있고 그다음의 'ni' 위에 숫자 1이 있으므로 교정자(필사자)가 의도하는 것은 'mi'와 'ni'의 순서를 바꾸어 'minita'를 'nimitta'(원인)로 만들어라는 것이다.

MS^{Ac} mi^{2}ni^{1}tta
→ MS^{Pc} **nimi**tta

---

11) '이것으로 신령스러운 아디나타(ādinātha)께서 설파한 마하깔라요가[경]에서…'

(Ex. 5)

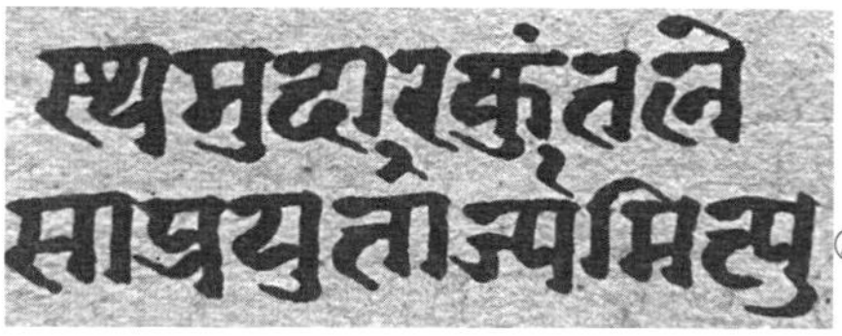

Ⓐ

위 사본의 경우 두 번째 줄의 4번째 음절 'tā' 위에 숫자 2가 있고 다섯 번째 음절 'jya' 위에 숫자 1이 있다. 숫자를 바꾸면 'prayutājyam'는 'prayujyatām'(결합)이 된다.

MS^{Ac} *l*.2: sā prayutā^{2}jya^{1}m ity u…
→ MS^{Pc} *l*.2: sā prayu**jyatām** ity u…

(Ex. 6)

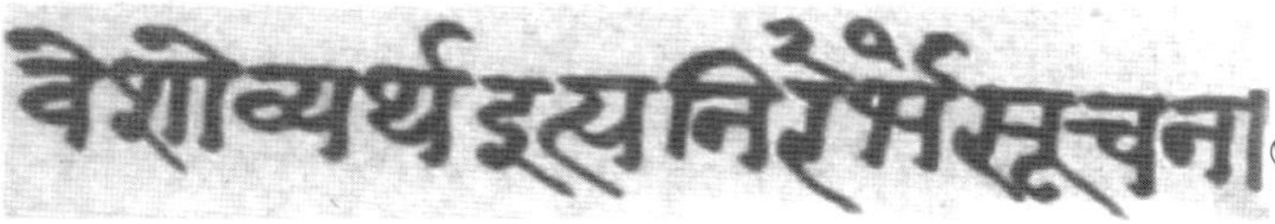

Ⓦ

여덟 번째 음절 'ra'위에 숫자 2가 있고 아홉 번째 음절 'rbha'에 숫자 1이 있으므로 단어의 순서를 바꾸면 'rbhara'가 된다.

MS^{Ac} …veśo vyartha ity anira^{2}rbha^{1}sūcanā..
→ MS^{Pc} …veśo vyartha ity ani**rbhara**sūcanā..12)

---

12) '…가 무의미하다는 것을 과도하지 않게(anirbhara) 지시하는…'

(Ex. 7)

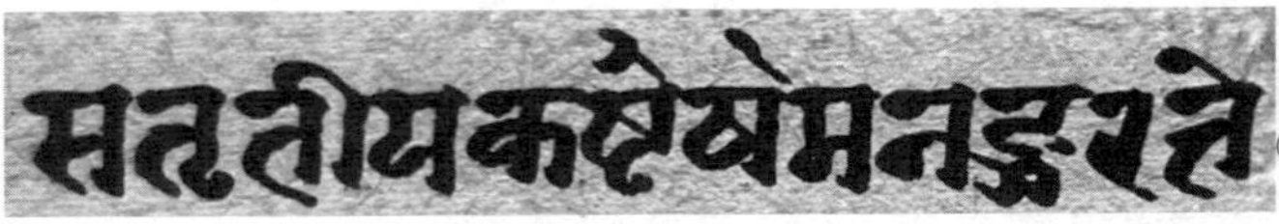
Ⓐ

MS^{Ac} sa tṛtīyakaṣṭha^{2}ṣa^{1}manaṅgaratte

→ MS^{Pc} sa tṛtīyaka**ṣaṣṭha**manaṅgaratte

3. 행간에 작은 글씨로 수정

아래 그림은 특별한 부호 없이 행간 내에서 작은 글씨로 추가되어야 할 음절이 기록된 예이다.

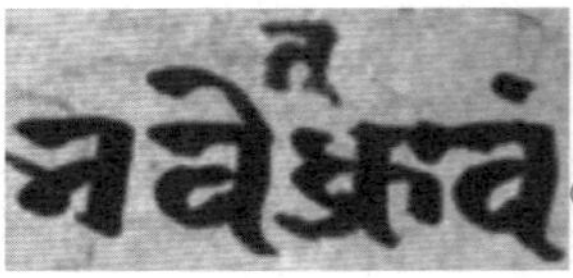
Ⓦ

MS^{Ac} bhavedhruvaṃ

→ MS^{Pc} bhave**t** dhruvaṃ[13]

한편, 세 번째 음절 dhru는 '모음 u가 오른쪽에 붙은 형태'(우형)이다.

13) '분명히(dhruvaṃ) … 될 것이다(bhavet, *Opt.III.sg.*)'

4. 단다(ा)의 추가: 모음의 증대

모음 a를 장음으로 수정할 경우 단다(ा)를 추가하면 되지만 여백이 충분치 않을 경우 ‘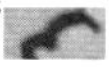’와 같은 기호로 ‘ा’를 대신하는 경우도 빈번하게 발견된다. ‘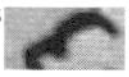’라는 기호는 데바가라리 문자에서의 ‘ा’를 대신하므로 a를 ā로 또, ai를 au로, e를 o로 바꿀 수 있다. 이것은 연성 법칙에 의거한 것이 아니라 데바나가리 문자에 ‘ा’를 추가한 형태이다.

1) a를 ā로 증대

(Ex. 1) *Vedāntādhikaraṇamālā*Ⓦ

두 번째 음절 म(ma) 위에 ‘ा의 역할을 하는 수정기호 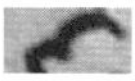’가 있으므로 ‘ma’는 mā가 된다. ( = ा)

म + 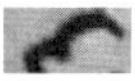(ा) = मा

MS[Ac] samaptā vedāṃtādhikaraṇam-a···

→ MS[Pc] sam**ā**ptā vedāṃtādhikaraṇam-a···14)

---

14) ‘이것으로『베단따 주제 [집성]』이 끝났다(samāptā)···’

(Ex. 2) *Jīvanmuktiviveka* of VidyāraṇyaⓌ

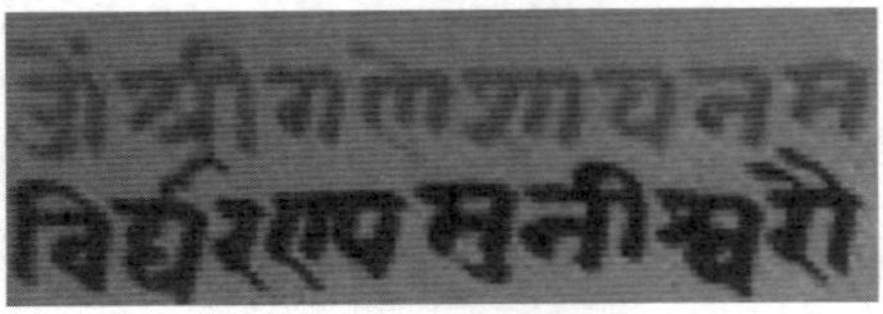

두 번째 줄의 'dya'에 'ፐ의 역할을 하는 수정기호 ''가 있으므로 'dya'는 'dyā'가 된다.

MS^{Ac} *l.* 2: vidyaraṇyamunīśvarau
→ MS^{Pc} *l.* 2: vidy**ā**raṇyamunīśvarau[15)]

(Ex. 3) *Brahmasūtra*Ⓦ

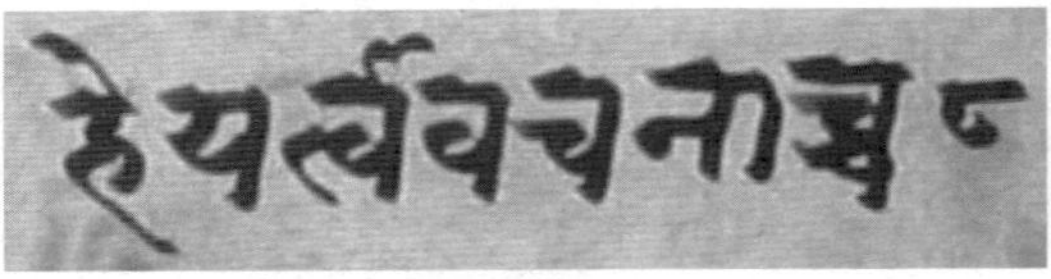

heyatva는 heyatvā가 된다.

MS^{Ac} heyatvavacanāc ca 8
→ MS^{Pc} heyatv**ā**vacanāc ca 8[16)]

(Ex. 4) *Tattvabodha* of ŚaṅkaraⓉ

MS^{Ac} svapnavasthā kā
→ MS^{Pc} svapn**ā**vasthā kā[17)]

---

15) '비디야란야 무니와 이쉬바라는'
16) '더욱이 [성전에] 언급되지 않았으므로(avacanāc) 논파되어야 한다'

(Ex. 5)

'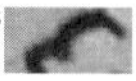' 조금 더 단순하게 ''된 형태도 발견된다.

Vākyasudhā-ṭīkāⓋ

MS^{Ac} bhagavān bhaṣyakāraḥ

→ MS^{Pc} bhagavān bh**ā**ṣyakāraḥ[18)]

2) e를 o로 증대

(Ex. 1) *Gheraṇḍasaṃhitā*Ⓦ

뒤에서 여섯 번째 음절은 ये(ye)이지만 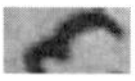라는 기호로 ा가 추가되므로 형태상 yo가 된다. (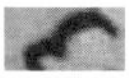 = ा)

ये + 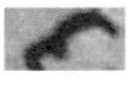 (ा) = यो

MS^{Ac} iti te kathitaṃ caṇḍa dhyānayegaṃ sudurllabhaṃ

→ MS^{Pc} iti te kathitaṃ caṇḍa dhyānay**o**gaṃ sudurllabhaṃ[19)]

---

17) '꿈꾸는 상태(夢眠位)란 무엇인가?'

18) '존귀한 주석가는(bhāṣyakāraḥ)'

19) '짠다여! 누구도 얻기 힘든(sudurlabha) 명상법(dhyānayoga)을 그대에게 설명했노라'

(Ex. 2) *Kaṭha-upaniṣad*Ⓐ

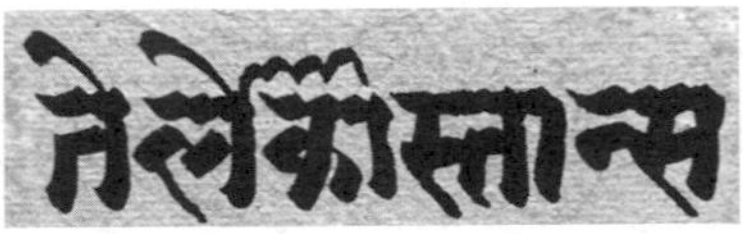

두 번째 음절 le에 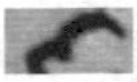라는 기호로 ा가 추가되므로 형태상 lo가 된다. leka→loka(세상)

MS[Ac] te lekās tān sa
→ MS[Pc] te l**o**kās tān sa

3) ai를 au로 증대

GheraṇḍasaṃhitāⓌ

여섯 번째 음절 धै (dhai)에 ा가 추가되므로 dau가 된다.
(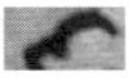 = ा)

धै + 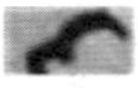 = धौ

MS[Ac] mūlaśodhanaṃ dhaityaś caturvidhā pro…
→ MS[Pc] mūlaśodhanaṃ dh**au**tyaś caturvidhā pro…[20]

20) '항문 청소와 같은 네 가지 청소법들이(dhautyaś) 말해[졌다]'

5. 단다의 제거: 모음의 감소

위의 경우와 반대로 모음의 일부를 탈락시키는 경우도 발견된다.

ā를 a로 감소: 장음 ā(ा)를 제거(단모음 a로 만들 경우)할 경우 단다(ा) 옆에 ''기호가 옆에 표시된다. 따라서 ā를 a로 감소시키는 부호는 '' 형태가 된다.

(Ex. 1) *Tattvabodha* of Śaṅkara[Ⓦ]

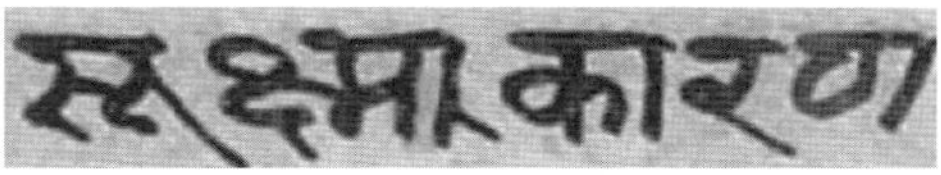

sukṣmā에서 ā(ा)를 제거하는 가 있으므로 ā는 a가 된다.

MS^{Ac} sūkṣmākāraṇa…

→ MS^{Pc} sūkṣm**a**kāraṇa…[21]

(Ex. 2) *Pañcadaśī* of Vidyāraṇya[Ⓦ]

MS^{Ac} ānātma

→ MS^{Pc} **a**nātma[22]

---

21) '미세한(sūkṣma) 원인(kāraṇa)'

22) '아뜨만이 아닌(非我)…'

6. 체크 표시 또는 스트로크: 모음의 감소

위의 경우와 달리 체크 표시나 스트로크로 모음을 감소시키는 경우도 있다.

(1) o를 ā로 감소

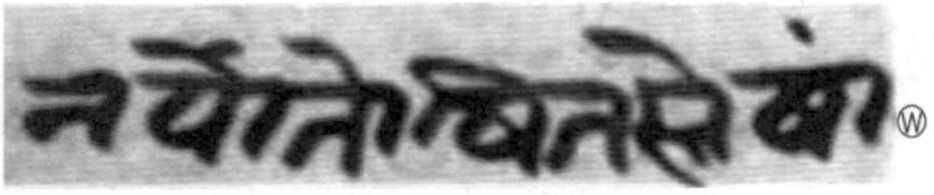

MS^Ac nayo toṣitas teṣāṃ
→ MS^Pc nay**ā** toṣitas teṣāṃ

(2) au를 o로 감소

MS^Ac *l*.2 2 kau {'}sau ni…
→ MS^Pc *l*.2 2 k**o** {'}sau ni…

(3) ī의 삭제

MS^Ac dīkṣīṇaṃ
→ MS^Pc dīkṣ**a**ṇaṃ[23)]

---

23) '봉헌은'

7. 음절 또는 문장의 삭제

1) 기호

모음, 음절 또는 단어를 삭제할 경우 해당 음절 위에 두개의 짧은 스토로크 가 표시된다.

(Ex. 1) *Tantravartika* (saṃvat 1650)ⓦ

두 번째 음절 'na'에 ' ' 표시가 있으므로 '…syānarthān artha…'에서 두 번째 음절 na를 삭제할 경우 '…syārthān artha…'가 된다.

MS^{Ac} …syānarthān artha…
→ MS^{Pc} …syārthān artha…[24]

(Ex. 2)

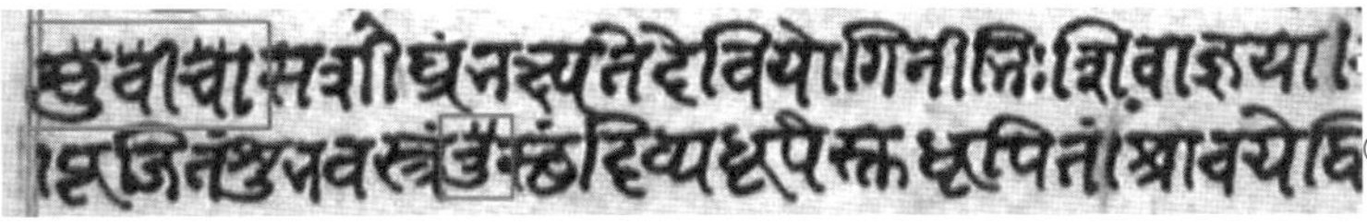
ⓦ

MS^{Ac} *l*.1: suvīcā sa śīghraṃ bhakṣyate deviyoginībhiḥ…
→ MS^{Pc} *l*.1: sa śīghraṃ bhakṣyate deviyoginībhiḥ…

MS^{Ac} *l*.2: pūjitaṃ śubhavastraṃ nu sthaṃ divyādhūpais…
→ MS^{Pc} *l*.2: pūjitaṃ śubhavastraṃ sthaṃ divyādhūpais…

24) '…의(..sya) 의미들을(arthān) 의미…'

2) 황색칠(Geru)

위에서 언급한 방법 외에 자주 발견되는 것은 음절, 단어, 문장을 노란색 또는 검은색 잉크로 칠하는 경우이다.

(Ex. 1) *Aparokṣābhūti-ṭīkā*Ⓦ

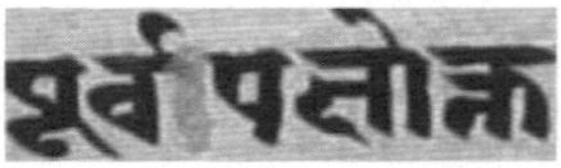

MS^{Ac} pūrvāpakṣokta…

→ MS^{Pc} pūrvapakṣokta…25)

위 그림은 pūrvā에서 ā를 노란색으로 지운 형태이다. 한편, 네 번째 음절 (kso)는 'kṣ의 다양한 이체자 중 하나'(Type IV^4)이다.

(Ex. 2) *Tattvabodha* of ŚaṅkaraⓉ

MS^{Ac} nanu sāhaṃkāhaṃkārasya

→ MS^{Pc} nanu sāhaṃkārasya …26)

(Ex. 3)

Ⓦ

25) '전론(前論, pūrvapakṣa)에서 말해진…'

26) '반문하길, 아함까라(我慢)을 가진 자의(sāhaṃkārasya)…'

8. 비사르가 추가

Ex. 1. *Mārkaṇḍeya-purāṇa*Ⓐ

두 번째 음절 앞의 비사르가는 누락되어 있지만 여덟 번째 음절 na 위에 비사르가가 부기되어 있다.

MS^{Ac} so {'}pi nidrāvaśaṃ nīta kastvāṃ sto···
→ MS^{Pc} so {'}pi nidrāvaśaṃ nītaḥ kastvāṃ sto···27)

Ex. 2. *Tattvabodha* of ŚaṅkaraⓉ

MS^{Ac} virāga kaḥ 3 ihasvarga···
→ MS^{Pc} virāgaḥ kaḥ 3 ihasvarga···28)

---

27) *Corr.* so 'pi nidrāvaśaṃ nītaḥ kastvāṃ sto-
28) '이욕이란 무엇인가? 이승에서나 천상[에서나]···'

9. 아바그라하의 추가

(Ex. 1) *Upadeśasāhasrī-ṭīkā*Ⓐ

세 번째 음절 'kte'위에 작은 글씨로 아바그라하가 추가되어 있다.

→ MS^{Pc} vimukte 'vibhāvato 'darśanā···

(Ex. 2) *Upadeśasāhasrī*Ⓐ

→ MS^{Pc} śaṃkyāhā 'nvayavyatirekau hīti[29]

(Ex. 3) *Upadeśasāhasrī*Ⓐ

→ MS^{Pc} susaṃpādety āhā ''bhāsa iti[30]

위 예문은 아바그라하 두 개를 덧붙이고 있다. 그것은 장음 'ā' 두 개가 결합되었다는 것(āhā+ābhāsa)을 강조하 위한 것으로 파악된다. 두 개의 아바그라하는 출판본에서도 발견된다.

---

29) śaṅkyāhā 'nvayavyatirekau hīti: '...라는 의심이 있을 수 있으므로(śaṅkya) "실로 연속(anvaya)과 배제(vyatireka)라는 두 개는" 이라는 [단어 이하에서] 설명했다(āha)'

30) '···할 필요가 있으므로 '현현은(ābhāsaḥ)'이라는 [단어 이하에서] 말했다'

제3부 모음의 다양한 서체

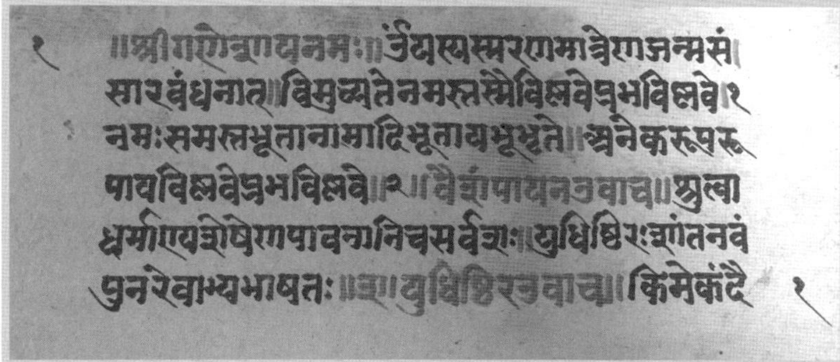
१ ॥श्रीगणेशायनमः॥ॐयस्यस्मरणमात्रेणजन्मसं
सारवंधनात॥विमुच्यतेनमस्तस्मैविष्णवेप्रभविष्णवे१
नमःसमस्तभूतानामादिभूतायभूभृते॥अनेकरूपरू
पायविष्णवेप्रभविष्णवे॥२॥वैशंपायनउवाच॥श्रुत्वा
धर्माण्यशेषेणपावनानिचसर्वशः॥युधिष्ठिरःशांतनवं
पुनरेवाभ्यभाषतः॥३॥युधिष्ठिरउवाच॥किमेकंदै १

Mahābhārata. F.1vⒶ

1 ||śrīgaṇeśāya namaḥ||oṃ yasya smaraṇamātreṇa janmasaṃ-
2 sāravaṃdhanāt|| vimucyate namas tasmai viṣṇave prabhaviṣṇave|1
3 namaḥ samastabhūtānāmādibhūtāyabhūbhṛte||anekarūparū-
4 pāyaviṣṇave prabhaviṣṇave||2||vaiśaṃpāyana uvāca|| śrutvā
5 dharmāṇy aśeṣeṇa pāvanāni ca sarvaśaḥ||yudhiṣṭhiraḥ śāṃtanavaṃ
6 punar evābhyabhāṣataḥ||3||yudhiṣṭhira uvāca|| kim ekam dai-

I. 모음 a, ā (Initial vowel *a, ā*)

II. 모음 i, ī

1. 머리글자 (Initial vowel *i, ī*)
2. 부대형 (Diacritic vowel with *i, ī*)

III. 모음 u

1. 머리 글자 (Initial vowel *u*)
2. 부대형 (Diacritic vowel with *u*)

IV. 모음 ū

1. 머리글자 (Initial bowel *ū*)
2. 부대형 (Diacritical bowel with *ū*)

V. 모음 ṛ, ṝ

1. 머리 글자 (Initial bowel ṛ, ṝ)
2. 부대형 (Diacritical bowel with ṛ, ṝ)

VI. 모음 e

VII. 모음 ai

1. 머리글자 ai (Initial bowel ai)
2. 부대형 ai (Diacritical bowel with ai)

VIII. 모음 o

1. 머리글자 o (Initial bowel o)
2. 부대형 o (Diacritical bowel with o)

IX. 모음 au

모음

I. 모음 a, ā (Initial vowel *a, ā*)

a अ						
I	II	III	IV			

	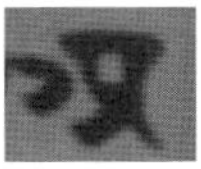					
ā						

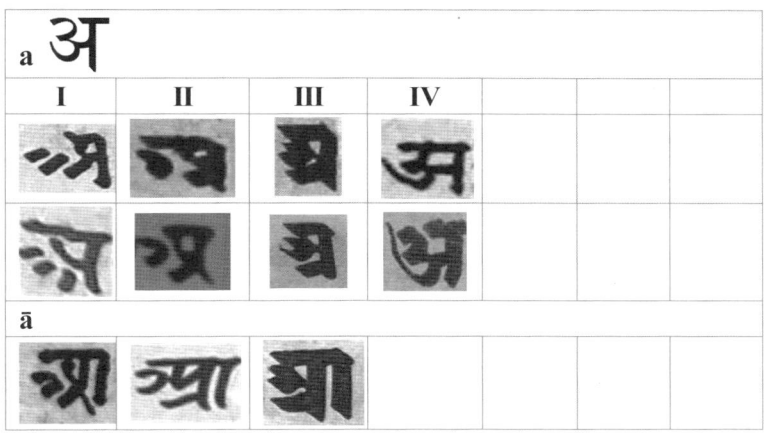

모음 a는 네 가지 형태가 있지만 모두 판독가능하며 특이한 형태는 발견되지 않았다.

1) Type I  a

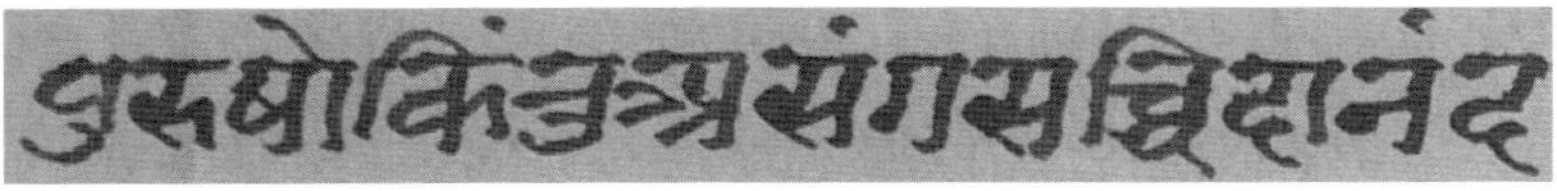

puruṣo kiṃ tu asaṃgasaccidānaṃda[1] *Tattvabodha* of Śaṅkara Ⓐ

---

1) puruṣo kiṃ tu asaṅgasaccidānanda '뿌루샤는 무엇인가? 무착(asaṅga, 無着)이고 존재-의식-환희[를 본성으로 하는…]'

2) Type II  a

Type II의 경우 'ñpra'와 유사한 형태이다.

6 āsāṃ krameṇa lakṣaṇam āha[2] *Yogasūtra-ṭīkā*Ⓦ

위 그림의 경우 필사본의 일반적 경향대로 띄어쓰기가 이루어지지 않았고 두 번째 음절 'ā'는 'ñprā'와 유사한 형태로 되어 있다.

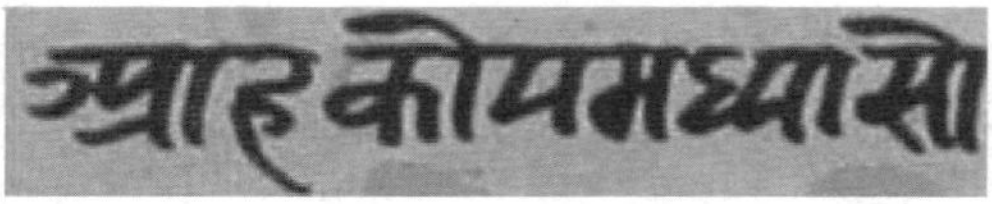

āha ko {'}yam adhyāso[3] *Brahmsūtrabhāṣya* of ŚaṅkaraⓌ

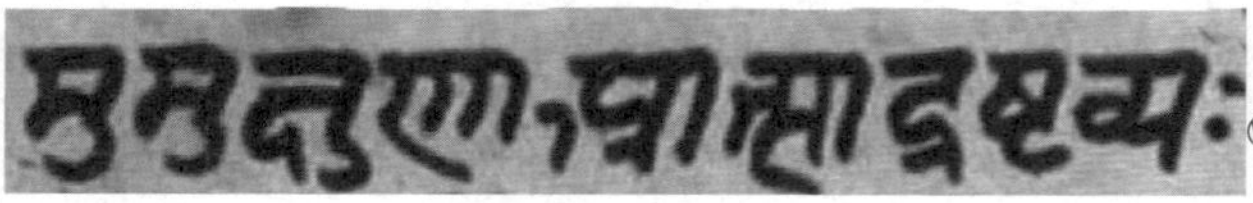Ⓦ

mumukṣuṇā ātmā draṣṭavyaḥ[4]

위 그림의 세 번째 음절 (kṣu)는 'kṣu의 다양한 이체자 중 하나'(Type II^3)이다.

---

2) '이것들의(āsāṃ) 특성을 순서대로 말했다'
3) '말하길(āha), "무엇이 가탁인가?"'
4) '해탈하기를 열망하는 자들은 아뜨만(ātmā)을 통찰해야만 한다'

3) Type III  a

aruṃdhatī bhavej jihvā *Pavanavijaya-svarodaya*Ⓦ

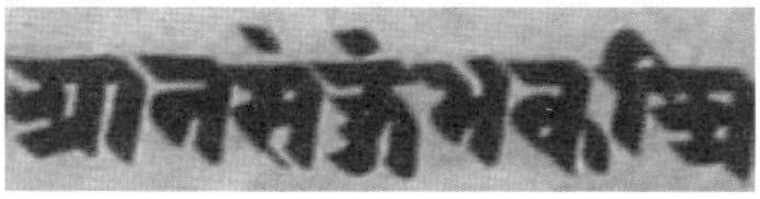 *Haṭhapradīpikā*Ⓦ

ānasaṃ kuṃbhakaś ci…[5]

4) Type IV  a

Ⓦ

  MS^{Ac} ānātma

→ MS^{Pc} anātma[6]

위 예문의 경우 모음 ā가 a로 수정된 형태이다.[7]

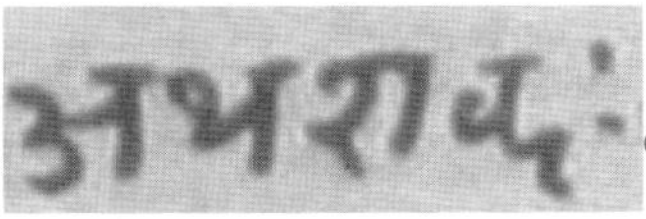Ⓦ

athaśabdaḥ[8]

---

5) *Corr.* āsanaṃ kuṃbhakaś ci…'아사나(āsanaṃ) 그리고 꿈브하까가…'
6) '아뜨만이 아닌…(anātma)'
7) 제2부 '오류 수정 유형' 참조.
8) 'atha라는 말은'

II. 모음 i, ī

1. 머리글자 i, ī (Initial vowel *i, ī*)

i इ						
I	II	III	IV			

ī ई						

1) Type I  i

Type I은 전형적인 형태이다.

 Ⓐ

…ta ime {'}vasthitā[9)]

9) '그들은(te) 이곳에(ime) 머물렀다(avasthitā)'

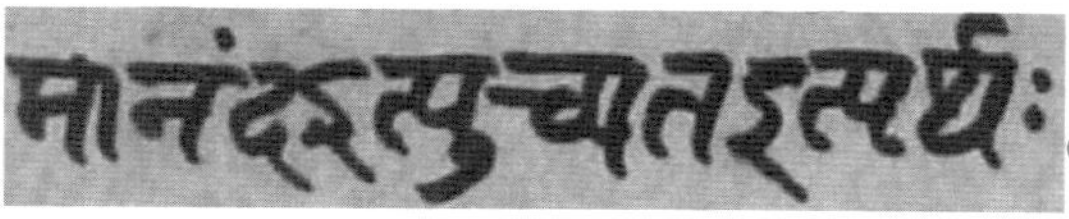 Ⓦ

…m ānaṃda ity ucyata ity arthaḥ[10)]

위 예문의 경우, 뒤에서 세 번째 음절 i(ity)는 전형적인 형태이지만 앞의 네 번째 음절의 i는 흘려 쓴 형태이다.

2) Type II  **i**

Type II는 숫자 3, 모음 u와 유사하다.

 Ⓣ

ity ucyate[11)]

  Ⓦ

MS^{Ac} …do ya icyata ity arthaḥ

→ MS^{Pc} …do ya ity ucyata ity arthaḥ

한편, 위 그림에서 세 번째 음절 'i'의 윗부분에 수정 부호인 까까빠다()가 있고 여백에 'tyu'라는 글자가 있으므로 수정자가 의도한 문장은 '…do ya ity ucyata ity arthaḥ'로 파악된다.

---

10) '…이 아난다라고 말해졌다는 의미이다'

11) '…으로 말해졌다'

3) Type III  **i**

Type III은 옆으로 넓게 퍼진 형태로 'dra'와 유사한 형태이다.

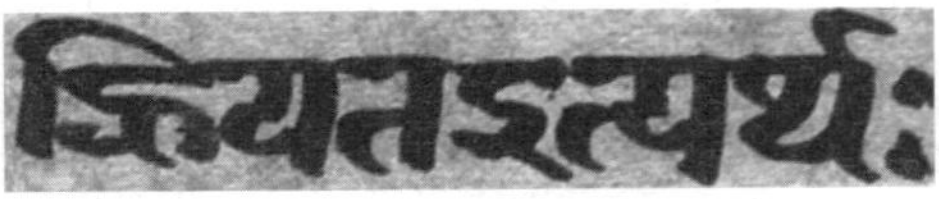 *Upadeśasāhasrī-ṭīkā*Ⓐ

hriyata ity arthaḥ[12]

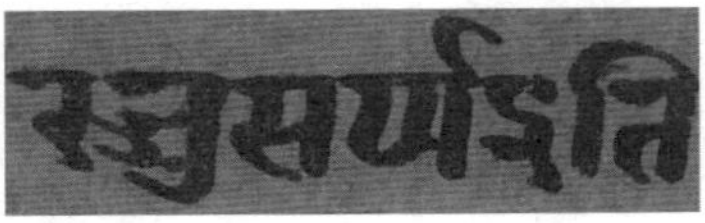 *Tattvabodha*Ⓐ

rajjusarppa iti (rajjusarpa iti[13])

4) Type IV  **i**

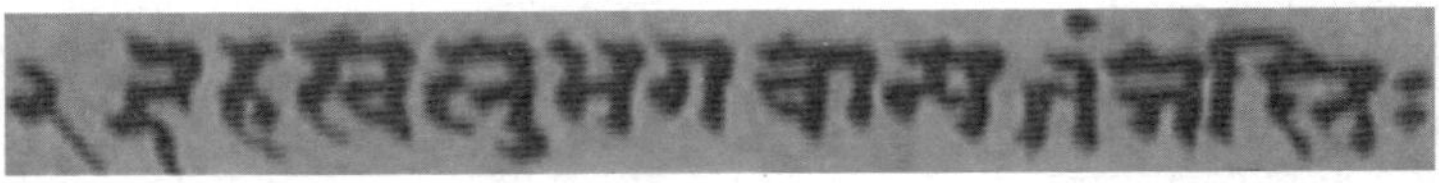

2 iha khalu bhagavān pataṃjaliḥ[14] *Yogasūtra-ṭīkā*Ⓦ

위 예문은 데바나가리 필사본의 일반적 경향대로 띄어쓰기가 이루어지지 않았고 'ha'()의 특이한 형태(Type IV^{3}), 그리고 모음 i()가 크게 되어 쉽게 눈에 들어오지 않는다.

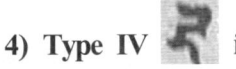

---

12) '제거했다(hriyate)는 의미이다'
13) '새끼줄과 뱀(sarpta)이라는(iti)'
14) 2 iha khalu bhagavān patañjaliḥ '2. 이제(iha), 실로 바가반 빠딴잘리께서는…'

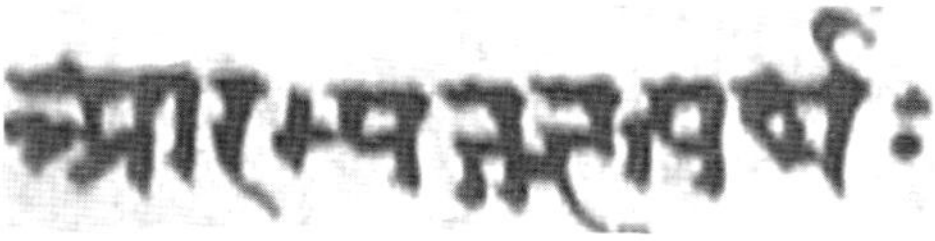 *Yogasūtra-ṭīkā*Ⓦ

ārambhyata ity arthaḥ[15)]

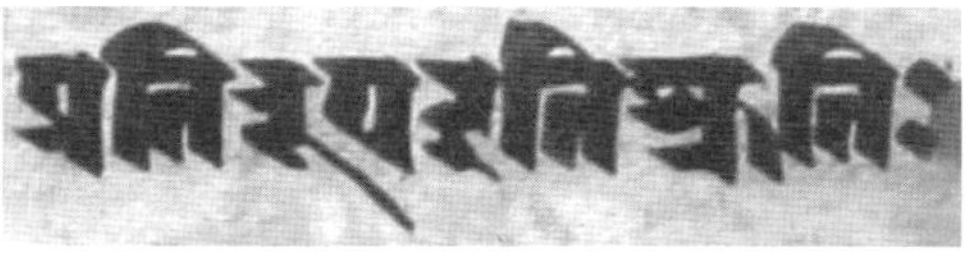 *Pañcadaśī*Ⓦ

pratirūpa iti śrutiḥ…[16)]

2. 부대형 i, ī (Diacritic vowel with *i, ī*)

자음 뒤의 i는 대부분 판독가능하지만 (vi)와 같은 형태로 왼쪽의 세로 선과 위의 갈고리가 떨어진 형태도 적지 않게 발견된다.

Ⓦ

saṃdigdhatva…[17)]

Ⓦ Ⓦ

… ya īritaḥ ‖ [18)] …śivayoḥ[19)]

---

15) '…이 개시되었다는 의미이다'
16) '성전은 "적절한 것은"이라고…'
17) '불확실성…'

III. 모음 u

1. 머리 글자 u (Initial vowel *u*)

u उ						
I		II^1	II^2	II^3	II^4	III

1) Type I  u

Type I은 전형적인 형태의 머리글자 u이다.

 *Mahābhārata*Ⓐ

udbhavaḥ suṃdaraḥ[20)]

42
43
44
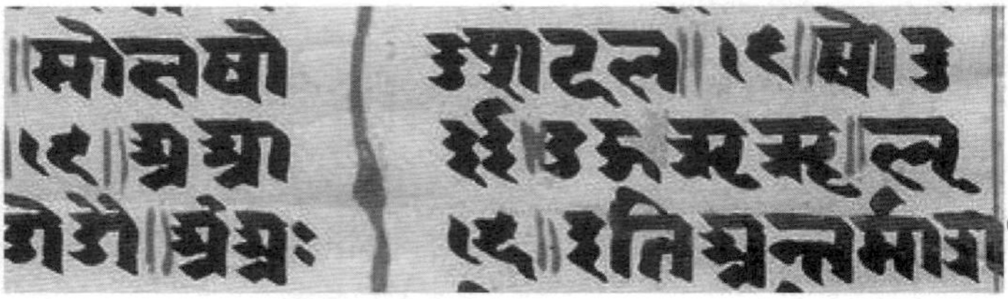 Ⓐ

l. 42: mokṣaṣoḍaśadala 16 ṣoḍa ···

l. 43: 16 a ā i ī u ū ṛ ṝ ḷ ḹ ···

l. 44: o au aṃ aḥ 16 iti antarmātrā

---

18) '..하고서 설명했다'

19) '···와 쉬바의'

20) udbhavaḥ sundaraḥ '아름다움의 생성(udbhava)은'

2) Type II  **u**

Type II는 숫자 3과 유사한 형태이다.

…ṭīkākṛtaḥ 6 utsṛjya *Yogasūtra-ṭīkā* of BhojadevaⓌ

Ⓐ

akāra ukāra makāra…21)

아래의 이미지는 『게란다상히따』의 도입부인데 ḍa와 머리글자 u가 거의 동일한 형태로 사용되었다.

GheraṇḍasaṃhitāⓌ

gheraṇḍa uvāca22)

아래의 예처럼 u위에 선이 있는 형태도 발견된다.

Yogasūtra-ṭīkāⓌ

nanu jñānasvapa…23)

---

21) 'a 음절, u 음절 그리고 m음절이 … '
22) '게란다께서 말씀하셨다'
23) '지혜의 본질이… [무엇인가고] 반문한다면…'

3) Type III  u

Type III은 다소 변형된 형태이다.

 *Bhagavadgītā*Ⓐ

utsīdeyur ime lokā⋯

2. 부대형 (Diacritic vowel with *u*)

자음 뒤의 모음 u의 형태는 두 가지인데 첫 번째는 모음 u가 자음 아래에 붙은 형태(하형)이고 두 번째는 오른쪽에 붙은 형태이다. 예를 들면 kṣu, jju, su의 경우 모음 u의 두 형태는 다음과 같다.

kṣu		jju		su	
하형	우형	하형	우형	하형	우형
 kṣu	 kṣu	 jju	 jju	 su	 su
 kṣu	 kṣu	 jju	 jju	 su	 su

kṣu, jju, su의 예는 다음과 같다.

하형	우형
Ex. kṣu	
 cakṣurādi···	 kṣudhayā
Ex. ju (jju)	
 śrīkṛṣṇārjjuna···	 ···de rajjunibhatva···
Ex. su	
 udbhavaḥ suṃdaraḥ	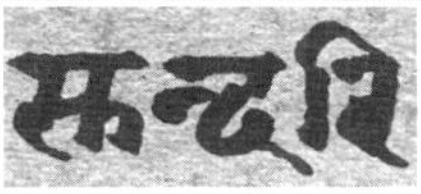 sundari

모음 u의 위치에 따른 두유형은 다음과 같다.

유형 1) 하형

Ex) 모음 -u 하형						
 **ku**	 **gu**	 **jju**	 **hu**	 **hu**	 **hu**	 **hu**
 **ku**	 **su**	 **du**	 **hu**	 **hu**	 **hu**	 **hu**

모음 u가 아래에 있는 경우, 형태가 간소화된 경우가 많고 또 hu의 경우 h의 형태로 인해 다른 글자처럼 보이는 경우도 있다.
위 도표 중에서 ku, kṣu 하형의 다양한 형태는 다음과 같다.

Ex. ① ku

	I^1	I^2	I^3
कु ku			

I^1, I^3의 경우처럼 모음 u가 간소화된 형태도 빈번하게 발견된다. 한편, I^2, I^2은 k의 다양한 이체자들 중 하나이다. ('ka' 항목을 참조)

 *Haṭhapradīpikā*Ⓗ

kuṇḍalinī

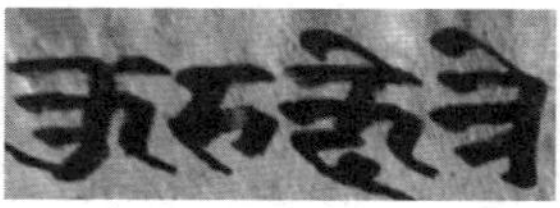 *Bhagavadgītā*Ⓐ

kurukṣetre

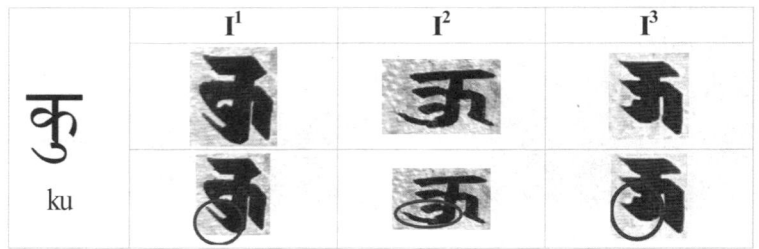

kumudaḥ kuṃdaraḥ bāhumukuṭaṃ *Mahābhārata*Ⓐ

Ex. ② kṣu

 Ⓦ

mumukṣuṇā ātmā draṣṭavyaḥ[24)]

위 그림의 세 번째 음절 kṣu()은 kṣ-의 다양한 이체자 중 필사본에서 빈번하게 발견되는 형태(kṣa: Type VI^4, kṣu: Type II^1)이다.

Ex. ③ du

 *Mahābhārata*Ⓐ

nyagrodhoduṃbaro[25)]

durjayo duratikramaḥ durlabho durgamo[26)] *Mahābhārata*Ⓐ

유형 2) 우형

우형의 경우 kṣu, ju(jju), ṇu, tu, tyu, dyu, dvyu, dhu, dhru, ru, śu, śru, ṣṇu, su와 같은 14 음절에서 빈번하게 발견된다.

---

24) '해탈하기를 열망하는 자는 아뜨만을 통찰해야만 한다'
25) nyagrodha-uduṃbaro '니야그로다, 우담바라는'
26) '정복하기 힘든 것(durjaya), 뛰어넘기 힘든 것(duratikrama), 얻기 힘든 것(durlabha), 접근하기 힘든 것(durgama)은'

Ex) 모음 -u 우형(右形)						
 kṣu	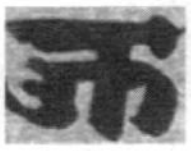 jju	 ṇu	 tu	 tyu	 dyu	 vyu
 dhu	 dhru	 ru	 su	 śru	 ṣṇu	 su

모음 u가 오른쪽에 붙은 형태의 몇몇 예는 다음과 같다.

Ex. ① kṣu

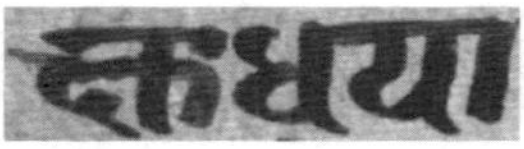 *Upadeśasāhasrī* of Śaṅkara Ⓐ

kṣudhayā

Ex. ② su

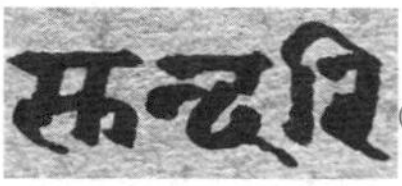 Ⓐ

sundari

 Ⓐ

subhāsite

 Ⓦ

suptigataiḥ

 Ⓨ

sukhaduḥkhādi···

Ex. ③ śru

 *Pañcadaśī* Ⓦ

pratirūpa iti śrutiḥ

ⓦ

iti śruty arthaḥ

3) 기타 u

모음 u가 앞 음절에 붙은 예도 드물게 발견된다.
아래 그림의 '5-6 번째 음절 bahu'에서 'hu의 u'가 'h의 왼쪽 하단'에 위치하고 있는데() 아마도 필사자가 행간을 고려했던 것으로 추정된다.

yogabhiś ca bahubhir jalpair bhra··· *Yogasūtra-ṭīkā*ⓦ

IV. 모음 ū

1. 머리글자 ū (Initial bowel *ū*)

ū ऊ						
I^1			I^2			II

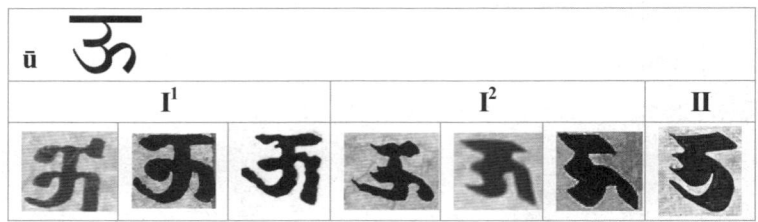

1) Type I^1  ū

Type I^1의 ū는 ku (Type III^1 )와 유사하다.

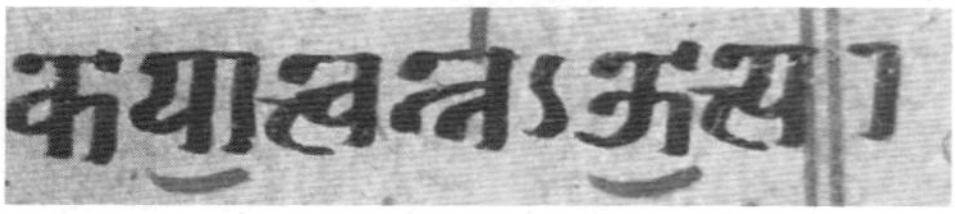

Yajur-vedaⒶ

kayāttvan naḥ uttya-

2) Type I^2  ū

두 번째의 ū 역시 ku (Type III^2 )와 유사하다.

Kaṭha-upaniṣadⒶ

2 ūrdhvaṃ prāṇam unayaty a…[27]

 *Haṭhapradīpikā*Ⓦ

ūrdhvaṃ[28)]

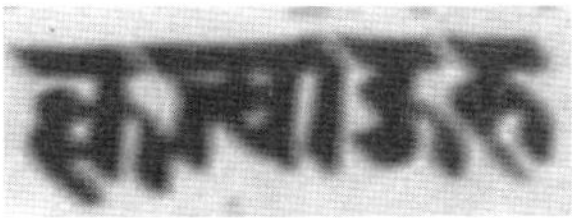 *Haṭhapradīpikā*Ⓦ

kṛtvā ūru[29)]

3) Type II  ū

Type II는 다소 특이한 형태로 특정 필사본 한 개에서 발견되었다.

 *Mahābhārata*Ⓐ

ūrdhvagaḥ satpathācāraḥ[30)]

* 두 번째 음절 dhva는 'dhva의 다양한 이체자 중 하나'(Type II)이다.

---

27) 2 ūrdhvaṃ prāṇam unnayaty a··· '쁘라나를 위쪽으로(ūrdhvaṃ) 운반한다'

28) '위쪽에'(ūrdhvaṃ)

29) '···한 후에 허벅지(ūru)[에 반대쪽 발을 올려라]'

30) '올바른 행위를 하는 자는 위로(ūrdhva) 올라간다(ga)'

2. 부대형 ū (Diacritical bowel with *ū*)

자음 뒤의 모음 ū는 자음의 아래에 붙은 형태(下形)와 오른쪽에 붙은 형태(右形)가 있다.

하형				우형		
I[1]	I[2]		I[3]	II[1]	II[2]	
 kū	 kū	 hū	 rū	 rū	 rū	 bhū
 krū	 kū		 rū	 rū	 rū	 sū

1) Type I[1]  I[2]  kū

Type I[1,] I[2]는 모음 -ū가 아래에 붙어 있지만 -ū의 위치가 조금 다르다. 한편, Type I[2]는 kṛ, kva로 오독될 수 있지만 (kū)는 (kṛ)  (kva) 밑 부분에서 구별된다.

 *Haṭhapradīpikā*Ⓦ

···nam etad uttānakūrmakaṃ[31)]

---

31) '···이것이 등을 바닥에 대고 누운 거북체위(kūrmakam)이다'

 *Śāstradīpikā*Ⓦ

pūrva···

Ⓦ

krūrakarmasu[32)]

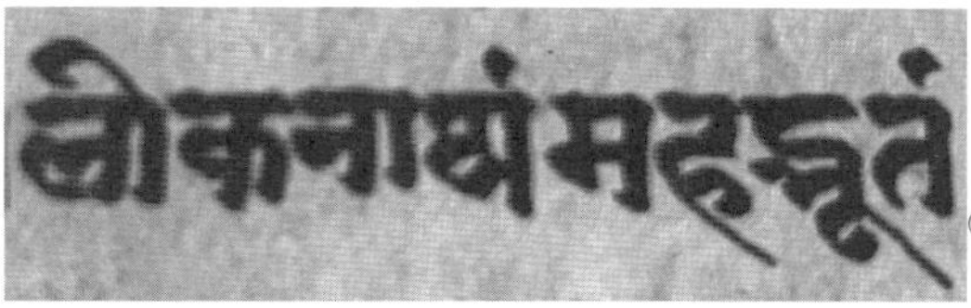Ⓐ

lokanāthām mahadbhūtaṃ

2) Type I^2  **kṛ**

Type I^2 역시 전형적인 형태의 ū이지만 아래 그림의 경우 두 번째 음절 h의 형태로 인해 오독될 수 있다.

Ⓐ

vahūdaraṃ vahudaṃṣṭrākarālaṃ[33)] ??

---

32) '잔혹한 행위들 속에'
33) bahūdaraṃ bahudaṃṣṭrākarālaṃ

3) Type I^3  rū

Type I^{3}은 필사본에서 흔히 발견되는 rū이다.

PañcadaśīⓌ

rūpaṃ rūpaṃ babhūvā

Ⓐ

rūpaguṇānvitaḥ[34]

4) Type II^1, II^2  rū

arūpāya surūpāya śivāya gurave namaḥ *Kulārṇavatantra*Ⓐ

34) '미모(rūpa)와 공덕을 구비한 자가'

V. 모음 ṛ, ṝ

1. 머리 글자 ṛ, ṝ (Initial bowel *r*, *ṛ*)

ṛ 						
I1	I2	II1	II2	III		

ṝ						

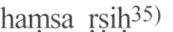

1) Type I1  ṛ

첫 번째 유형은 전형적인 형태의 ṛ이다.

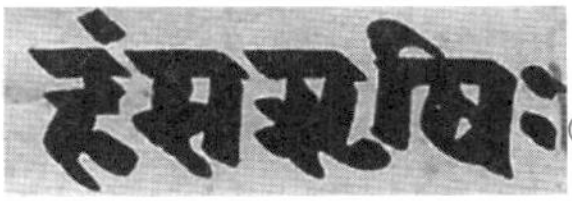
Ⓐ

haṃsa ṛṣiḥ[35)]

Ⓦ

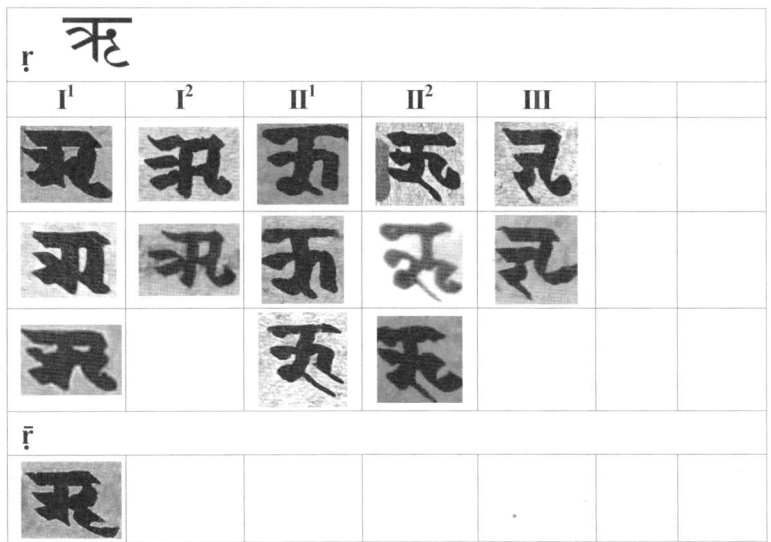

ṛtaṃbharā[36)]

35) (haṃsaḥ+ṛṣiḥ) '함사가 [이것을 지배하는] 신선이다'
36) '진리를 담지한 [지혜]'

 *Haṭhapradīpikā*Ⓦ

ṛjukāyaḥ[37]

2) Type I^2  **ṛ**

두 번째 유형의 ṛ 도 빈번하게 발견된다.

 *Kaṭha-upaniṣad*Ⓐ

gojā ṛtajā

3) Type II^1  **ṛ** **II^2**  **ṛ**

이 유형의 ṛ 역시 다수의 필사본에서 빈번하게 발견된다.

Ⓐ Ⓐ

ṛṣayaḥ[38] ṛte {'}pi[39]

Ⓐ ṛṣi[40]

---

37) '몸을 곧게 세운 자는'
38) '신선神仙들은'
39) '결여할지라도'
40) '신선(ṛṣi)'

4) Type III  ṛ

세 번째 유형은 특정 필사본에서 발견된다.

ṛṣir uvāca41)

ṛṣir uvāca *Mārkaṇḍeya-purāṇa*Ⓐ

viṣṇurṣiḥⒶ

위 그림에서 두 번째 음절 ṣṇu는 필사본에서 흔히 발견되는 ṣṇ-의 형태이다(sṇ- 항목을 참조).

2. 부대형 ṛ, ṝ (Diacritical bowel with *ṛ*, *ṝ*)

1) -ṛ

부대형의 경우 kṛ, gṛ, dṛ, pṛ가 빈번하게 발견되는데 gṛ, dṛ, pṛ에서의 ṛ는 대동소의하지만 kṛ의 형태는 다양하다.42)

I	II^1	II^2	II^2	III^1	III^2	IV

41) '신선(ṛṣi)이 말했다'

42) 'kṛ'의 다양한 형태에서 대해서는 아래의 'kṛ' 항목을 참조.

2) -ṝ

 *Kaṭha-upaniṣad*Ⓐ

pitṝn atha pītā

 *Kaṭha-upaniṣad*Ⓐ

bhrātṝn

VI. 모음 e

1. 머리글자 e (Initial bowel *e*)

e ए						
I1	I2		I3	II		

1) Type I1  e

  Ⓐ

eva …n ātmadharmma eveti

한편, Type I1의 'e'는 'ṇ-'과 유사한 형태로 발견되었다..

*참고 ṇa  ṇa

 Ⓐ

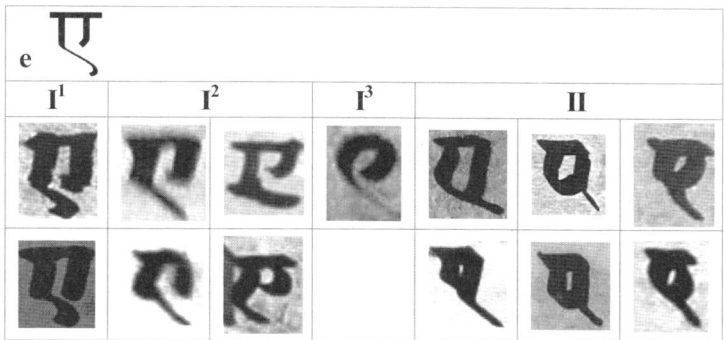

nirṇītam ity upasaṃharati

2) Type I^2  e

Type I^2는 rā와 유사한 형태이고 머리글자 e와 rā의 경우, 동일 사본의 동일 폴리오 내에서조차 거의 비슷한 형태를 취하기도 한다.

* 참조 rā

Ⓦ

8 rādhākṛṣṇaś ca[43]

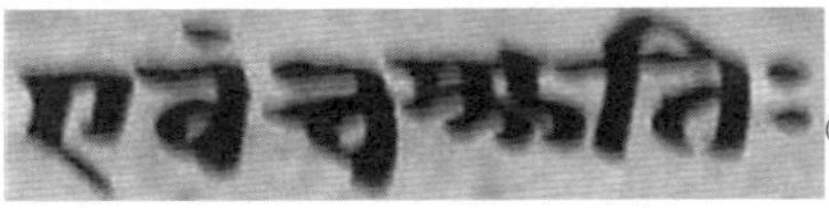Ⓦ

evaṃ ca śrutiḥ[44]

위 그림에서 네 번째 음절(śru)은 앞에서 살펴보았듯이 모음 u가 오른쪽에 붙은 형태(부대형 u 우형)이다.

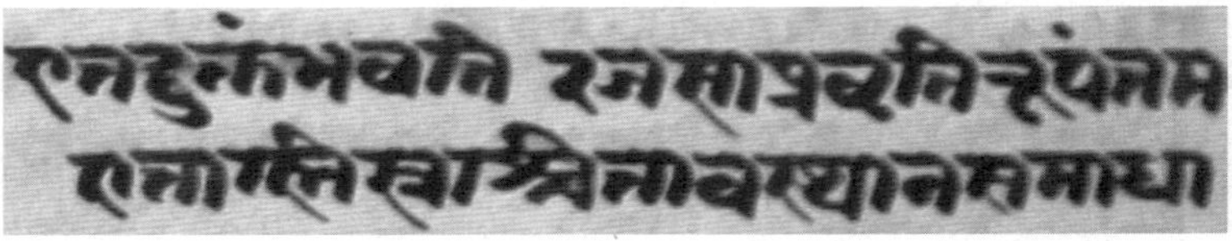

etad uktaṃ bhavati rajasā pravṛttirūpaṃ tama···
etāsti srāś cittāvasthāna samādhā···

Yogasūtra-ṭīkā of BhojadevaⓌ

43) 위 그림에서 다섯 번째 음절 ṣṇa는 필사본에서 흔히 발견되는 ṣṇ-의 형태이다(sṇ- 항목을 참조).

44) ‘그와 같이 성전은···’

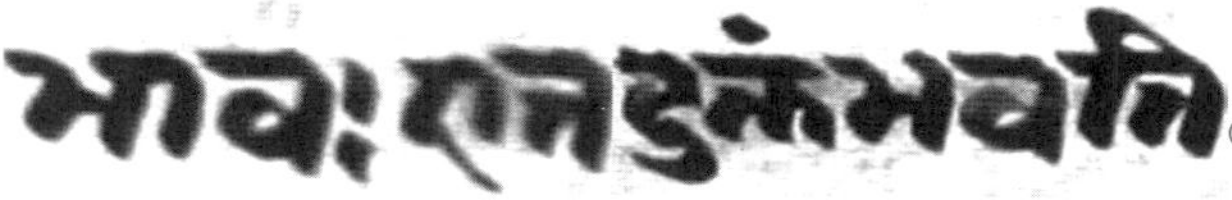Ⓦ

bhāvaḥ etaṃ bhavati[45)]

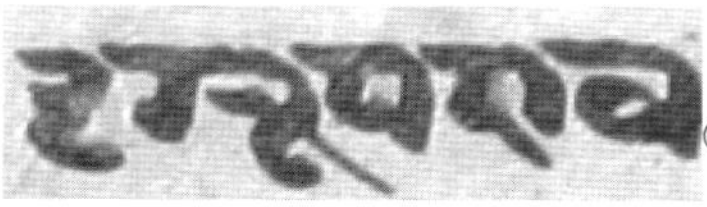Ⓦ

dṛg rūpa eva

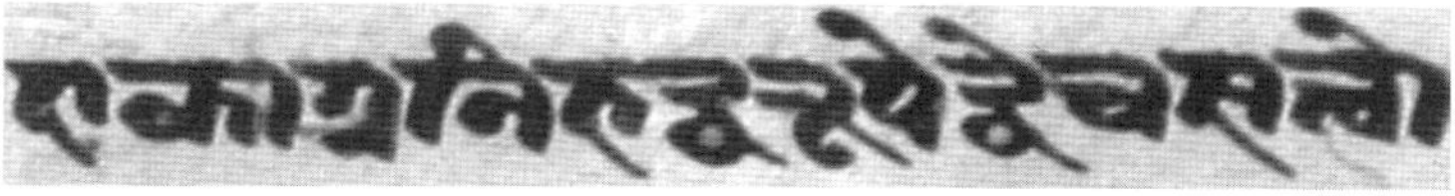

ekāgraniruddharūpe dve ca sattvo

Yogasūtra-ṭīkā of BhojadevaⓌ

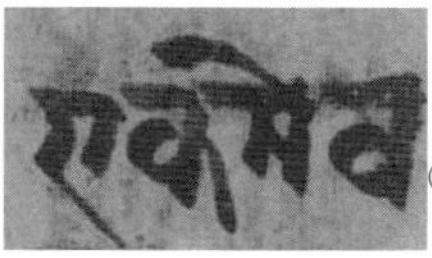Ⓥ

ekam eva[46)]

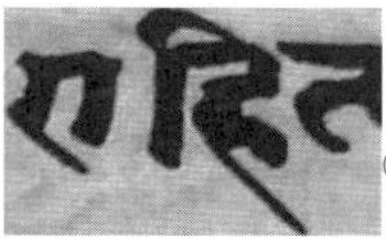Ⓐ rāhita···[47)]

---

45) *Corr*: bhāva etad uktaṃ bhavati
46) '오직 하나(ekam)'
47) '결여된 것…'

3) Type I^{3} 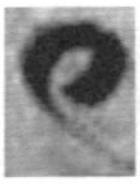 **e**

Ⓦ

śubham **e**tasmāt kim

4) Type II  **e**

의 e는 pa와 유사하지만 오른쪽으로 꼬리가 있다는 점에서 다섯 번째 음절 pa와 구별된다.

*Tattvaviveka* of ŚaṅkaraⓉ

etat kośapaṃcakaṃ[48]

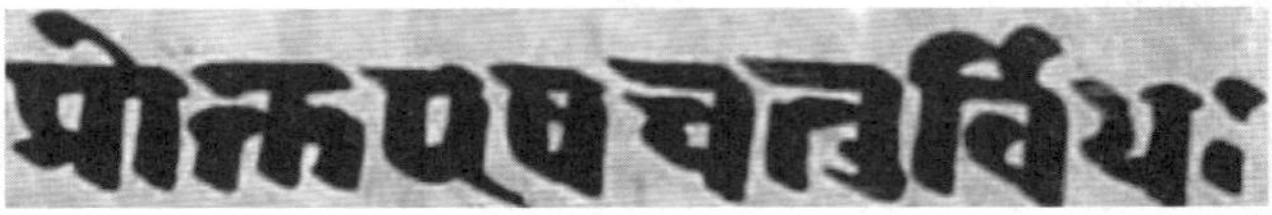Ⓦ

prokta eṣa caturvidhaḥ [49]

Ⓐ eva

48) etat kośapañcakaṃ
49) '이것은(eṣaḥ) 네 종류로 설명되었다.'

 Ⓦ

evaṃ lakṣaṇapariṇāmasya tad ava···

 *Kulārṇavatantra* Ⓐ

evam īhāsamāyuktaṃ

 Ⓐ

ekabhukto

 Ⓦ

bheda evety arthaḥ

2. 부대형 e (Diacritical bowel with *e*)

모음 'e'의 부대형의 경우 특별한 이체자가 발견되지 않았다.

VII. 모음 ai

1. 머리글자 ai (Initial bowel *ai*)

2. 부대형 ai (Diacritical bowel with ai)

부대형 ai의 경우아래의 경우처럼 ro가 ai와 동일한 형태를 취한 예도 발견된다.

 *Kaṭha-upaniṣad*Ⓐ

…d atithir duroṇaṣat[50)]

50) '집(제의의 항아리)에 거주하는 손님'

VIII. 모음 o

1. 머리글자 o (Initial bowel *o*)

oṃ				

2. 부대형 o (Diacritical bowel with *o*)

자음 뒤의 o는 대부분 판독 가능하지만 o의 형태가 분리된 경우도 적지 않게 발견된다.

 Ⓐ

artho duḥ…

 Ⓦ

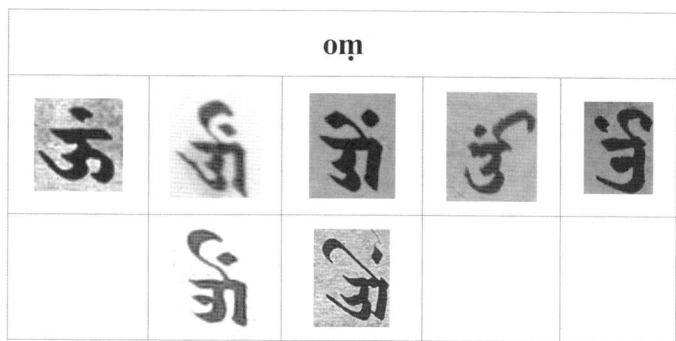

jānūrvor aṃtare[51)]

---

51) jānūrvor antare '무릎과 넓적다리 안쪽에…'

 *Mahābhārata*Ⓐ

na krodho na ca [52)]

IX. 모음 au

모음 au는 드물게 사용되었다.

Unknown Scroll ManuscriptⒶ

42
43
44

l. 42: mokṣaṣoḍaśadala 16 ṣoḍa ···

l. 43: 16 a ā i ī u ū ṛ ṝ ḷ ḹ ···

l. 44: o au aṃ aḥ 16 iti antarmātrā

---

52) '···없고 분노도 없는···'

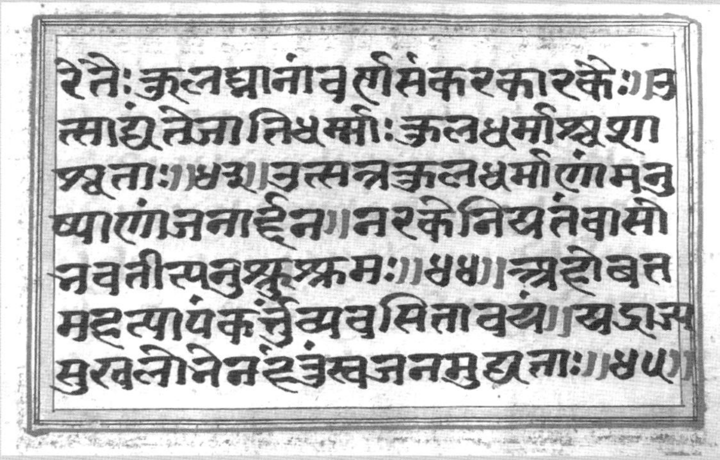

Bhagavadgītā. F.13r Ⓐ

1 ...r etaiḥ kulaghnānāṃ varṇasaṃkarakārakaiḥ| u-
2 tsādyaṃte jātidharmmāḥ kuladharmāś ca śa-
3 śvatāḥ||43|| utsannakuladharmāṇāṃ manu-
4 ṣyāṇāṃ janārddana| narake niyataṃ vāso-
5 bhavatīty anuśruśrumaḥ||44|| aho bata
6 mahat pāpaṃ karttuṃ vyavasitā vayaṃ| yad rājya-
7 sukhalobhena haṃtuṃ svajanam udyatāḥ||45||

ka 행	ka kha ga gha ṅa
ca 행	ca cha ja jha ña
ṭa 행	ṭa ṭha ḍa ḍha ṇa
ta 행	ta tha da dha na
pa 행	pa pha ba bha ma
반모음	ya ra la va
치찰음	śa, ṣa sa
기음	ha
숫자	0 1 2 3 4 5 6 7 8 9

ka 행

I. ka

1. ka क

I¹	I²	II		III¹	III²	IV

k-						
	 kiṃ	 kai	 kā	 kā	 kai	

1) Type I¹  ka

Type I¹은 전형적인 형태의 ka이지만 아래의 그림처럼 k가 중복될 경우 마치 kva()[53]처럼 보일 수 있다.

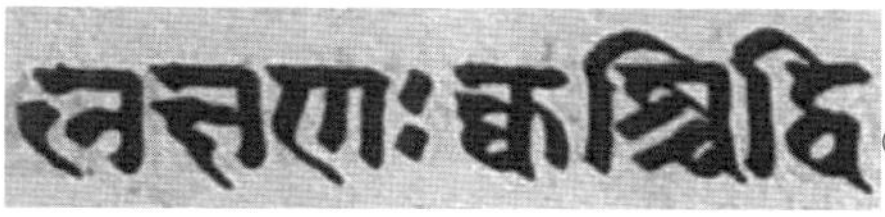 Ⓦ

lakṣaṇaḥ kkaścid vi…[54]

---

53) Ⓦ kvaccin no {'}bhaya…

54) lakṣaṇaḥ kaścid vi…

2) Type I²  ka

kiṃcid apy aspṛśan sadā *Upadeśasāhaśrī* of Śaṅkara Ⓐ

Type I²는 약간 변형되었지만 판독에는 큰 어려움이 없다. 하지만 위 그림의 첫 글자의 k는 hva의 다양한 이체자 중 하나()와 유사하다.

*참고  Ⓦ jihvāgre[55]

3) Type II  ka

kim uktaṃ bhavati *Yogasūtraṭīkā* of Bhojadeva Ⓨ

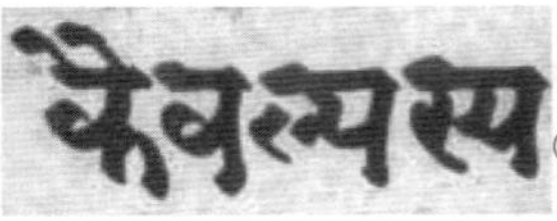 Ⓨ 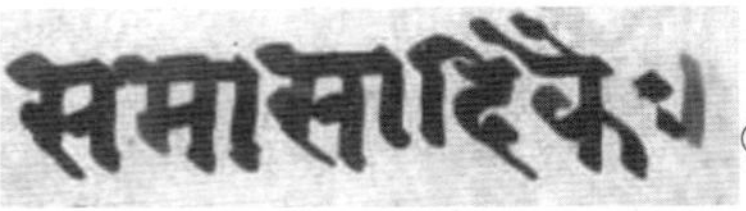 Ⓨ

kaivalyasya[56] samāsādikaiḥ[57]

55) '혀 앞쪽에…'
56) '독존의'
57) '결합 등에 의해'

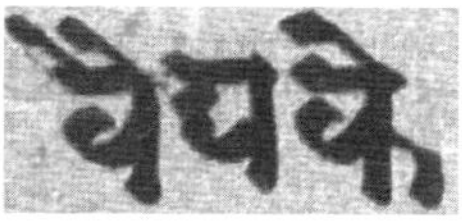

vaidyake[58] *Yogasūtraṭīkā* of BhojadevaⓎ

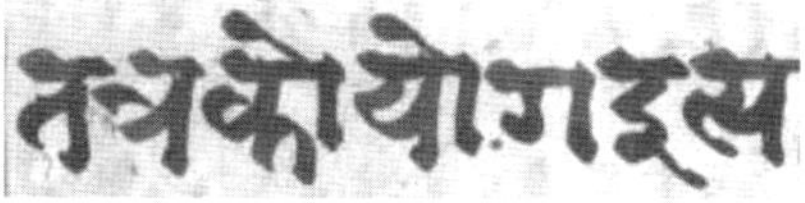

tatra ko yoga ity a…[59] *Yogasūtraṭīkā* of BhojadevaⓎ

4) Type III[1]  ka

Type III[1]은 흘림체로 특정 필사본에서 발견된다.

HaṭhapradīpikāⒽ

haṭhapradīpikāṃ dhatte[60]

 Ⓗ  Ⓗ

buddhaś ca kathaḍiḥ (人) kāladaṃḍaṃ[61]

58) '의술에 있어서'
59) '여기서 요가란 무엇인가에 대해서…'
60) '하타의 등불을 들어 올렸다'
61) kāladaṇḍaṃ '시간(죽음)의 막대기를'

5) Type III[2]  ka

dhanurākarṣaṇaṃ kṛtvā[62] *Haṭhapradīpikā*Ⓦ

Ⓥ Ⓥ 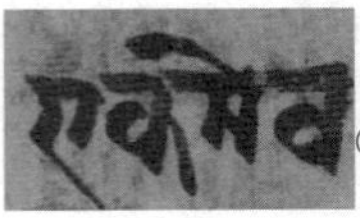Ⓥ

śloka iḥ　　karaṇaṃ　　ekam eva

6) Type IV  ka

이 유형의 ka는 특정 필사본에서만 발견되었다.

Ⓦ kartṭṛ[63]

62) '활처럼 끌어당긴 후'
63) kartṛ '행위자'

2. ku कु

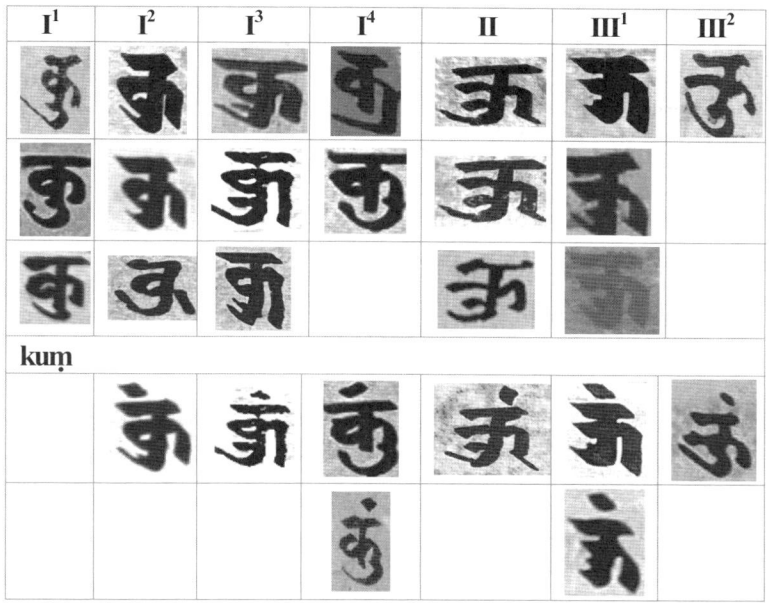

I[1]	I[2]	I[3]	I[4]	II	III[1]	III[2]

					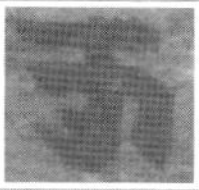	
kuṃ						

ku의 형태는 조금씩 다르지만 I[1], I[2], I[3], I[4]의 경우 '왼쪽이 둥글게 말린 형태'()이고 II의 경우 '왼쪽 선이 2개'()인 형태이고 III[1](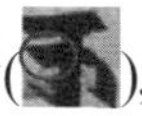), III[2]()는 더 간소화된 형태이다.

1) Type I[1~4]     ku

Type I[1~4]의 형태는 조금씩 다르지만 대부분 판독 가능하다.

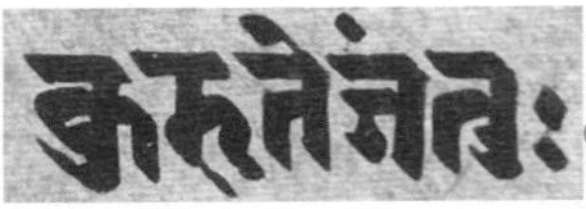Ⓐ

kurute jaṃtuḥ

 *Haṭhapradīpikā*Ⓦ

kuṇḍalinī

 *Kumbhakapaddhati*Ⓚ

kuṃbha ukāro recakas tu[64)]

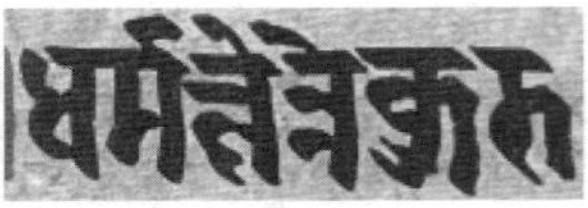 *Bhagavadgītā*Ⓐ

dharmakṣetre ru···

한편, 마지막 그림의 세 번째 음절 kṣe()는 kṣ의 다양한 이체자 중 하나(Type IX)이다.

아래의 두 그림은 더 단순화된 형태이다.

Ⓦ Ⓦ

kuśala kutaḥ

64) '[a u m 중에서] 숨을 참는 것은 u음절이고 날숨은 …'

2) Type II  ku

두 번째 유형의 ku는 조금 더 간소화된 형태로 왼쪽의 선이 2개로 펼쳐진 형태이다. kṣa, kṛ와 혼동될 수 있고 실제 필사본에서도 이 형태의 kṛ와 kṣa는 거의 유사한 형태로 되어 있다.

유사한 형태		비고
ku	  kurvata	ku (Type II)
kṛ	  kṛṣṇaḥ	kṛ (Type III^{2})
kṣa	  kṣetre	kṣa (Type IV^{1})

아래 그림에서 ku, kṣ, kṛ가 차례로 발견된다.

 *Bhagavadgītā*Ⓐ

kulakṣayakṛtaṃ

위 그림의 첫 번째 음절은 ku이고 세 번째 음절은 kṣa(Type IV^{1})이며 다섯 번째 음절은 kṛ(Type III)인데 kṣa와 kṛ의 형태는 동일하다.

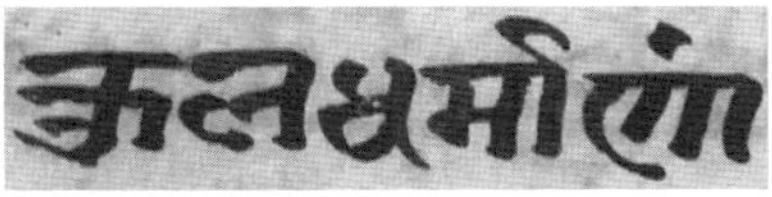 *Bhagavadgītā*Ⓐ

kuladharmāṇāṃ

 *Bhagavadgītā*Ⓐ

kurukṣetre

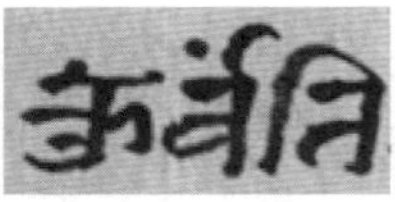 *Tattvabodha*Ⓐ

kurvaṃti[65)]

3) Type III[1]  **ku**

Type III[1]은 모음 ū()와 유사한 형태로 다수의 필사본에서 발견된다.

 *Mahābhārata*Ⓐ

kumudaḥ kuṃdaraḥ kuṃdo[66)]

 *Mahābhārata*Ⓐ

araudraḥ kuṃḍalī[67)]

---

65) kurvanti '그들은 실행했다'
66) kumudaḥ kundaraḥ kundo '푸른 연꽃(kumuda), 꾼다라(kundara), 자스민(kunda)'
67) araudraḥ kuṇḍalī '무서운 꾼달리는…'

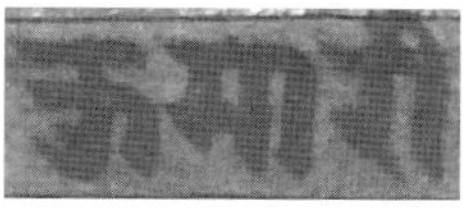 *Pañcadaśī* of Vidyāraṇya Tīrtha Ⓦ

kumārī[68]

 *Bhagavadgītā* Ⓐ

kutaḥ[69]

 *Tattvabodha* Ⓣ

duḥkhapradānaṃ kurvvaṃti[70]

 *Mahābhārata* Ⓐ

bāhumukuṭam[71].

위 그림에서 두 번째 음절 hu()는 'hu의 다양한 이체자 중 하나'(Type VI)이다. 한편, 아래의 두 그림의 첫 번째 음절의 ku는 왼쪽이 조금 더 간소화된 형태이다.

---

68) '아이를 지닌 자가(kumārī)'
69) '어디에?'
70) duḥkhapradānaṃ kurvanti
71) '수많은 머리장식(mukta)을'

 *Haṭhapradīpikā*Ⓦ

kuryād udare[72]

 *Haṭhapradīpikā*Ⓦ

kuṃbhaiḥ vicitraiḥ[73]

4) Type III^2  ku

Type III^{2}는 (Type III^1)가 더 단순화된 형태이다.

 *Īśa-upaniṣad*Ⓐ

kurvvann e⋯

72) '복부에 ⋯을 한다면'
73) '다양한 꿈브하까들에 의해'

3. kū कू

하형			우형		
I	II^1	II^2	III		

1) Type I  kū

 Ⓦ

kūṭastha···[74]

2) Type II^1  kū

 Ⓐ

kūṭasthena

3) Type II^2  kū

Type II^{2}의 kū는 kṛ, kva와 유사하지만 다음과 같이 구별된다.

---

74) '불변···'

kū			 **kūrmāsanaṃ**
kṛ			 **dhanurākarṣaṇaṃ kṛtvā**
kva			 **kvaccin no 'bhaya**

Type II²의 예는 다음과 같다.

 Ⓦ

kūparuciraṃ[75)]

 Ⓐ

kūrma[76)]

kūrmavad uttānam etad uttānakūrmakaṃ[77)] *Haṭhapradīpikā*Ⓦ

한편, 위 그림의 네 번째 음절 du는 'du의 다양한 형태 중 Type III²형'이고 아홉 번째 음절의 du는 'du의 Type I²형'이다.

---

75) '마음에 드는 암자에…'

76) '거북'

77) '… 마치 거북처럼 누운 이것이 '누운 거북 [아사나]'이다'"

3) Type III  kū

Ⓦ

kūṭastha…[78]

4. kṛ कृ

I	II[1]	II[2]		III[1]	III[2]	IV

1) Type I[1]  kṛ

Type I의 kṛ는 kū와 혼동될 수 있지만 (kṛ)와 (kū)는 밑 부분에서 구별된다(ku 항목 참조).

 *Haṭhapradīpikā*Ⓦ

dhanurākarṣaṇaṃ kṛtvā[79]

78) '불변…'
79) '활처럼 끌어당긴 후'

 *Haṭhapradīpikā*Ⓦ

kṛtvā ūru 80)

2) Type II^1  **kṛ**

Type II^{1}의 kṛ도 다수의 필사본에서 빈번하게 발견된다.

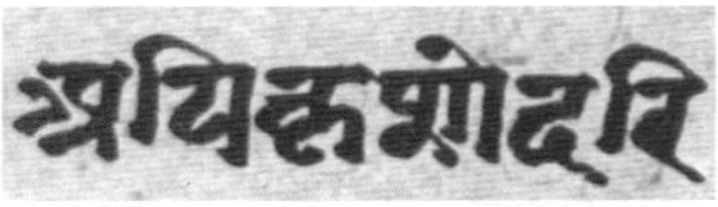 *Śrutabodha* of KālidāsaⒶ

ayi kṛṣodari

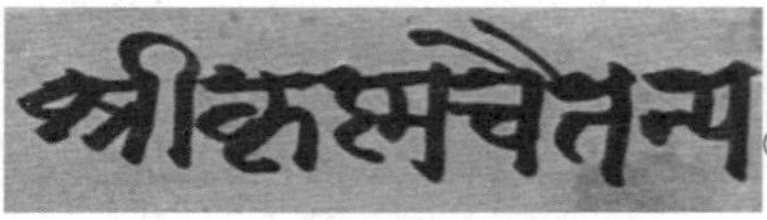Ⓦ Ⓦ

śrīkṛṣṇacaitanya··· kṛtvā

3) Type II^2  **kṛ**

Type II^{2}는 조금 더 단순화된 형태이다. 이 유형의 kṛ 역시 다수의 필사본에서 빈번하게 발견된다.

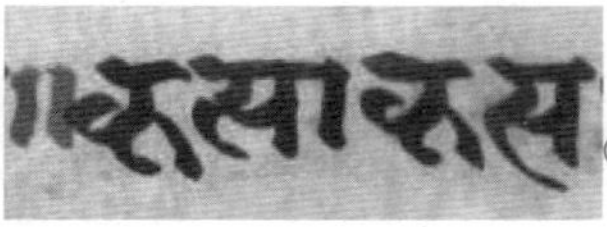Ⓨ

kṛtyākṛtya ···

80) '···한 후에 허벅지[에 반대쪽 발을 올려라]'

 Ⓗ

kṛpākaraḥ[81]

 Ⓐ kṛti

ṭīkākṛtaḥ 6 utsṛjya[82] *Yogasūtra-ṭīkā* of BhojadevaⓌ

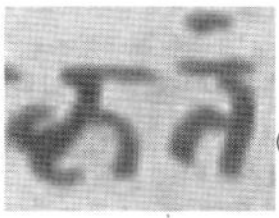 Ⓦ

kṛtaṃ

 Ⓨ

…r viruddhakṛtye[83]

ṭīkākṛtaḥ 6[84] *Yogasūtra-ṭīkā* of BhojadevaⓎ

---

81) '자비로운 분은'
82) '주석을 남겼다.(제6송) …을 떨치고서'
83) '의문을 제기하고서'

4) Type III[1]  kṛ

Type III[1]은 더 단순화된 형태이다.

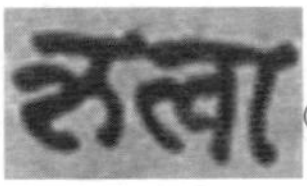 Ⓦ

kṛtvā[85)]

5) Type III[2]  kṛ

Type III[2]의 kṛ는 특정 필사본에서 발견된다.

 Ⓐ kṛṣṇaḥ

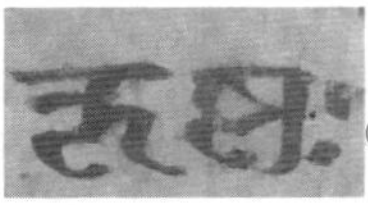 Ⓐ kṛṣṇaḥ

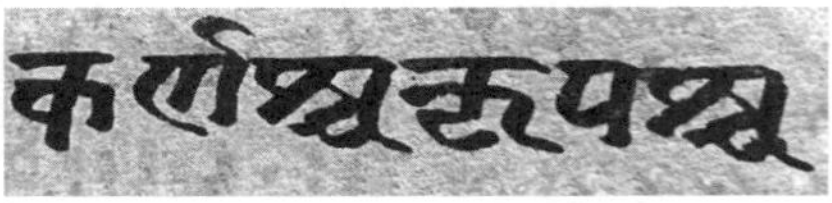 *Bhagavadgītā*Ⓐ

karṇaś ca kṛpaś ca[86)]

한편, kṣa에서 다루겠지만 여기서의 kṛ()는 kṣa(Type IV[1] )와 거의 구별되지 않는다.

---

84) '주석을 남겼다(kṛtaḥ)(제6송)'

85) '만들고서'(kṛtvā)

86) '그리고 까르나와 끄리빠(kṛpa) 그리고…'

아래의 두 번째 음절은 조금 더 단순화된 형태이다.

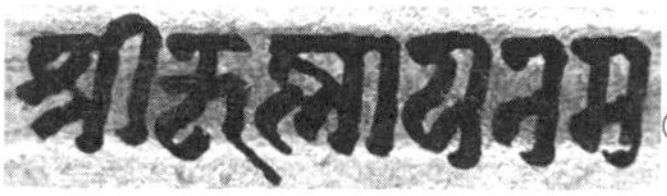 Ⓐ

śrīkṛṣṇāya nama…87)

6) Type V  kṛ

Type V의 kṛ는 모음 ṛ (Type I^2 )와 거의 동일한 형태이다. 필사자가 kṛ를 ṛ로 잘못 필사했을 가능성도 있지만 kṛ의 이체자인 것으로 추정된다.

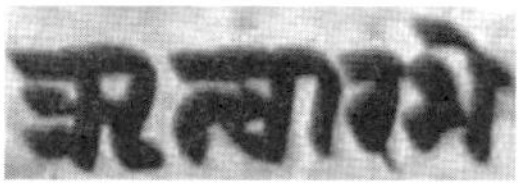 *Pavanavijayasvarodaya*Ⓦ

kṛtvārambhe…88)

5. kk-

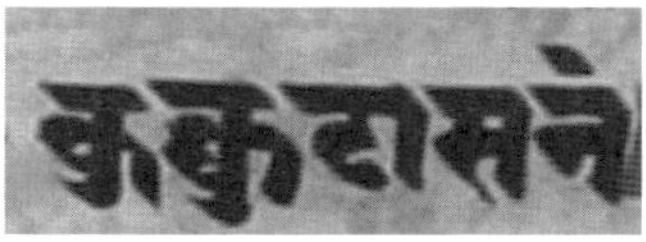 *Haṭhapradīpikā*Ⓦ

kukkuṭāsanaṃ89)

87) '쉬리 끄리쉬나에게(kṛṣṇāya) 경배…'
88) '…하고서(kṛtvā) 착수할 때'
89) '수탉(kukkuṭa) 체위는'

jānūrvor aṃtare samyakkṛtvā[90] *Haṭhapradīpikā*Ⓦ

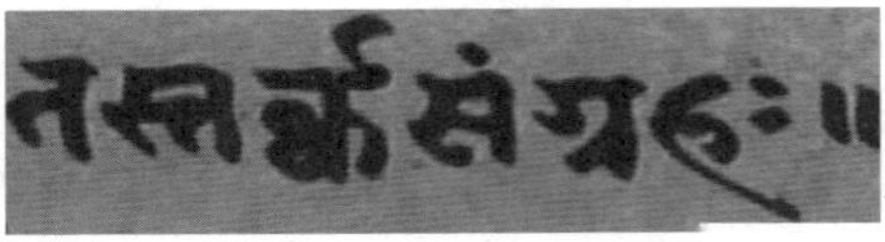

TarkasaṃgrahaⓌ

…tas tarkkasaṃgrahaḥ[91]

6. kta क्त

I^{1}	I^{2}	II	III^{1}	III^{2}	IV	V

			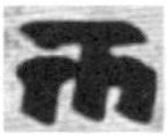			

Type I$^{1,\ 2}$는 전형적인 형태이고 Type II는 왼쪽 부분이 분리된 형태이며 Type III$^{1,\ 2}$는 목(木)자의 형태이고 Type IV는 Type III이 변형된 형태이다. Type V는 흘림체로 특정 사본에서 발견되었다.

---

90) ‘허벅지(jānu)와 무릎(ūru) 안쪽에 올바르게(saṃyak) 두고서(kṛtvā)’
91) …tas tarkasaṃgrahaḥ

1) Type I^{1}  kta I^{2}  kta

Type $I^{1,\ 2}$는 출판본에서 발견되는 क्त와 유사한 형태인데 Type I^{2}는 왼쪽이 조금 더 간소화되었다.

 *Mahābhārata*Ⓐ

śraddhābhaktisama…[92]

한편, 위 예문의 두 번째 음절 ddh-는 'ddh-의 다양한 형태 중 하나(ddha, Type I^{2})이다.

pataṃjalimuner uktiḥ[93] *Yogasūtra-ṭīkā* of BhojadevaⓌ

Ⓐ 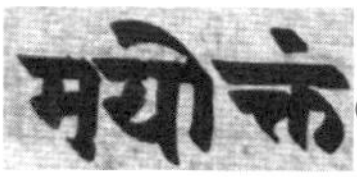Ⓐ

bhaktim a…[94] mayoktaṃ[95]

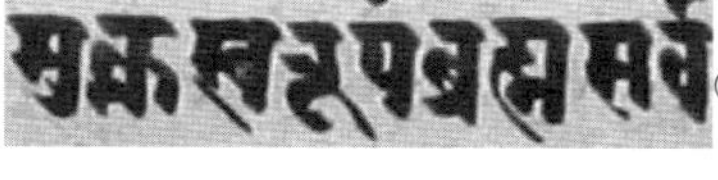Ⓦ

muktasvapaṃ brahma sarva…[96]

---

92) '믿음과 헌신(bhakti)을 구비…'
93) patañjalimuner uktiḥ '빠딴잘리 무니가 말했던 것이다(uktiḥ)'
94) '헌신을 …'
95) '내가 설명했던…'
96) '해탈을 본성으로 하는 브라흐만이 모든 존재[의…]'

2) Type II  kta

Type II는 왼쪽의 선이 두 개로 kra(Type^{2} )와 유사하다.

Ⓐ Ⓦ

bhakti ity uktalakṣaṇāyāṃ

 *Kulārṇavatantra*Ⓐ

tyājyaḥ sa cet tyaktuṃ

 *Kumbhakapaddhati*Ⓚ

proktaṃ

3) Type III^{1}  kta III^{2}  kta

Type III^{1}과 III^{2}는 마치 나무 목(木)자처럼 더 간소화된 형태이다.

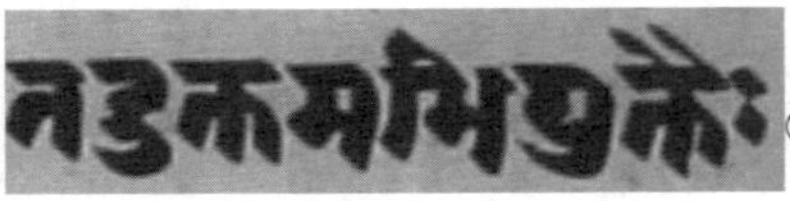Ⓦ

tad uktam abhiyuktaiḥ

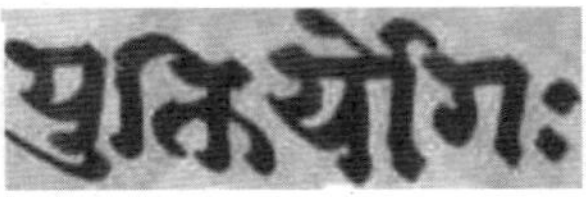 *Yogasūtra-ṭīkā* of BhojadevaⓎ

yuktiyogaḥ

pronmuktapariṇāma··· *Yogasūtra-ṭīkā* of BhojadevaⓎ

 Ⓦ

prokta eṣa caturvidhaḥ[97]

4) Type IV  **kta**

Type IV은 오른쪽의 선이 아래로 향한 형태로 다수의 필사본에서 발견된다.

 *Yogasūtra-ṭīkā* of BhojadevaⓎ

etad uktaṃ[98]

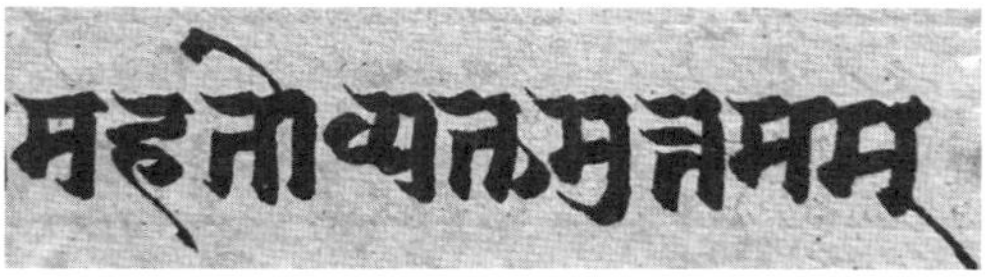 *Kaṭha-upaniṣad*Ⓐ

mahato vyaktam uttamam[99]

---

97) '이것은 네 종류로 설명되었다'
98) '이것이 설명되었다'
99) '큰 것보다 미현현이 뛰어나고'

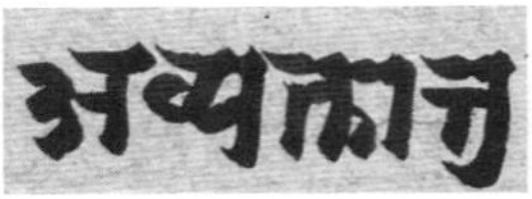 *Kaṭha-upaniṣad*Ⓐ

avyaktāt tu[100)]

kim uktaṃ bhavati *Yogasūtra-ṭīkā* of BhojadevaⓎ

pataṃjalimuner uktiḥ[101)] *Yogasūtra-ṭīkā* of BhojadevaⓎ

…ārtham ity uktibhiḥ[102)] *Yogasūtra-ṭīkā* of BhojadevaⓎ

5) Type V  kta

Type V는 흘려 쓴 형태로 특정 필사본에서 발견되었다.

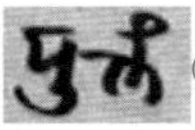Ⓦ yukti…[103)]

---

100) '하지만 미현현으로부터'
101) '신선 빠딴잘리께서 말씀하신 것은'
102) '…의 의미이다고 말해짐으로써'
103) '논리…'

7. ktṛ क्तृ

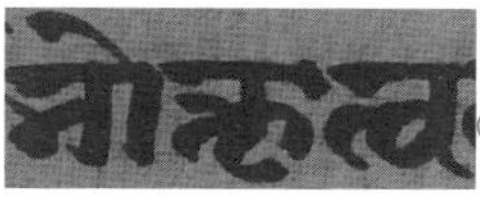Ⓐ

bhoktṛtva[104)]

8. ktra क्त्र

결합자음 ktr-의 경우 특이한 형태도 발견된다.

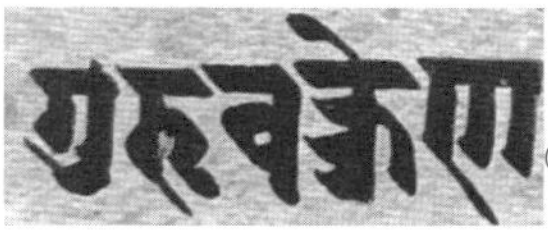Ⓦ

guruvaktreṇa[105)]

Ⓦ

vaktro[106)]

---

104) '행위자성(bhoktṛtva)'
105) '스승의 입으로(vaktreṇa) [전수된 방법대로…]'
106) '입은(vaktro)'

9. kra क्र

I	II	III	IV^1	VI^2	VI^3	IV^4

	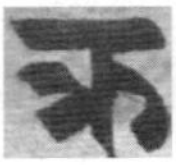					
kr-						
 krū	 kre	 kri	 kri	 kri	 kri	 kro
 krū	 kro		 krū			
			 krū			

Type I는 전형적인 형태이고 Type II는 왼쪽이 간소화되고 오른쪽이 아래로 말린 형태이다. Type VI$^{1\text{-}4}$는 III이 간소화된 형태이다.

1) Type I  kra

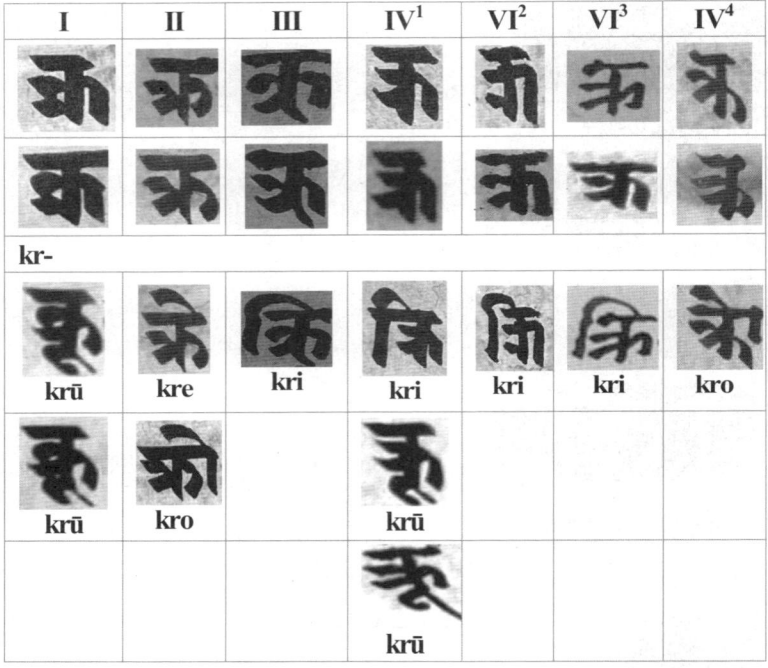

na krodho na ca[107] (*Mahābhārata*)Ⓐ

107) '…없고 분노(krodha)가 없는…'

2) Type II  kra

Type II^1의 kra도 몇몇 필사본에서 발견된다.

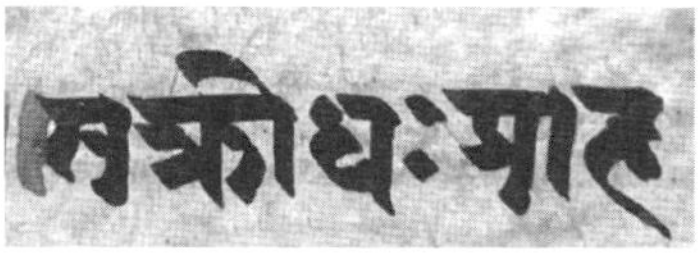

Mārkaṇḍeya-purāṇaⒶ

sa krodhaḥ prāha[108]

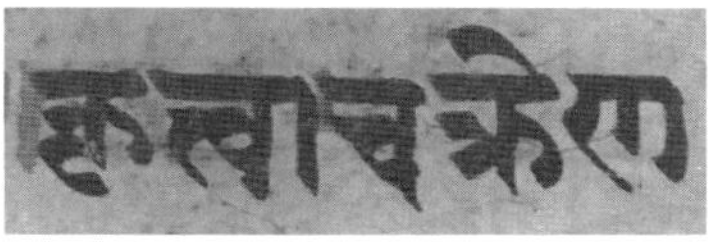

Mārkaṇḍeya-purāṇaⒶ

kṛtvā cakreṇa[109]

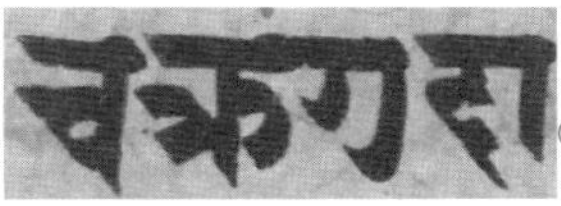Ⓐ

…cakragudā…

3) Type III  kra

Type III의 kra도 몇몇 필사본에서 발견된다.

Ⓐ aham̩ kratu aham̩ yajña…[110]

---

108) '그는 분노했고 …말했다'

109) '둥글게(cakreṇa) 만든 연후에'

110) aham̩ kratur aham̩ yajña… '내가 행위 주체(kartur)이고 내가 제사를 지내는 자….[라는 그릇된 생각을…]'

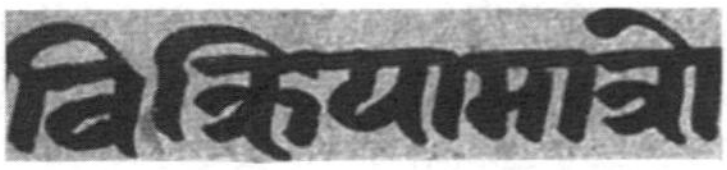

vikriyāmātro *Upadeśasāhasrī* of Śaṅkaraⓐ

* tkra

 Ⓐ

kāmas tatkratur bhūtvā

4) Type IV[1]   kra

Type IV[1]은 왼쪽의 형태가 조금 더 단순화되었다.

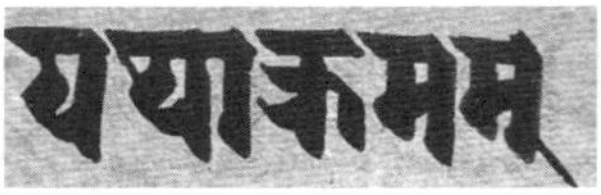

yathā kramam[111] *Kulārṇavatantra*Ⓐ

 Ⓦ

cakravat saṃ···

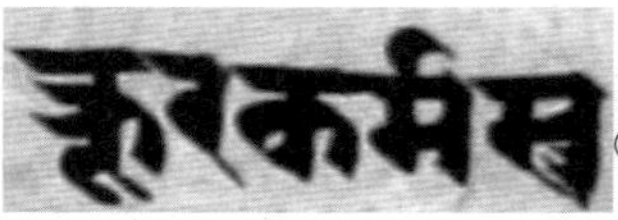 Ⓦ krūrakarmasu[112]

---

111) '마치 결대로(kramam)'
112) '잔혹한(krūra) 행위들 속에'

5) Type IV^2  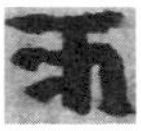 kra

Type IV^{2}는 kta(Type^2 )와 유사한 형태이다.

 *Bhagavadgītā*Ⓐ

kriyamāṇāni guṇaiḥ[113]

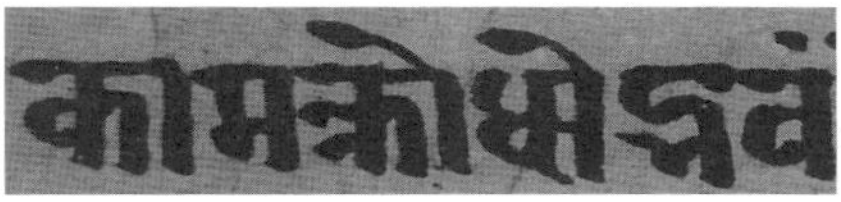 *Bhagavadgītā*Ⓐ

kāmakrodhodbhavaṃ[114]

6) Type IV^3  kra

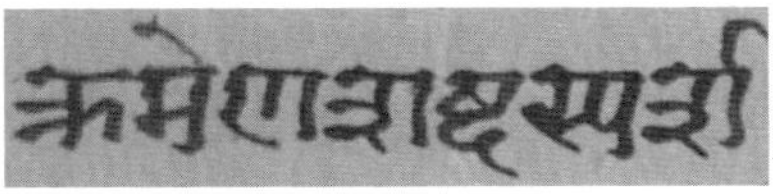 *Tattvabodha* of ŚaṅkaraⒶ

krameṇaśabdasparśa…[115]

7) Type IV^4  kra

Type IV는 특정 필사본에서 발견되었다.

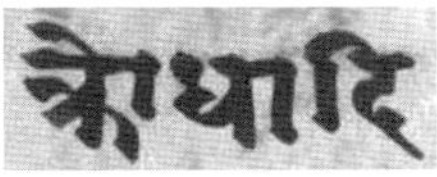 *Yogasūtra-ṭīkā* of BhojadevaⓎ

krodhādi…[116]

---

113) '공덕으로 행하고 있는(kriyamāṇa) 것들은'
114) '욕망(kāma)과 분노로 인해 생겨난 것이다.'
115) '순차적으로(krameṇa) 성(聲), 촉(觸)이…'

kramābhāvāt kartṛtva···117) *Yogasūtra-ṭīkā* of Bhojadeva㊇

10. kla क्ल

I	II					

kl-						
	 **kli**	 **kli**				
	 **kle**	 **kle**				

Type I은 전형적인 형태의 kla이고 Type II는 필사본에서 흔히 발견되는 형태이다.

㊈

śukla

116) '분노(krodha) 등등의'
117) '순차적으로(krama) 생겨나지 않으므로··· 행위자성은···'

 Ⓐ

śukle

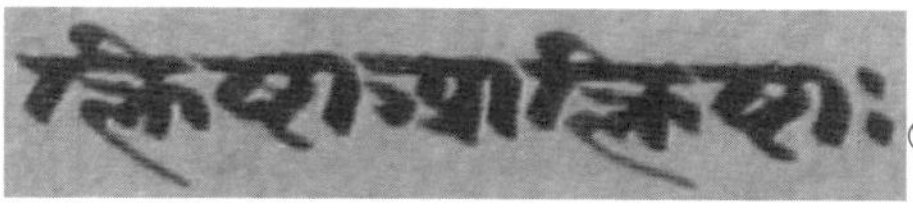 Ⓦ

kliṣṭā ākliṣṭāḥ[118)]

11. kva क्व

 Ⓐ

kvaccin no {'}bhaya

필사본의 경우 kva는 대체로 kka와 유사한 형태로 되어 있다.

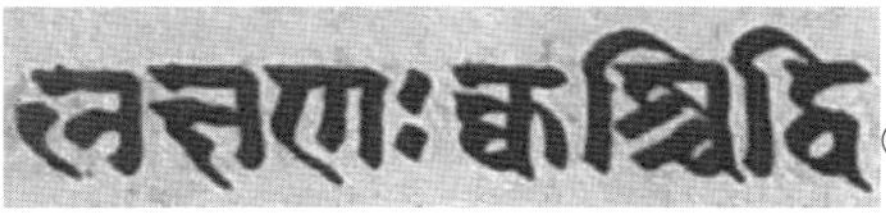 Ⓣ

lakṣaṇaḥ kkaścid vi…[119)]

118) *Corr*: kliṣṭā akliṣṭāḥ (오염된 것과 오염되지 않은 것들이…)
119) lakṣaṇaḥ kaścid vi.

12. kṣa क्ष

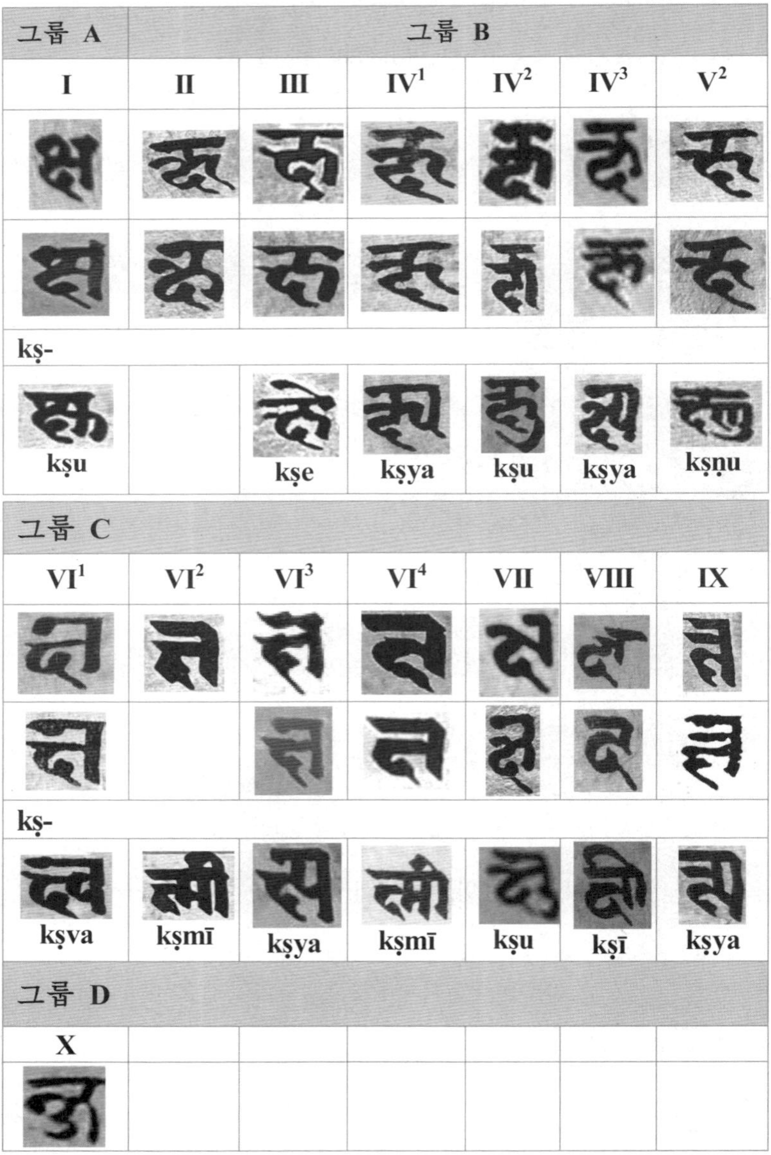

그룹 A
그룹 B
I
II
III
IV1
IV2
IV3
V2
kṣ-
kṣu
kṣe
kṣya
kṣu
kṣya
kṣṇu
그룹 C
VI1
VI2
VI3
VI4
VII
VIII
IX
kṣ-
kṣva
kṣmī
kṣya
kṣmī
kṣu
kṣī
kṣya
그룹 D
X

kṣa는 필사본에서 다양한 형태를 취하고 있는데 그 형태를 연대기적으로 추적하는 것은 불가능하지만 이해를 돕기 위해 형태적 유사성에 비추어 변형되는 과정을 어렴풋하게나마 그려보면 다음과 같다.

그룹 A

그룹 B

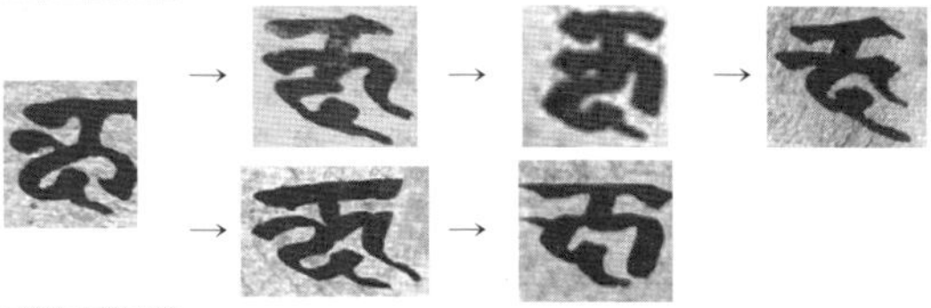

그룹 C

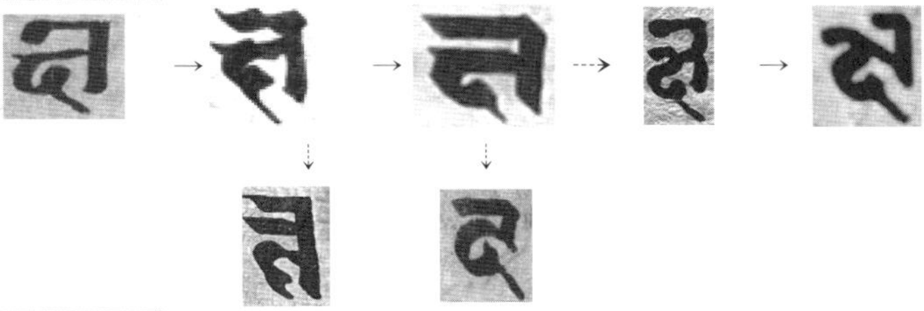

그룹 D

그룹 A, C는 출판본에서도 흔히 발견되는 형태이고 그룹 B는 필사본에서 빈번하게 발견된다. 그룹 D는 네팔 문자에 영향을 받은 형태로 필사본 1개에서 발견되었다.

kṣa 그룹 A

1) Type I  kṣa

필사본에서 Type I은 드물게 발견된다.

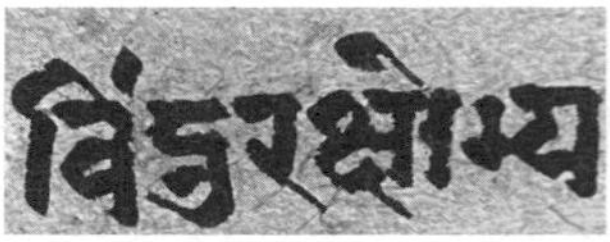

viṃdur akṣobhya..[120] *Mahābhārata*Ⓐ

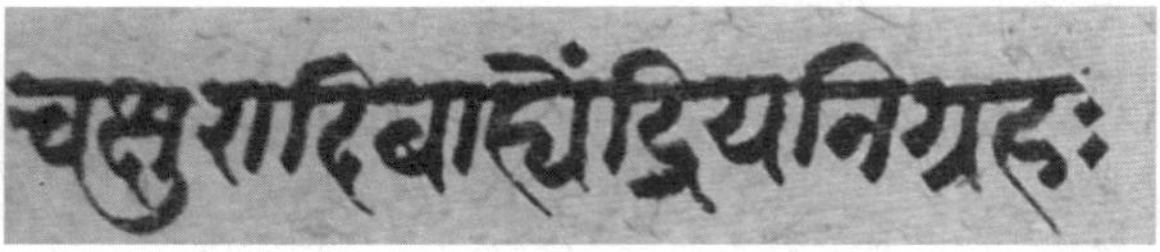

cakṣurādibāhyeṃdriyanigrahaḥ[121] *Tattvabodha* of ŚaṅkaraⒶ

아래의 첫 번째 음절 kṣu()의 경우 모음 u가 오른쪽에 붙은 형태이다.

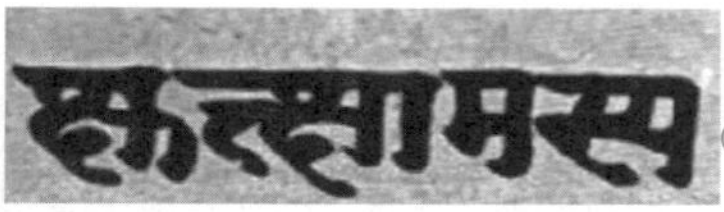 Ⓐ

kṣutkṣāmasya[122]

120) bindur akṣobhya…
121) '눈(cakṣur)등의 외적 감관기관을 거두어 들이는 것은'
122) '허기(kṣut)와 갈증의 … '

kṣa 그룹 B

그룹 B에 속하는 유형의 kṣ의 경우 단다가 정중앙()에 있는 형태이다.

2) Type II   kṣa

Type II는 필사본에서 흔히 발견되는 형태 중 하나이다.

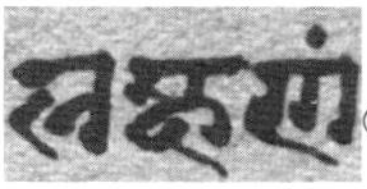

lakṣaṇaṃ[123)]

mokṣa…[124)]

3) Type III  kṣa

Type III 역시 필사본에서 흔히 발견되는 형태이다.

lakṣaṇa

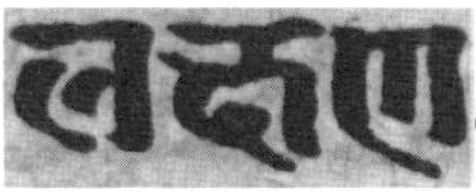

lakṣaṇa

123) '정의를'
124) '해탈…'

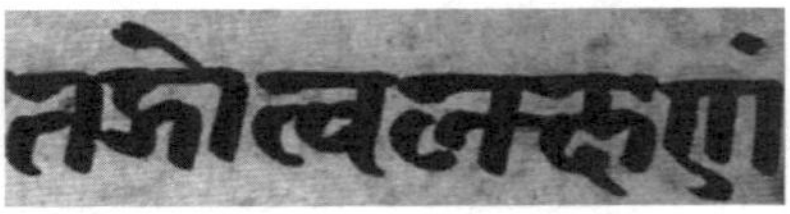 Ⓦ

tad gotvalakṣaṇaṃ[125)]

 Ⓦ

pakṣe[126)]

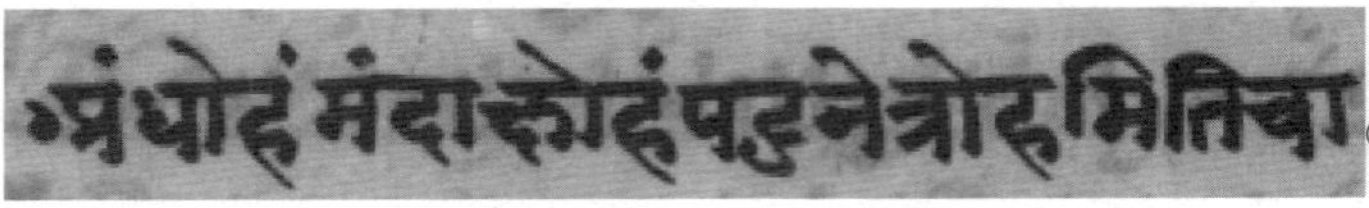 Ⓣ

aṃdhohaṃ maṃdākṣohaṃ paṭunetroham iti cā…[127)]

아래의 kṣu는 모두 모음 u가 오른쪽에 붙은 형태이다.

 Ⓐ cakṣur a…[128)]

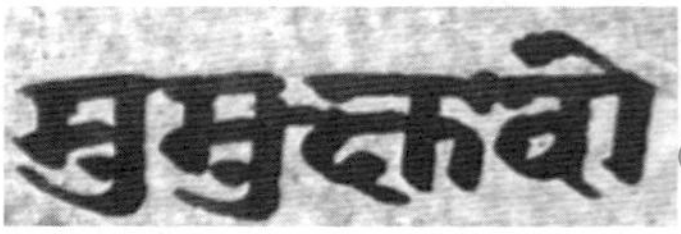 Ⓐ mumukṣuvo…[129)]

---

125) '그것이 소(牛)에 대한 본질적 정의(lakṣaṇa)이다'

126) '날개에…'

127) *Corr*: andho 'haṃ mandākṣo 'haṃ paṭunetro 'ham iti cā…
'나는 맹인이고 나는 시력이 좋지 않고 나는 침침한 눈을 가지고 있다' 라는 등등의…

128) '눈은(cakṣur)…'

129) '해탈에 대한 갈망(mumukṣu)과 …'

4) Type IV^1  kṣa

Type IV^{1}는 왼쪽의 가로선이 2개로 된 형태이다.

kurukṣtre[130] dharmmakṣetre[131] *Bhagavadgītā*Ⓐ

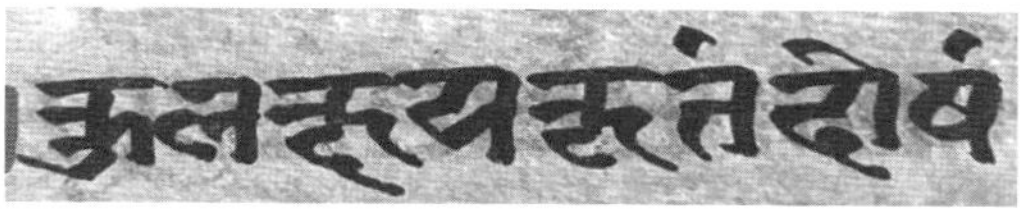

kulakṣayakṛtaṃ doṣaṃ[132] *Bhagavadgītā*Ⓐ

위 예문에서 알 수 있듯이 IV^{1}의 경우 kṛ, ku와 유사한 형태이고 경우에 따라 kṛ(Type III^2)와 동일한 형태를 취한 경우도 있다.

kṛ, kṣ의 유사 형태		비고
kṣa	  kṣetre	kṣa Type IV-1
kṛ	  kṛṣṇaḥ	kṛ Type III

130) '꾸루의 들판에서(kṣetre)'
131) dharmakṣetre '다르마의 들판에서'
132) '가문을 파괴하는(kṣaya) 과실을'

5) Type IV²  kṣa

Type IV²는 Type IV¹이 조금 더 단순화된 형태이다.

 Ⓐ  Ⓐ

mahīkṣitāṃ ···n avakṣe {'}haṃ

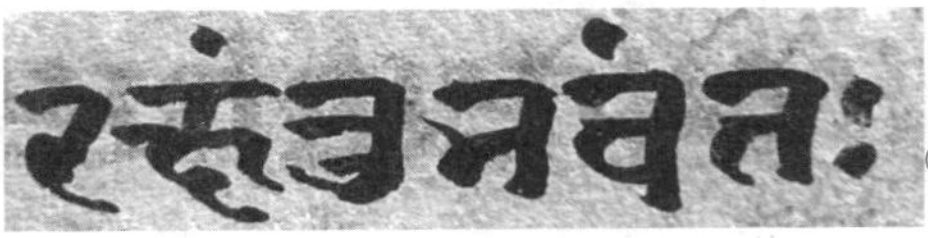 Ⓐ

rakṣaṃ tu bhavaṃtaḥ (rakṣaṃ tu bhavantaḥ)

6) Type V¹  kṣa

Type V¹은 변형된 형태이다.

 *Bhagavadgītā*Ⓑ

kaścit kṣaṇam api

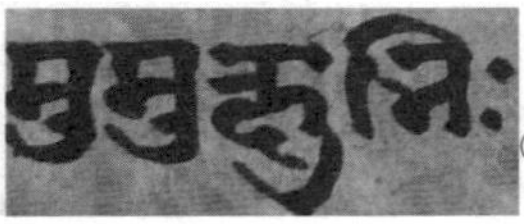 Ⓐ

mumukṣubhiḥ[133)]

---

133) '해탈을 갈망하는 사람들에 의해서'

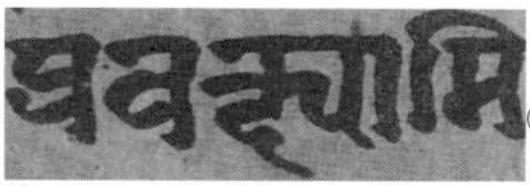 Ⓐ

pravakṣyāmi[134)]

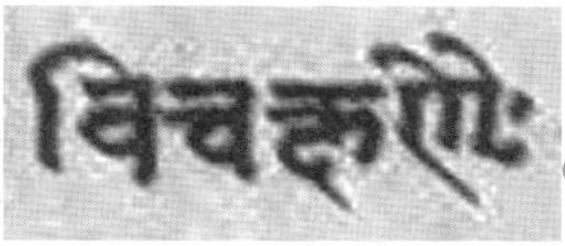 Ⓦ

vicakṣaṇaiḥ[135)]

7) Type V^2  kṣa

Type V^2는 Type V^1이 더 간소화된 흘림체이다.

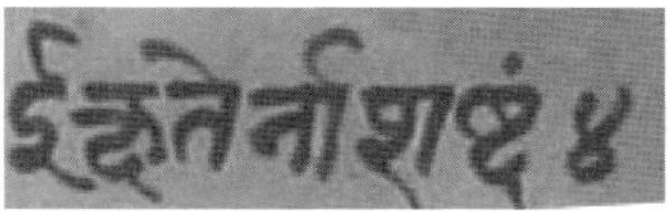 *Brahmasūtra*Ⓦ

īkṣater nāśabdaṃ 4[136)]

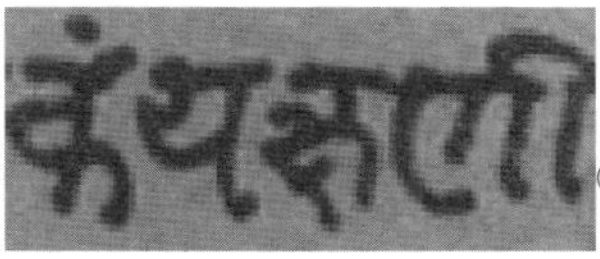 Ⓦ

···kaṃ yakṣaṇī[137)]

---

134) '내가 설명할 것이다'

135) '현자들에 의해'

136) '[창조에 대한] 의욕[이라는 표현이 있으므로](īkṣater) [우빠니샤드에] 언급되지 않은 [원질은 우주의 원인이] 아니다'

137) '을 가진 야차(yakṣa, 夜叉)는'

kṣa 그룹 C

그룹 C 유형의 kṣ는 오른쪽에 단다가 있고 그림 에서 알 수 있듯이 오른쪽이 ㄱ자 모양을 취한 형태이다.

7) Type VI[1]  **kṣa VI[2]**  **kṣa VI[3]**  **kṣa**

Type VI[1,2,3,4]의 경우 형태는 거의 동일하다.

(1) VI[1]  **kṣa**

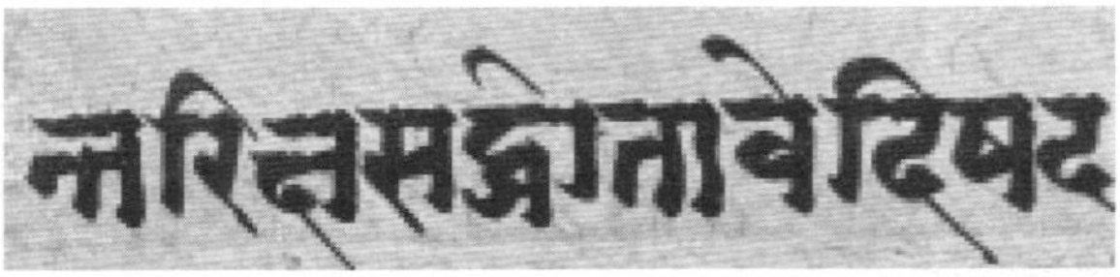

..ntarikṣasad dhotā vediṣad a··· *Kaṭha-upaniṣad*Ⓐ

한편, 위 그림의 다섯 번째 음절 ddho ()는 ddh-의 다양한 이체자 중 하나(Type VI)이다.

pādakabhāvalakṣaṇaḥ *Yogasūtraṭīkā*Ⓦ

아래의 세 번째 음절 kṣa()는 왼쪽 부분이 약간 변형되었다.

 Ⓐ

nādrākṣam aham ity a···

아래의 kṣu는 모음 u가 오른 쪽에 위치한 형태(Type B)이다.

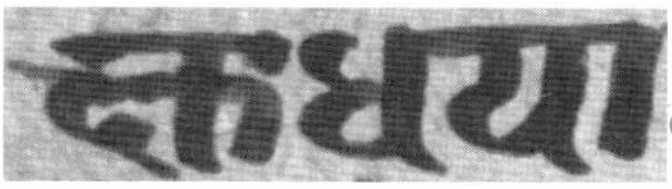 Ⓐ

kṣudhayā···[138]

 Ⓦ

mumukṣūṇāṃ[139]

(2) VI²  kṣa

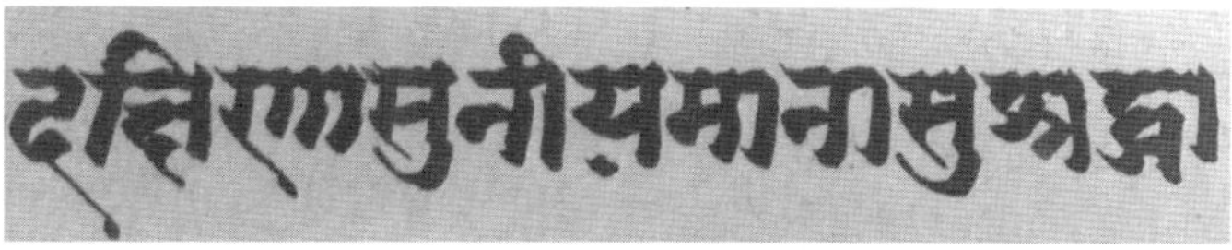

dakṣiṇāsu nīyamānāsu śraddhā *Kaṭha-upaniṣad*Ⓐ

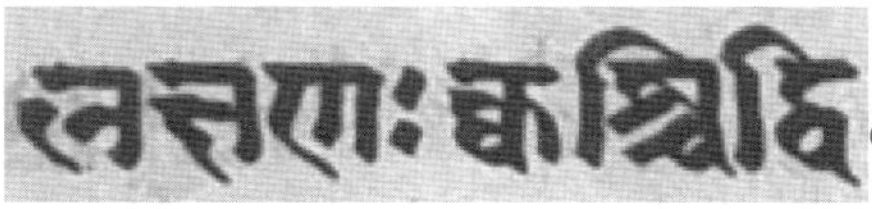 Ⓦ

lakṣaṇaḥ kkaścid vi···[140]

---

138) '배고픔···'

139) '해탈하기를 열망하는 자들의'

140) lakṣaṇaḥ kaścid vi···

 Ⓦ

sadyo mokṣa[141]

(3) VI^{3}  kṣa

dakṣo dakṣiṇaḥ kṣamiṇāṃ *Mahābhārata*Ⓐ

8) Type VI^{4}  kṣa

Type VI^{4}는 필사본에서 가장 많이 사용된 kṣa이다.

 Ⓦ

gorakṣavirūpākṣa.. [142]

 Ⓦ  Ⓦ

dakṣaṇe[143] dakṣiṇe

---

141) '즉각적인 해탈…'
142) '고락샤와 비루빡샤…' (人名)
143) '오른쪽에'

 Ⓦ

gorakṣāsanam ity āhur idaṃ[144]

 Ⓦ

dharmārthakāmamokṣaś ca[145]

 Ⓐ  Ⓦ

lakṣmīṃ   haṃ kṣaṃ vahimātrā[146]

 Ⓦ

kuryāj jīvarakṣā…

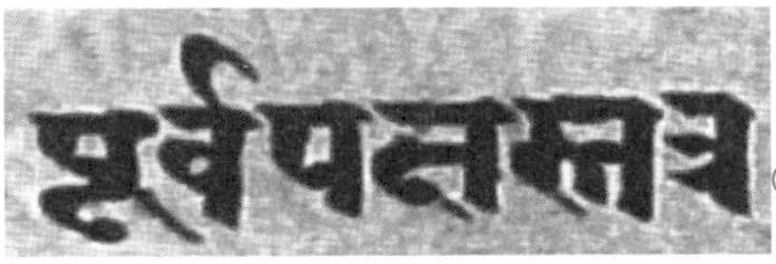 Ⓦ

pūrvapakṣas tatra[147]

---

144) '사람들은 이것을 고락사(gorakṣa)-아사나로 불렀다'
145) '다르마, 재물, 욕망 그리고 해탈(mokṣa)이…'
146) haṃ kṣaṃ bahimātrā
147) '여기서 전론(pūrva-pakṣa, 前論)은'

pādakabhāvalakṣaṇaḥ *Yogasūtra-ṭīkā* of Bhojadeva[Ⓦ]

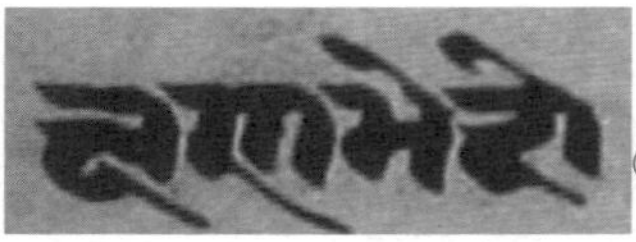 Ⓦ

kṣaṇabhedo[148]

 Ⓣ

mokṣo me bhūya …[149]

6 āsāṃ krameṇa lakṣaṇam āha *Yogasūtra-ṭīkā*[Ⓦ]

아래 그림의 여섯 번째 음절은 lya로 오독될 수 있다.

 Ⓦ

kālādyanapekṣya sarvaṃ[150]

---

148) '찰나(刹那)에(kṣaṇa)에 분리가…'
149) '나에게 해탈(mokṣa)이 일어나기를… '
150) '시간 등을 고려하지 않고서(anapekṣya) 모든 것을'

9) Type VII  **kṣa**

Type VII은 간소화된 형태로 다수의 필사본에서 발견되었다.

Ⓦ

  MS^{ac} bhogamo ✗ kṣayos teṣāṃ
→ MS^{pc} bhogamokṣayos teṣāṃ[151]

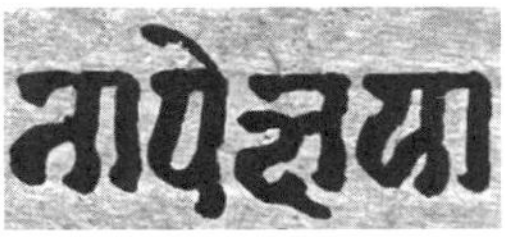

…n āpekṣayā[152] *Tattvabodha*Ⓐ

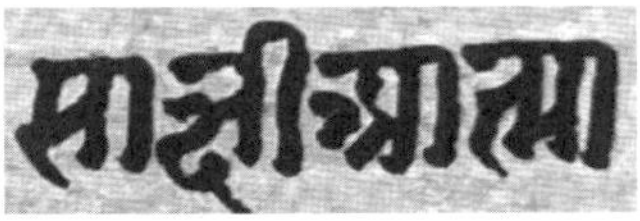
TattvabodhaⒶ

sākṣī ātmā[153]

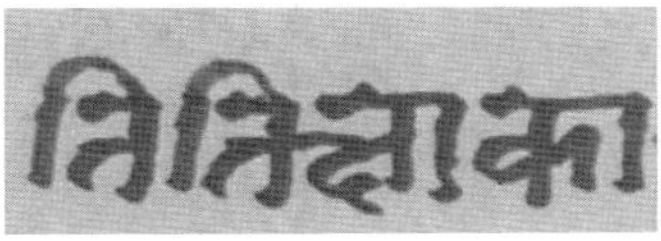
TattvabodhaⒶ

titikṣā kā[154]

---

151) '그들의 향락과 해탈의'
152) '…을 고려해서'
153) '[인식의] 증인(sakṣī)인 아뜨만은'
154) '인내란 무엇인가?'

10) Type VIII  **kṣa**

특정한 사본에서 한 개에서 발견되었다.

 *Vākyasudhā-ṭīkā*Ⓥ

īkṣate[155]

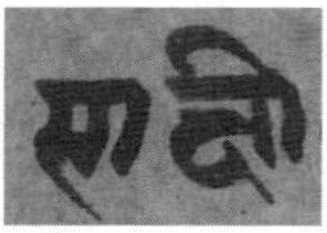 *Vākyasudhā-ṭīkā*Ⓥ

sākṣī[156]

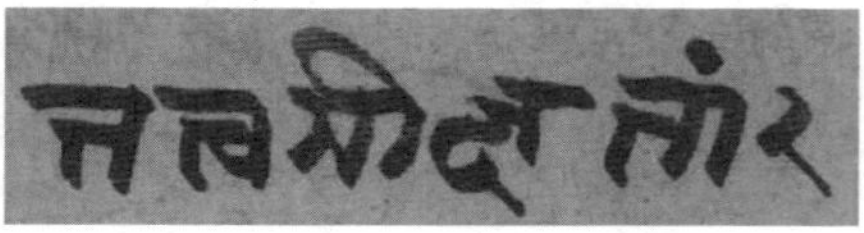 *Vākyasudhā-ṭīkā*Ⓥ

tattvam īkṣatāṃ 2

11) Type IX  **kṣa**

Type IX는 가 변형된 것으로 추정된다.

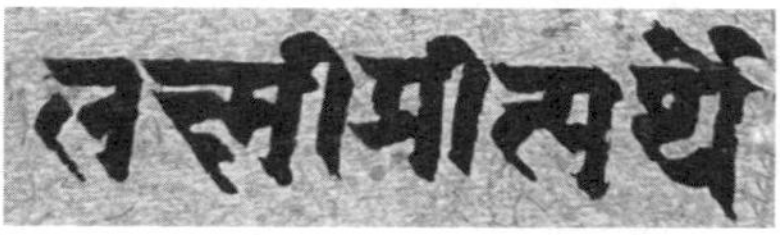 *Mārkaṇḍeya-purāṇa*Ⓐ

lakṣmīprītyarthe[157]

---

155) '응시하다'

156) '[인식의] 증인(證人)'

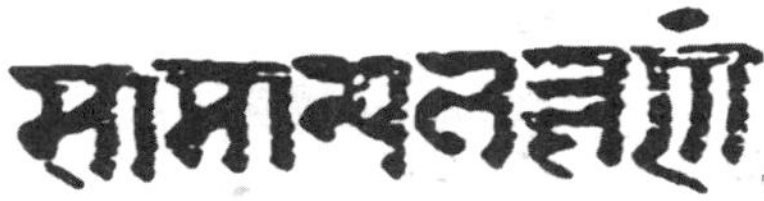
KumbhakapaddhatiⓀ

sāmānyalakṣaṇaṃ[158]

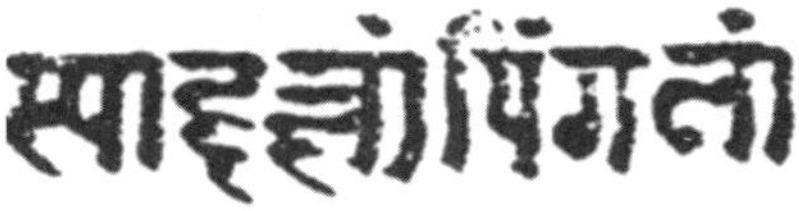
KumbhakapaddhatiⓀ

syād dakṣāṃ piṃgalāṃ[159]

KumbhakapaddhatiⓀ

yāḥ sūkṣmāḥ[160]

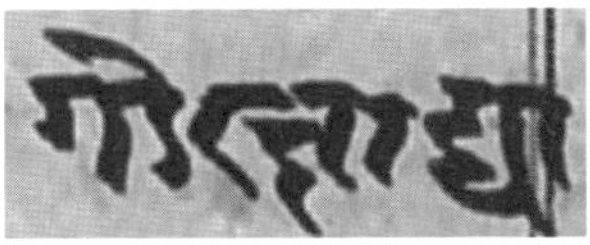
HaṭhapradīpikāⒽ

gorakṣādyā[161]

Mārkaṇḍeya-purāṇaⒶ

cakṣubhūḥ[162]

---

157) '락쉬미(lakṣmī) 여신의 은총을 위해'
158) '보편적 정의는'
159) '삥갈라[라는 통로가] 오른쪽이 라고 한다면…'
160) '미세한 것들은'
161) '고락샤(gorakṣa)를 필두로'
162) '눈(cakṣu)에서 생겨난 것들이'

dharmakṣetre kuru··· tān samīkṣya *Bhagavadgītā*Ⓐ

na kāṃkṣe vijayaṃ kṛṣṇa *Bhagavadgītā*Ⓐ

kṣa 그룹 D

(12) Type X  kṣa

kṣ의 다양한 서체 중 Type X는 네팔 문자(ꣿ)의 영향을 받은 형태로 추정된다.

Ⓦ

mokṣo[163)]

163) '해탈(mokṣa)은'

13. kṣu क्षु

kṣu는 위에서 다루었던 kṣa의 형태에 따라 다양하지만 모음 u의 위치에 따라 크게 하형과 우형과 같은 두 유형으로 나눌 수 있다.

하형 (下形)					
I	II1	II2	II3	II4	III

우형 (右形)					
IV1	IV2				

1) Type I  kṣu

Type I은 출판본의 형태와 동일한데 필사본에서는 드물게 발견되었다.

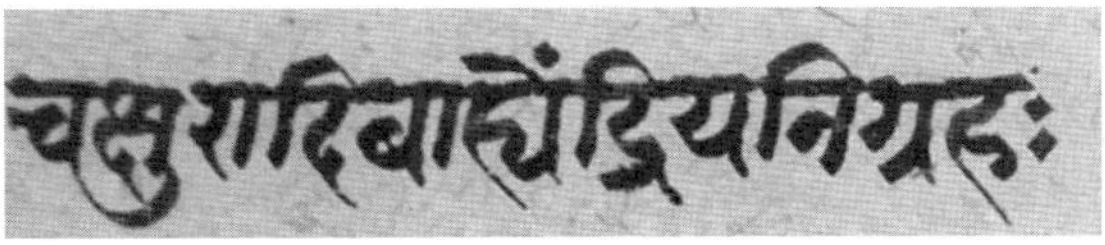

cakṣurādibāhyeṃdriyanigrahaḥ[164] *Tattvabodha* of Śaṅkara Ⓐ

164) '눈(cakṣur) 등의 외적 감관 기관을 거두어 들이는 것은'

2) Type II^1, II^2, II^3, II^4  kṣu

Type II^1, II^2, II^3, II^4의 형태는, 앞에서 다룬 kṣ의 형태에 따라 다양하지만 모두 모음 u가 아래에 붙은 형태이다.

 Ⓦ

mumukṣuṇā ātmā draṣṭavyaḥ[165]

 Ⓣ

damaḥ kaḥ cakṣurādivāhyeṃdriyanigrahaḥ[166]

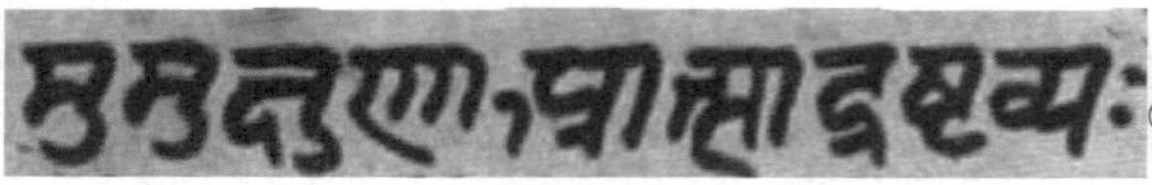 Ⓦ

mumukṣuṇā ātmā draṣṭavyaḥ[167]

아래 그림의 세 번째 음절(kṣū)은 모음 ū가 오른쪽에 붙은 형태이다.

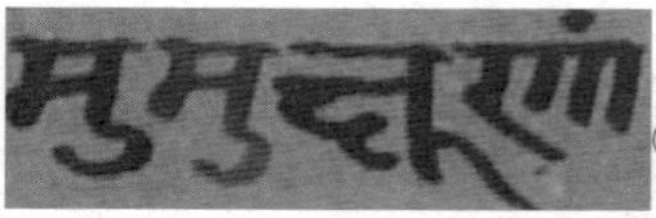 Ⓦ

mumukṣūṇāṃ[168]

---

165) '해탈하기를 열망하는 자는 아뜨만을 통찰해야만 한다'
166) damaḥ kaḥ cakṣurādibāhyendriyanigrahaḥ '다마란 무엇인가? 눈(cakṣu) 등의 외적 감관(bāhya-indriya)을 거두어들이는 것이다'
167) '해탈하기를 열망하는 자는 아뜨만을 통찰해야만 한다'

3) Type III  kṣu

Type III 역시 kṣa(Type VI²)에 기반을 둔 것으로 모음 u가 아래에 붙은 형태이다.

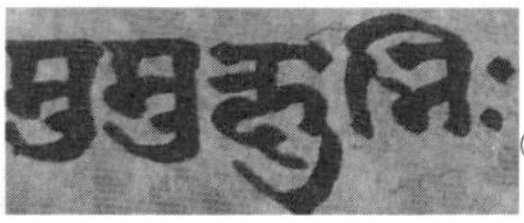 Ⓐ

mumukṣubhiḥ[169]

4) Type IV¹  kṣu

Type IV¹는 모음 u가 오른쪽에 붙은 형태이다.

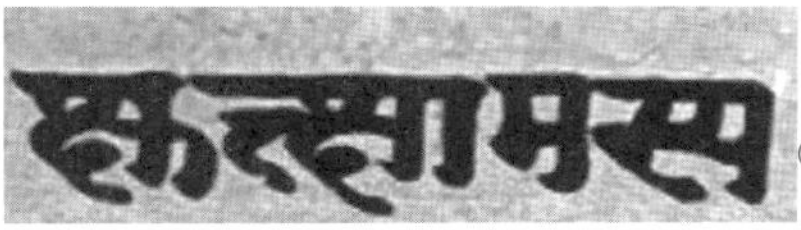 Ⓐ

kṣutkṣāmasya[170]

5) Type IV²  kṣu

Type IV²은 kṣa(Type VI¹)에 기반을 둔 형태로 모음 u가 오른쪽에 붙은 형태이다.

 Ⓐ kṣudhayā[171]

---

168) ‘해탈하기를 갈망하는 자들의(mumukṣūṇāṃ)’
169) ‘해탈을 갈망하는 사람들에 의해서’
170) ‘허기(kṣut)와 갈증의 … ’

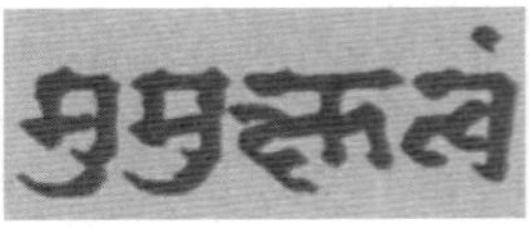 *Tattvabodha*Ⓐ

mumukṣutvaṃ[172]

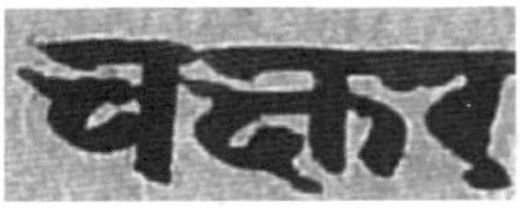 *Upadeśasāhasrī*Ⓐ

cakṣur a…[173]

syāc cakṣurādes tathaiva ca 87[174] *Upadeśasāhasrī*Ⓐ

14. kṣma क्ष्म

I	II	III^1	III^2		IV	V
 **kṣma**	 **kṣma**	 **kṣma**	 **kṣma**	 **kṣma**	 **kṣma**	 **kṣmī**
			 **kṣmī**	 **kṣmī**		

171) '배고픔(kṣudh)…'
172) '해탈을 갈망함(mumukṣutvaṃ)'
173) '눈…'
174) '...일것이다. 그와 같이 눈(cakṣur)등의...87'

1) Type I  **kṣma**

 Ⓦ

‖ ‖ lakṣmīnārāyaṇapū..[175)]

2) Type II  **kṣma**

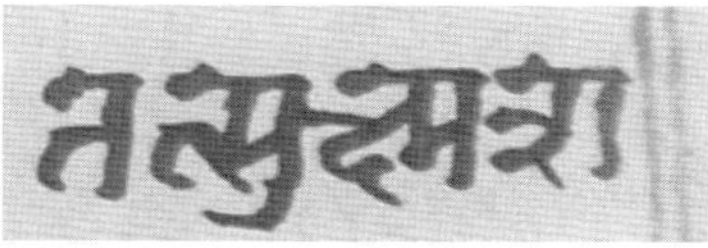 Ⓐ

tat sukṣmaśa…[176)]

3) Type III¹  **kṣma**

Type III¹은 드물게 발견되었다.

4) Type III²  **kṣma**

 Ⓐ 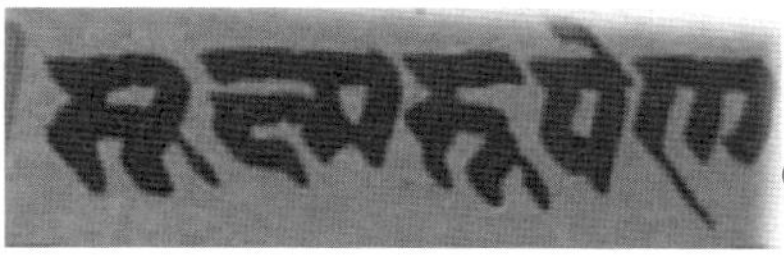 Ⓦ

lakṣmīṃ[177)] sūkṣmarūpeṇa[178)]

175) '락쉬미-나라야나-뿌[즈야빠다의]'
176) tat sukṣmaśa[rīram] '이것이 미세신이다'
177) '락쉬미 여신께서'
178) '미세한(sukṣma) 형태로'

5) Type IV  kṣma

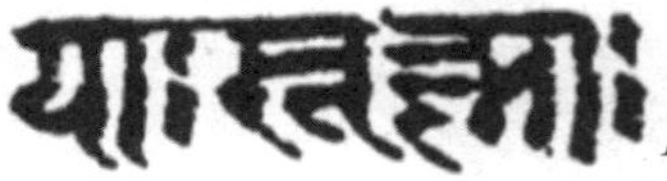 *Kumbhakapaddhati*Ⓚ

yāḥ sūkṣmāḥ[179]

6) Type V  kṣma

 *Mārkaṇḍeya-purāṇa*Ⓐ

lakṣmīprītyarthe[180]

15. kṣya क्ष्य

I	II	III	IV^{1}	IV^{2}	V	VI

kṣya의 형태는 kṣ-의 형태에 따라 다양한 형태로 발견된다.

1) Type I  kṣya

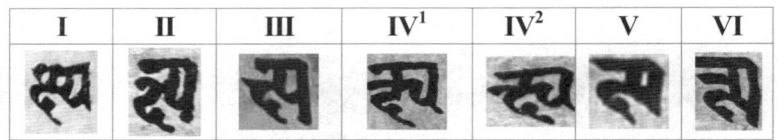

Type I은 전형적인 형태이지만 필사본에서는 드물게 발견된다.

179) '미세한 것들은'
180) '락쉬미 여신의 은총에'

2) Type II  **kṣya**

Ⓐ

sākṣya…[181]

3) Type III  **kṣya**

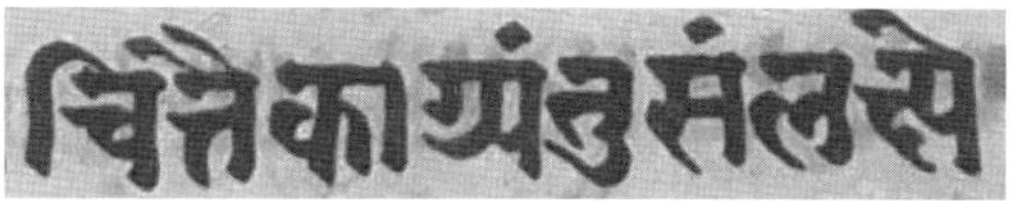 *Yogasūtraṭīkā*Ⓨ

cittaikāgrayaṃ tu saṃlakṣye[182]

4) Type IV¹  **kṣya**

Ⓐ pravakṣyāmi[183]

5) Type IV²  **kṣya**

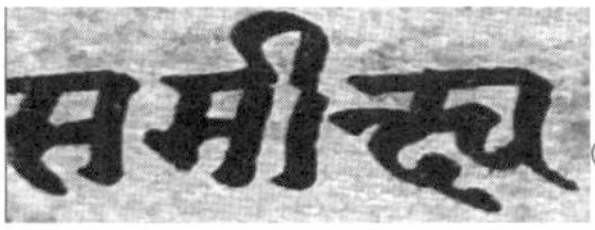Ⓐ samīkṣya[184]

---

181) '증거…'
182) '마음을 한 곳에 집중할 능력이 있을 때(saṃlakṣye)'
183) '내가 설명할 것이다'
184) '바라본 후에'

6) **Type V**  **kṣya**

 Ⓦ

kālādyanapekṣya sarvaṃ[185)]

7) **Type VI**  **kṣya**

 tān samīkṣya[186)] *Bhagavadgītā*Ⓐ

185) '시간 등을 고려하지 않고서 모든 것을'
186) '그들을 바라본 후에'

II. kha ख

kha는 sva, rava와 유사한 형태로 되어 있다.

 Ⓦ

khalv iha[187)]

 Ⓨ

sukhaduḥkhādi…

khaṇḍayitvā kāladaṇḍaṃ[188)] *Haṭhapradīpikā*Ⓐ

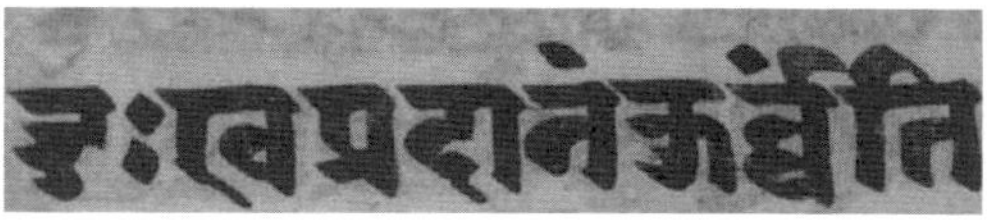

duḥkhapradānaṃ kurvvaṃti[189)] *Tattvabodhā* of ŚaṅkaraⓉ

 *Yogasūtra-ṭīkā*Ⓨ

parihṛtaduḥkha[190)]

---

187) '진실로(khalu) 여기서'
188) '시간(죽음)의 막대기를 파괴하고서'
189) duḥkhapradānaṃ kurvanti

2 iha khalu bhagavān pataṃjaliḥ[191]

Yogasūtra-ṭīkā of BhojadevaⓌ

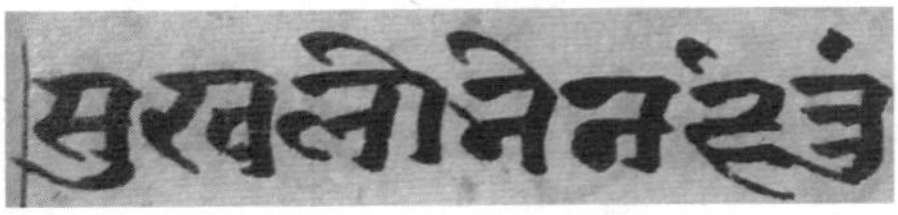 *Bhagavadgītā*Ⓐ

sukhalobhena haṃtuṃ

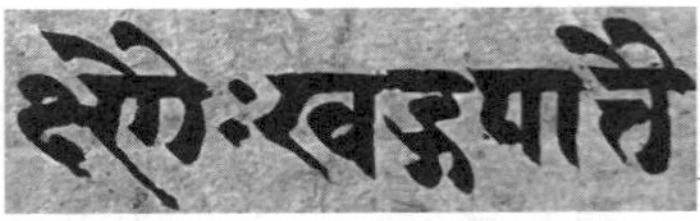 *Mārkaṇḍeya-purāṇa*Ⓐ

kṣṇaiḥ khaḍgapāttai

---

190) *Corr*: parihṛtyaduḥkha

191) '‖2‖ 이제, 실로 바가반 빠딴잘리께서는…'

III. ga

1. ga ग

ga의 형태는 거의 동일하다.

2. gu गु

gu						
I	II[1]	II[2]				

gu의 경우 대부분 모음 u가 자음 아래에 위치하고 간소화된 형태이다.

 ⓦ

saṃgaṃ tyaktvā[192)]

 ⓦ

gurubhaktyaika…[193)]

192) '집착(saṅga)을 버리고서'

Ⓦ

śrīgurave namaḥ[194)]

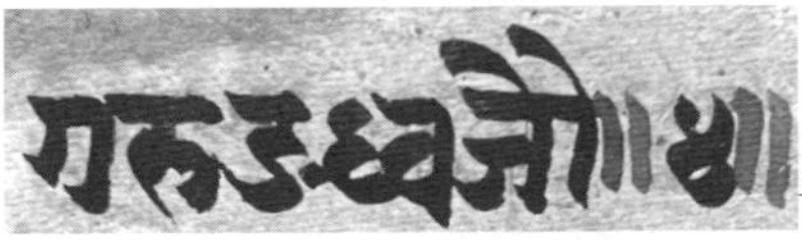
Mārkaṇḍeya-purāṇaⒶ

garuḍadhvajau 4

Ⓐ

…cakragudā…

3. -g-

결합 자음의 경우 서체와 크기에 따라 판독이 쉽지 않은 예도 발견된다.

1) lgu

vikalpajālaṃ phalguprakā… *Yogasūtra-ṭīkā* of BhojadevaⓌ

---

193) '오직 스승에 대한 헌신…'
194) '쉬리 구루에게 경배합니다'

2) gde

ⓦ

digdeśa..[195]

3) gr-

ⓨ

cittaikāgrayaṃ tu saṃlakṣye

---

195) '방향과 장소…'

IV. gha घ

I	II¹	II²				

gh-						
 ghu	 gho	 gho				

1. gha

1) Type I  gha

Type I은 전형적인 형태인데 vva와 유사한 형태도 발견된다.

*  Ⓐ yena sarvvam idaṃ[196)]

2) Type II¹  gha

Type II의 형태도 적지 않게 발견된다.

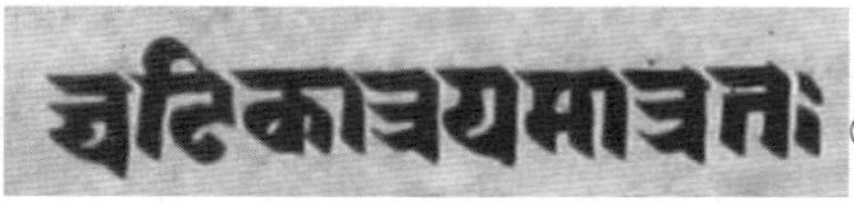 Ⓦ

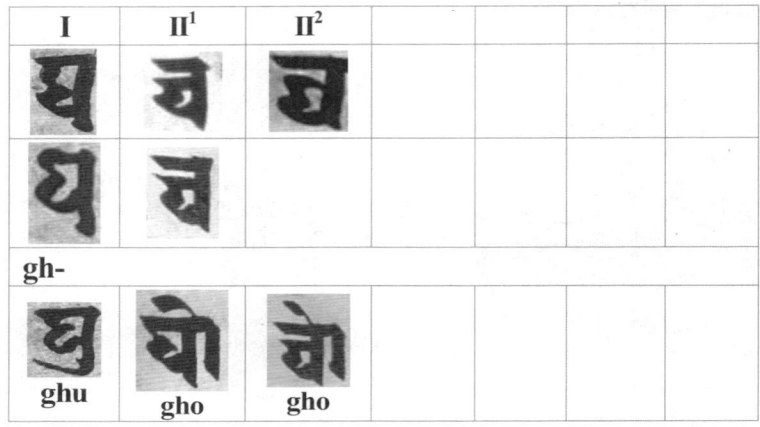

ghaṭikātrayamātrataḥ[197)]

---

196) yena savvam idaṃ '그것에 의해 이 모든 것(sarva)이'

asāre ghorasaṃsāre[198] *Kulārṇavatantra*Ⓐ

 Ⓦ

ghoḍacolī (人)

한편, 위 그림의 두 번째 음절 ḍa는 du(Type I^2 )의 형태와 거의 동일하다.

3) Type II^2  gha

  Ⓦ

śāṃtā ghorāḥ[199] yathābhūtale ghaṭo[200]

한편, 아래의 그림처럼 siṃha가 siṃgha로 된 예도 발견된다.

 Ⓦ

nārāyaṇasiṃghasādhū[201]

---

197) '3 ghaṭika(약 74분) 동안…'
198) '무의미하고 공포스러운 윤회의 세계에서'
199) '정화된 것들과 숭고한 것들은'
200) '마치 땅바닥에 항아리가'
201) nārāyaṇasiṃhasādhū '…과 나라야나-싱하(siṃha) 사두가…'

2. ghra घ्र

I			II			

1) Type I  gra

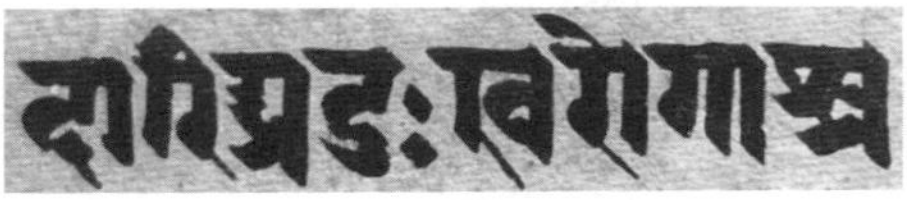 *Kulārṇavatantra*Ⓐ

dārighraduḥkharogāś ca

2) Type II  gra

 *Mahābhārata*Ⓐ

vyāghracarmani[202)]

* dghra

 Ⓣ

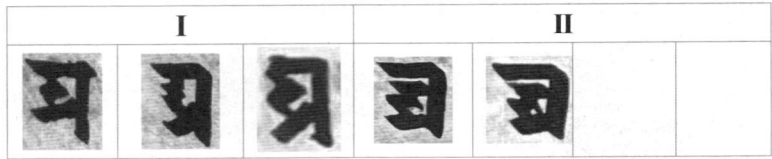

…śād ghrāṇeṃdriyaṃ saṃbhūtaṃ[203)]

---

202) '호랑이(vyāghra) 가죽'

203) '…로부터 후각 기관이 생겨났다'

V. ṅ-

1. ṅga ङ्ग

ṅga						
I¹	I²	II				

ṅg-						
 ṅgai	 ṅgu					
 ṅvā	 ṅma					

ṇga의 Type I¹, I²는 ga가 'ṅ의 아래'에 붙은 형태이고 Type II는 ga가 'ṅ의 오른쪽'에 붙은 형태이다.

1) Type I¹  ṅga

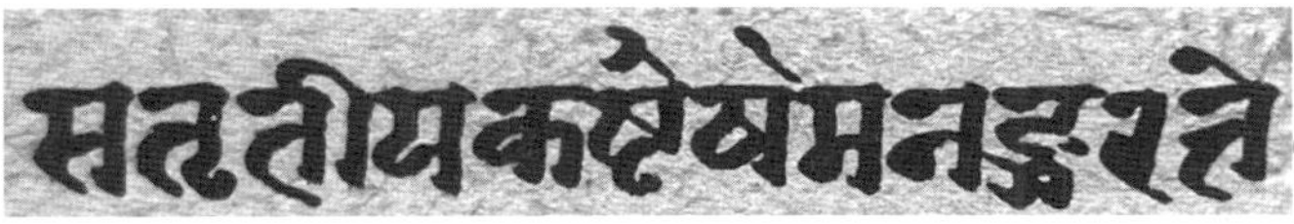 Ⓐ

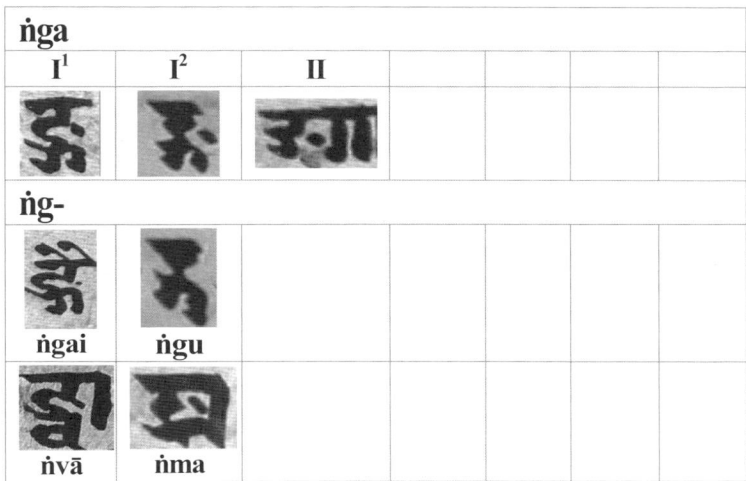

sa tṛtīya kaṣṭhaṣamanaṅgarate

→ sa tṛtīya kaṣaṣṭhamanaṅgarate

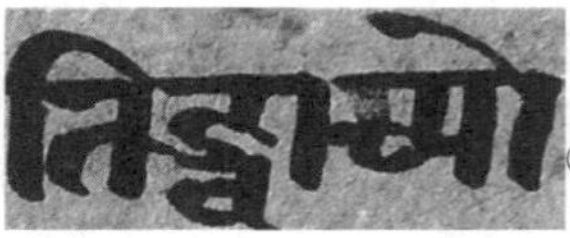Ⓐ

…tiṅvācyo

2) Type I[2]  **ṅga II**  **ṅga**

ṅga의 경우 Type[1, 2]가 일반적이지만 아래의 예문처럼 동일 문장 내에서도 Type II가 사용되기도 한다.

vṛttayo {'}ṅgāṅgībhāva… *Yogasūtra-ṭīkā* of Bhojadeva[Ⓦ]

*** ṇma**

Ⓦ

vāṅmaṇi…204)

---

204) '언어의 보석…'

ca 행

I. ca च

ca의 형태는 거의 동일하다.

1. cca च्च

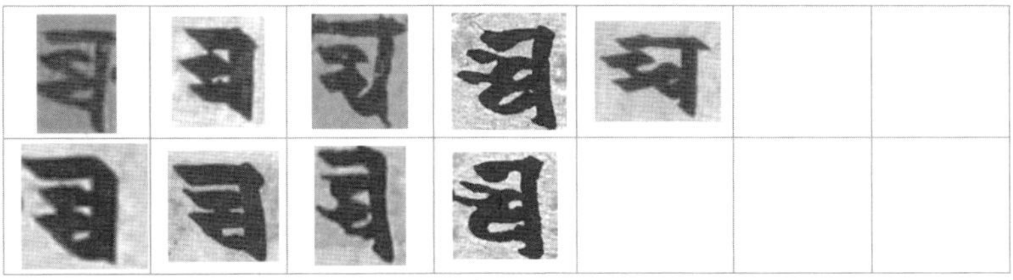

cca의 형태 역시 거의 동일하고 대부분 판독가능하다.

Ⓐ śaraccandra[205)]

Ⓦ

tac ca karmā···

---

205) śarac-candra ‘가을(śarad)의 달(candra)’

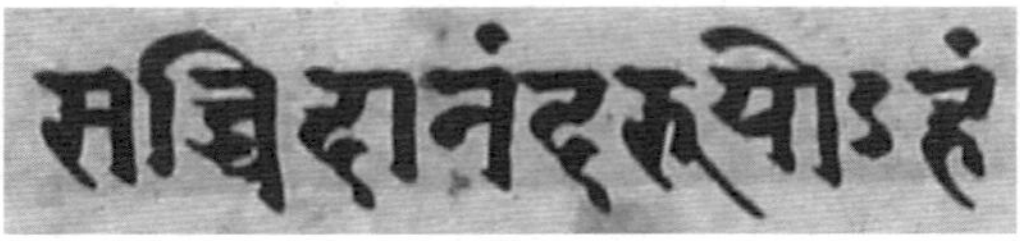 *Gheraṇḍasaṃhitā*Ⓦ

saccidānaṃdarūpo 'haṃ[206]

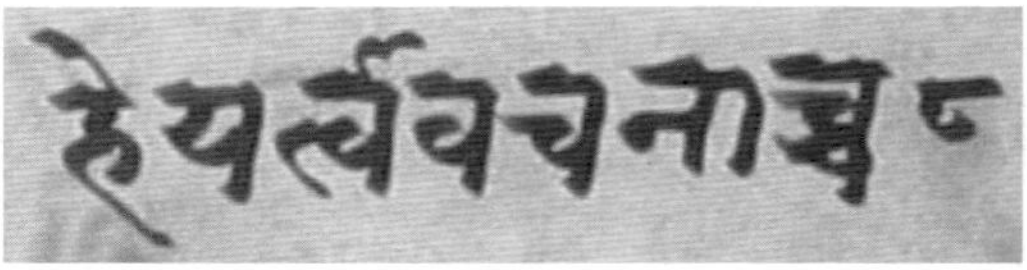 *Brahmasūtra*Ⓦ

MS^ac heyatvavacanāc ca 8
→ MS^pc heyatvāvacanāc ca 8

2. -ca

śca						
I		II		III		

 śca	 śca	 śca	 śca

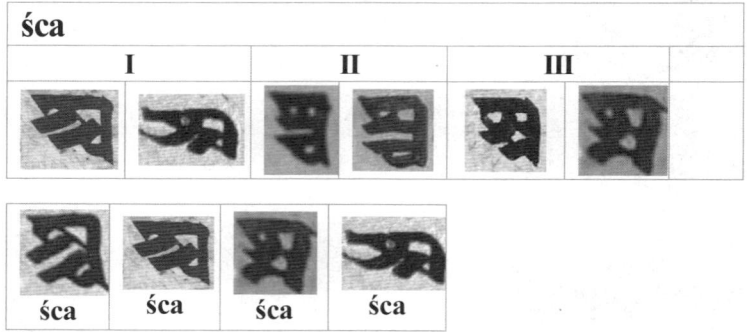

śca는 śva, śra와 유사한 형태도 있지만 대부분 문맥에서 판독가능하다. (아래의 śca 항목을 참조)

206) '나는 존재(sac)-의식(cid)-환희(ānanda)를 본질로 한다'

II. cha

1. cha 

I				II		

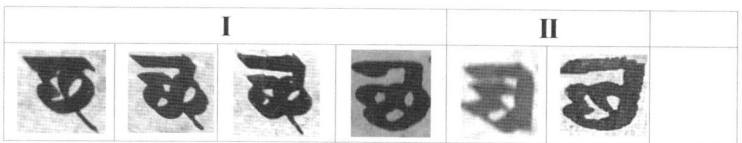

cha의 경우 대부분 ccha와 혼용되는 경우가 많지만 대부분 문맥에서 판독가능하다.

1) Type I ,  cha

Type I은 전형적인 형태의 cha이지만 대부분 'ccha에서 c가 누락된 형태'이다.

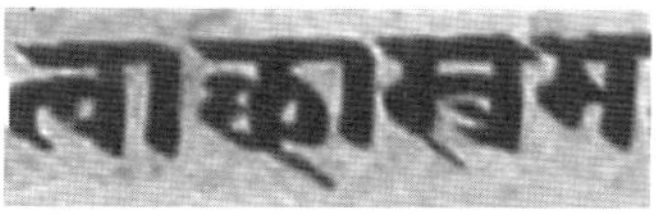 Ⓦ

…tvā{c} chāstrām a…[207)]

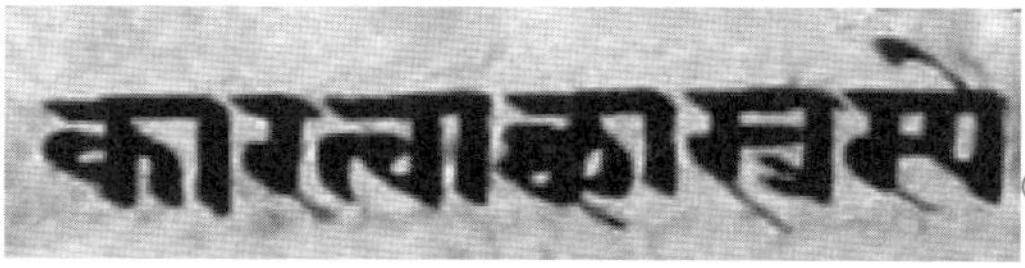 Ⓦ

kāratvā{c} chāstrasye…[208)]

---

207) '..이기 때문에 성전을…'

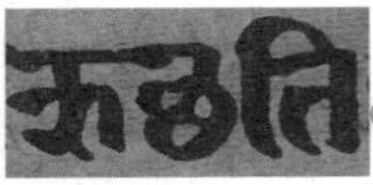Ⓐ

ṛ{c}chati

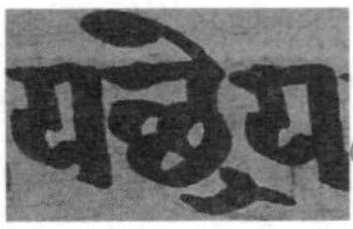Ⓐ

ya{c} chreya···

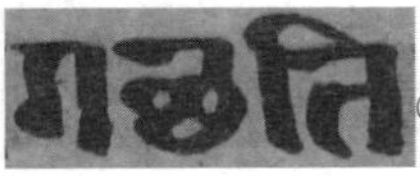Ⓐ

ga{c}chati

2) Type II  cha

Ⓐ

yā 'vichinnāni[209)]

208) '···저자이므로 성전의(śāstrasya) ···'
209) yā 'vicchinnāni

2. ccha 

I	II	III	VI	V		

cch-						
	 cchru	 cchū	 ccham̥			

ccha의 경우 icchati, ṛcchati, gacchati와 같은 III인칭 단수 동사나 a명사 icchā 등에서도 발견되지만 't+ś'의 연성형인 ccha가 더 빈번하게 발견된다.

1) Type I¹  ccha

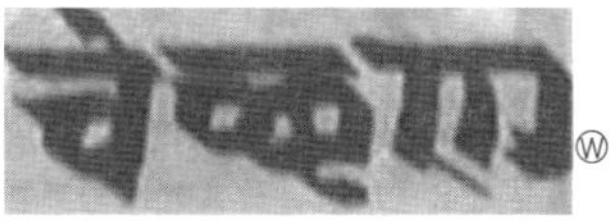

…cec chṛṇu210)

…tvāc chūnyatai211)

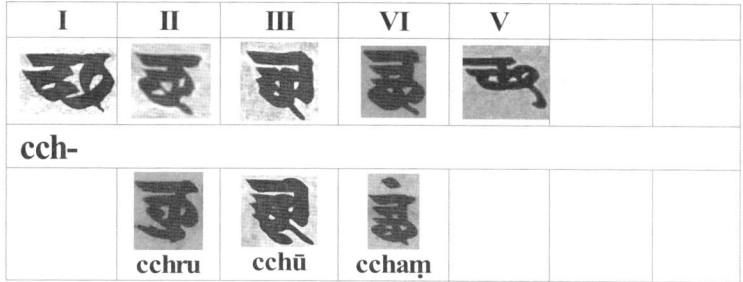

… vic chakti…

---

210) …이라면(cet), 그대는 들어보시게(śṛṇu)
211) '…이므로 공성(空性, śūnyatai)을 위해'

2) Type II  ccha

Ⓣ

ya[c] chrutaṃ tajjanitavāsanaya

3) Type III  ccha

 *Mahābhārata*Ⓐ

śatrujic chatrutāpanaḥ[212)]

 *Mahābhārata*Ⓐ

syāc chūdraḥ sukham a···[213)]

4) Type IV  ccha

Type IV는 다소 특이한 형태이지만 대부분 문맥에서 판독가능하다.

Ⓣ

iti śrīmac chaṃkarācāryya···[214)]

---

212) '적의 정복자(śatru-jit), 적을 태우는 자는(śatru-tāpanaḥ)'
213) '이라면(syāt) 슈드라(śūdra)는 즐거움을···'
214) '이것으로 존귀한(śrīmat) 샹까라-아짜리야(śaṅkarācārya)···'

 Ⓣ

mokṣo me bhyūyād itīccha…[215]

5) Type V  ccha

 Ⓦ

gacchati[216]

215) '내가 해탈하기를' 이라는 열망…
216) '그가 간다'

III. ja

1. ja ज

ja의 경우 거의 동일하다.

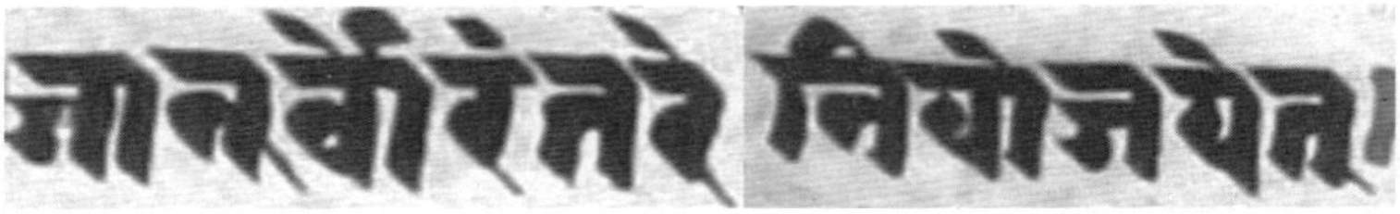

jānūrvor aṃtare niyojayet [217]   *Haṭhapradīpikā*Ⓦ

Ⓐ

satvarajastamaḥ[218]

Ⓐ

[a]rjuna

---

217) janūrvor [']ntare: '무릎(janu)과 허벅지(ūru) 안쪽에'
218) sattvarajastamaḥ '삿뜨바, 라자스, 따마스는'

2. jja ज्ज

I		II	III	IV		

jj-						
 **jjī**		 **jjā**	 **rjjyo**	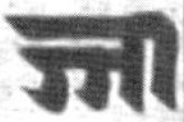 **jjā**		
 **jju**		 **jjī**				

jj의 경우 t+j의 연성형이 대부분이지만 자음 j의 중복 현상도 발견된다.

1) Type I  jja

 Ⓦ

kuryāj jīvarakṣā…[219]

 Ⓐ

vivarjjitaṃ (vivarjitaṃ)[220]

---

219) '한다면(kuryāt) 생명(jīva)의 보호…'

 *Upadeśasāhasrī*Ⓐ

…de rajjunibhatva…[221]

위 그림의 세 번째 음절()은 jj에 모음 u가 옆에 붙은 형태이다.

2) Type II  jja

Ⓦ Ⓐ

kiṃcij jīvajā… varjjitāḥ (varjitāḥ[222])

Ⓐ

sajjaṃte guṇakarmasu

위 예문의 마지막 음절 'su'()는 모음 u가 오른쪽에 붙은 형태이다. (모음 u항목을 참조)

---

220) '결여한'

221) '… 새끼줄(rajju)과의 유사성…'

222) '결여한 것들은'

3) Type III  jja

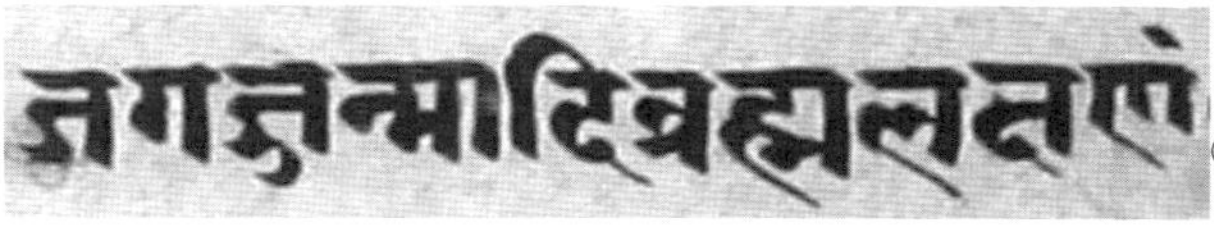 Ⓦ

jagajjanmādibrahmalakṣaṇaṃ[223)]

 Ⓐ

…s tathāṃtar jjyotir eva[224)]

4) Type IV  jja

 Ⓦ

bhavej jihvā[225)]

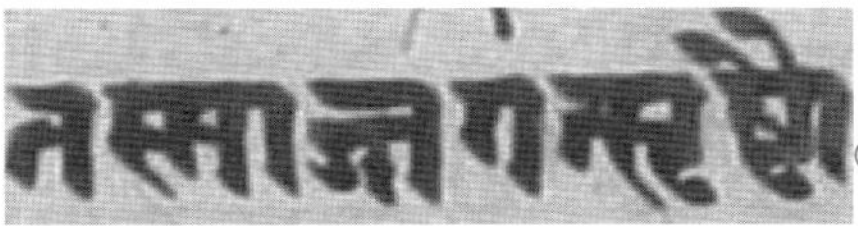 Ⓦ

tasmāj jagatsṛṣṭau[226)]

---

223) '세계(jagat)의 창조(jannma) 등등과 같은 브라흐만의 특성이'
224) …s tathāntar jyotir eva '… 그와 같이 내적인 빛 (jyotir)만이'
225) '…한다면(bhavet) 혀는(jihvā)'
226) '그러므로 세계의 생성에'

3. jju ज्जु

jju					
하형		우형			
I		II[1]		II[2]	

jju는 모음 u가 아래에 붙은 형태와 오른쪽에 붙은 형태가 있다.

1) Type I[1]  jju

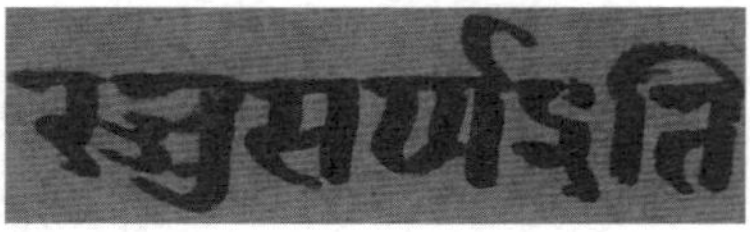 *Upadeśasāhasrī*Ⓐ

rajjusarppa iti (rajjusarpa iti[227])

위 예문의 경우 p가 중복되었다. 아래의 예문에서는 j가 중복되었는데 이러한 자음 중복 현상 역시 필사본에서 빈번하게 발견된다. (제1부 '자음 중복' 항목 참조)

 *Bhagavadgīra*Ⓐ

śrīkṛṣṇārjjuna[228])

---

227) '새끼줄(rajju)과 뱀(sarpa)이라는'
228) śrīkṛṣṇārjuna… '쉬리-끄리쉬나와 아르주나(arjuna)…'

2) Type II^{1}  **jju**

Type^{1}은 모음 u가 오른쪽에 붙은 형태이다.

 *Bhagavadgīra*Ⓐ

arjjuna[229]

3) Type II^{2}  **jju**

Type^{2}역시 모음 u가 오른쪽에 붙은 형태인데 jj의 형태가 간소화되었다.

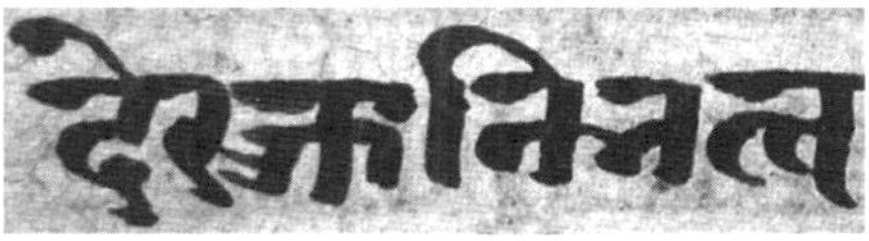 *Upadeśasāhasrī*Ⓐ

…de rajjunibhatva..[230]

229) arjuna '아르쥬나 여!'
230) '새끼줄(rajju)과의 유사성…'

4. jña ज्ञ

I^1	I^2	II^1	II^2	III		

jñā						

1) Type I^1, I^2  jña

Type I^1, I^2는 전형적인 형태이다.

2) Type II^1  jña

 Ⓐ

..hī yajña

3) Type II^2  jña

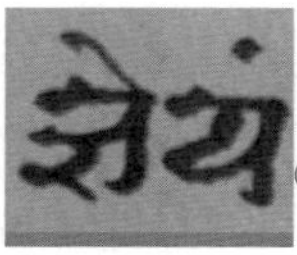 Ⓐ  Ⓦ

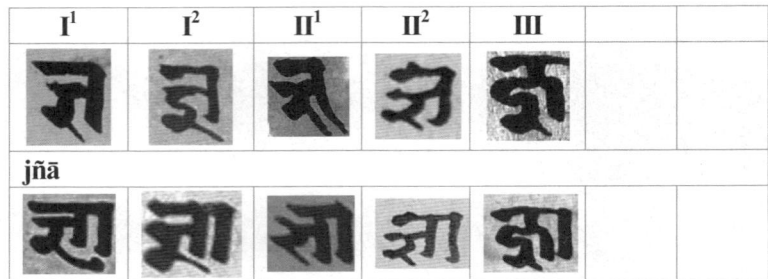

jñeyaṃ jñānāt sadā

4) Type III  jña

Type III는 자이나 서체에 영향을 받은 형태이다.

 *Bhagavadgītābhāṣya*Ⓐ

jñānayajñā…[231]

5. jjñā ज्ज्ञा

I			II			

1) Type I  jjña

Type I의 jjñā는 대부분 't jñā'의 연성형으로 사용되었다.

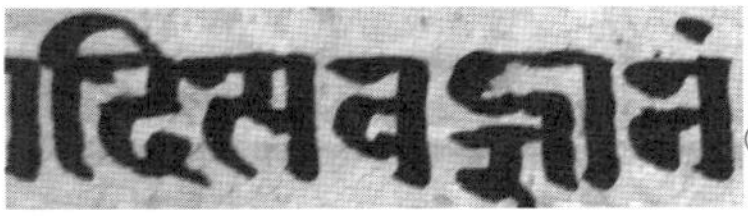Ⓐ

ādityavaj jñānaṃ[232]

231) '지혜와 제의(yajñā)는…'
232) '태양처럼(ādityavat) 지혜는(jñānaṃ)'

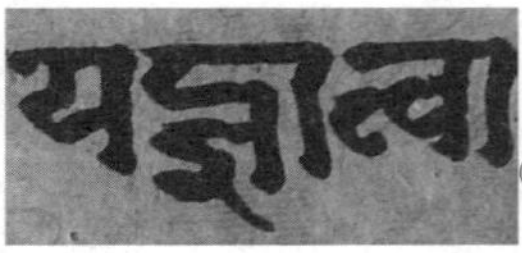 Ⓐ

yaj jñātvā[233)]

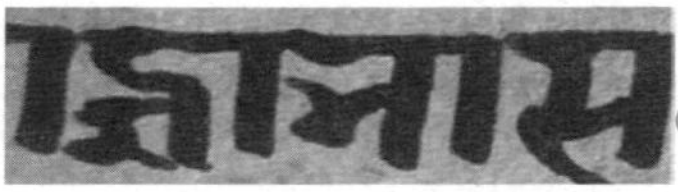 Ⓐ

..āj jñābhāsa···[234)]

2) Type II  **jjña**

Type II는 Type I을 조금 더 흘려 쓴 형태이다.

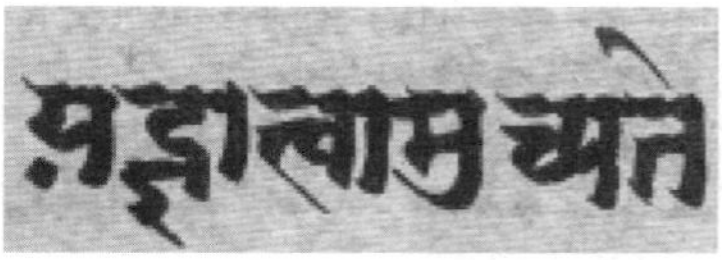 *Kaṭha-upaniṣad*Ⓐ

yad jñātvā mucyate[235)]

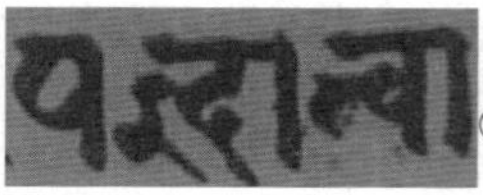 Ⓦ

yaj jñātvā[236)]

---

233) '그것을(yat) 파악하고서(jñātvā)'
234) '…으로부터(..āt) 지혜의 빛(jñābhāsa)…'
235) '그것을(yad) 자각함으로써(jñātvā) 해탈한다'
236) '그것을(yat) 파악하고서(jñātvā)'

IV. jha झ

jha-						
 jhaṃ	 jhra					

jha는 빈번하게 사용되지 않았지만 필사본에서는 झ 형태 보다는 위 도표의 형태가 빈번하게 발견된다.

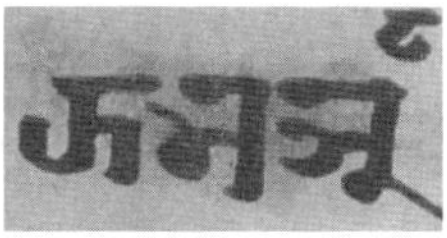 *Siddhāntakaumudī*Ⓐ

jhabhañ[8]

sarvān pratijhaṭīty arthaḥ 89[237] *Upadeśasāhasrī-ṭīkā*Ⓐ

Ⓦ

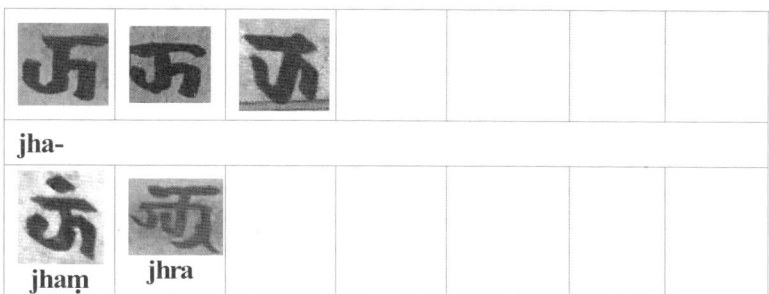

sarveṣām jhaṭita…[238]

237) '모든 것을 혼합했다는 의미이다. 제89송'
238) '모든 곳에서 혼합된(jhaṭita)'

ṭa 행

I. ṭa ट

I¹			I²	II		

ṭ-						
 ṭā	 ṭu		 ṭu	 ṭi		

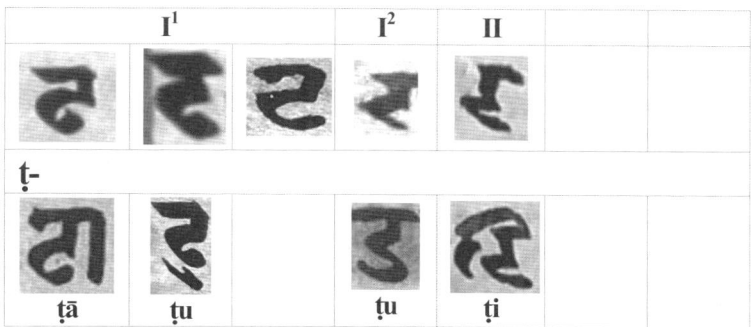

1) Type I  ṭa

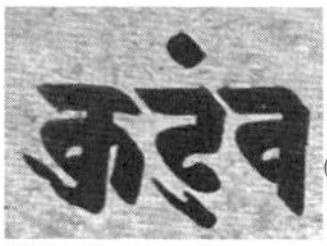 Ⓐ

kuṭuṃva (kuṭuṃba[239])

 Ⓦ

madhukaiṭabhau[240]

 Ⓦ

yathābhūtale ghaṭo[241]

239) '가족'
240) '쉬바와 아수라는'
241) '마치 땅바닥에 항아리가'

 Ⓣ

aṃdhohaṃ maṃdākṣohaṃ paṭunetroham iti cā[242)]

2) Type I²  ṭa

Type I²는 조금 더 간소화된 형태이다.

 Ⓦ

tripuṭī[243)]

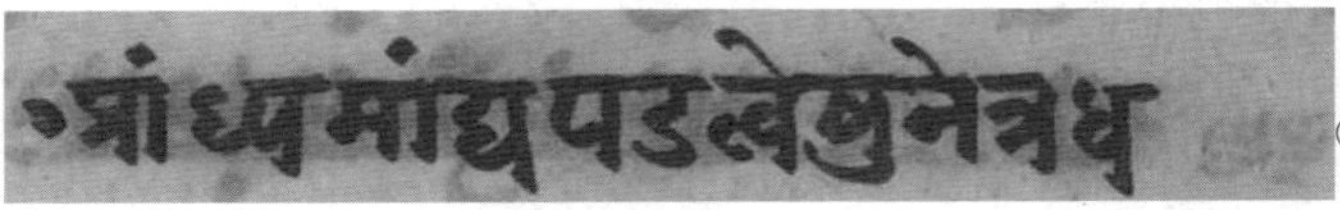 Ⓣ

āṃdhyamāṃdyapaṭutveṣu netra

2) Type II  ṭa

Type II는 간소화된 형태로 특정 사본 한 개에서 발견되었다.

pauraṃṭakaḥ (人名) ṭiṃṭiṇiḥ (人名) *Haṭhapradīpikā* Ⓗ

---

242) *Corr*: andho 'haṃ mandākṣo 'haṃ paṭunetro 'ham iti cā
243) '세 겹'

II. ṭha ठ

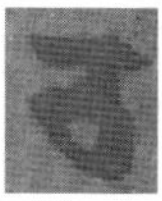						

III. ḍa

1. ḍa ड

I^1	I^2	I^3	II	III		IV

ḍ-						
 ḍā	 ḍā		 ḍī		 ḍya	

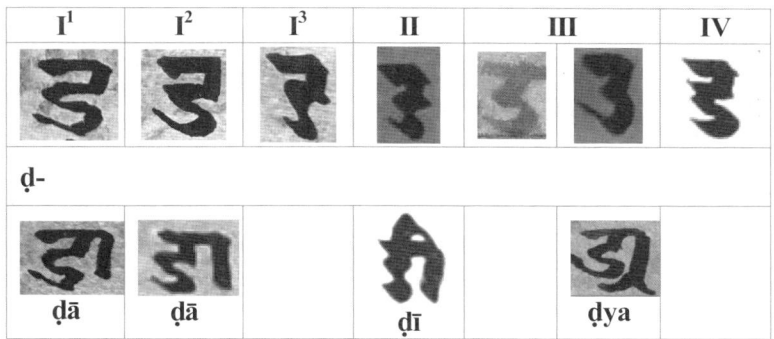

Type I^1~ ^{3}은 du와 비슷한 형태이고 Type II는 i와 유사하고 III^{1}은 u와 유사하며 Type IV는 du(Type I^2)와 동일하다.

1) Type I^1  ḍa I^2  ḍa

Ⓐ karmakāṃḍe[244]

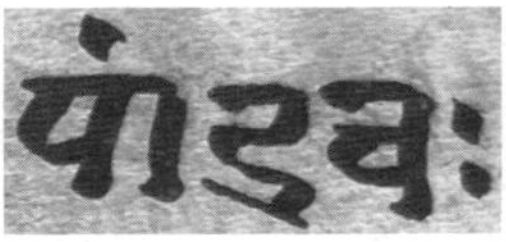
BhagavadgītāⒶ

paṃḍavaḥ[245]

2) Type I^3  ḍa

Type[3]은 조금 더 간소화된 형태이다.

Ⓗ

kāladaṃḍaṃ[246]

Ⓦ

iḍā

---

244) karmakāṇḍe '행위 편(篇, kāṇḍa)에서'
245) paṇḍavaḥ '빤두들은'
246) kāladaṇḍam '시간(죽음)의 막대기(daṇḍa)를'

2) Type II  **ḍa**

Type II는 필사본에서 빈번하게 발견된다.

sahasrāṇī nāḍīdvāraṇi paṃjare[247] *Haṭhapradīpikā*Ⓦ

3) Type III  **ḍa**

Type III은 숫자 3과 유사한 형태이다.

 *Gheraṇḍasaṃhitā*Ⓦ

gheraṇḍa uvāca[248]

4) Type IV  **ḍa**

후술하겠지만 Type IV의 ḍa는 du의 다양한 이체자 중 하나(du: Type I² )와 거의 동일하다.

⋯nam etad utānakūrmakaṃ[249] *Haṭhapradīpikā*Ⓦ

247) '몸에는 72,000개의 나디(nāḍī)들이 있다'
248) '게란다께서 말씀하셨다'
249) '⋯이것이 등을 바닥에 대고 누운 거북 [체위]이다'

ghoḍacolī (人) *Haṭhapradīpikā*Ⓦ

2. -ḍ-

1) ḍga

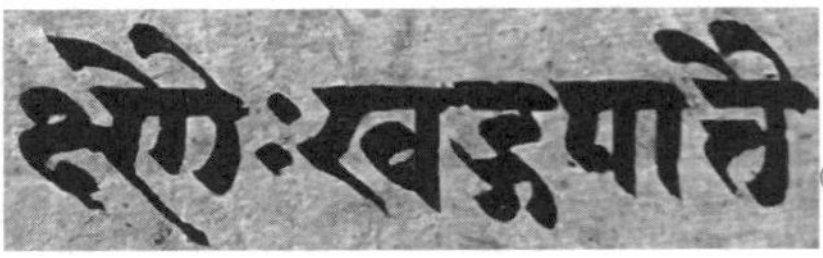 Ⓐ

kṣṇaiḥ khaḍgapāttau

2) ḍya

 Ⓐ

pīḍyamāno ʼpi

3) ḍra

 Ⓐ

pauṃḍraṃ dadhmau mahā…

IV. ḍha 

I				II		

ḍh-						
 ḍhe	 ḍhā		 ḍhā	 ḍhā		

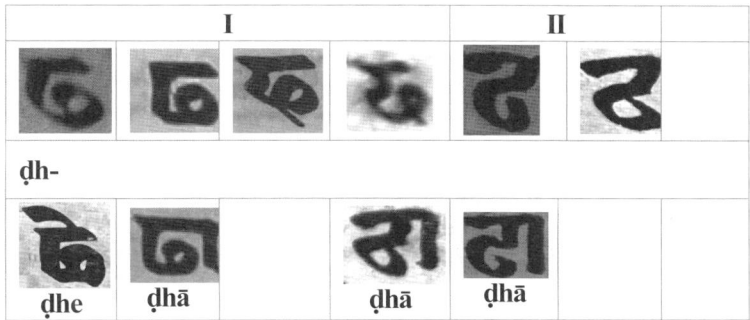

ḍha의 경우 Type I은 약간 변형되었지만 거의 동일한 형태이고 Type II는 ṭa, ṭha와 동일한 형태이다.

1) Type I  ḍha

Ⓦ mūḍhā

Ⓣ

dṛḍhaniścaya

Ⓐ

dṛḍhe sargevatiṣṭati[250)]

 Ⓦ

āṣādhaśudi 7

2) Type II  ḍha

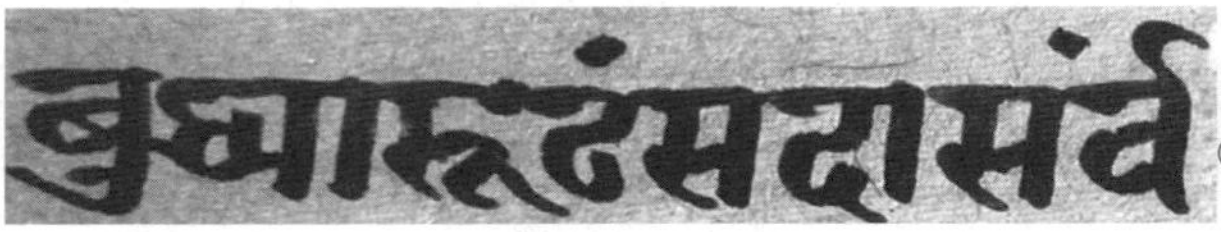 Ⓐ

budhyārūḍhaṃ sadā sarvaṃ

---

250) *Corr*: dṛḍhe sragiva tiṣṭhati '견고한 곳에서 화관(srag) 처럼(iva) 머물고 있다.''

V. ṇa

1. ṇa ण

I^1	I^2	I^3	I^4			

1) Type I^1  ṇa

Ⓦ

lakṣaṇā

2 ūrdhvaṃ prāṇam unayaty a..[251] *Kaṭha-upaniṣad*Ⓐ

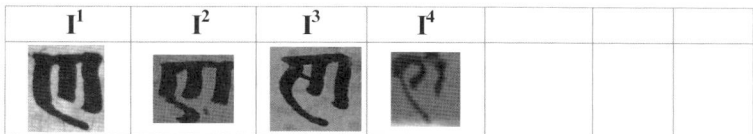

anena sūtreṇa śāstrasya *Yogasūtraṭīkā* of BhojadevaⓌ

---

251) *Corr*: 2 ūrdhvaṃ prāṇam unnayaty a..

2) Type I^2  ṇa

Type I^{2}의 ṇa는 머리 글자 e()와 거의 동일한 형태로 동일 필사본 내에서도 혼용된 예도 있다.

* e

Ⓐ eva

Ⓐ

…n ātmadharmma eveti

Ⓐ

darppaṇopādhau

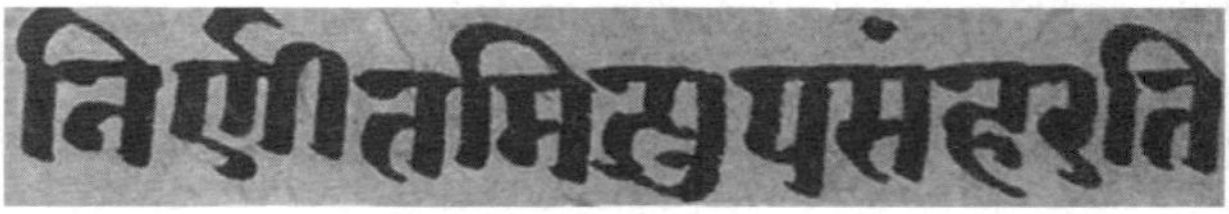Ⓐ

nirṇītam ity upasaṃharati

Ⓐ

grahaṇe na dhīḥ

 Ⓐ

śāstreṇeva

 Ⓐ

…d viśeṣaṇādikaṃ

3) Type I³  ṇa

Type I³는 중앙의 왼쪽에 선을 넣어 e와 구별한 형태이다.

 …ṇa  …rṇā

4) Type I⁴  ṇa

Type I⁴는 흘림체로 단순화되었다.

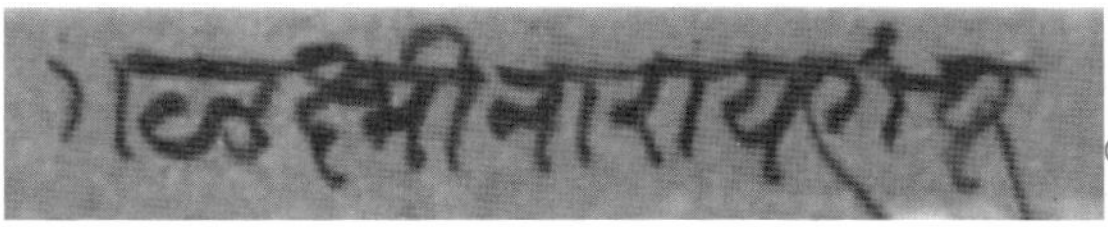 Ⓦ

‖ ‖ lakṣmīnārāyaṇapū…

2. ṇu णु

I 하형				II 우형	

ṇu의 경우 모음 u가 아래에 붙은 형태와 오른쪽에 붙은 형태가 있다.

1) Type I  ṇu

Type I의 ṇu()는 ṇḍa()와 거의 동일하다.

*ṇḍa

Ⓦ

kuṇḍalinī

Ⓣ

iti cet śṛṇu[252)]

위 예문의 경우 연성 법칙(t+ś= cch)이 적용되지 않았다.

252) '…라고 반문한다면 [다음의 설명을] 들어보게(śṛṇu)'

Ⓦ

…cec chṛṇu[253)]

2) Type II  **ṇu**

Ⓐ

iti praṇu…[254)]

Ⓐ

sthāṇur acalo yaṃ[255)]

3. -ṇ-

1) ṇda

khaṇḍayitvā kāladaṇḍaṃ[256)] *Haṭhapradīpikā*Ⓦ

---

253) '…라고 한다면(cet), [다음의 설명을] 들어보게(śṛṇu)'
254) iti praṇunna (Upadeśa… ṭikā)
255) sthāṇur acalo 'yaṃ
256) 시간의 막대기(죽음)를 부수고서…

2) ṇṇa

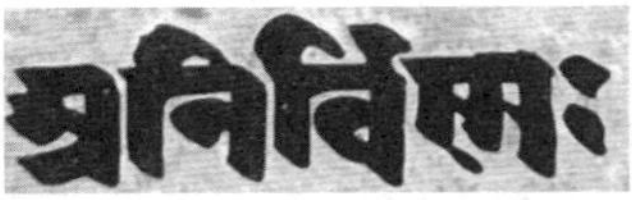

anirviṇṇaḥ *Mahābhārata*Ⓐ

위 그림의 네 번째 음절 ṇṇa은 특이한 형태인데 이러한 형태의 ṇ은 특히 viṣṇu, kṛṣṇa과 같은 ṣṇa와 유사하다. (ṣṇ항목 참조)

3) -ṇ-

-ṇ-의 경우 필사본에서는 대부분 아누스바라(ṃ)화 되어 있다.(제1부 II의 '4. 비음 ṅ, ñ, n의 아누스바라(ṃ)화' 항목을 참조)

ex 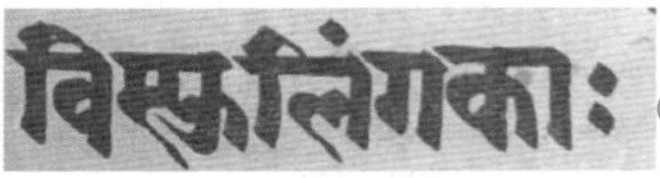 Ⓐ

visphuliṃgakāḥ

→ visphuliṅgakāḥ

ta 행

I. ta

1. ta त

ta의 형태는 거의 동일하다.

2. tu तु

I 하형 (下形)			II 우형 (右形)			
I^1	I^2	I^3	II			

-tu						
	 stu		 stu	 stu		
	 stu		 stu	 stu		

Type I^1, I^2, I^3은 전형적인 형태이지만 I^3의 경우 nnu와 유사하다. Type II는 모음 u가 오른쪽에 붙은 형태이다.

1) Type I[1]  **tu**

 Ⓦ hetudāyinī

2) Type I[2]  **tu**

Type I[2]는 모음 u가 간소화된 형태이다. 이와 같은 모음 u가 간소화된 경우는 gu(), ku(), su() 등이 있다.

 Ⓦ

caturvidhyam udā…

 Ⓦ

śuklapakṣe caturdaśyāṃ

3) Type I[3]  **tu**

Type[3]은 nu와 유사한 형태이다.

 Ⓐ

dhṛṣṭaketuś ce…

 Ⓐ

rakṣaṃ tu bhavaṃtaḥ

 Ⓐ

sukhalobhena haṃtuṃ

3) Type II  tu

Type II는 모음 u가 오른쪽에 붙은 형태이다.

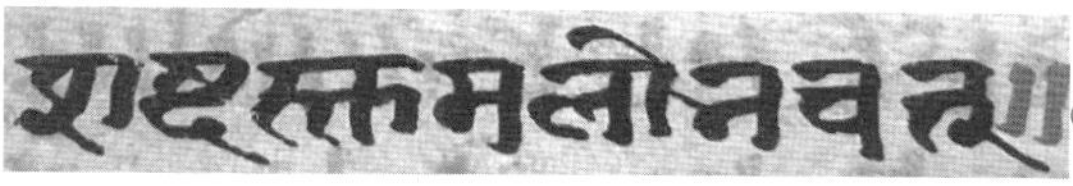 Ⓐ

śabdas tumulo {'}bhavat[257)]

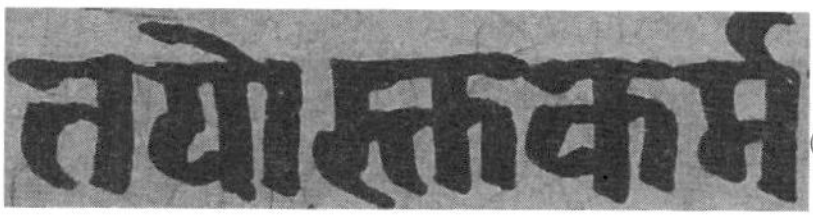 Ⓐ

tayos tu karma[258)]

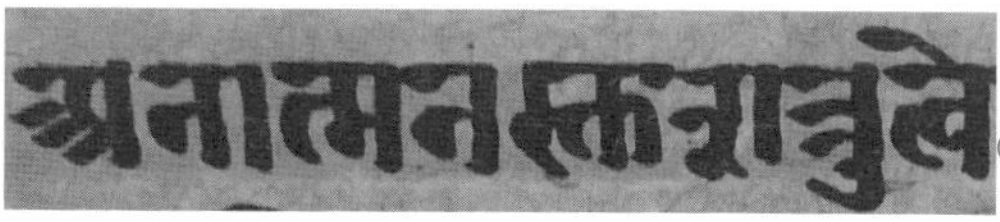 Ⓐ

anātmanas tu śatrutve[259)]

 Ⓦ

śubham astu[260)]

---

257) '소란스러웠다.'
258) '양자의(tayos) 하지만(tu) 업…'
259) '아뜨만이 아닌 것은(anātmanas), 하지만(tu) 적에게'

3. tṛ तृ

I	II	III	IV			

1) Type I  ṛ

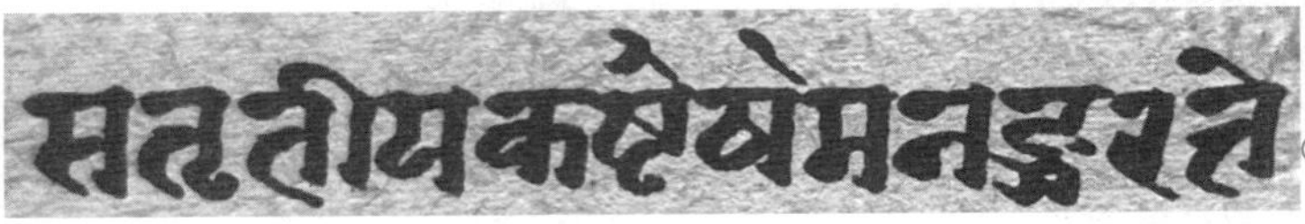 Ⓐ

MS^pc sa tṛtīya kaṣaṣṭhamanaṅgarate

2) Type II  ṛ

 Ⓐ

..d vākyaśrotṛṇāṃ

3) Type III  ṛ

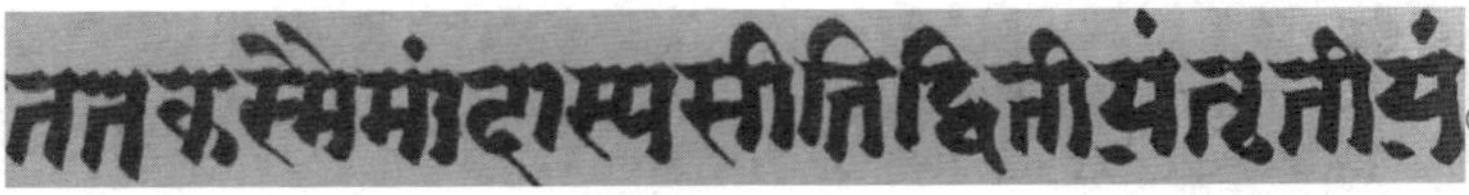 Ⓐ

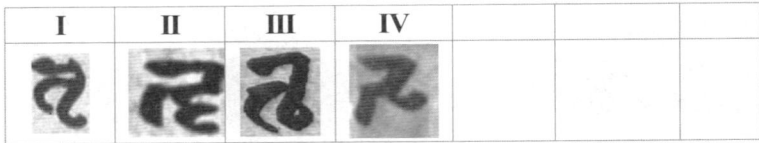

tata kasmai māṃ dāsyasīti dvitīyaṃ tṛtīyaṃ[261]

---

260) '행운이 깃들지어다'

261) '아버님, 누구를 위해 저를 바칠려고 하는지요 라고 재차, 삼차… [여쭈었다]'

4) Type IV  ṛ

Type IV는 nṛ와 유사한 형태이다.

ⓦ

karttṛ[262]

4. tṝ

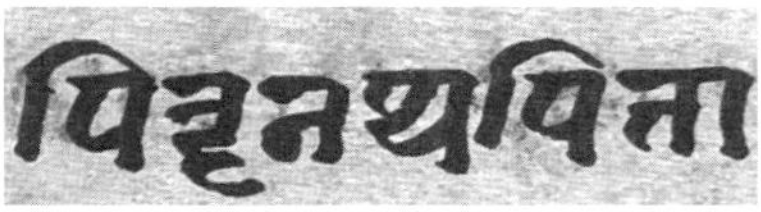 *Kaṭha-upaniṣad*Ⓐ

pitṝn atha pītā

262) kartṛ ‘행위자’

5. tta त्त

I	II	III				

ttu						

tt의 경우 Type II와 같이 간소화된 형태도 있고 Type III의 경우처럼 nna와 동일한 형태도 있지만 대부분 판독 가능하다.

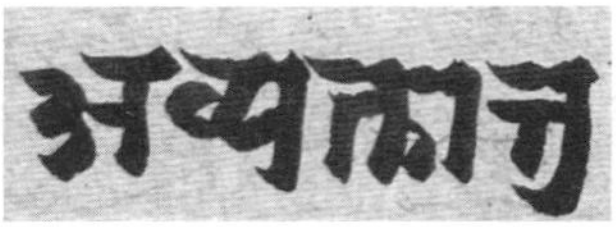
Kaṭha-upaniṣadⒶ

avyaktāt tu[263)]

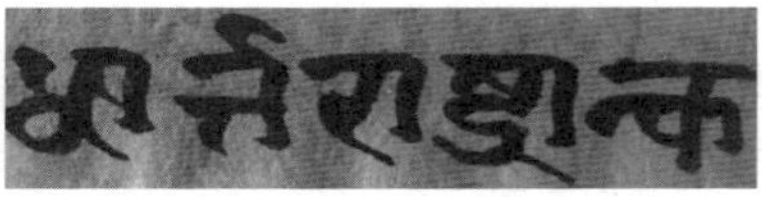
BhagavadgītāⒶ

dhārttarāṣṭrān ka···[264)]

---

263) '하지만 미현현으로부터'

264) dhārtarāṣṭrān ka···

6. tyu त्यु

I 하형			II 우형			

1) Type I  tyu

tyu의 경우 모음 u가 아래에 있는 형태가 일반적이고 다소간 형태가 다르지만 대부분 판독가능하다.

 Ⓐ

mṛtyumātra···265)

 Ⓦ

···m ānaṃda ity ucyate ity a[r]thaḥ266)

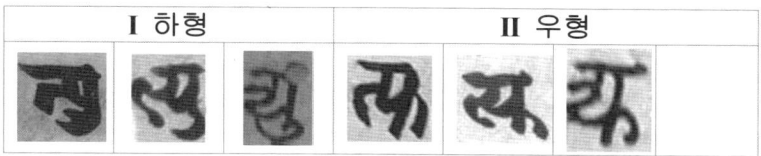

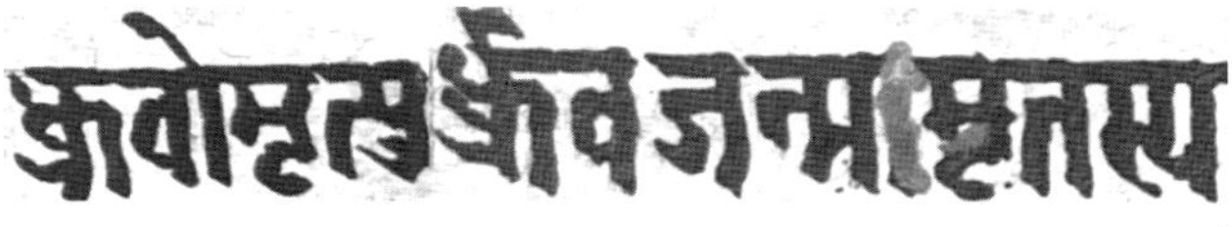

dhruvo mṛtyur dhruvajanmamṛtasya *Bhagavadgītā*Ⓐ

---

265) '죽음 만이'
266) '···이 아난다라고(iti) 말해졌다는 의미이다'

2) Type II  tyu

Type II는 모음 u가 오른쪽에 붙은 형태로 다수의 필사본에서 빈번하게 발견되었다.

 Ⓦ

mrtyunāśinī[267)]

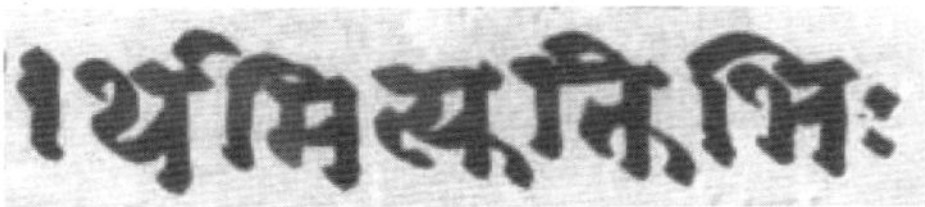

…ārtham ity uktibhiḥ[268)] *Yogasūtra-ṭīkā* of Bhojadeva Ⓨ

 Ⓦ

ity uktā[269)]

---

267) '죽음(mṛtyu)을 정복한 자는'
268) '…의미라고 설명됨으로써(uktibhiḥ)'
269) '으로 말해졌다(uktā)'

7. tra त्र

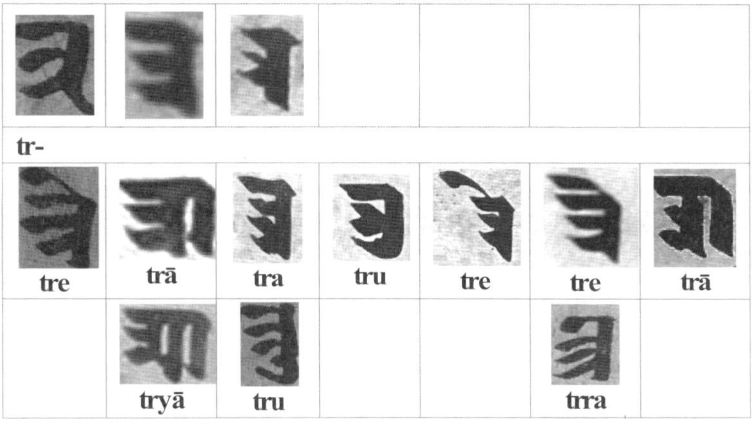

tra의 경우 약간의 형태가 다르지만 대부분 문맥에서 판독가능하다.

 Ⓦ

ghaṭkātrayamātrataḥ[270)]

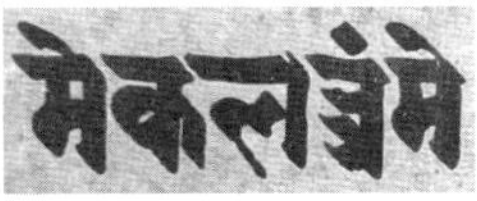 *Kulārṇvatantra*Ⓐ

me kalatraṃ me

 Ⓦ

saṃbaṃdhātaram ity atra kim

270) '3 그하띠까(72분) 동안'

아래의 그림에서 trā의 형태는 단순화되었다.

 Ⓐ

mātrā

 Ⓐ

haṃ kṣaṃ vahimātrā[271]

 Ⓦ

sūtrayā

śatrujic chatrutāpanaḥ[272] *Mahābhārata*Ⓐ

271) haṃ kṣaṃ bahimātrā

272) '적의 정복자(śatru-jit), 적을 태우는 자는(śatru-tāpanaḥ)'

8. tva त्व

I	II[1]	II[2]				

1) Type I  tva

Ⓦ saṃdigdhatva…[273]

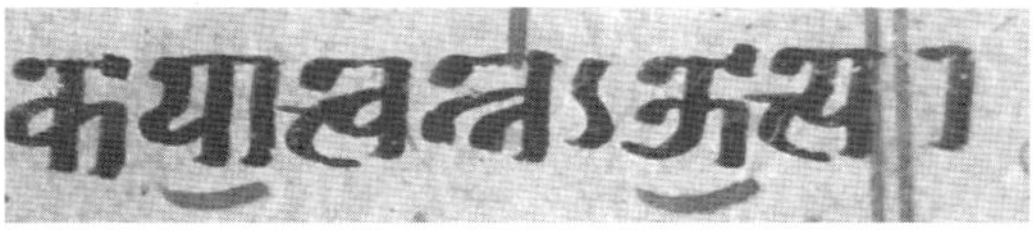

kayāttvan naḥ uttya- *Yajur-veda*Ⓐ

hastāt tvak caiva paridahyate *Bhagavadgītā*Ⓐ

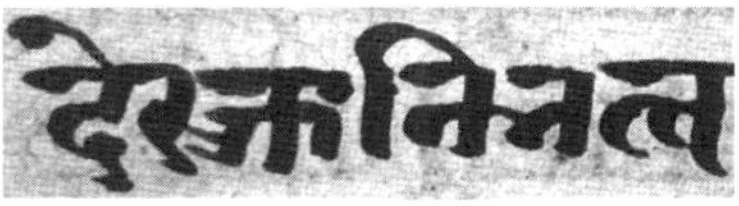 *Upadeśasāhasrī*Ⓐ

…de rajjunibhatva…

---

273) '불확실성…'

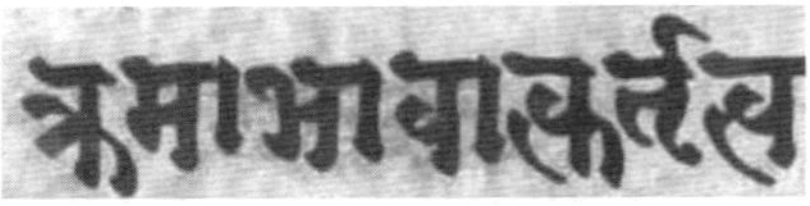 *Yogasūtraṭīkā*Ⓨ

kramābhāvāt kartṛtva…274)

2) Type II¹  **tva**

 *Tattvabodha*Ⓣ

sahiṣṇutvaṃ275)

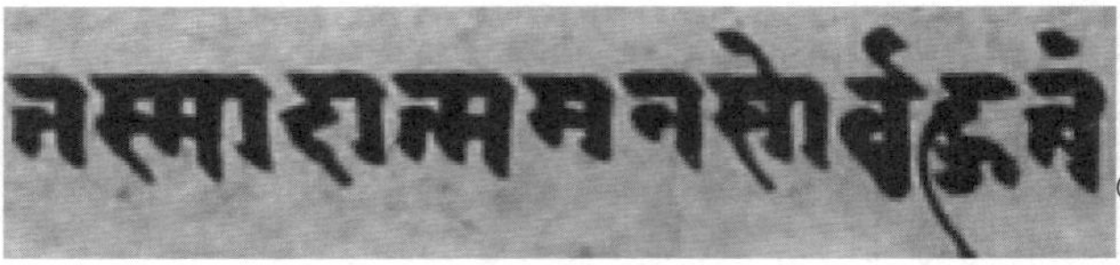Ⓦ

tasmād ātmamanasor vahutvaṃ276)

아래의 tva는 ttva가 tva로 된 경우이다.

Ⓐ

satvarajastamaḥ (sattva-rajas-tamaḥ)

---

274) '순차적으로 생겨나지 않으므로… 행위자성은…'
275) '인내심은'
276) '그러므로 아뜨만과 마음의 다수성(bahutvam)은'

2) Type II²  tva

Ⓐ

ye tv etad a···

9. t-

1) tryā

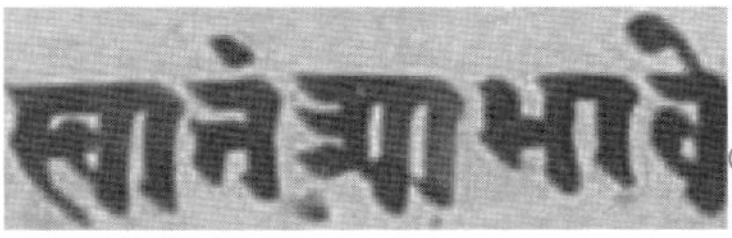
Ⓦ

svātaṃtryābhāve

2) ts-

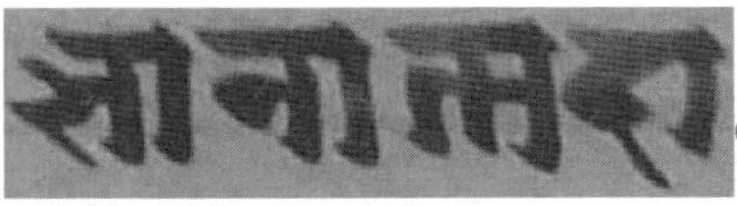
Ⓦ

jñānāt sadā

Ⓐ

etat sādhana···

Ⓦ

tasmāt sukhārtho

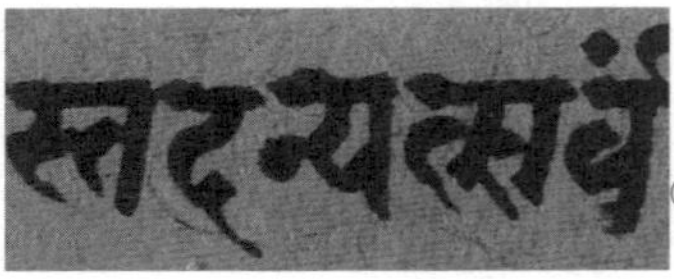 Ⓐ

…s tadanyat sarvaṃ

3) tsṛ

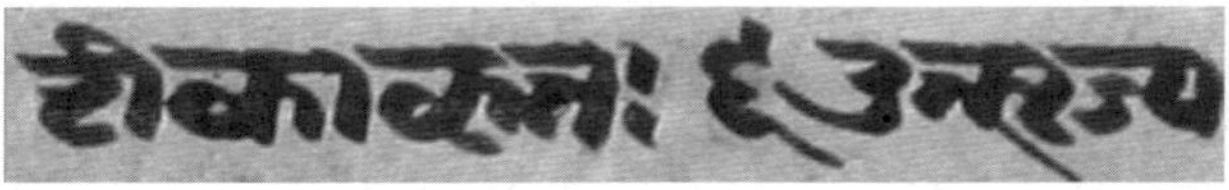

…ṭīkākṛtaḥ 6 utsṛjya[277] *Yogasūtra-ṭīkā* of Bhojadeva Ⓦ

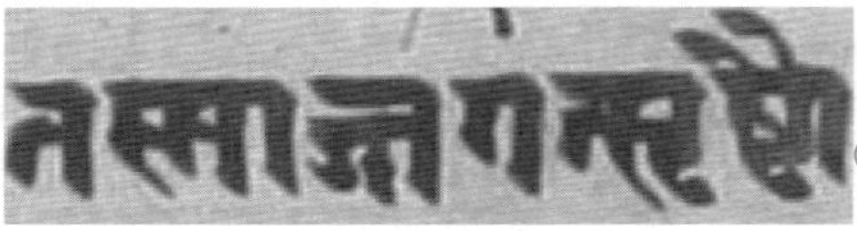 Ⓦ

tasmāj jagatsṛṣṭau[278]

 Ⓦ

etat pavitryam agryaṃ munir āsuraye

---

277) '… 주석을 만들었다 ||6|| …을 열고서…'
278) '그러므로 세계의 생성에'

II. tha 

I^1	I^2	II	III		

1) Type I^1, I^2  tha

Type I은 전형적인 형태이다.

ūrdhvagaḥ satpathācāraḥ[279] *Mahābhārata*Ⓐ

한편, 위 예문의 첫 번째 음절 ū는 ‘ū의 다양한 이체자 중 하나’(ū: Type III)이다.

Ⓦ

iti śrutyarthaḥ[280]

위 그림의 세 번째 음절 ‘śru’는 모음 u가 오른쪽에 붙은 형태이다(앞의 모음 u 부대형을 참조)

---

279) ‘올바른 행위를 하는 자는 위로(ūrdhva) 올라간다(ga)’
280) ‘라는 것이 성전의 의미이다’

2) Type II  tha

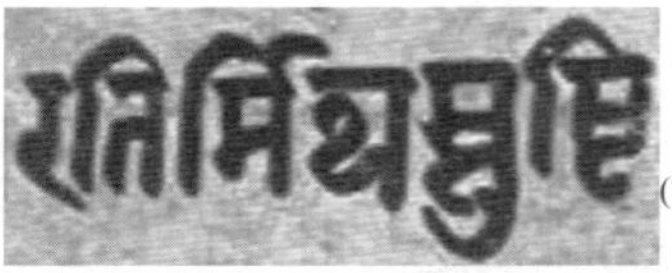
(?)

ratir mithas tuṣṭi…[281]

3) Type III  tha

Type III은 Type I^{2}가 조금 더 간소화된 형태이다.

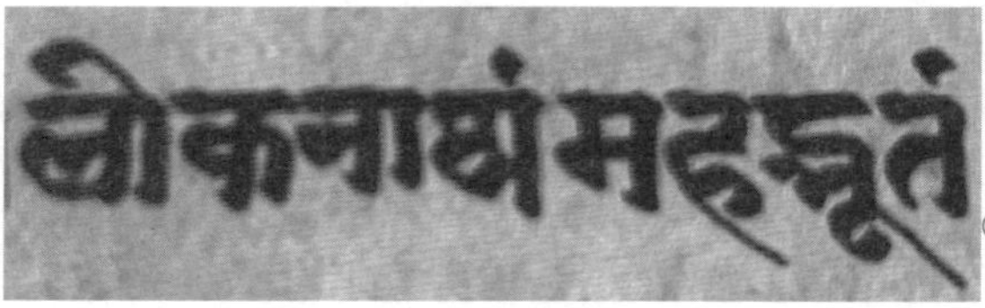
Ⓐ

lokanāthām mahadbhūtaṃ

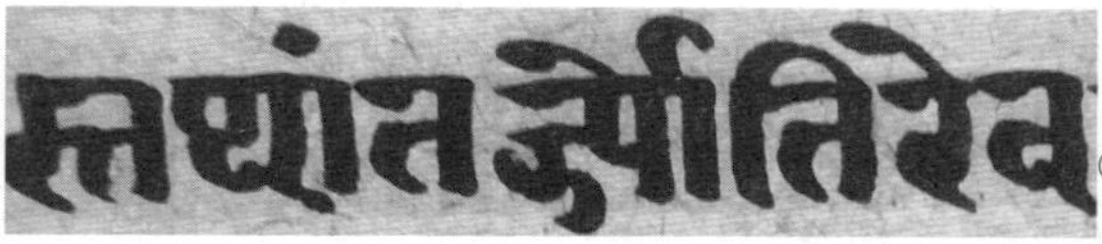
Ⓐ

…s tathāṃtar jjyotir eva[282]

281) '유희 또는(mithas) 만족'
282) …s tathāntar jyotir eva '…그와 같이 내적인(antar) 빛(jyotir)만이'

III. da

1. da द

I¹	I²	II¹	II²	III	IV	V
					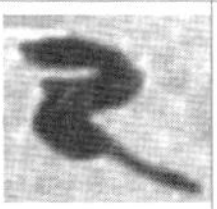	

					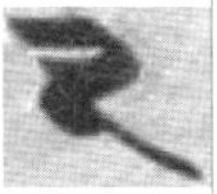	
d-						
	 dā		 nda	 de	 di	 dī

1) Type I¹  da

Type I¹은 전형적인 형태이다.

2) Type I²  da

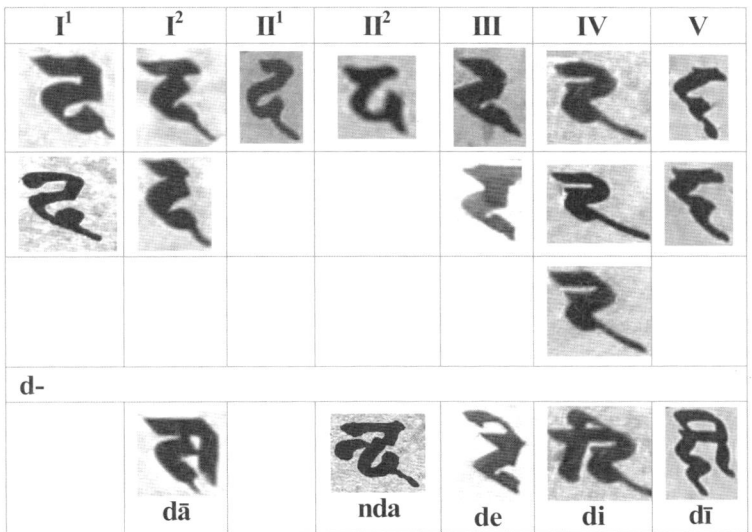

Type I²는 조금 더 간소화된 형태이다.

 *Haṭhapradīpikā*Ⓦ

kuryād udare283)

gurūpadiṣṭa···[284] jñānāt sadā[285]

3) Type II¹  **da**

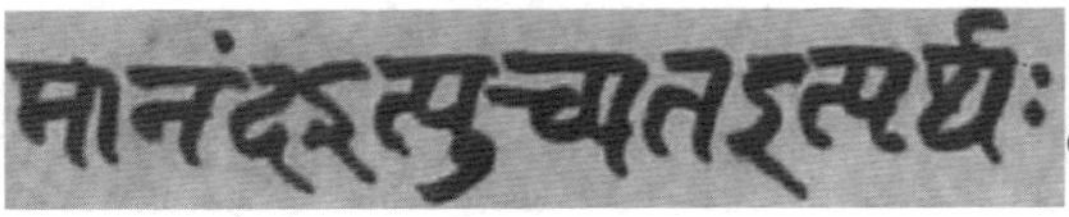

···m ānaṃda ity ucyata ity arthaḥ[286]

4) Type II²  **da**

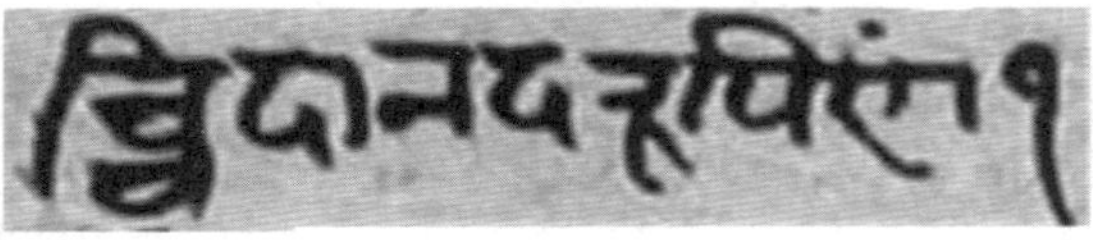

···ccidānadarūpiṇaṃ 1 (ccidānandarūpiṇaṃ 1[287])

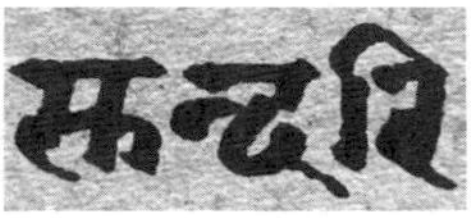 sundari.,.[288]

---

283) '복부에 ···을 한다면'
284) '스승이 가르쳤던···'
285) '언제나 지혜로부터'
286) '···이 아난다라고 말해졌다는 의미이다'
287) '···의식(cid), 환희(ānanda)를 본성으로 하는 자는 1.'
288) '아름다운 이···'

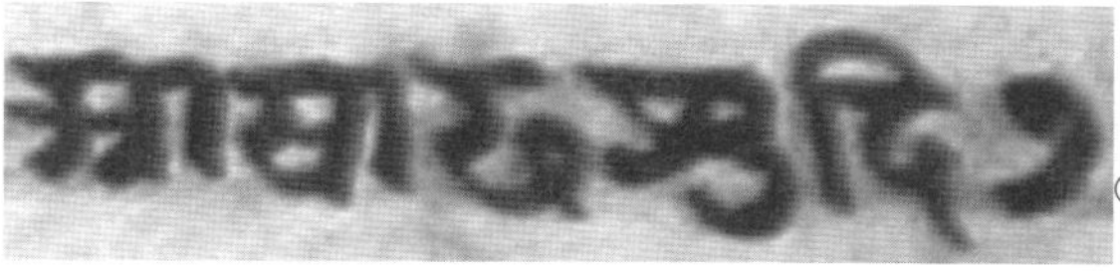 ⓦ

āṣādhaśudi 7

 ⓦ

śudi 9

5) Type III  da

 ⓦ

bhedena bheda…[289]

6) Type IV  da

 ⓦ

…d vyutpādanaṃ[290]

---

289) '구별함으로써 차별상…'
290) '…로부터 파생된 것은'

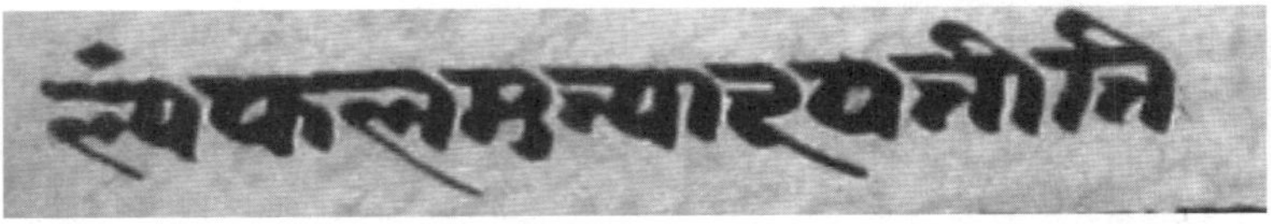

…lyaṃ phalam utpādayatīti *Yogasūtra-ṭīkā* of BhojadevaⓌ

pādakabhāvalakṣaṇaḥ *Yogasūtra-ṭīkā* of BhojadevaⓌ

7) Type V  **da**

Type V는 특정 필사본에서 발견된다.

 *Haṭhapradīpikā*Ⓗ

kāladaṃḍaṃ[291)]

Ⓗ Ⓗ

siddhapādaś ca (人名) surānaṃdaḥ (人名)

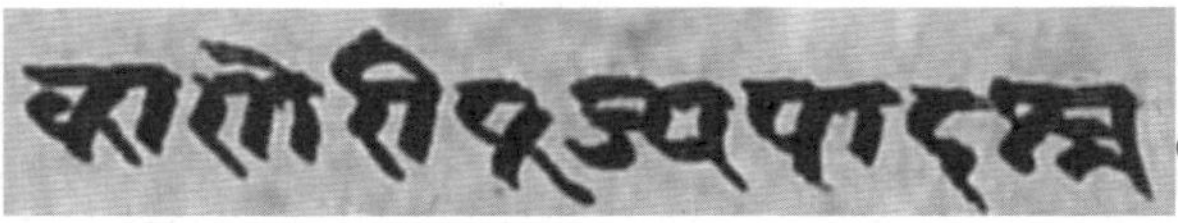Ⓗ

kāṇerīpūjyapādaś ca (人名)

---

291) '시간(죽음)의 막대기를…'

2. du दु

우				중	좌	
I¹	I²	I³	I⁴	II	III¹	III²

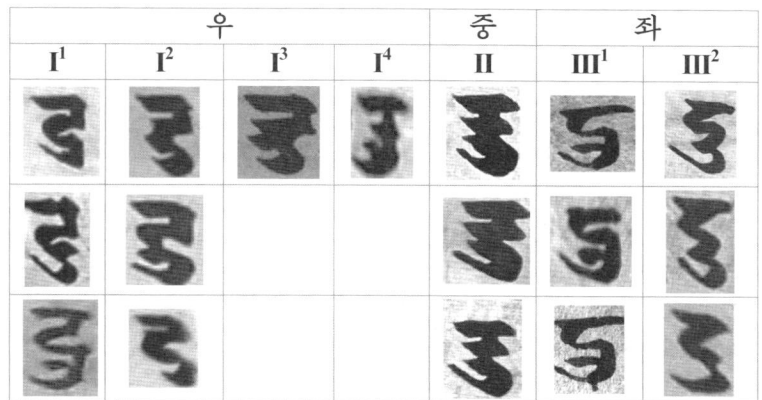

du의 유형은 오른쪽에서 시작하는 형태, 왼쪽에서 시작하는 형태 그리고 가운데에서 시작하는 형태와 같은 세 유형이 있다.

 우형  중형  좌형

1) Type I¹  du

첫 번째 유형은 일반적으로 널리 사용된 형태이다.

Kaṭha-upaniṣadⒶ

···d atithir duroṇaṣat[292)]

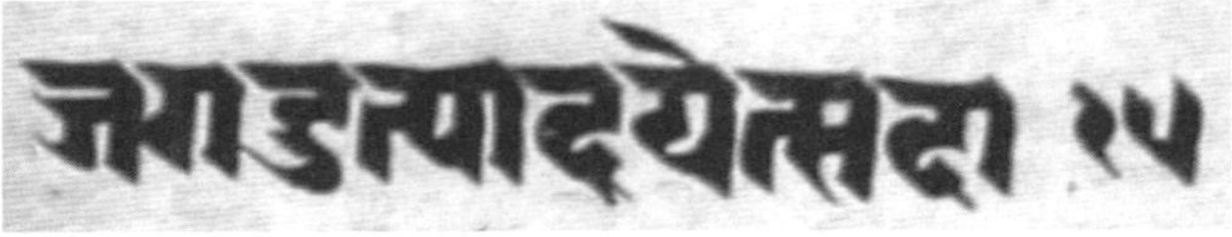 Ⓦ

jagād utpādayet sadā 15[293]

 Ⓐ

artho duḥ…

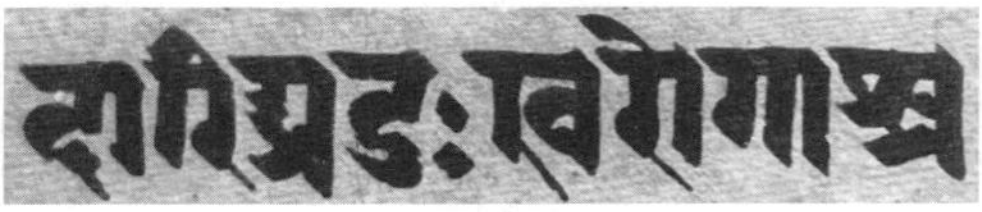

dārighraduḥkharogāś ca *Kulārṇavatantra*Ⓐ

2) Type I²  du

두 번째 유형은 필사본에서 널리 발견되는 형태의 du인데 이 글자는 'ḍa의 다양한 이체자 중 하나'(Type IV: )와 동일하다.

 *Haṭhapradīpikā*Ⓦ

kuryād udare[294]

---

292) '집(제의의 항아리)에 거주하는(duroṇaṣat) 손님'
293) '언제나 세계는 생성될 것이다 ||15||'
294) '복부에 …을 한다면'

 Ⓦ

siddhāsanaṃ viduḥ[295)]

duṣprāpam api ya··· *Yogasūtraṭīkā* of BhojadevaⓌ

3) Type I^3  **du**

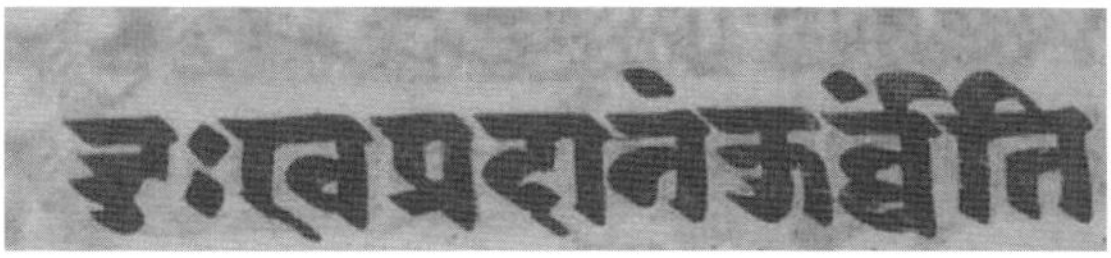

duḥkhapradānaṃ kurvvaṃti *Tattvabodha* of ŚaṅkaraⓉ

syād ubhyor viruddhadharmmā *Tattvabodha* of ŚaṅkaraⓉ

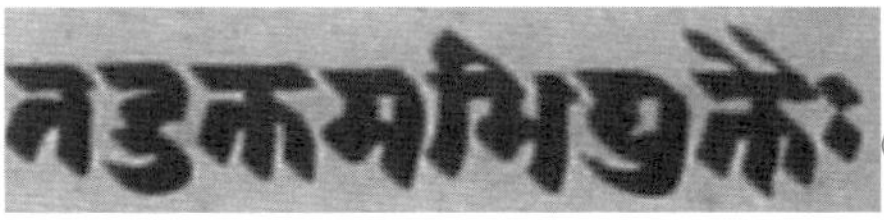 Ⓦ

···tad uktam abhiyuktaiḥ

---

295) '지혜로운 이는 달인좌를 … '

 Ⓣ

buddiḥ syād ubhayor viruddha···

4) Type I[4]  du

아래의 du는 특정 필사본에서 발견되는데 간소화된 형태이다.

 Ⓦ

dugdhaṃ pṛ···

5) Type II  du

Type II는 특정 사본 한 개에서 발견되었다.

 *Mahābhārata* Ⓐ

nyagrodhoduṃbaro[296)]

durjayo duratikramaḥ durlabho durgamo[297)] *Mahābhārata* Ⓐ

---

296) nyagrodha-uduṃbaro '니야그로다, 우담바라는'

297) '정복하기 힘든 것(durjaya), 뛰어넘기 힘든 것(duratikrama), 얻기 힘든 것(durlabha), 접근하기 힘든 것(durgama)은'

yam ekaṃ bahudhātmānaṃ prādurbhūta··· *Mahābhārata*Ⓐ

6) Type III^{1}  du

Type III^{1}은 ‘dru’()와 거의 동일하다.

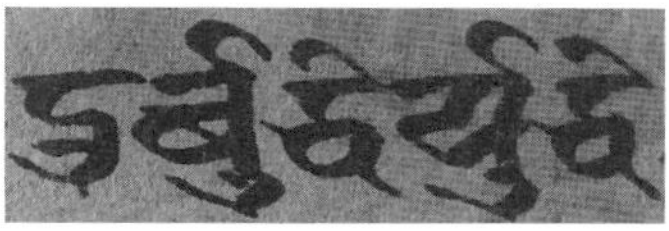 *Bhagavadgītā*Ⓐ

durbuddher yuddhe

Ⓐ

praduṣyaṃti (praduṣyanti)

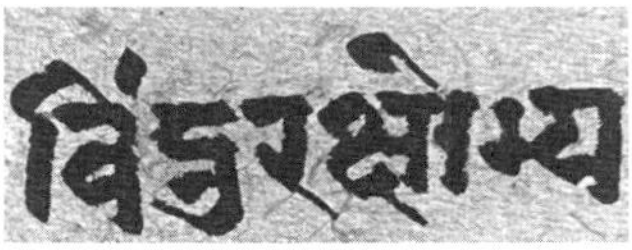

viṃdur akṣobhya[298] *Mahābhārata*Ⓐ

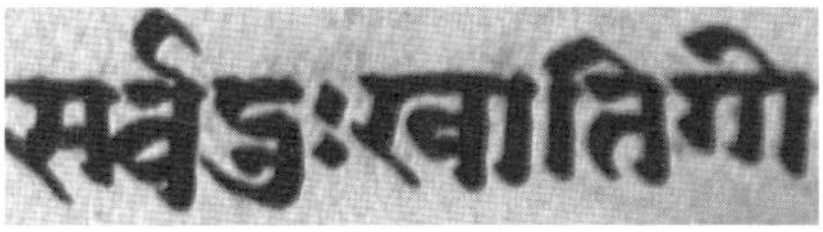

sarvaduḥkhātigo *Mahābhārata*Ⓐ

---

298) bindur akṣobhya

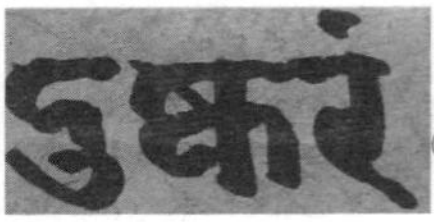 Ⓐ

duṣkaraṃ

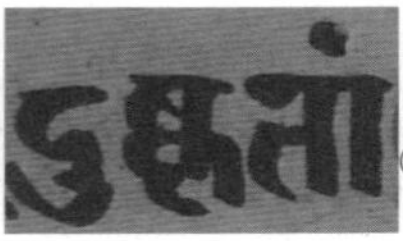 Ⓐ

duṣkṛtāṃ

7) Type III[2]  du

 Ⓨ

etad u[k]taṃ bhavati

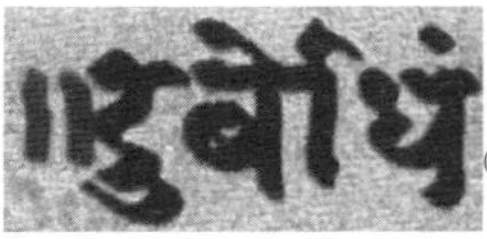 Ⓨ

durbodhaṃ

위의 유형보다 조금 더 간소화된 형태도 발견된다.

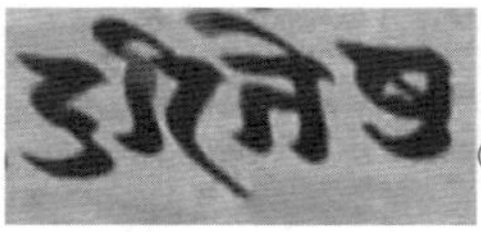 Ⓦ duriteṣu

3. du दू

I	II	III				

1) Type I  dū

Type I은 du(Type I[2])에서 모음 ū의 형태만 바뀌었다.

2) Type II  dū

Type II은 du(Type III[1])와 동일한 형태로 모음 ū의 형태만 바뀌었다.

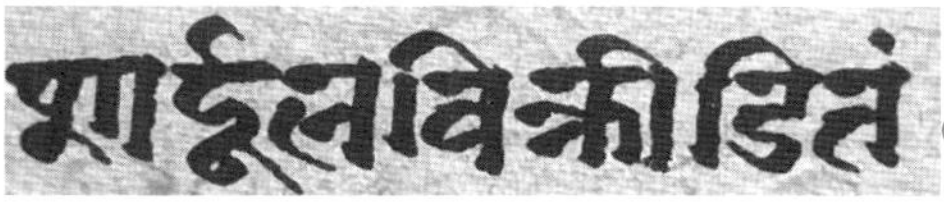 Ⓐ

śārdūlavikrīḍitaṃ

3) Type III  dū

Type III은 특정 필사본에서 한 개에서 발견되었다.

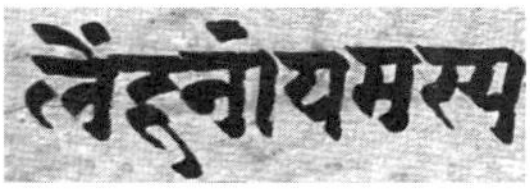 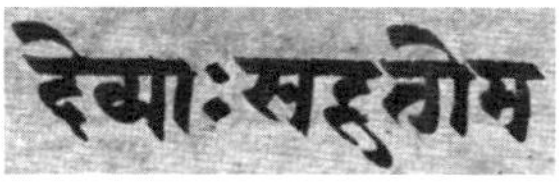

··· leṃdūnāṃ yamasya devyāḥ sa dūto {'}ma···

Mārkaṇḍeya-purāṇaⒶ

4. dṛ दृ

I	II^1	II^2				

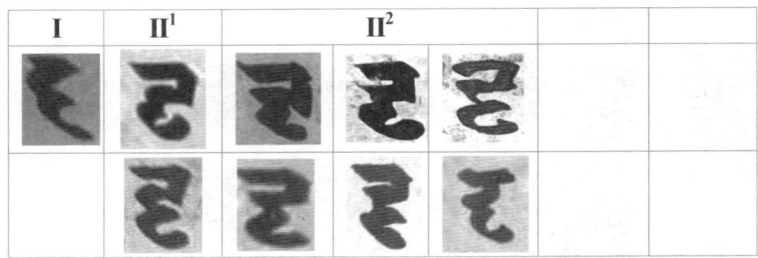

1) Type I  dṛ

Type I은 흘려 쓴 형태이다.

 Ⓦ  Ⓐ

dṛśye nanv evaṃ dṛśi…

2) Type II^1  dṛ

Type II^1은 필사본에서 빈번하게 발견되는 형태이다.

 Ⓐ dṛṣṭvā

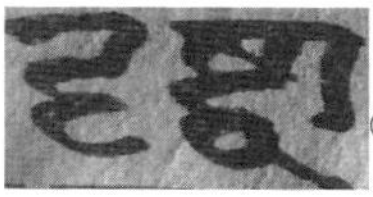Ⓐ drṣṭvā

2) Type II^2  **dṛ**

Type II^{2}는 tṛ, hṛ와 유사한 형태이다.

kulamārgād ṛte muktiḥ nāsti[299] *Kulārṇvatantra*Ⓐ

paṃcavṛtayaḥ kīdṛśyaḥ[300] *Yogasūtra-ṭīkā*Ⓦ

Ⓦ

dṛg rūpa eva

Ⓣ

śrāddhā kīdṛśī

299) '해탈은 꿀라의 길 없이는 성취될 수 없다'
300) '다섯 작용이란 무엇인가'

Ⓣ Ⓐ dr̥ḍhe

5. dgu 

좌		우				
I		II¹	II²			

dgo						

dgra 						

dgu는 왼쪽에서 시작하는 형태와 오른쪽에서 시작하는 것과 같은 두 유형이 있다.

좌형 우형

(1) Type I  dgu

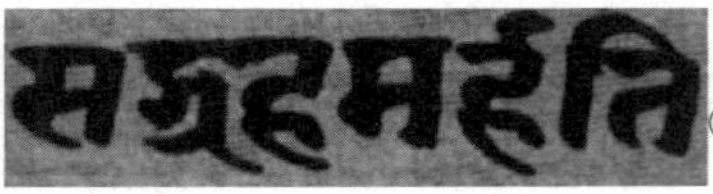Ⓐ sadgraham arhati[301]

(2) Type II[1]  dgu

Type II[1]는 오른쪽에서 획이 시작하는 형태이다.

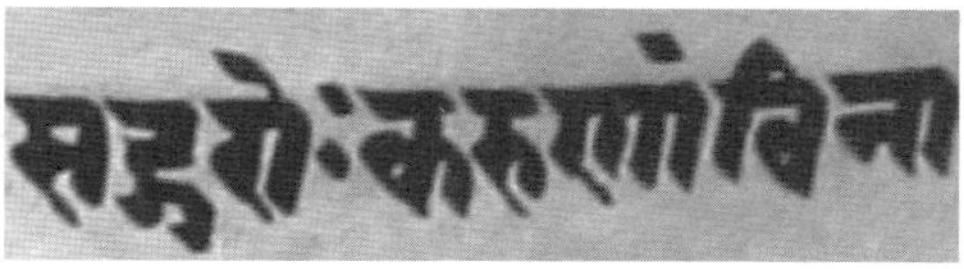

sadguroḥ karuṇāṃ vinā[302] *Haṭhapradīpikā*Ⓦ

rājasāṃśād gudeṃdriya[303] *Tattvabodha*Ⓣ

sad asad grathitaṃ *Mahābhārata*Ⓐ

(3) Type II[2]  dgu

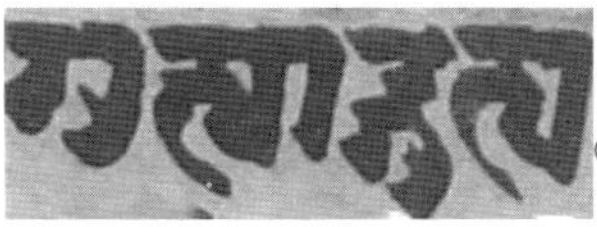Ⓦ

guhyād guhya[304]

---

301) '그는 진리를(sad) 지니고 있는 것(graha)이 가능하다'
302) '참된 스승의 자비없이는…'
303) '라자스 요소가 지배적일 때는 배설기관…'
304) '비밀스러운 것보다 더 비밀…'

6. ddha 

ddha (1)						
I[1]	**I[2]**	**II[1]**	**II[2]**	**III**	**IV[1]**	**IV[2]**

-ddh-						
 **ddhe**	 **ddhi**	 **ddho**	 **ddho**	 **ddhi**	 **ddhi**	 **rddha**
ddha (2)						
V	**VII**	**VII**				

-ddh-						
 **ddhe**	 **ddhā**	 **ddhā**				
 **rddha**	 **ddho**					

1) Type I[1]  ddha

Type I[1]은 가 조금 더 간소화된 형태이다.

 Ⓦ

ity ādyahaṃ buddhir dehā···305)

 *Tattvabodha*Ⓣ

śraddhā kīdṛśī306)

syād ubhyor viruddhadharmmā307) *Tattvabodha*Ⓣ

2) Type I[2]  ddha

Type I[2]는 dbha와 유사한 형태이다.

 ā viśuddhātmā308)

---

305) '…라는 등등으로 나는 지혜로운 사람(buddhi)이고 신체…'
306) '믿음(śraddhā)이란 무엇인가?'
307) '이라면… 양자는 모순된(viruddha) 특성…'
308) '청정한(viśuddha)' 자아는'

 *Mahābhārata*Ⓐ

…dhanasamṛddhaḥ

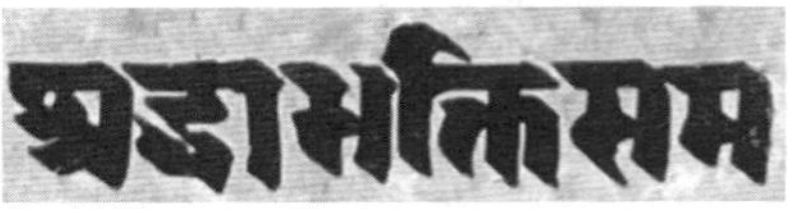 *Mahābhārata*Ⓐ

śraddhābhaktisama…[309]

3) Type II^1  **ddha**

Type I^{2}는 Type I^{1}이 더 간소화된 형태로 특정 필사본에서 발견되었다.

Ⓐ

siddhaḥ[310]

4) Type II^2  **ddha**

Type I^{3}은 Type I^{2}가 더 간소화된 형태이다.

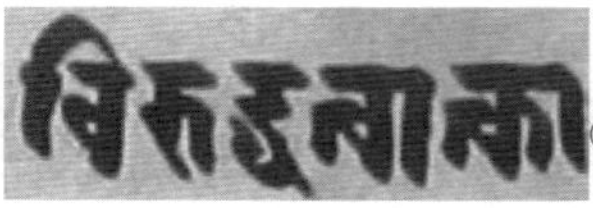Ⓦ viruddhatvāt kā[311]

---

309) '믿음(śraddhā), 박띠, 동일한..'
310) '성자(siddha)는'
311) '모순되므로(viruddhatvāt) 무엇이…'

5) Type III  ddha

Ⓐ

śuddha[312]

6) Type IV[1]  ddha

siddhāsanaṃ viduḥ[313] *Haṭhapradīpikā*Ⓦ

 *Haṭhapradīpikā*Ⓦ

siddhabuddhaś ca

 *Haṭhapradīpikā*Ⓦ

siddhim icchatā[314]

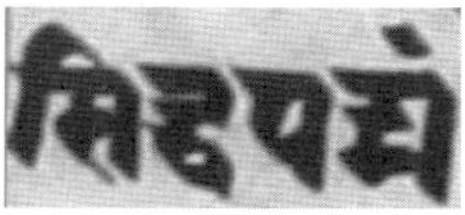 *Haṭhapradīpikā*Ⓦ

siddhapadmaṃ[315]

---

312) '청정한'
313) '지혜로운 이는 달인좌(siddhāsana)를 …'
314) '완성(siddhi)을 원하는…'

아래 두 그림의 ddha는 조금 더 간소화된 형태로 dva와 유사하다.

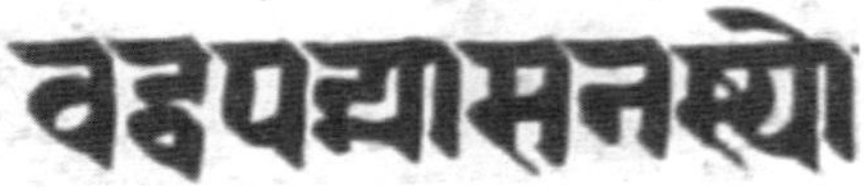 *Haṭhapradīpikā*Ⓦ

vaddhapadmāsanastho[316]

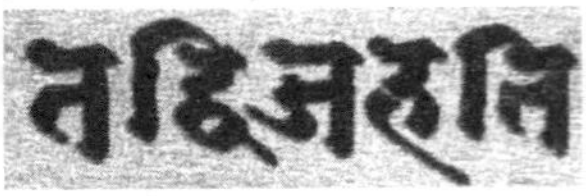 *Yogasūtra-ṭīkā*Ⓨ

tad dhi jahati

7) Type IV²  ddha

ekāgraniruddharūpe dve ca sattvo *Yogasūtra-ṭīkā*Ⓦ

위 그림의 여섯 번째 음절(ddha)과 아홉 번째 음절(dve)의 경우 거의 동일한 형태이다.

 *Yogasūtra-ṭīkā*Ⓨ

tad dhi jahati[317]

---

315) '달인, 연화[자세]를'
316) baddhapadmāsanastho '연화좌를 취한 자는'
317) *Corr.* ad dhi jahāti '그는 진실로 그것을 태웠다'

8) Type V  ddha

Type V 역시 필사본에서 빈번하게 발견되는 형태이다.

 *Bhagavadgītā*Ⓐ

durbuddher yuddhe

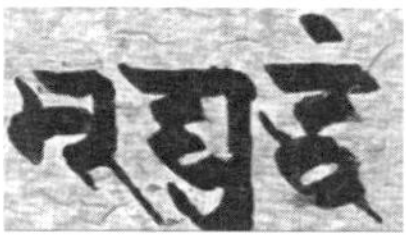

…bhūd yuddhaṃ *Mārkaṇḍeya-purāṇa*Ⓐ

dehārddhayogaḥ …r viruddhakṛtye

Yogasūtra-ṭīkā of BhojadevaⓎ

9) Type VI  ddha

śuddham apāpaviddhaṃ[318] *Īśa-upaniṣad*Ⓐ

---

318) '순수하고(śuddha) 악에 물들지 않는(apāpavidha)'

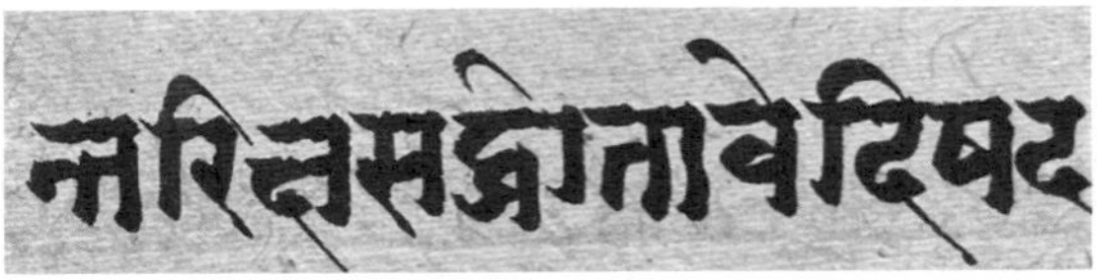

..ntarikṣasad dhotā vediṣad a···319) *Kaṭha-upaniṣad*Ⓐ

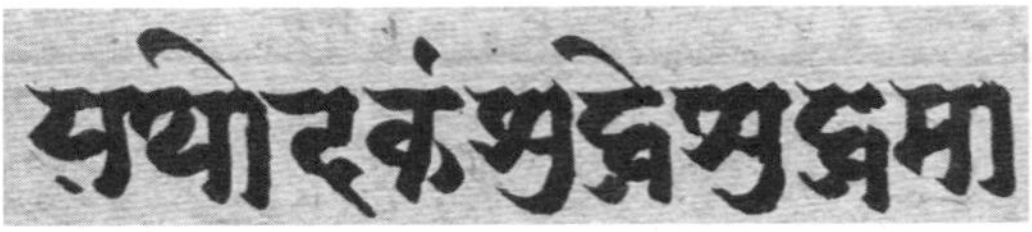 *Kaṭha-upaniṣad*Ⓐ

yathodakaṃ śuddhe śuddham ā···320)

아래의 ddh는 조금 더 간소화되었다.

 Ⓐ

na buddhīty ādinā321)

10) Type VII  **ddha**

Type VII는 특정 사본 한 개에서 발견되었다.

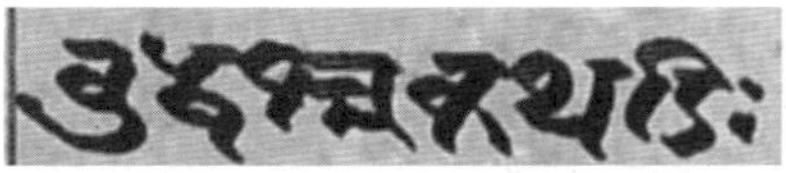 *Haṭhapradīpikā*Ⓗ

buddhaś ca kathiḍiḥ (人名)

---

319) ···ntarikṣasad dhotā vediṣad a···
[a]ntarikṣasat-hotā vediṣat-a···
'···은 허공에 있고(antarikṣad)사제(hoṭa)는 제단에 있고'

320) '마치 청정한 곳에(śuddhe) 있는 청정한 물이···'

321) '[나는]···붇디가 아니다는 등등으로'

 *Haṭhapradīpikā*Ⓗ

siddhā haṭhayogaprabhāvataḥ

7. dbha द्भ

I		II¹		II²		

1) Type I  dbha

Type I은 전형적인 형태이다.

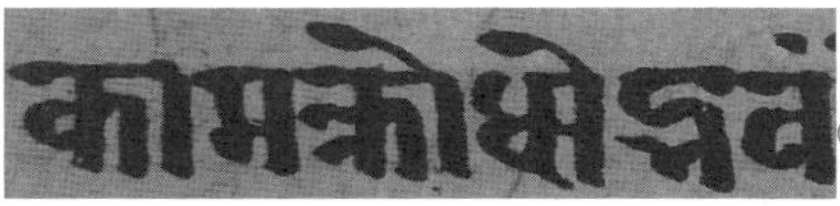Ⓐ

kāmakrodhodbhavaṃ[322)]

Ⓐ

yasmād bhūtāni[323)]

322) '욕망과 분노로 생겨난 (krodhodbhava)'
323) '그로부터(yasmād) 존재들은(bhūtāni)'

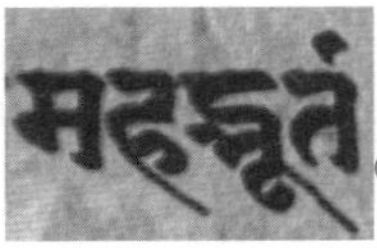 Ⓐ

mahadbhūtaṃ

2) Type  **dbha**

Type II[1]은 간소화된 형태이다.

 *Mahābhārata*Ⓐ

udbhavaḥ suṃdaraḥ[324)]

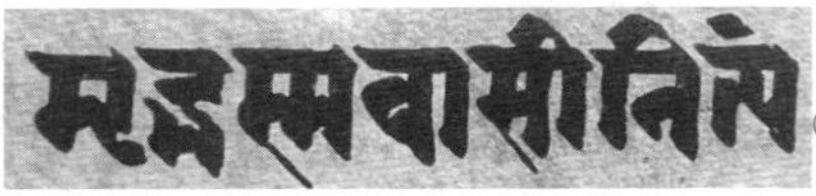 Ⓐ

mṛdbhasmavāsīnityaṃ

3) Type II[2]  **dbha**

 Ⓦ  Ⓦ

…d bhujya[325)]   jāgrad bhoga…[326)]

---

324) udbhavaḥ sundaraḥ '아름다움의 생성(udbhava)은'
325) '…로 부터 먹은 후에(bhujya)'
326) '깨어나서 음식…'

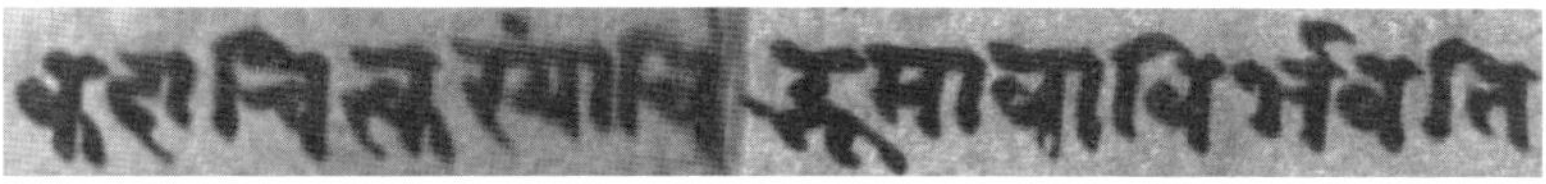

kadācit kasyācid bhūmāvāvirbhavati *Yogasūtraṭīkā*Ⓨ

8. dma द्म

I	II					

1) Type I  dma

Ⓦ

vaddhapadmāsanastho[327)]

2) Type II  dma

siddhapadmaṃ[328)] *Haṭhapradīpikā*Ⓦ

327) baddhapadmāsanastho '연화(padma)좌를 취한 자는'
328) '달인, 연화(padma)[좌]는'

9. dya द्य

I	II[1]	II[2]	II[3]	III		

etc.						

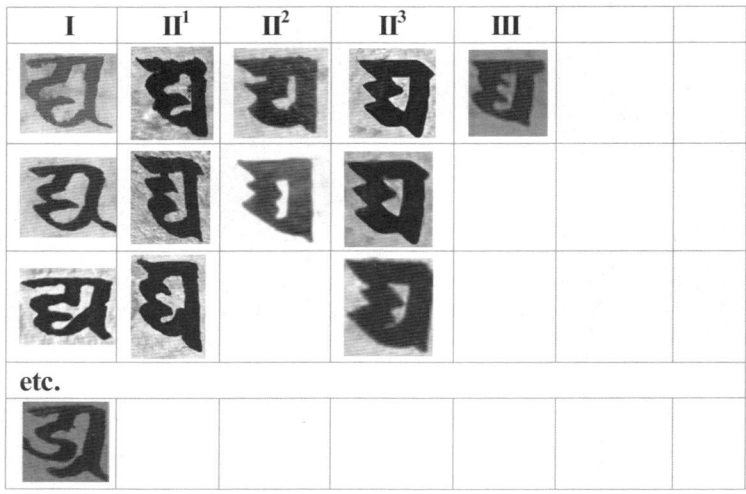

1) Type I  dya

Type I은 전형적인 형태이다.

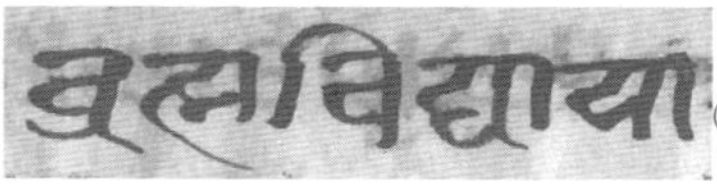 Ⓐ

brahmavidyāyā

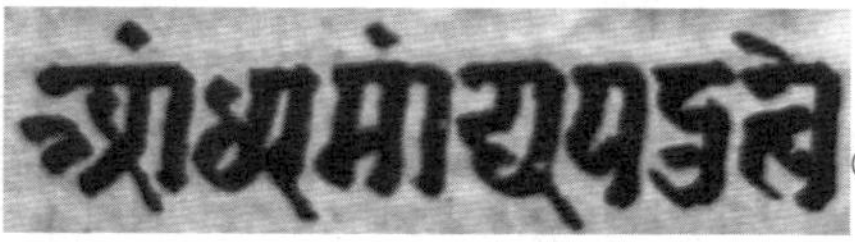 Ⓐ

āṃdhāmāṃdyapadutve

2) Type II[1]  dya

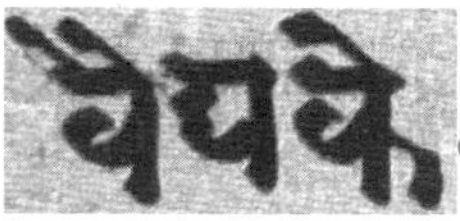 Ⓨ

vaidyake[329]

āṃdhyamāṃdyapaṭutveṣu netradha··· *Tattvabodha* Ⓣ

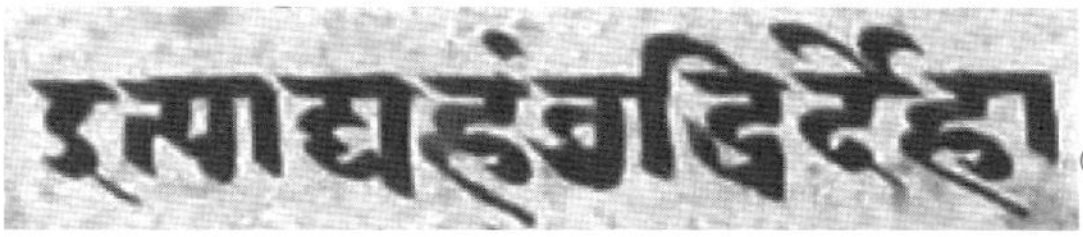 Ⓦ

ity ādyahaṃ buddhir dehā

3) Type II[2]  dya

 Ⓦ

tad yogaṃ

 Ⓦ

kālādyanapekṣya sarvaṃ[330]

329) '의술에 있어서'
330) '시간 등을 고려하지 않고서 모든 것을'

 Ⓦ

pratipādya prati…

 Ⓦ

śilādyāś ca bhedakopādhayo

4) Type II³  dya

 *Pañcadaśī*Ⓦ

iyaṃ brahmavidyā[331]

 Ⓦ asmin padye

yajñabhṛd yajñakṛd yajñī *Mahābhārata*Ⓐ

---

331) '이것이 브라흐만에 대한 앎이다'

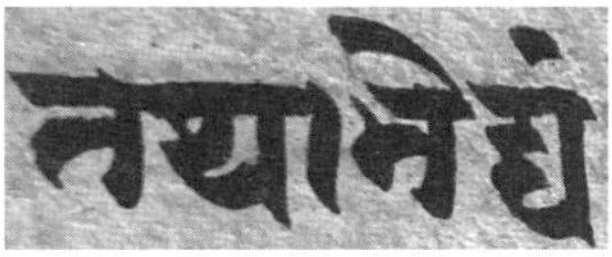 *Mārkaṇḍeya*Ⓐ

tathābhedyaṃ

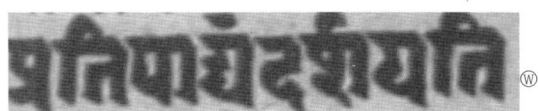

 Ⓦ

pratipādyaṃ darśayati

 Ⓦ

yāmamātraṃ bhaved yadi 180[332)]

5) Type III  **dya**

Ⓦ sadyo mokṣa[333)]

332) 만약 세 시간 동안 [유지]한다면, 180송
333) '즉각적인 해탈…'

10. dyu द्यु

I 하형			II 우형			

dyu의 경우 모음 u가 아래에 붙은 유형과 오른쪽에 붙은 유형이 있다.

1) Type I  dyu

 *Mahābhārata*Ⓐ

bhavaty arogo dyu…[334]

2) Type II  dyu

 *Bhagavadgītā*Ⓐ

tasmād yuddhāsva bhārata

 *Upadeśasāhasrī*Ⓐ

saṃyogād yugapad vo…[335]

---

334) bhavaty arogo dyutimān
335) 결합하므로(saṃyogād) 한 쌍(yugapad)…

11. dr द्र

I	II	III	IV			

Type I은 오른쪽에서 시작하는 형태이고 Type II는 왼쪽에서 시작하는 형태이며 Type는 가운데에서 시작하는 형태이다. Type IV는 Type III이 조금 더 간소화된 형태이다.

1) Type I  dra

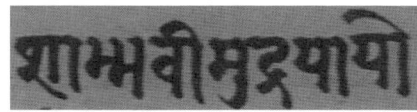

 *Gheraṇḍasaṃhitā*Ⓦ

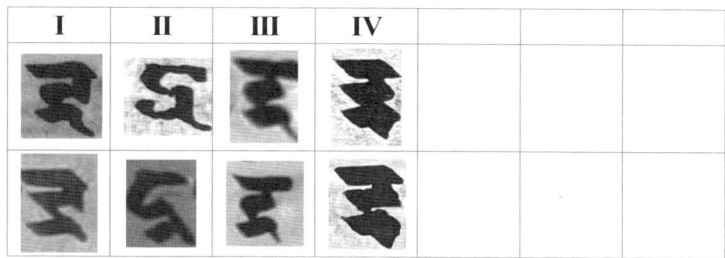

śāmbhavīmudrayā yo[336]

2) Type II  dra

Ⓐ śaraccandra…[337]

---

336) '샴브하비 무드라(mudrā)를 아는 자는'
337) '가을(śarat)의 달…'

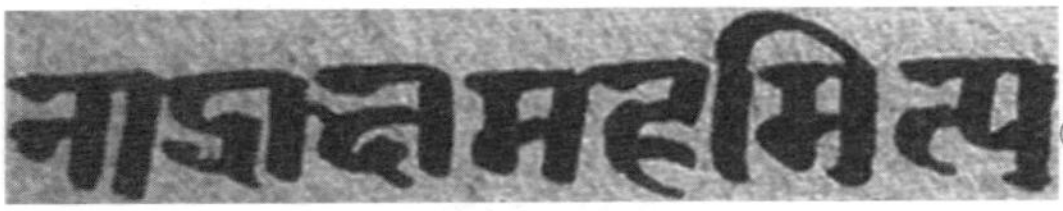
Ⓐ

nādrākṣam aham ity a···

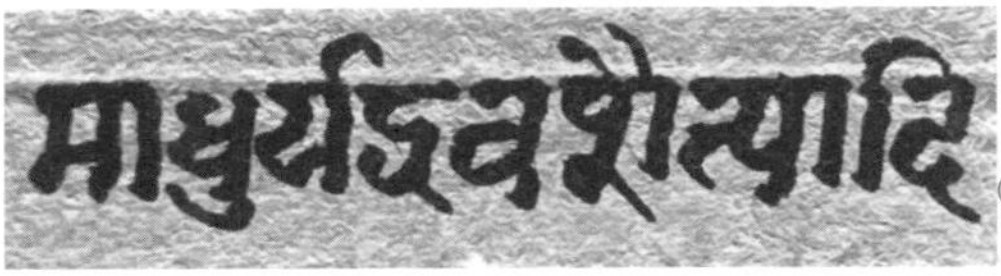
Ⓐ

mādhuryadravaśaityādi

Ⓐ

yad rājya

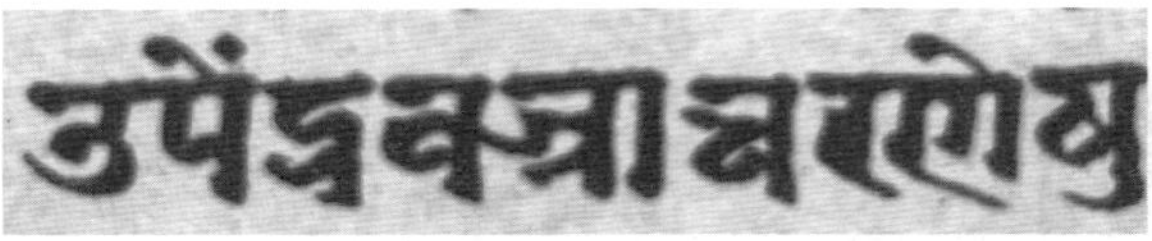

upeṃdravajrācaraṇeṣu[338] *Śrutabodha* of KālidāsaⒶ

Ⓦ

candraghastre

338) upendravajrācaraṇeṣu '우뻰드라바즈라 [운율의] [네] 구(句) 중에서···'

3) Type III  dra

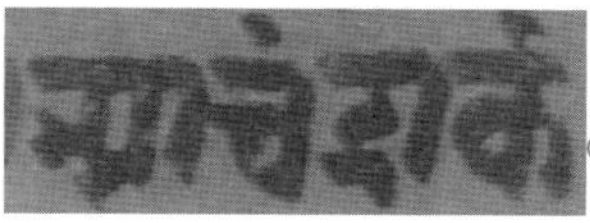
Ⓦ

ācaṃdrārka

Ⓦ

bhadrāsana

4) Type IV  dra

Type IV는 간소화된 형태로 특정 필사본에서 발견되었다.

MahābhārataⒶ

araudraḥ kuṃḍalī[339)]

MahābhārataⒶ

syāc chūdraḥ sukham a…

---

339) araudraḥ kuṇḍalī

12. dru 

I[1]	I[2]	II				

1) Type I[1]  dru

Type I은 전형적인 형태이다.

2) Type I[2]  dru

 *Bhagavadgītā*Ⓐ

durbuddher yudddhe

Type I[2]는 du(III[1], )와 거의 동일하다.

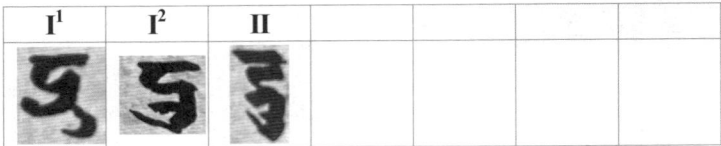

*du

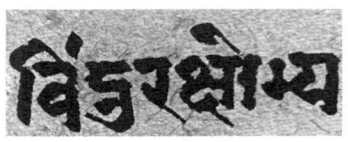

 *Mahābhārata*Ⓐ

viṃdur akṣobhya[340)]

340) bindur akṣobhya

 *Kulārṇavatantra*Ⓐ

dārighraduḥkharogāś ca

2) Type II  **dru**

 *Bhagavadgītā*Ⓐ

vyūḍhādrupadaputre

13. dva द्व

I	II¹	II²				

	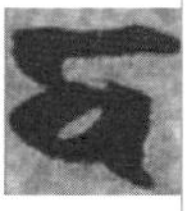					

1) Type I  **dva**

yugapad vahudehānāṃ[341] *Vedāntādhikaraṇamālā*Ⓦ

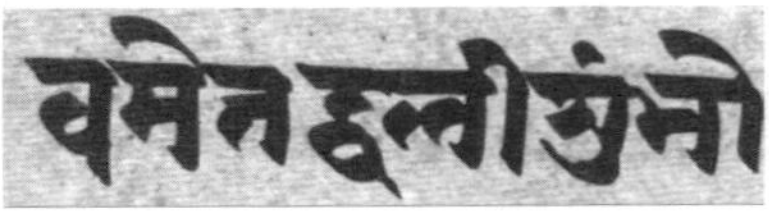

[e]vam etad valīśuṃbho *Mārkaṇḍeya-purāṇa*Ⓐ

tasya dūtasya tad vākyam a··· *Mārkaṇḍeya-purāṇa*Ⓐ

2) Type II[1]  **dva**

Type II[2]는 필사본에서 빈번하게 발견되는 형태이다.

Ⓐ

dvayor madhye[342)]

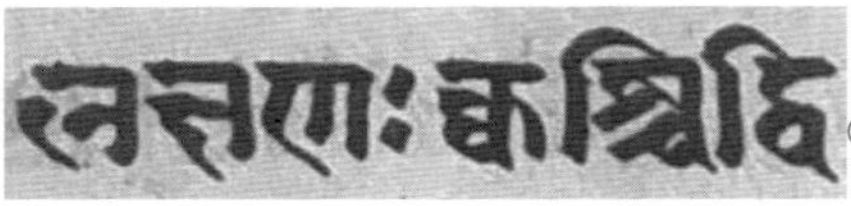Ⓦ

lakṣaṇaḥ kkaścid vi··· (lakṣaṇaḥ kaścid vi···)

Ⓐ

···d viśeṣaṇādikaṃ

---

341) yugapad bahudehānāṃ
342) '두 개의(dvayor) 중앙에'

 Ⓐ

…d vākyaśrotṛṇāṃ

위 그림의 아홉 번째 음절(dve)과 여섯 번째 음절(ddha)은 거의 동일한 형태이다.

3) Type II[2]  dva

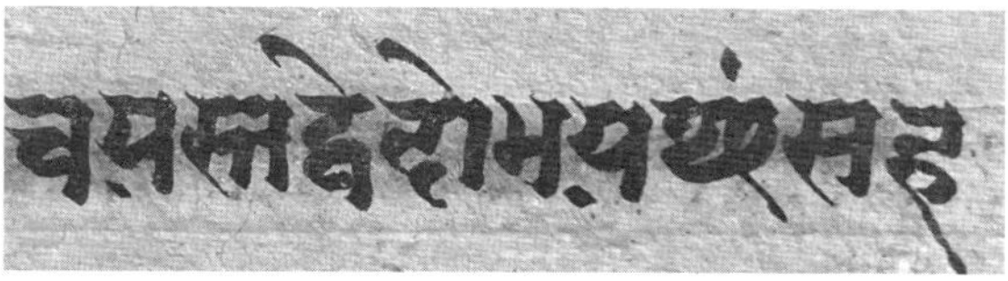 *Īśa-upaniṣad*Ⓐ

ca yas tad vedobhayaṃ saha[343)]

위 그림의 여덟 번째 음절(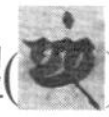)은 아누스바라의 다양한 형태 중 하나이다(제1부 II의 '아누스바라(anusvāra)의 다양한 형태' 항목을 참조.) 또한 위 그림의 두 번째 음절과 일곱 번째 음절의 'ya 밑에 있는 점'은 ya를 pa와 구별하기 위한 것이다.(제1부 II의 '자음의 혼용' 항목을 참조)

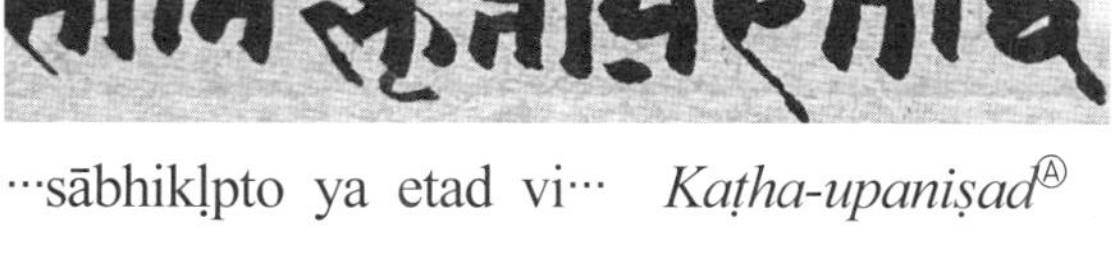

…sābhikḷpto ya etad vi… *Kaṭha-upaniṣad*Ⓐ

343) '그리고 그 둘을 동시에 알고 있는 자는(vedobhayam)'

14. dvyu द्व्यु

I 하형		II 우형			

dvyu는 모음 u가 아래에 붙은 형태와 오른쪽에 붙은 형태가 있다.

1) Type I  dvyu

 Ⓦ 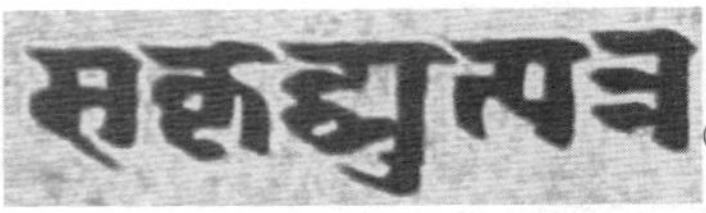 Ⓦ

…d vyutpādanaṃ[344] sakṛd vyutpanna…[345]

2) Type II  dvyu

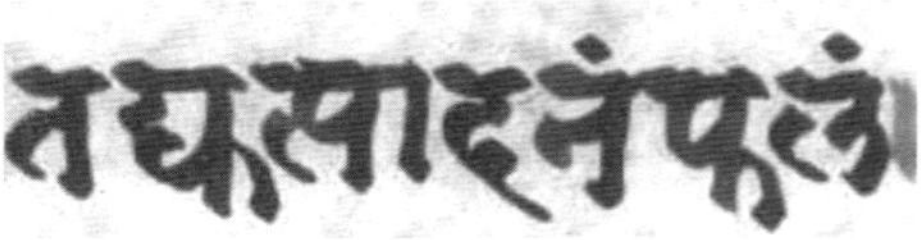

tad vyutpādanaṃ phalaṃ[346] *Yogasūtra-ṭīkā* of BhojadevaⓎ

15. dvra (dbra)

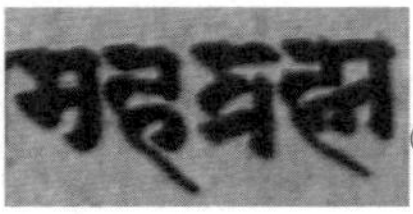 Ⓐ mahad vrahma[347]

---

344) d vyutpādanaṃ '…로부터(…d) 파생된 것을'
345) '즉시에 생겨난'
346) '그것(tad)에서 생겨난(vyutpādanam) 결과는'
347) mahad brahma '위대한 브라흐만은'

IV. dha

1. dha ध

dha						
I^1	I^2	II^1	II^2	III		

dh-						
 dhā	 dhi	 dhu	 dhā			
 dhī	 dhū	 dhā	 dhā			
 dhe	 dhṛ	 dhī	 dhī			

dha의 형태엔 미세한 차이가 있지만 대동소의하다.

1) Type I^1  dha

Type I^1은 숫자 5()와 유사한 형태이다.

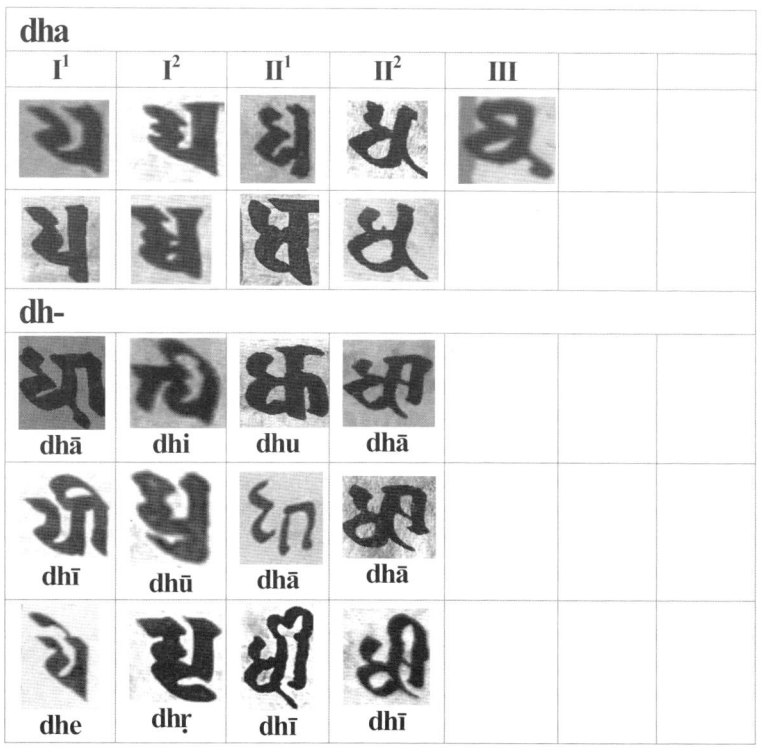

 Ⓐ

dhanasamṛddhaḥ

 Ⓦ

sūryeṇā pūrayet sudhī 165[348]

 Ⓦ

···dhanasaṃgrahe

2) Type I²  dha

ekadhā bahudhā[349] *Pañcadaśī* of VidyāraṇyaⓌ

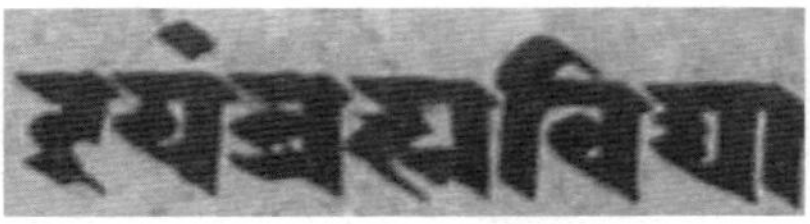 *Pañcadaśī* of VidyāraṇyaⓌ

iyaṃ brahmavidyā[350]

---

348) '지혜로운 이는 태양(오른쪽 코)으로 숨을 마셔야 한다. 165송'
349) '한 가지 방법으로, 다양한 방법으로'
350) '이것이 브라흐만에 대한 앎이다'

3) Type II[1]  dha

Type II[1]은 숫자 6()과 유사한 형태이다.

Ⓦ

gaṃdha···

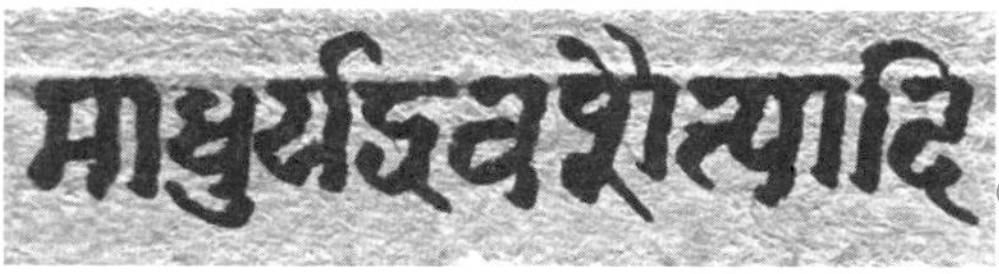Ⓐ

mādhur yad ravaśaityādi···

4) Type II  dha

 *Bhagavadgītā*Ⓐ

40 || adharmo[351)]

 *Bhagavadgītā*Ⓐ

|| dharme naṣṭe[352)]

---

351) '40. 비법들이'
352) '다르마가 소멸할 때'

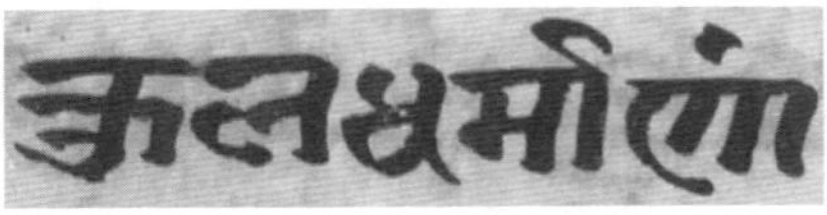 *Bhagavadgītā*Ⓐ

kuladharmāṇāṃ[353]

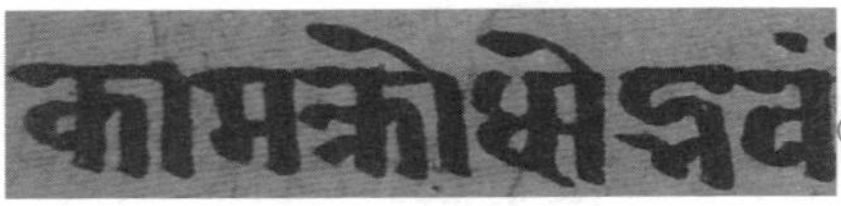Ⓐ Ⓐ

kāmakrodhodbhavaṃ[354] baṃdhāt[355]

Ⓐ

samādhir madhyamo bhavat[356]

5) Type III  **dha**

Type III은 특정 필사본 한 개에서 발견되었다.

 *Tattvabodha*Ⓐ

dhanatvavat

353) '가문의 의무들의'
354) '욕망과 분노의 생성은'
355) '속박으로부터'
356) *Corr*: samādhir madhyamo bhavet

2. dhu 

I 하형		II 우형				
I[1]	I[2]	II[1]	II[2]			

dhu는 모음 u가 아래쪽에 붙은 유형과 오른쪽에 붙은 유형이 있다.

1) Type I[1]  dhu I[2]  dhu

 Ⓐ

madhukaiṭabhau[357)]

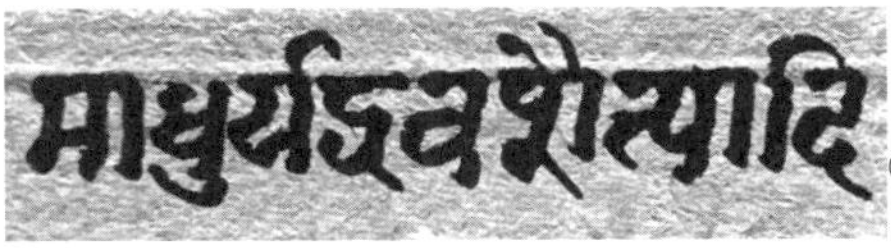 Ⓐ

mādhur yad ravaśaityādi···

357) '쉬바와 아수라는'

3) Type II[1]  dhu

Type II[2]는 모음 u가 오른쪽에 붙은 형태이다.

Ⓐ

sādhuṣv api[358]

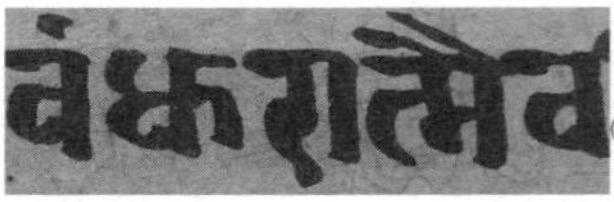Ⓐ

vaṃdhur ātmaiva (bandhur ātamiva[359])

Ⓐ

sādhu[360]

4) Type II[2]  dhu

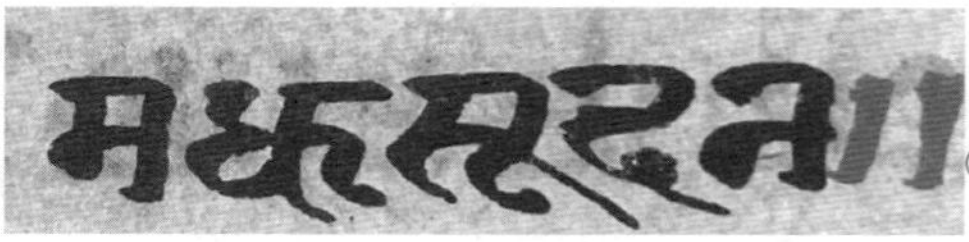Ⓐ

madhusūdana (人名)

---

358) '고결함 속에서(sādhuṣu) 조차'
359) '마치 자기처럼 친족을…'
360) '좋구나'

3. dhru 

하형		우형				
I¹	I²	II¹	II²	II³		

dhru 역시 모음 u가 아래쪽에 붙은 유형과 오른쪽에 붙은 유형이 있다.

1) Type I¹  dhru

 *Kulārṇvatantra*Ⓐ

syād dhruve dhruva…[361]

2) Type I²  dhru

Type I²는 모음 u가 간소화된 형태이다.

3) Type II¹  dhru

Type II¹은 모음 u가 오른쪽에 붙은 형태이다.

---

361) '영원함 속에(dhruve) 영원함… 있을 것이다'

 Ⓦ dhruvaṃ[362)]

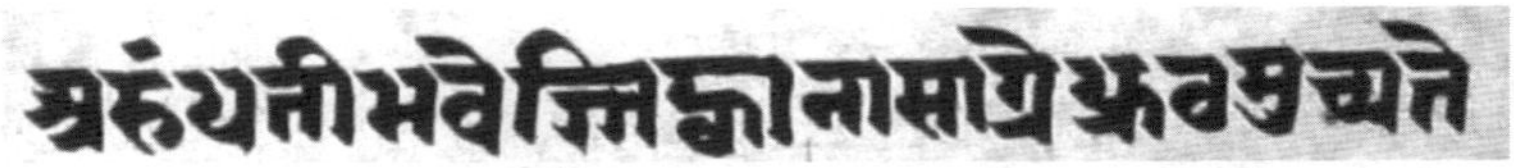

arumdhatī bhavej jihvānāsāgre dhruvam ucyate[363)]

Pavanavijaya-svarodayaⓌ

4) Type II²  dhru II³  dhru

Type II는 Type I²와 거의 동일하지만 모음 u가 오른쪽에 붙은 형태이다.

dhru

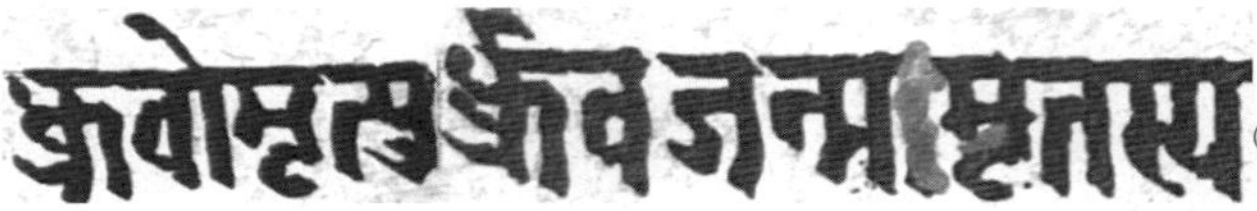 Ⓐ

dhruvo mṛtyur dhruvajanmamṛtasya

---

362) '확고함이란'

363) arundhatī bhavej jihvānāsāgre dhruvam ucyate '아룬드하띠는 혀(jihvā)와 코끝에(nāsāgre) 확고히 머물 것이라고 말해졌다'

4. dhv ध्व

I	II[1]	II[2]	III	IV		

-dhva						
 rdhva	 rdhva	 ddha	 rdhva			

1) Type I  dhva

Type I은 전형적인 형태이다.

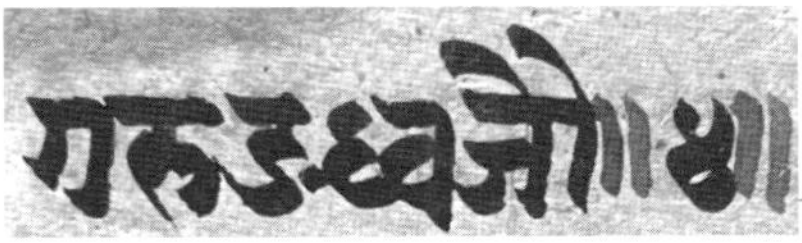 *Mārkaṇḍeya-purāṇa*Ⓐ

garuḍadhvajau 4

2) Type II[1]  II[2]  dha

Type II는 다소 특이한 형태이다.

 *Mahābhārata*Ⓐ

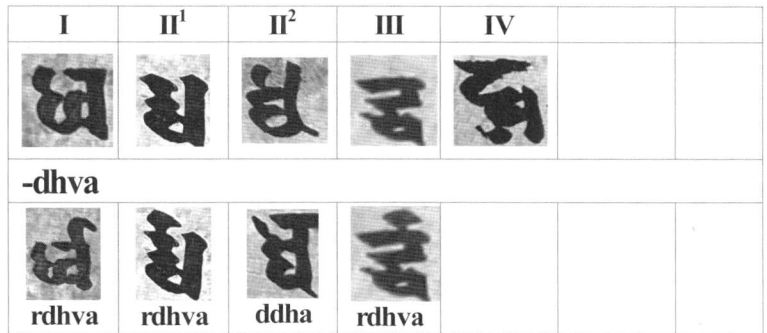

ūrdhvagaḥ satpathācāraḥ[364)]

---

364) '올바른 행위를 하는 자는 위로(ūrdhva) 올라간다(ga)'

* 위 그림의 첫 번째 음절 'ū'는 'ū의 다양한 이체자 중 하나'(Type II)이다.

3) Type III

Type III은 ddha와 유사한 형태이다.

HaṭhapradīpikāⓌ

ūrdhvaṃ[365]

4) Type IV

Type IV는 특정 필사본 한 개에서 발견되었다.

Kaṭha-upaniṣadⒶ

2 ūrdhvaṃ prāṇam unayaty a.. [366]

---

365) '위쪽에'(ūrdhvaṃ)

366) 2 ūrdhvaṃ prāṇam unnayaty a.. '쁘라나를 위쪽으로(ūrdhvaṃ) 운반한다'

V. na न

n						
	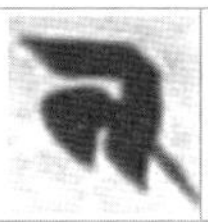					

1. nū

 *Haṭhapradīpikā*Ⓦ

jānūrvor aṃtare samyakkṛtvā[367]

2. nna न्न

좌우		상하				
I^1	I^2	II^1	II^2	II^3	II^4	

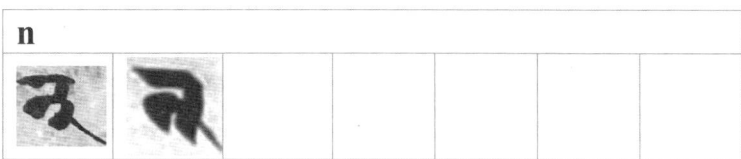

Type I^1, I^2는 nn이 옆에 붙은 형태이고 Type II^1, II^2, II^3, II^4는 위 아래로 붙은 형태이다. II^2는 la와 유사한 형태이고 II^3은 nta 또는 tta와 유사한 형태이다.

367) '허벅지(jānu)와 무릎(ūru) 안쪽에 올바르게 두고서'

1) Type I^{1,2}  **nna**

Type I^{1} , I^{2}는 la와 유사한 형태이다.

Ⓐ Ⓐ

kvaccin no {'}bhaya..[368] 'vichinnā[369]

2) Type II^{1,2,3,4}  **nna**

Ⓐ

guhyam annam annāda…[370]

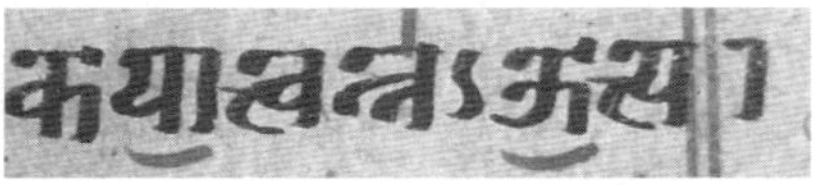 *Yajur-veda*Ⓐ

kayāttvan naḥ uttya-

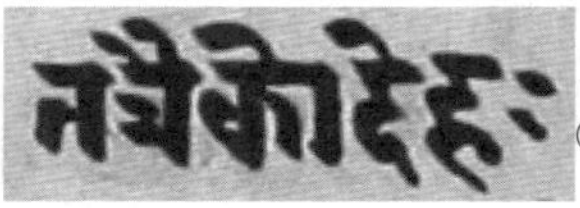Ⓦ

tan naiko dehaḥ

---

368) '어디에 두려움… 없이'
369) 'vicchinnā
370) '비밀, 음식, 환희…'

pa 행

I. pa

1. pa प

사본에서 p와 y의 혼동은 불가피한데 대부분 문맥에서 결정된다.

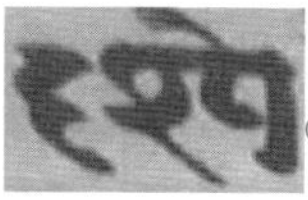 Ⓦ

dṛśye

 Ⓦ

ity ucyate

 Ⓦ

so {'}py ago…

 Ⓦ

pakṣe

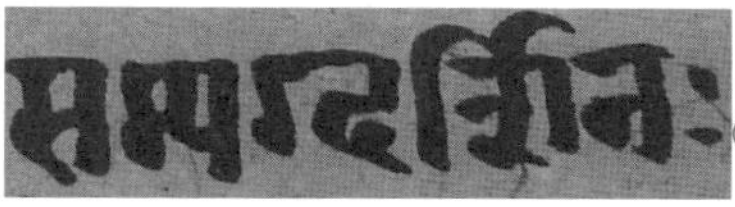 Ⓦ

samyagdarśanaḥ

 Ⓦ

. ..yam ity ucyate

 Ⓐ

pratyayā

 Ⓦ

kūṭasthanityeṣu puruṣeṣu

 Ⓐ

nirṇītam ity upasaṃharati

2. pu पु

pu						

pu의 경우 모음 u가 간소화된 형태가 빈번하게 발견되고 숫자 9, pra와 유사하기도 하지만 대부분 판독 가능하다.

 Ⓦ

puruṣārtha

 Ⓦ

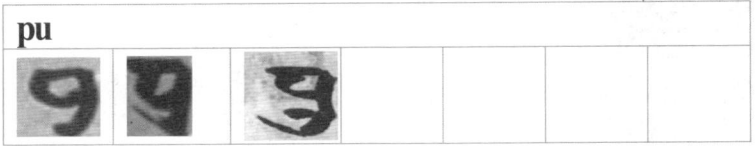

guṇapuruṣā···

3. pū पू

I^1	I^2	I^3	I^4		

1) Type I^1  pū

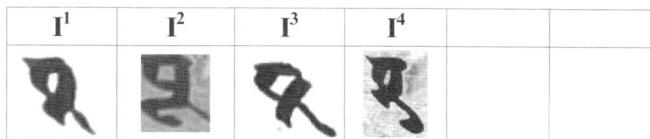

pūrva …371)

 Ⓦ

kaṇerīpūjyapāda (人名)

2) Type I^2  pū

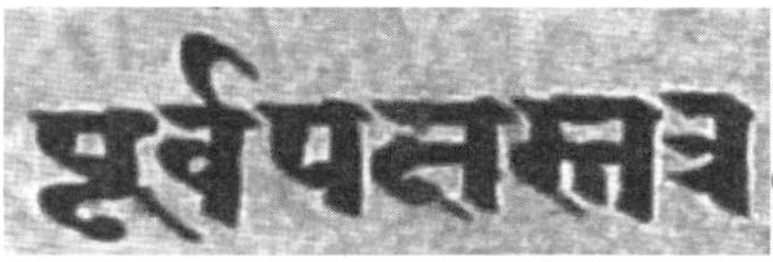 Ⓦ

pūrvapakṣas tatra

3) Type I^3  pū

 Ⓗ

kāṇerīpūjyapādaś ca (人)

371) '먼저'

3) Type I[4]  **pū**

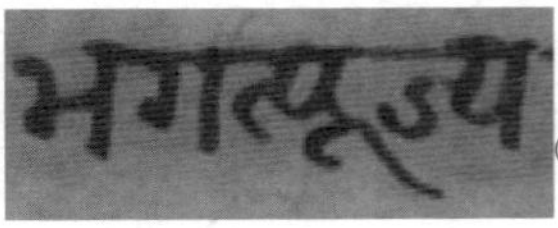Ⓦ

bhagatpūjya···

4. pṛ पृ

필사본의 경우 pṛ와 mṛ는 거의 구별되지 않지만 대부분 문맥에서 판독가능하다.

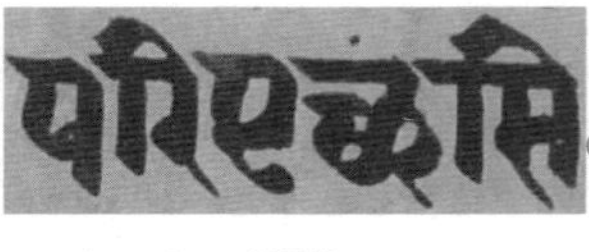Ⓐ

paripṛchasi[372)]

372) paripṛcchasi ‘당신은 질문한다’

II. pha फ

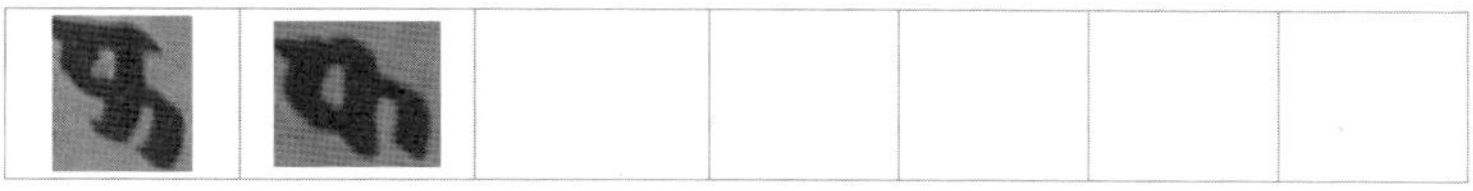

ph의 경우 특별한 이체자는 발견되지 않고 거의 유사한 형태를 취하고 있다.

Ⓐ

visphuliṃgakāḥ[373)]

Ⓦ

…āv utpannāphenabudbhudāḥ || [374)]

---

373) visphuliṅgakāḥ '불꽃의 화염은'

374) *Corr.* ..āv utpannāphenabudbudāḥ
'에서 생겨난 거품(phena)과 기포(budbuda)들은'

III. ba ब

ba의 경우 특별한 이체자는 없지만 va와 혼용되는 경우가 적지 않게 발견된다. vīja(bīja), sarba(sarva), vahu(bahu) 등이 대표적이다.

*** v가 b로 된 예**

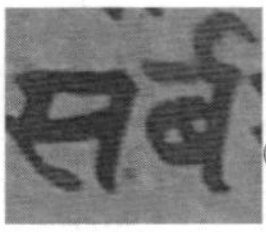

Ⓦ sarba (sarva ,일체)

Ⓐ bigata (vigata, 벗어난)

*** b가 v로 된 예**

Ⓦ

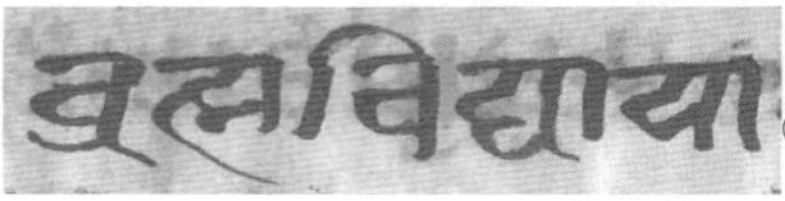

Ⓐ

vrahma (brahma) vrahmavidyāyā.. (brahmavidyāyā..)

Ⓐ

Ⓐ

vahudhā (bahudhā,다양하게) vaṃdhāt (bandhāt,속박때문에)

Ⓐ

…pi vahudhaiko[375]

1. bda 

I[1]	I[2]	I[3]	II			

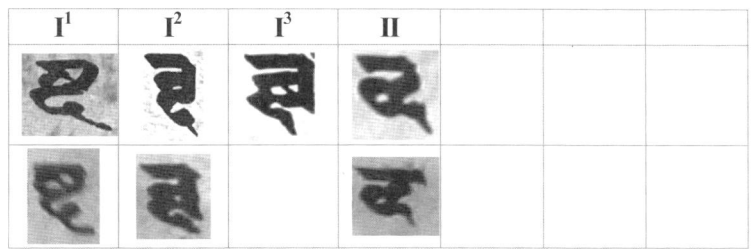

bda의 경우 b와 d가 상하로 붙은 형태(Type I)와 좌우로 붙은 형태(Type II)가 있다.

1) Type I[1]  bda

Type[1] 은 ṣṭa, ṣṭha와 유사한 형태이다.

 *Tattvabodha*Ⓐ

krameṇaśabdasparśa..376)

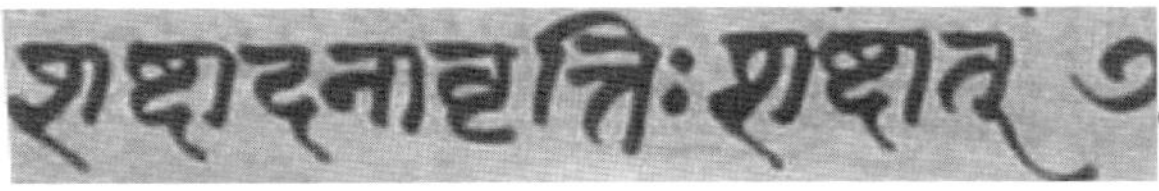 Ⓦ

śabdād anāvrttiḥ śabdāt 7377)

---

375) {’}pi bahudhaiko, ‘…일지라도 다수성과 단일성…’

376) ‘순차적으로 성(聲, śabda), 촉(觸)…’

377) 성(聲, śabdāt)으로부터 …생겨나고 성(śabdāt)으로부터 7,

2) Type I²  bda

ⓦ

asmāc chabdād a…[378]

3) Type I³  bda

ⓦ

māsābdayugakalyeṣu

4) Type II  bda

Type II는 b와 d가 옆으로 붙은 형태이다.

athaśabdo 'dhi… *Yogasūtra-ṭīkā* of Bhojadevaⓦ

ⓦ athaśabdaḥ

---

378) '이 말씀으로부터 …'

2. bra ब्र

nra와 유사한 형태도 발견된다.

Ⓦ

brahma

3. bdha ब्ध

Ⓗ

prārabdhakarmmaṇāṃ[379)]

379) '시동업(始動業)들의'

IV. bha

1. bha भ

I	II^{1}	II^{2}	III				

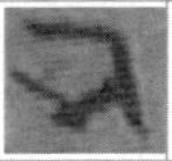							

bha의 경우 특별한 이체자는 발견되지 않는다.

1) Type I  bha

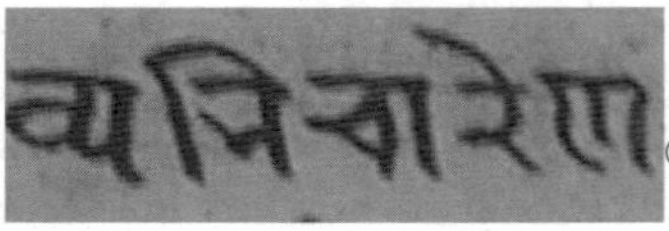
Ⓦ

vyabhicāreṇa[380)]

Ⓦ

śubhaṃ bhūyāt[381)]

380) '분리시킴으로써'
381) '행운이 깃들지어다'

2) Type II[1]  **bha**

Ⓦ

naiva vyabhicārādiḥ

Ⓦ

bhūtvā

2) Type II[2]  **bha**

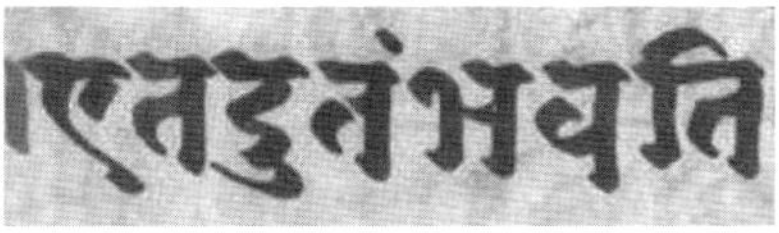

etad u[k]taṃ bhavati *Yogasūtravṛtti* of BhojadevaⓎ

bahubhir jalpair bhramaṃ *Yogasūtravṛtti* of BhojadevaⓎ

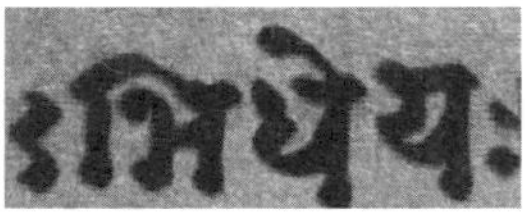

'bhidheyaḥ *Yogasūtravṛtti* of BhojadevaⓎ

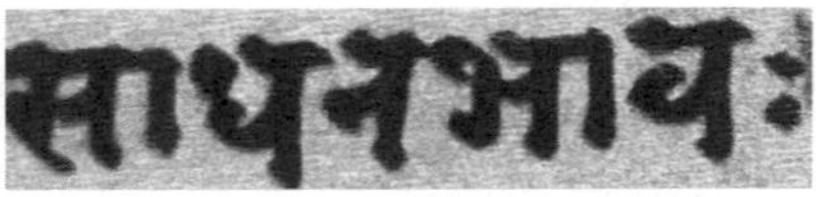

sādhanabhāvaḥ *Yogasūtravṛtti* of Bhojadeva$^{Ⓨ}$

3) Type III  **bha**

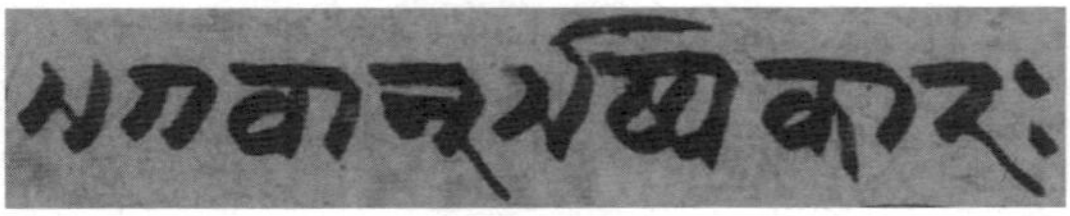

MS^{ac} bhagavān bhaṣyākāraḥ *Vākyasudhā-ṭīkā*$^{Ⓥ}$
→ MS^{pc} bhagavān bhāṣyākāraḥ[382]

위 그림의 다섯 번째 음절은 bha의 모음 a가 장음 ā로 수정된 형태이다. (제2부 오류수정 유형 참조)

2. bhū भू

하형			우형				
I^1	I^2	I^3	II				

382) '존귀한 주석가(=샹까라)는'

1) Type I[1]  bhū

 *Pañcadaśī*Ⓦ

rūpaṃ rūpaṃ babhūvā[383)]

 Ⓥ

vahne rājasāṃśat pādeṃdriyaṃ saṃbhūtaṃ[384)]

 Ⓥ

…śād ghrāṇeṃdiryaṃ saṃbhūtaṃ[385)]

2) Type I[2]  bhū

 *Mārkaṇḍeya-purāṇa*Ⓐ

tadabhūnnārī

 Ⓥ

mokṣo me bhūya …[386)]

---

383) '형태가, 형태가 … 생겨났다'
384) '불 요소에서 라자스가 지배적일 때 발이라는 감관이 생겨난다'
385) '…[지배적]일 때([aṃ]śād) 후각기관(ghrāṇendriyam)이 생겨났다'

 Ⓐ

cakṣubhūḥ

3) Type I³  **bhū**

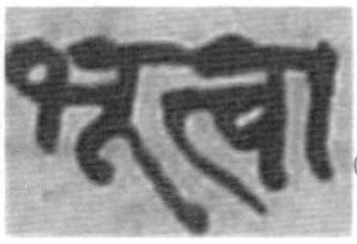 Ⓦ

bhūtvā387)

4) Type II  **bhū**

 Ⓦ

yathābhūtale ghaṭo388)

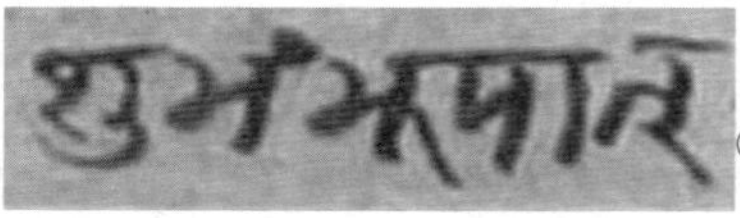 Ⓦ

śubhaṃ bhūyāt

---

386) '나에게 해탈이 일어나기를… '
387) '생성된 후에'
388) '마치 땅바닥에 항아리가'

3. bhrru 

하형		우형					
I		II					

1) Type I  bhru

Type I은 전형적인 형태이다.

2) Type II  bhru

Type II는 모음 u가 오른쪽에 붙은 형태이다.

Ⓐ bhruvoḥ[389]

389) '양 눈썹의'

V. ma

1. ma म

2. mu मु

I^1	I^2	I^3	I^4			

1) Type I^1  mu

Type I^1은 전형적인 형태이다.

2) Type I^2  mu

Type I^1은 모음 u가 간소화된 형태이다.

ⓦ samudbhava…390)

3) Type I^3  mu

Type I^3 역시 모음 u가 간소화된 형태이다.

---

390) '생성된 것…'

Ⓦ

pataṃjalimuner uktiḥ

Ⓦ

mukuṭeṣu mūrddhasu (mukuṭeṣu mūrdhasu)

4) Type I^4  mu

Type I^4 역시 모음 u가 간소화된 형태이다.

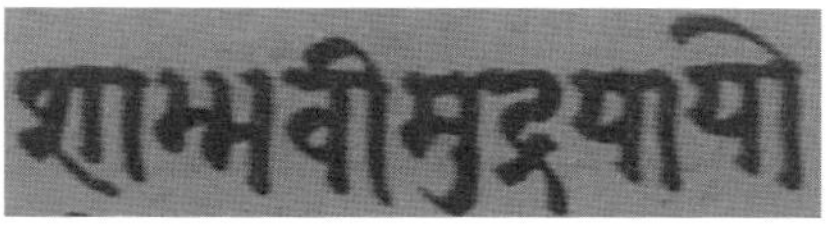 *Gheraṇḍasaṃhitā*Ⓦ

śāmbhavīmudrayā yo[391)]

---

391) '샴브하비 무드라로써… 하는 자는'

반모음
ya, ra, la, va

I. ya

1. ya य

I		II				

ya의 경우 특별한 이체자는 발견되지 않는다. 하지만 pa와 유사한 형태도 적지 않게 발견된다. Type II는 ya 밑에 점을 찍어 pa와 구별한 형태이다.

1) Type I  ya

 Ⓐ

yathā

 Ⓐ

yad āyaṃ

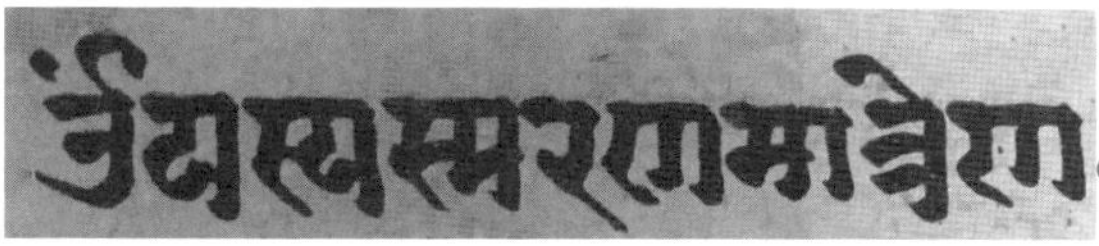 Ⓐ

oṃ yasya smaraṇamātreṇa[392)]

Ⓐ

dharmāṇy aśeṣeṇa

Ⓦ Ⓦ

dṛśye ity arthaḥ

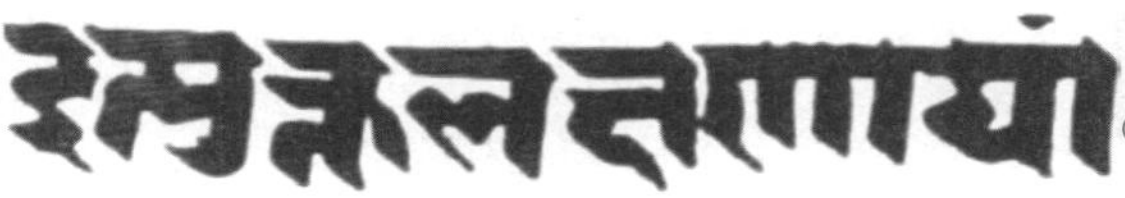Ⓦ

ity uktalakṣaṇāyāṃ

한편, yy가 중복되는 경우도 적지 않게 발견된다.[393]

2) Type III  ya

몇몇 필사본에서 y와 p를 구별하기 위해 y 밑에 점을 찍은 형태도 발견된다. (제1부 2. 자음중복 중 3) ‘p와 y의 구별’ 항목을 참조)

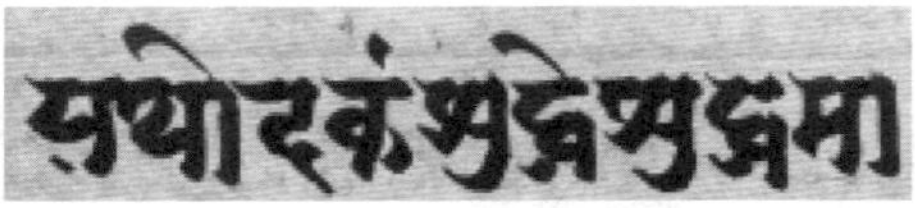 *Kaṭha-upaniṣad*Ⓐ

yathodakaṃ śuddhe śuddham ā…[394]

---

392) ‘옴. 그것에 대한 기억만으로도’
393) 제I부 II의 ‘자음 중복’ 항목을 참조.
394) ‘마치(yathā) 청정한 곳에 있는 청정한 물이…’

첫 번째 음절의 ya 역시 아래에 점을 찍어 pa와 구별하고 있다. 한편, 첫 번째 그림의 여섯 번째 음절과 일곱 번째 음절의 (ddha)는 'ddha의 다양한 이체자 중 하나'(Type III)이다.

그 외의 예는 다음과 같다.

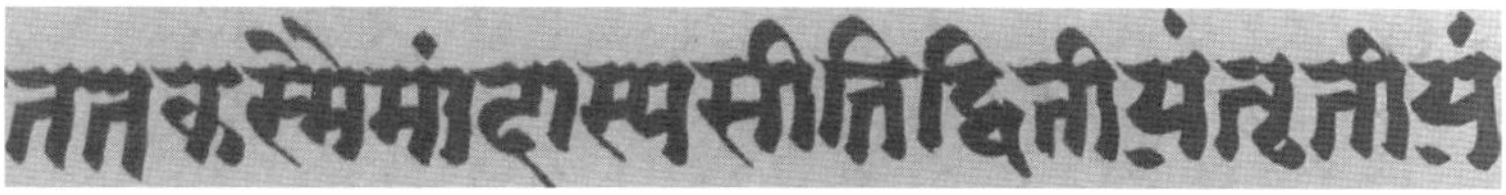

tata kasmai māṃ dāsyasīti dvitīyaṃ tṛtīyaṃ[395]

Kaṭha-upaniṣadⒶ

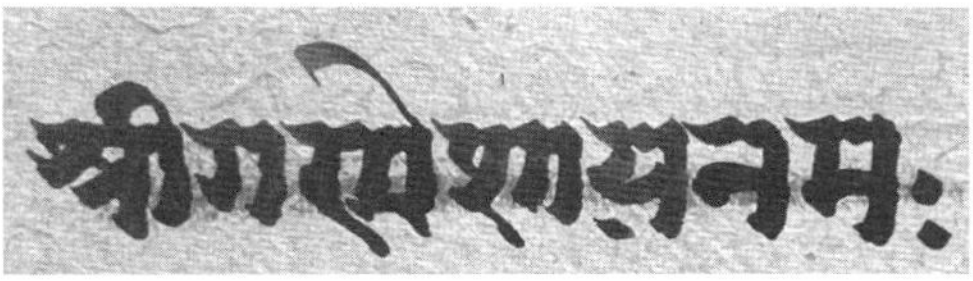

Īśa-upaniṣadⒶ

śrīgaṇeśāya namaḥ[396]

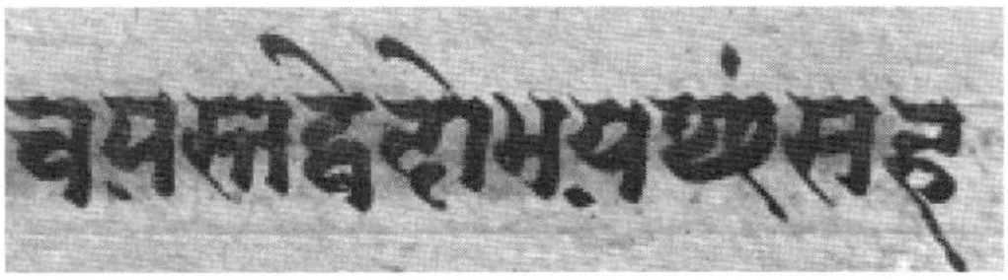

Īśa-upaniṣadⒶ

ca yas tad vedobhayaṃ saha[397]

한편, 위 그림의 여덟 번째 음절()은 아누스바라의 다양한 형태 중 하나이다.[398]

---

395) '"아버님, 누구를 위해 저를 바칠려고 하는지요"라고 재차(dvitīyaṃ), 삼차(tṛtīyaṃ)⋯ [여쭈었다]'
396) '쉬리 가네쉬에게(gaṇeśāya) 경배합니다'
397) '그리고 그 둘을 동시에 알고 있는 자는(vedobhayam)'

2. -yu

yu의 경우 pu와 유사한 형태가 발견되지만 대부분 문맥에서 판독가능하다. 하지만 tyu, dyu 등의 경우 모음이 아래에 붙은 형태와 오른쪽에 붙은 형태가 있다. 앞에서 다루었지만 몇몇 예를 들면 다음과 같다. (자세한 것은 대해서는 tyu, dyu 항목을 참조)

(Ex. 1) tyu

① 하형

Ⓐ

mṛtyumātra…[399]

② 우형

…ārtham ity uktibhiḥ[400] *Yogasūtra-ṭīkā* of BhojadevaⓎ

(Ex. 2) dyu

① 하형

 *Mahābhārata*Ⓐ

bhavaty arogo dyu…[401]

---

398) 제1부 II의 '아누스바라의 다양한 형태'의 항목을 참조.
399) '죽음만이'
400) '…의미라고 설명됨으로써(uktibhiḥ)'
401) bhavaty arogo dyutimān

② 우형

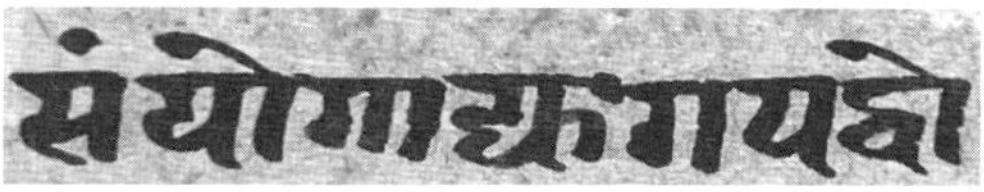 *Upadeśasāhasrī*Ⓐ

saṃyogād yugapad vo···[402)]

3. yu यू

I						

'yū'라는 음절이 포함된 단어는 흔하지 않은데 y가 특이한 형태로 된 예도 있다.

Ⓐ

svayūthyaḥ pratyāha[403)]

Ⓐ

svayūthenokte(!) naitā···[404)]

---

402) 결합하므로(saṃyogād) 한 쌍(yugapad)···
403) '친척(svayūthya)이 되물었다'
404) '친척(svayūtha)가 말했던 것 중에 그것들은 ··· 아니다'

II. ra

1. ra र

I^1	I^2	I^3	II	III		

-ra						
 hra	 hra	 hra	 hra	 rbhra	 rbhra	

사본에서 rā는 ṇ, e와 유사한 형태를 취하고 있다.[405)]

1) Type I^1  ra

 Ⓐ

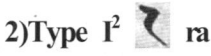

akāra ukāra makāra

2)Type I^2  ra

 Ⓦ duriteṣu[406)]

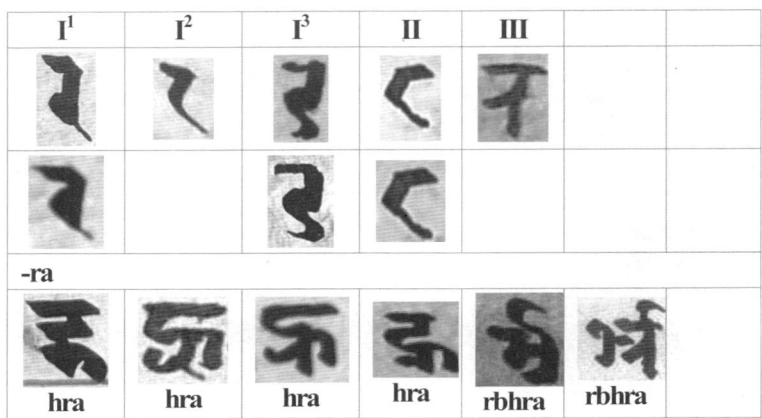

405) 모음 e 항목을 참조.
406) '불편한 곳들에서'

3) Type I³  ra

Type I³은 ḍa, du와 유사한 형태이다.

Ⓐ pariharati[407]

4) Type II  ra

Ⓗ Ⓗ

gorakṣādyā[408] kṛpākaraḥ[409]

5) Type III  ra

Type III은 특정 사본에서 발견되었다.

Ⓐ śrīrāma

---

407) '제공한다'
408) '고락샤를 필두로'
409) '자비로운 분'

2. ru रु

I^1	I^2					

ruṃ						

ru의 경우 I^2와 같이 단순화된 형태가 있지만 대부분 문맥에서 판독 가능하다.

1) Type I^1  rū

Ⓐ

oṃ śrīguruṃ

Ⓐ

yāvan na gurukāruṇyaṃ[410)]

2) Type I²  rū

 *Bhagavadgītā*Ⓐ

kurukṣetre

 Ⓦ

puruṣārtha..

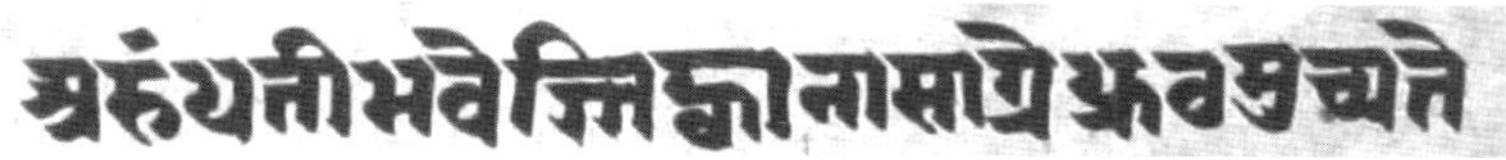

aruṃdhatī bhavej jihvānāsāgre dhruvam ucyate[411]

Pavanavijaya-svarodayaⓌ

vṛttisārupyam itatatra || 5[412] *Yogasūtra* of PatañjaliⓌ

---

410) '스승의 자비가 없는 한'

411) arundhatī bhavej jihvānāsāgre dhruvam ucyate '아룬드하띠는 혀(jihvā)와 코끝에(nāsāgre) 확고히 머물것이라고 말해졌다'

412) '다를 경우에, ["보는 자"는 마음] 작용과 동일시된다. 5'

3. rū 

우형		하형				
I[1]	I[2]	II[1]	II[2]	II[3]		

	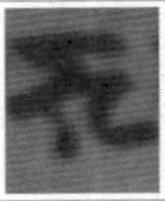					

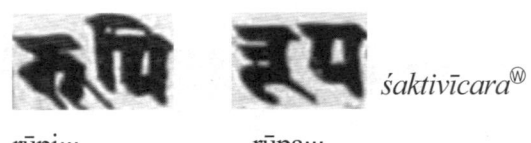

rū의 경우 모음 ū가 오른쪽에 붙은 형태와 아래쪽에 붙은 형태가 있는데 동일 필사본 내에서도 혼용된 예도 발견된다.

  *śaktivīcara*Ⓦ

rūpi···　　　　　　rūpa···

1) Type I[1]  rū I[2]  rū

arūpāya surūpāya śivāya gurave namaḥ　*Kulārṇava-tantra*Ⓐ

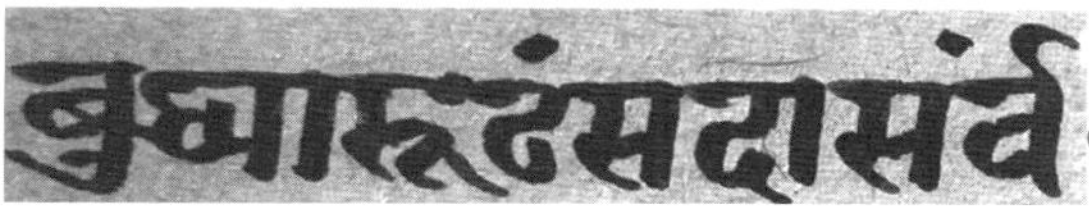 Ⓐ

budhyārūḍhaṃ sadāsarvaṃ

 Ⓥ

rūpaṃ dṛśyam ity ādibhiḥ

2) Type II[1]  **rū II[2]**  **rū**

Type II[1]는 모음 ū가 아래에 붙었는데 nū, tū와 유사한 형태이다.

  *Pañcadaśī*Ⓦ

rūpaṃ rūpaṃ rūpaṃ babhūvā

 *Mahābhārata*Ⓐ

rūpaguṇānvitaḥ413)

Ⓦ pratirūpa iti śrutiḥ414)

413) '미모와 공덕을 구비한 자는'
414) '성전은 "…유사하다(pratirūpa)"고 …[말했다]'

gurūpadiṣṭa···

svarūpaḥ[415]

3) Type II^3  **rū**

아래의 그림에서는 rū는 좀 더 간소한 형태이다.

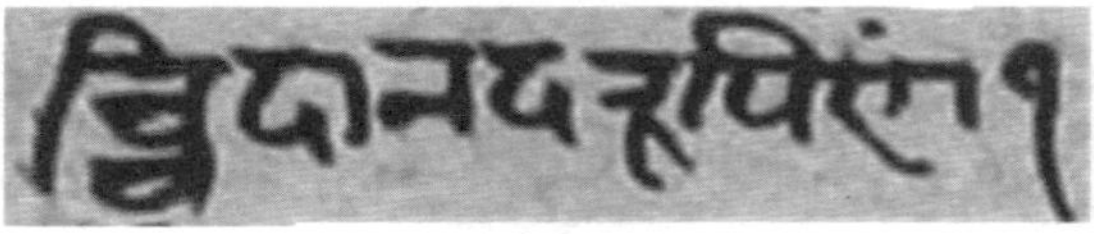

···ccidānadarūpiṇaṃ 1[416]

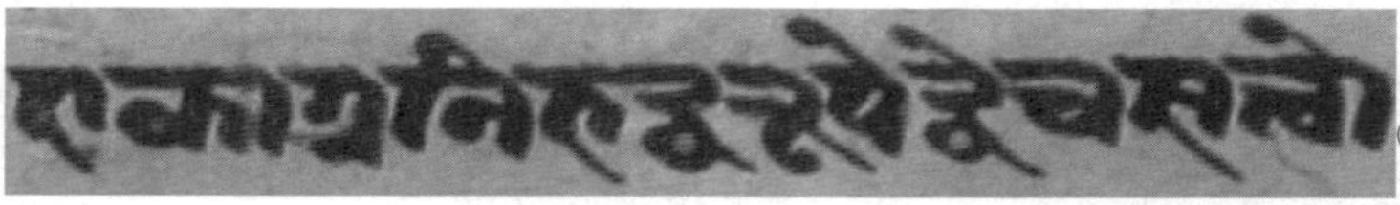

ekāgraniruddharūpe dve ca sattvo

415) '본성으로 하는 자'(*Bvr*)
416) [sa]ccidānandarūpiṇaṃ 1 '존재-의식-환희를 본질로 하는 자는 1'

III. la ल

I[1]	I[2]	II[1]	II[2]	III		

l-						
 lū		 lu				
 lgu	 lyaṃ		 lma		 lla	

la의 형태는 약간 변형되었고 nna와 유사한 형태도 있지만 대부분 판독 가능하다.

1) Type I[1,2]  la

ⓦ

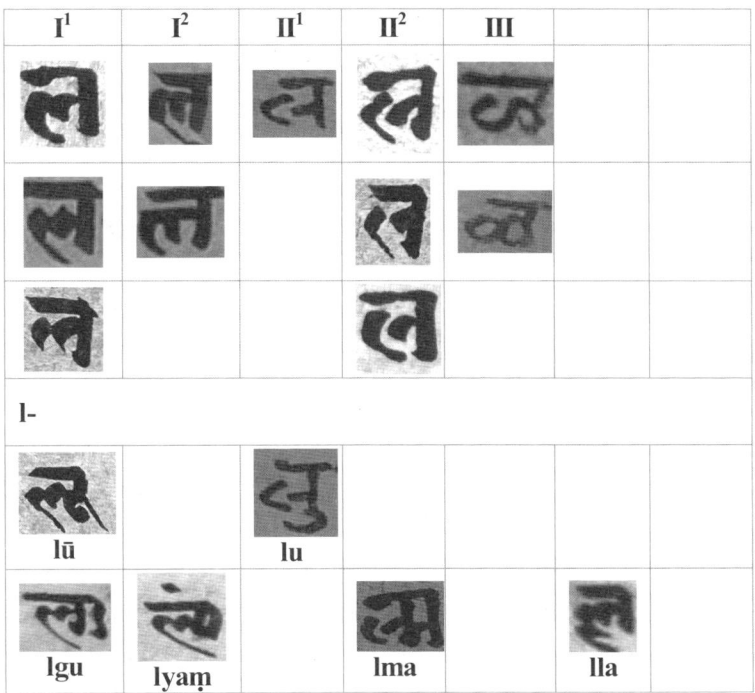

evaṃ lakṣaṇapariṇāmasya tad ava···

Ⓦ

kaivalyaṃ phalaṃ

patamjalimunir uktiḥ *Yogasūtra-ṭīkā* of BhojadevaⓎ

patamjalimuner uktiḥ *Yogasūtra-ṭīkā* of BhojadevaⓌ

Ⓦ

śilādyāś ca bhedakopādhayo

아래의 경우 마지막 음절은 nna이지만 la와 유사하다.

*nnā

Ⓐ

' vichinnā ('vicchinnā)

2) Type II¹  la

Type II¹은 sa와 유사한 형태이다.

Ⓦ

lakṣaṇa

Ⓐ

kalmaṣā

2) Type II²  la

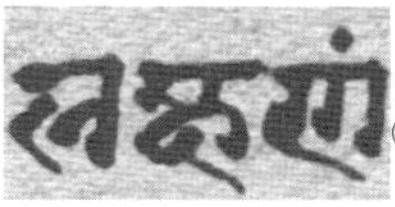Ⓐ

lakṣaṇaṃ

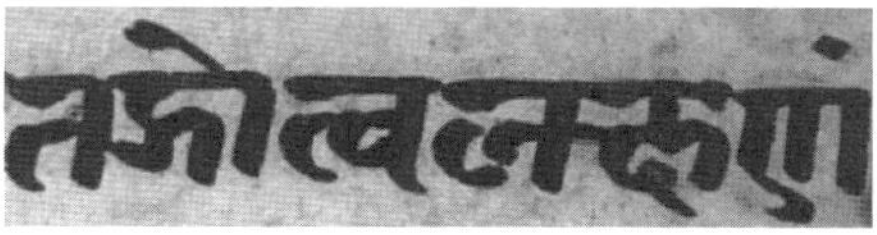Ⓐ

tad gotvalakṣaṇaṃ

Ⓦ

kuśala

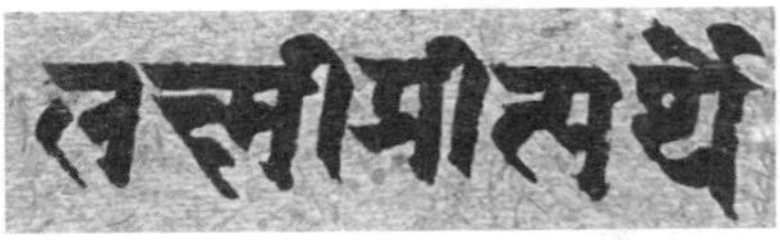 *Mārkaṇḍeya-purāṇa*Ⓐ

lakṣmīprītyarthe

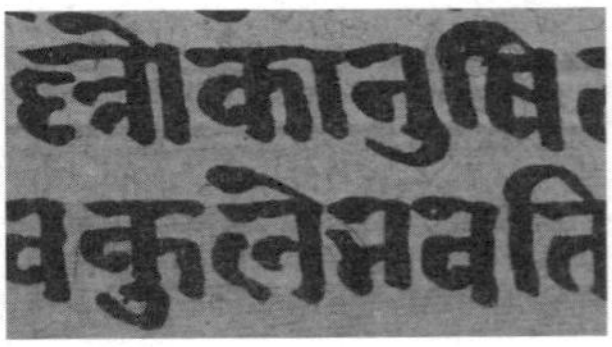 Ⓐ llokān uṣi …
..va kule bhavati

devānām api durllabham 21[417] *Gheraṇḍasaṃhita*Ⓦ

3) Type III  **la**

 Ⓦ

‖ ‖ lakṣmīnārāyaṇapū…

한편, l이 다른 글자와 떨어져 있는 경우도 발견된다.

 Ⓦ khalv iha[418]

---

417) devānām api durlabham 21 '신들조차 얻기 힘든 것이다.'
418) '진실로(khalu) 여기에'

IV. va

1. va व

va는 ba와 곧잘 혼용되고 서체에 따라 ca와도 유사하지만 대부분 문맥에서 결정할 수 있다.

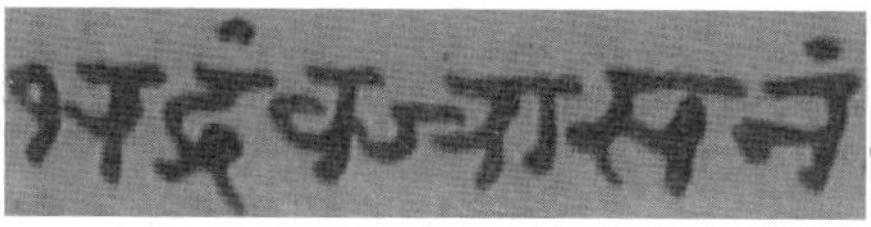 Ⓦ

bhadraṃ vajrāsanaṃ

아래의 vi는 모음의 형태로 인해 rkha와 유사한 형태로 보인다.

 Ⓦ

viṣayāṃ

2. v-

1) vṛ

vṛttisārupyam itatatra || 5 *Yogasūtra* of PatañjaliⓌ

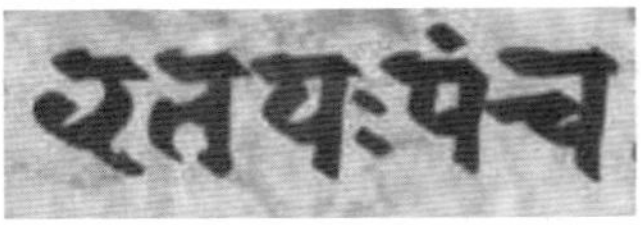 *Yogasūtra-ṭīkā* of BhojadevaⓎ

vṛtayaḥ paṃca···[419]

 *Mārkaṇḍeya-purāṇa*

svayam evādhitiṣṭhati

2) -vyu

Ⓐ

devy uvā.. (devy uvāca[420])

Ⓦ 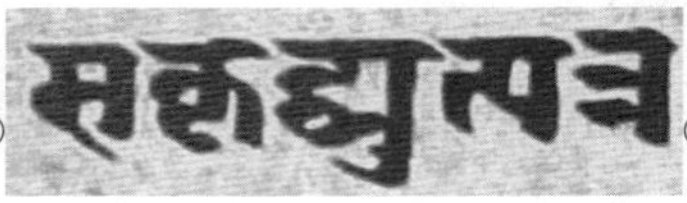Ⓐ

···d vyutpādanaṃ[421] sakṛd vyutpanna···[422]

tad vyutpādanaṃ phalaṃ[423]

---

419) *Corr.* vṛttayaḥ pañca··· '다섯(pañca) 작용(vṛttayaḥ)은'
420) '여신께서 말씀하셨다.'
421) d vyutpādanaṃ '···로부터(···d) 파생된 것을'
422) '즉시에 생겨난'
423) '그것(tad)에서 생겨난(vyutpādanam) 결과는'

vyutpāditasya yogasya[424] *Yogasūtra-ṭīkā* of BhojadevaⓎ

3) vyū

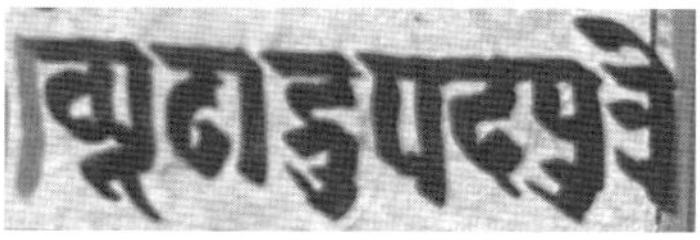 *Bhagavadgītā*Ⓐ

vyūḍhādrupadaputre(!)[425]

 Ⓐ

…ś caturvyūhaś ca[426]

4) -vv

namo vvrātebbhyo vvrātapatibbhya …[427] *Yajur-veda*Ⓐ

---

424) '요가의 발생'

425) *Corr.* vyūḍhāṃ drupadaputre..
'드루빠다의 아들[에 의해] 전열을 이룬'

426) '그리고 네 개(catur)의 정렬(vyūha)'

427) namo vrātebbhyo vrātapatibbhya …
'화합과 화합의 신들에게 경배합니다'

치찰음

śa, sa, sa

I. śa

1. śa श

I	II^1				II^2		

ś-						
 śu	 śi	 śā	 śe	 śya		

1) Type I  śa

Type I은 전형적인 형태이다.

 ⓦ

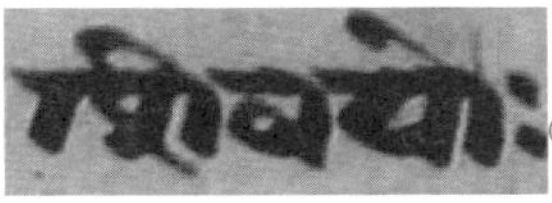 ⓦ

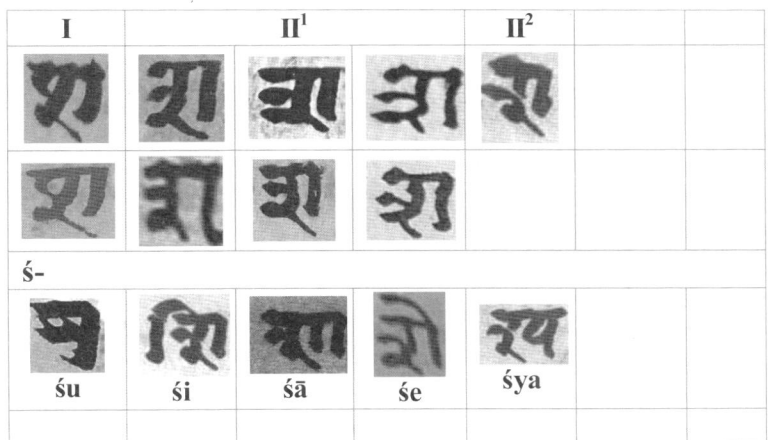

tat sthūlaśarīraṃ[428)]

śivayoḥ

 Ⓦ

śilādyāś ca bhedakopādhayo

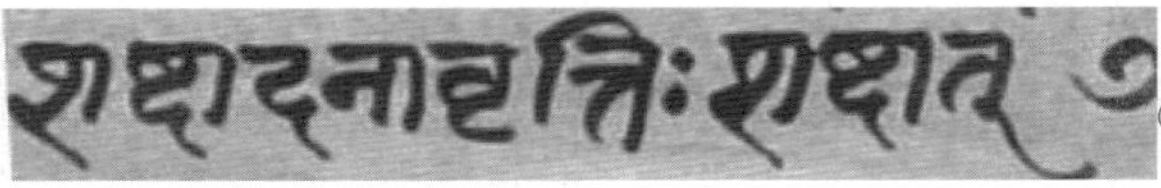 Ⓦ

śabdād anāvrttiḥ śabdāt 7

2) Type II[1]  śa

Type II[1]은 조금 더 간소화된 형태이다.

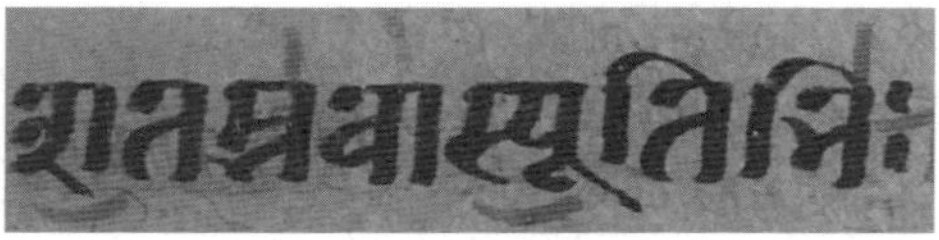 *Yajur-veda*Ⓐ

śatam bhavāsy utibhiḥ

한편, 드물기는 하지만 ś의 중복 현상도 발견된다.

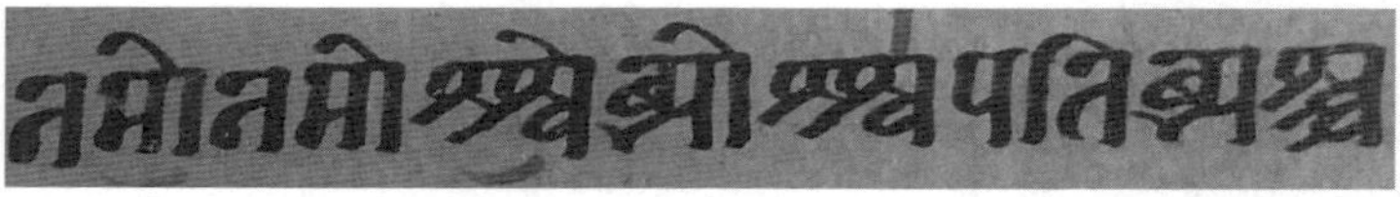

namo namośśvebbhyośśvapatibhyaś ca[429] *Yajurveda*Ⓐ

---

428) '그것이 조대신(粗大身이)다'

429) namo namo {'}śvebhyo {'}śvapatibhyaś ca
'말(馬)들에게 그리고 말의 신들에게 인사드립니다'

 *Tattvabodha*Ⓐ

kramena śabdasparśa [430]

 Ⓐ

kiṃcid apy asprṣ́an sadā[431]

2) Type II²  śa

Type II²는 Type II¹이 더 간소화된 형태로 특정 사본에서 발견된다.

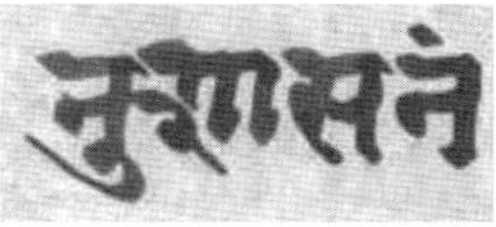 *Yogasūtra-ṭīkā* of BhojadevaⓎ

…nuśāsanaṃ[432]

 Ⓨ 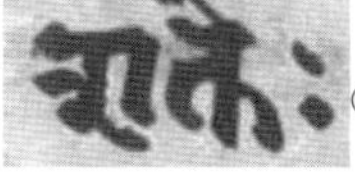 Ⓨ

kīdṛśyaḥ[433] śakteḥ[434]

430) '순서대로 소리(śabda)와 촉감…'
431) '약간 접촉하지 않으면서도(asprṣ́an) 항상'
432) anuśāsanaṃ: '전수된 가르침이'
433) '무엇인가?'
434) '능력(śakti)으로부터'

2. śu शु

I	II^1		II^2			

śu의 경우 Type I이 전형적인 형태이지만 필사본에서는 Type II가 더 빈번하게 발견된다.

1) Type I  śu

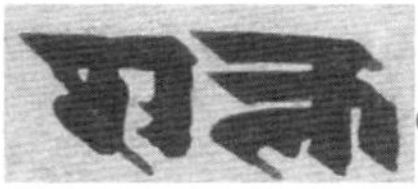Ⓦ śukla

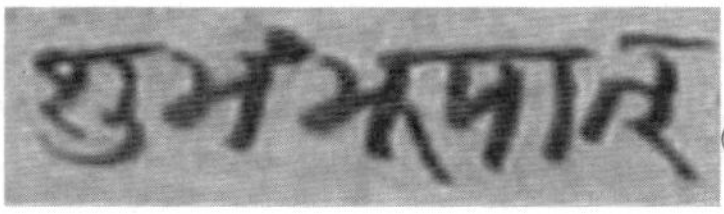Ⓦ śubhaṃ bhūyāt

2) Type II^1  śu

Ⓐ śuddha

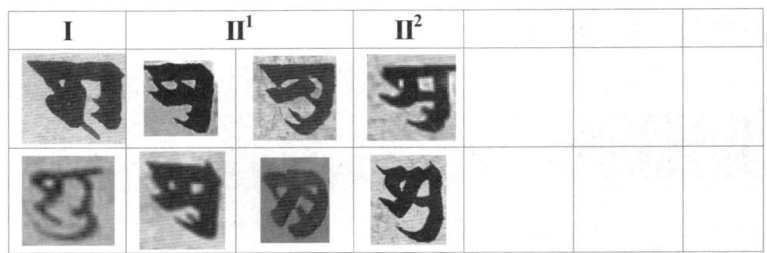

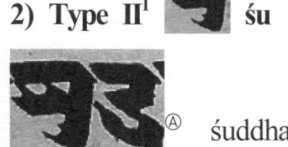

Ⓐ

śukle

*Mārkaṇḍeya-purāṇa*Ⓐ

viśuddhātmā

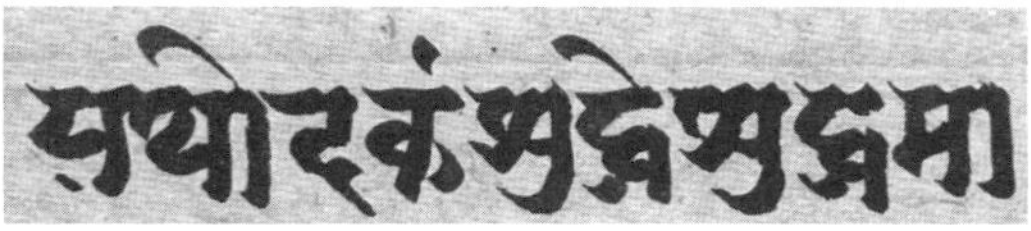 *Kaṭha-upaniṣad*Ⓐ

yathodakaṃ śuddhe śuddham ā…[435]

Ⓣ

purṣo haṃ brāhmaṇo haṃ śūdro ham a…

3) Type II^2  śu

Ⓦ

śubham astu[436]

---

435) ‘마치 청정한 곳에(śuddhe) 있는 청정한 물이…’
436) ‘행운이 깃들지어다’

3. śca 

I		II		III	IV	

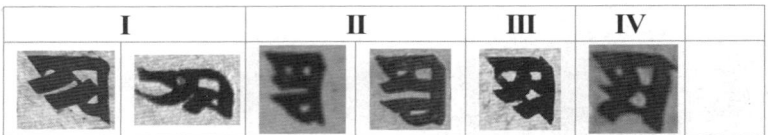

1) Type I  śca

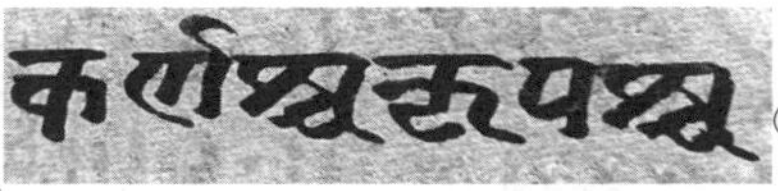 Ⓐ

karṇaś ca kṛpaś ca[437)]

 Ⓦ 8 rādhākṛṣṇaś ca

위 그림의 네 번째 음절()은, 후술하겠지만 필사본에서 흔히 발견되는 ṣṇa의 형태이다.

2) Type II  śca

Type II은 śva와 유사한 형태이다.

 *Mārkaṇḍeya-purāṇa*Ⓐ

…ś caturvyūhaś ca

437) '그리고 까르나와 끄리빠 그리고…'

 Ⓦ

dharmārthakāmamokṣaś ca[438)]

3) Type III  śca

Type III은 śra와 유사한 형태이다.

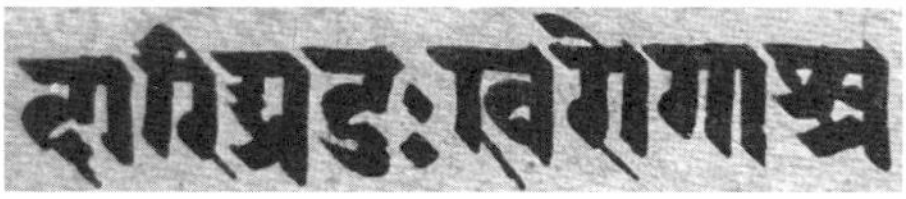 *Kulārṇavatantra*Ⓐ

dārighraduḥkharogāś ca

 Ⓦ

siddhabuddhaś ca

4) Type IV  śca

 Ⓦ

śilādyāś ca bhedakopādhayo

---

438) '다르마, 재물, 욕망 그리고 해탈이…'

4. śru 

하형	우형					
I	II			III		

śru의 경우 모음 u가 아래에 붙은 형태와 오른쪽에 붙은 형태가 있는데 필사본에서 더 빈번하게 사용된 것은 Type II, III이다.

1) Type I  śru

Type I은 전형적인 형태이다.

2) Type II  śru

Type II는 모음 u가 오른쪽에 붙은 형태이다.

ⓦ

pratirūpa iti śrutiḥ[439)]

439) ‘성전(śruti)은 “…유사하다(pratirūpa)”고 …[말했다]’

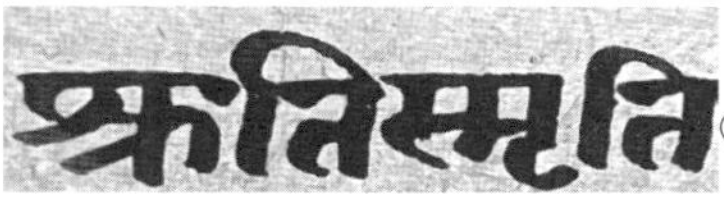 Ⓐ

śrutismṛti···[440]

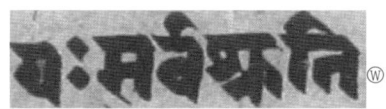

 Ⓦ

yaḥ sarvaśruti··· [441]

 Ⓐ

śruti

3) Type III  śru

Type III 역시 모음 u가 오른쪽에 붙은 형태인데 Type II가 더 간소화된 것으로 śu와 거의 동일한 형태이다.

 Ⓦ

iti śrutyarthaḥ[442]

---

440) '천계서(śruti)과 전승서···'
441) '그 모든 천계서(śruti)···'
442) '···라는 것이 천계서(śruti)의 의미이다.'

II. ṣa

1. ṣa ष

I		II				

ṣ-						
 ṣu	 ṣu	 ṣu	 ṣo			

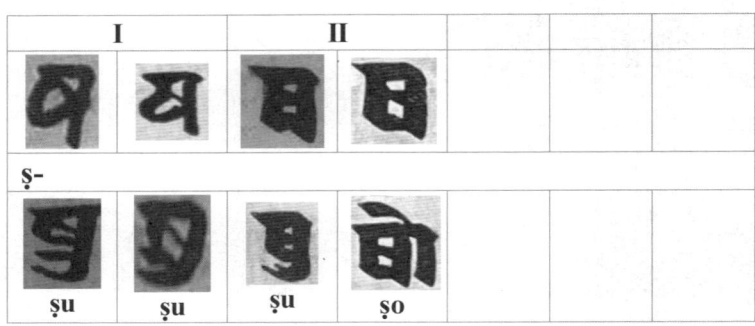

1) Type I  ṣa

Type I은 전형적인 형태이다.

Ⓐ

ṛṣayaḥ[443)]

Ⓦ

viṣayāṃ[444)]

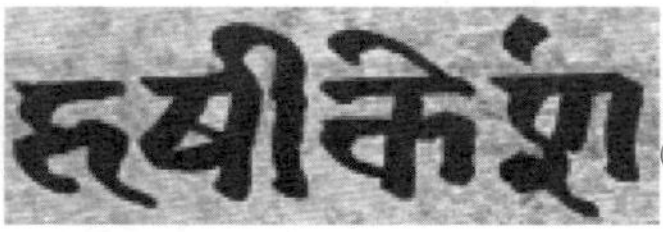Ⓐ

hṛṣīkeśaṃ[445)]

---

443) '신선神仙들은'
444) '대상을'
445) '흐리쉬께샤(끄리쉬나)에게'

 Ⓐ

yasmāt suṣupte[446)]

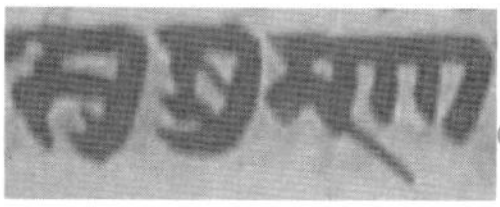 Ⓦ

suṣumṇa[447)]

2) Type II  **ṣa**

 Ⓦ

iṣṭā[448)]

 Ⓦ

paramātmā eṣa hy evānaṃda[449)]

 Ⓦ

prokta eṣa caturvidhaḥ[450)]

---

446) …으로부터… 잠들었을 때
447) '수슘나 [管]은'
448) '원했던 것이'
449) paramātmā eṣa hy evānanda '이 지고한 아뜨만은 오직 환희…'
450) '이것은 네 종류로 설명되었다'

2. ṣka ष्क

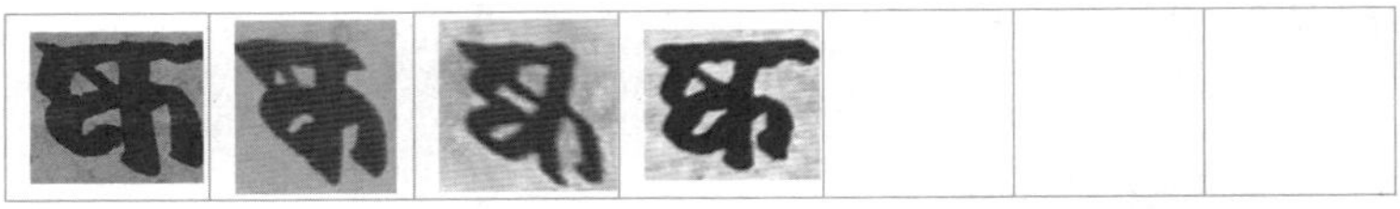

Ⓐ

niṣkalaḥ[451)]

3. ṣṭa ष्ट

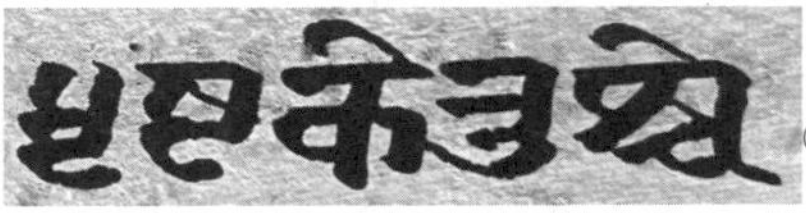
Ⓐ

dhṛṣṭaketuś ce…[452)]

Ⓦ

gurūpadiṣṭa…[453)]

---

451) '나누어지지 않는 것은'
452) '드흐리쉬께뚜는'

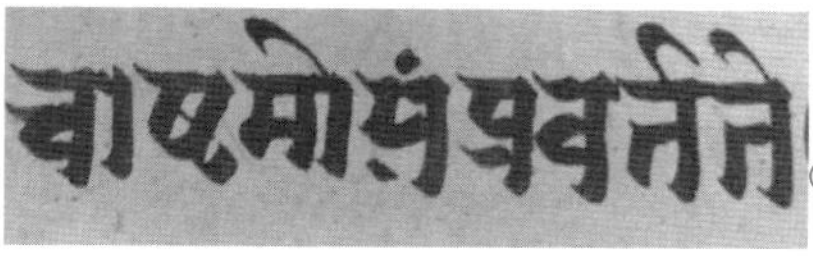
Ⓐ

cāṣṭamo yaṃ pravartate454)

Ⓦ

mumukṣuṇā ātmā draṣṭavyaḥ455)

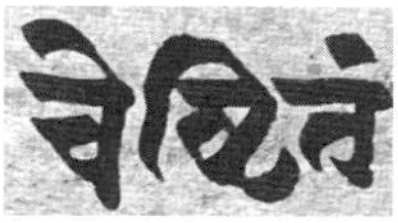
Mārkaṇḍeya-purāṇaⒶ

ceṣṭhitaṃ456)

Ⓐ

dṛṣṭvā457)

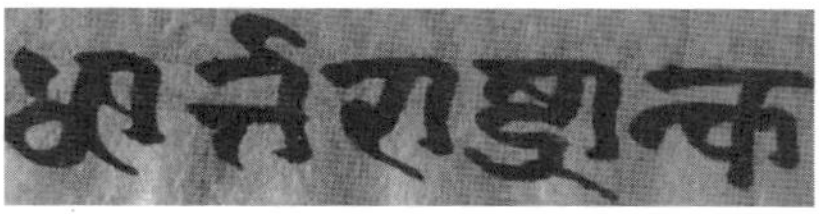
BhagavadgītāⒶ

dhārttarāṣṭrān ka···458)

---

453) '스승이 가르쳤던'
454) '그리고 여덟 번째(aṣṭamo) 부분이 전개된다'
455) '해탈하기를 열망하는 자는 아뜨만을 통찰해야만 한다'
456) '실행된'
457) '목도한 후에'
458) dhārtarāṣṭrān ka···

4. ṣṭha 

I			II			
		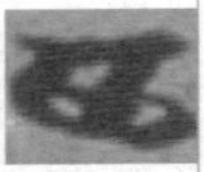				

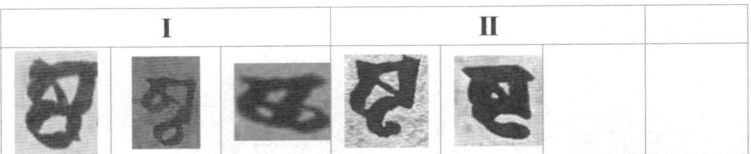

ṣṭha의 경우 Type I이 기본적인 형태이지만 Type II는 ṣṭa와 거의 동일하다.

1) Type I  ṣṭha

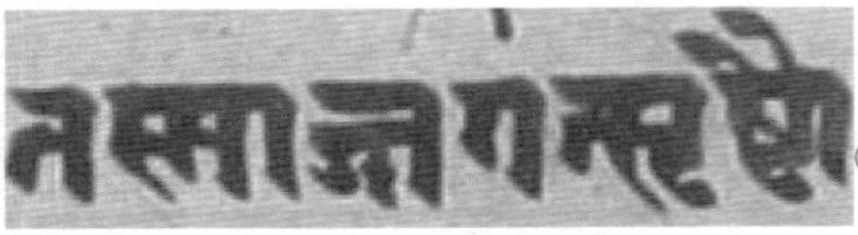
ⓦ

tasmāj jagatsṛṣṭau459)

svarūpapratiṣṭhacitiśaktiḥ460) *Yogasūtra-ṭīkā*ⓦ

2) Type II  ṣṭha

Type II는 위에서 설명했던 ṣṭa와 구별되지 않는다.

---

459) '그러므로 세계의 창조에 있어'
460) '자신의 본성에 확주한 의식력은'

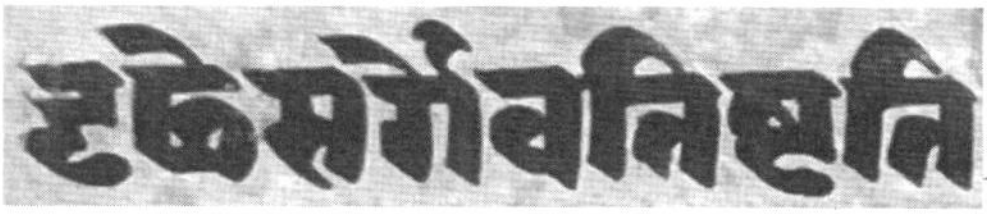 *Mārkaṇḍeya-purāṇa*Ⓐ

dṛḍhe sarge {’}vatiṣṭhati[461]

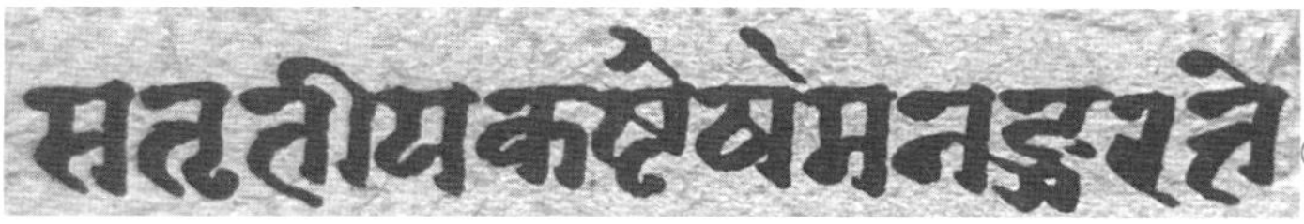 Ⓐ

MS^{pc} sa tṛtīya kaṣṭhaṣamanaṅgarate

→ MS^{pc} sa tṛtīya kaṣaṣṭhamanaṅgarate

5. ṣṇa ष्ण

I			II		

-ṣṇ-					
 ṣṇu	 ṣṇa	 ṣṇu	 ṣṇu	 ṣṇu	 ṣṇu

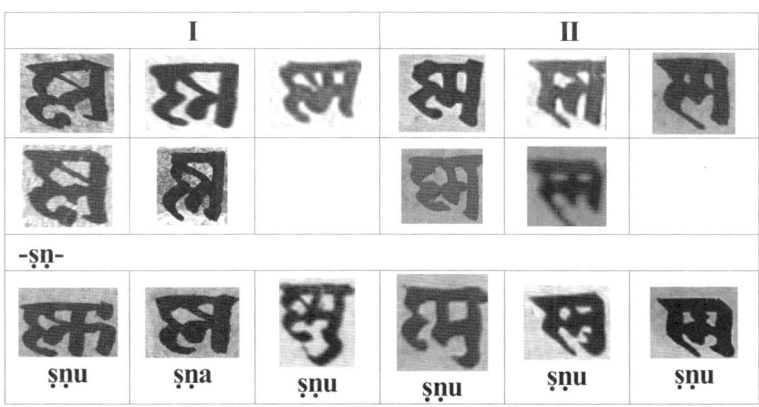

ṣṇ이라는 글자를 포함하는 단어는 kṛṣṇa, viṣṇu, tṛṣṇa, tūṣṇim, uṣṇa 등이 있는데 필사본의 ṣṇ-은 dhn-, dhm-, sm-과 유사하다.

---

461) ‘모든 피조물속에 머물고 있다(avatiṣṭhati)’

1) Type I  ṣṇa

 Ⓐ  Ⓐ

kṛṣṇaḥ　　kṛṣṇaḥ

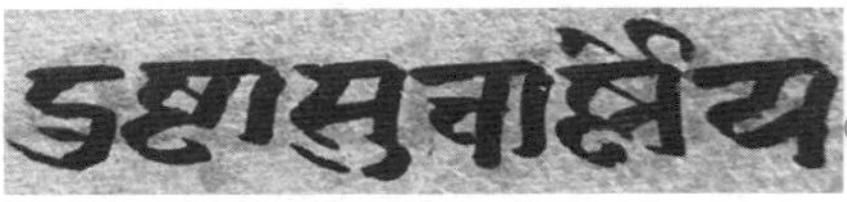 Ⓐ

duṣṭāsu vārṣṇeya[462]

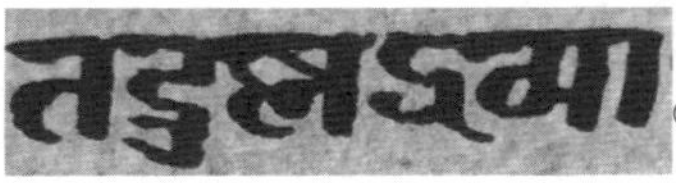 Ⓐ

taduṣṇadravyā[463]

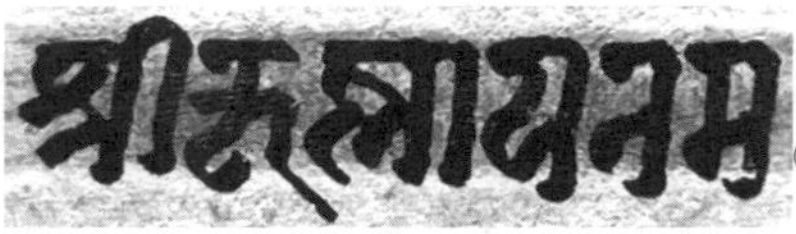 Ⓐ

śrīkṛṣṇāya nama···[464]

 Ⓐ

tṛṣṇā[465]

462) '악인들 중에서 바르쉬네야···'
463) '그 뜨거운(uṣṇa) 금속들···'
464) '쉬리-끄리쉬나에게 경배···'
465) '갈증은'

 Ⓦ

|| śrīkṛṣṇāya namaḥ || 466)

 Ⓐ

sahiṣṇutvaṃ467)

4) Type II  ṣṇa

Type II도 Type I과 유사하지만 dhma의 형태에 가깝다.

 Ⓐ

śrīkṛṣṇārjjuna468)

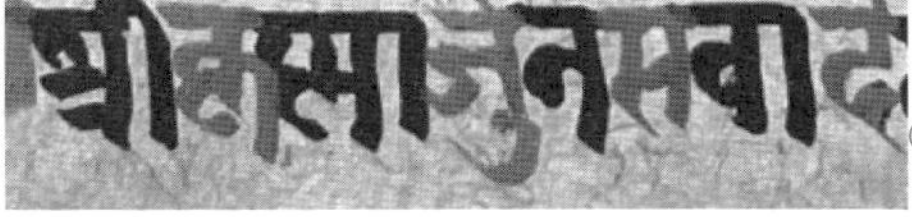 Ⓐ

śrīkṛṣṇārjunasaṃvāde469)

---

466) '쉬리 끄리쉬나(kṛṣṇa)에게 경배합니다'
467) '인내심은'
468) 쉬리-끄리쉬나와 아르주나…
469) '쉬리-끄리쉬나와 아르주나의 대화에서'

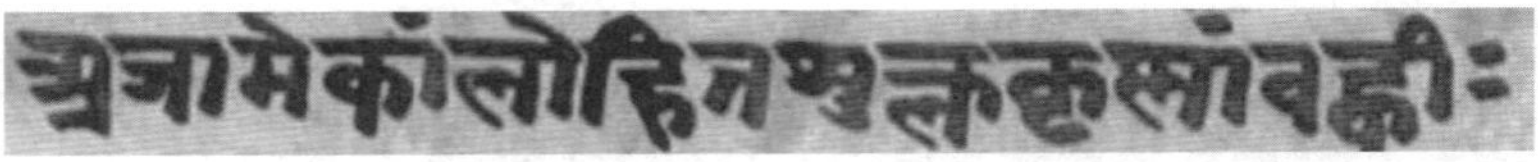

ajām ekāṃ lohitaśuklakṛṣṇāṃ vahvīḥ[470]

Śvetāśvetara-upaniṣadⓌ

Ⓣ sahiṣṇutvaṃ[471]

Ⓣ

śīttoṣṇasukhaduḥkhādi…[472]

* **Kṛṣṇa** कृष्ण

필사본에서 흔히 발견되는 kṛṣṇa의 형태는 다음과 같다.

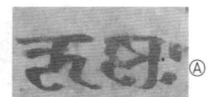

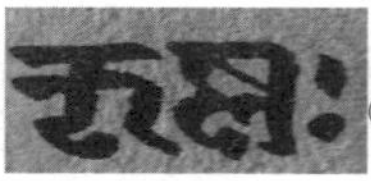 Ⓐ  Ⓐ

 Ⓐ  Ⓦ

---

470) ajām ekāṃ lohitaśuklakṛṣṇāṃ bahvīḥ '불생(不生), 유일자, 붉고, 검고 흰색으로 된 자가 수많은'

471) '인내심은'

472) '추위(śita)와 더위(uṣṇa), 즐거움(sukha)과 고통(duḥkha) 등 등…'

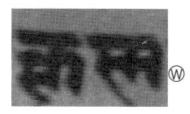

 Ⓦ  Ⓦ

* 기타

 Ⓦ  Ⓐ

tṛṣṇā tṛṣṇā

 Ⓐ vārṣṇeya

6. ṣṇu ष्णु

하형			우형		기타
I1	I2	I3	II		

					 **ṣṣṇṇu**

ṣṇu의 경우 모음 u가 아래에 붙은 형태와 오른쪽에 붙은 형태가 있다.

1) Type I^1  ṣṇu

Type I^1의 ṣṇu는 ṣṭmu의 형태와 유사하다.

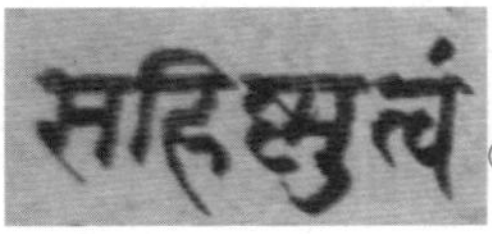 Ⓐ sahiṣṇutvaṃ[473]

2) Type I^2  ṣṇu

Type I^2의 ṣṇu는 dhmu의 형태와 유사하다.

 Ⓦ …ṣṇur viṣṇuḥ[474]

3) Type I^3  ṣṇu

Type I^3의 ṣṇu는 smu의 형태와 유사하다..

 Ⓦ

viṣṇu

4) Type II  ṣṇu

Type II의 ṣṇu는 모음 u가 오른쪽에 붙은 형태이다.

---

473) '인내심은'

474) viṣṇur viṣṇuḥ

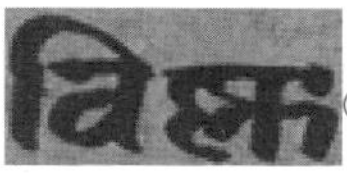 Ⓐ

viṣṇu

5) 기타 (자음 중복 형태)

 Ⓐ

vviṣṣṇṇu (viṣṇu)

*** Viṣṇu** विष्णु

필사본에서 흔히 발견되는 viṣṇu의 형태는 다음과 같다.

 Ⓦ

viṣṇu

 Ⓐ

viṣṇu

 Ⓐ

viṣṇuḥ rudraḥ

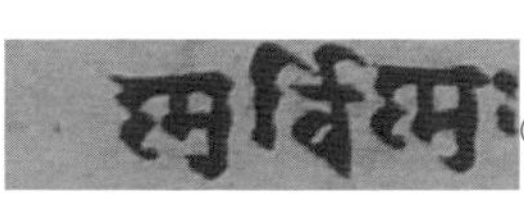 Ⓦ

···ṣṇur viṣṇuḥ[475]

 ⓦ

śrīviśṇo

7. ṣ-

1) ṣka

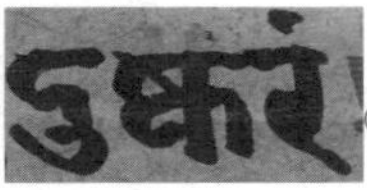 Ⓐ

duṣkaraṃ

2) ṣkṛ

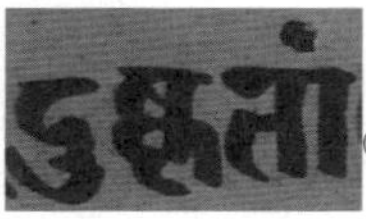 Ⓐ

duṣkṛtāṃ

3) ṣprā

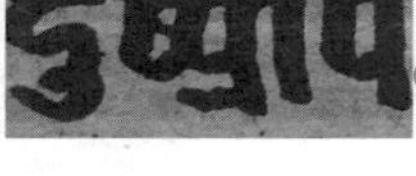 Ⓐ

duṣprāpa

4) ṣya

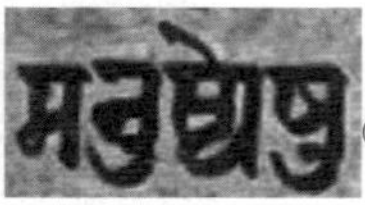 ⓦ manuṣyeṣu

---

475) viṣṇur viṣṇuḥ

IV. sa

1. sa स

I		II	III			

			 sā			

1) Type I  sa

Type I은 전형적인 형태이다.

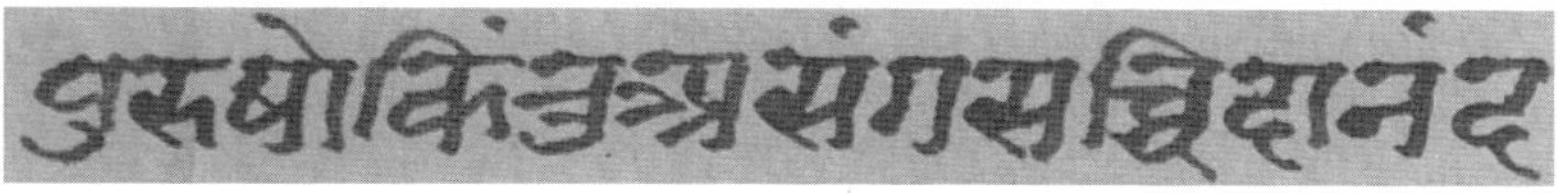

puruṣo kiṃ tu asaṃgasaccidānaṃda[476] *Tattvabodha*Ⓐ

아래 그림과 같이 약간 끊어진 형태도 발견된다.

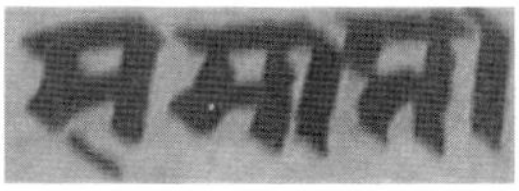 Ⓦ

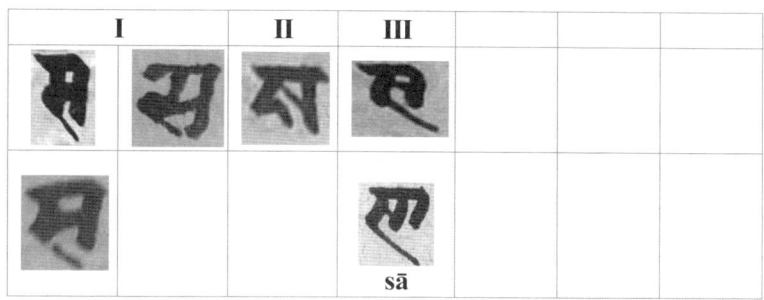

samāptā[477] sukha[478]

476) '뿌루샤는 무엇인가? 무착(無着)이고 존재-의식-환희[를 본성으로 하는…]'

477) '획득된'

2) Type II  **sa**

Type II는 특정 사본에서 발견된다.

 Ⓦ

saṃsargaḥ[479]

3) Type III  **sa**

Type III은 ṇ, ṇā, 와 유사한 형태이다.

 Ⓥ

punaḥ sāda..[480]

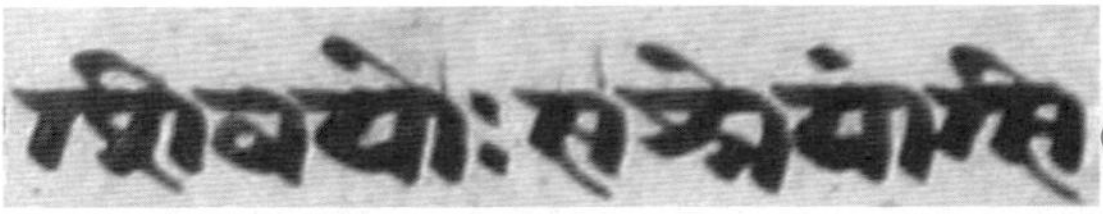 Ⓦ

śivayoḥ sa śreyāṃsi[481]

 Ⓦ

…pujasamādhau samādhānam

---

478) '즐거움'
479) '결합이란'
480) '다시 소멸…'
481) '쉬바의 위대함 속에서 그는'

2. su सु

하下형			우右형			
I^1	I^2	I^3	II			

su는 모음 u가 아래에 붙은 유형과 오른쪽에 붙은 유형이 있다. 전자의 경우 u의 형태가 간소화된 경우가 적지 않다.

1) Type I^1  su

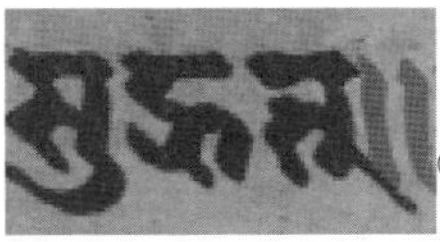
Ⓐ

suhṛt[482)]

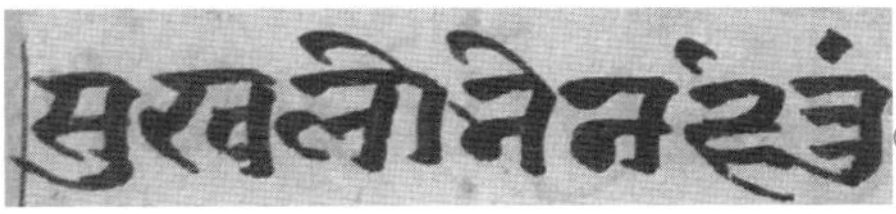
Ⓐ

sukhalobhena haṃtuṃ[483)]

482) '호의'
483) '즐거움에 대한 탐욕으로 … 살해하고자…'

2) Type I²  su

Type I²의 모음 u가 간소화된 형태로 stra(Type II )와 유사한 형태이다.

 *Mahābhārata*Ⓐ

udbhavaḥ suṃdaraḥ484)

arūpāya surūpāya śivāya gurave namaḥ *Kulārṇavatantra*Ⓐ

Ⓐ

syāc chūdraḥ sukham a···

3) Type I³ 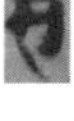 su

Type I³은 모음 u가 더 간소화된 형태이다.

Ⓦ

sukhāni485)

---

484) udbhavaḥ sundaraḥ ‘아름다움의 생성(udbhava)은’
485) ‘즐거움이’

 Ⓦ

tasmāt sukhārtho

4) Type II  su

Type II는 모음 u가 오른쪽에 붙은 형태로 stu와 유사하다.

*stu

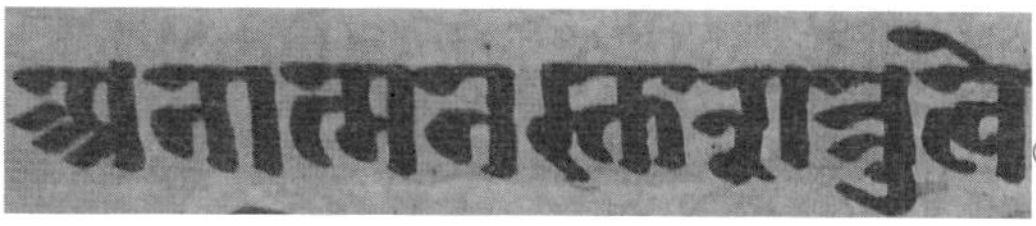 Ⓐ

anātmanas tu śatrutve[486]

 Ⓦ

sukha[487]

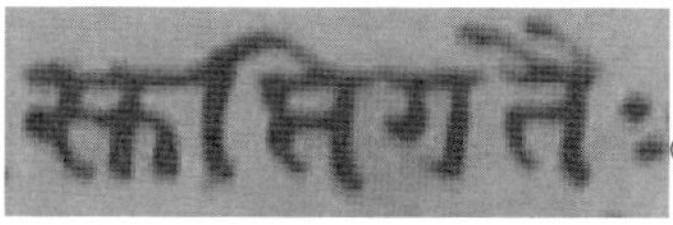 Ⓦ

suptigataiḥ[488]

---

486) '아뜨만이 아닌 것은(anātmanas), 하지만(tu) 적에게'
487) '즐거움'
488) '잠(supti)듦으로써'

 Ⓐ

karmasu[489]

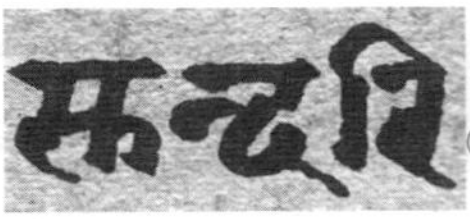 Ⓐ  Ⓐ

sundari[490] subhāsite[491]

3. sū सू

sū의 형태는 거의 동일하다.

 Ⓐ  Ⓦ

sūtrayā…[492] sūtrakṛd iti[493]

 Ⓦ sūkṣmarūpeṇa[494]

---

489) '행위들 속에'
490) '아름다운 이여!'
491) '상냥한 말 속에'
492) '경전에 의해'
493) '"경전을 만든다"라고'

 ⓦ

anena sūtreṇa śāstrasya[495)]

 ⓦ

sūcitaḥ[496)]

 ⓦ

sūcitaḥ

4. stu स्तु

하형			우형			
I[1]	I[2]	II	III			

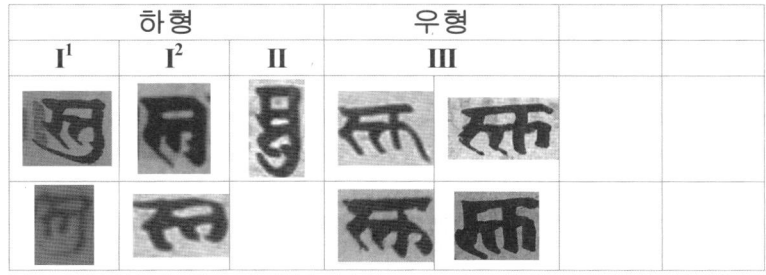

stu는 모음 u가 아래에 붙은 유형과 오른쪽에 붙은 유형이 있다. 필

494) '미세한 형태로'
495) '이 경문에 의해 경전의'
496) '암시되었다'

사본의 경우 Type III이 더 빈번하게 발견된다.

1) Type I[1]  **stu I[2]**  **stu**

Type I[1]은 전형적인 형태이고 Type I[2]는 모음 u가 축소된 형태이다.

2) Type II  **stu**

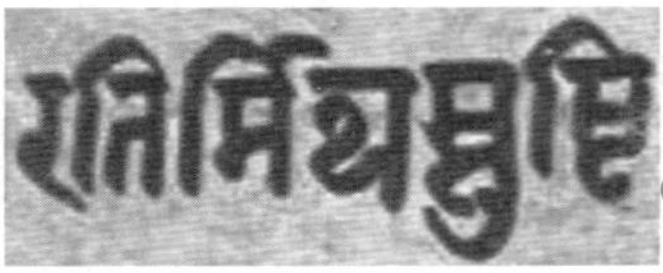 Ⓦ

ratir mithas tuṣṭi

3) Type III  **stu**

Type III은 필사본에서 대단히 빈번하게 발견된다.

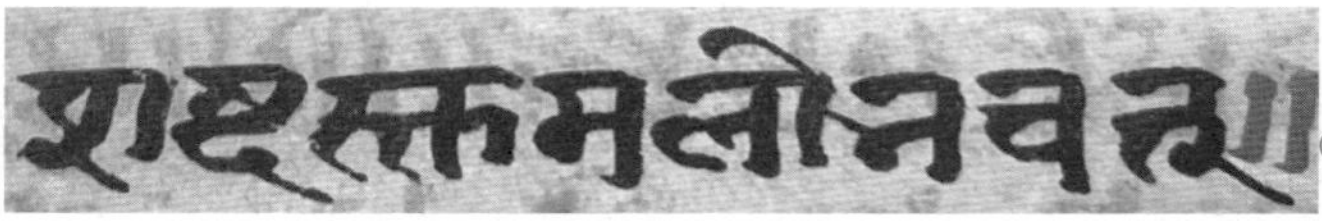 Ⓐ

śabdas tumulo {'}bhavat497)

 *Kumbhakapaddhati*Ⓚ

kuṃbha ukāro recakas tu498)

497) '소리가 요란했다.'
498) '[a u m 중에서] 숨을 참는 것은 u 음절이고 날숨은 …'

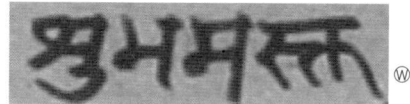

 Ⓦ

śubham astu[499)]

 Ⓐ

tayos tu karma[500)]

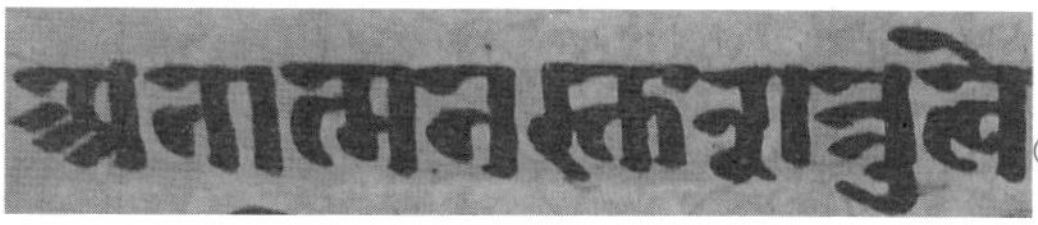 Ⓐ

anātmanas tu śatrutve[501)]

5. stra स्त्र

I		II		III		

stra의 형태는 조금 변형되었고 su, sru, sra와도 유사하다.

1) Type I  stra

Type I의 tra는 전형적인 형태이다.

499) '행운이(śubham) 깃들지어다(astu)
500) '그들의(tayos), 하지만(tu) 행위(karma)'
501) '아뜨만이 아닌 것은(anātmanas), 하지만(tu) 적에게'

 Ⓐ

śāstreṇeva[502)]

2) Type II  stra

Type II는 su가 단순화된 형태(Type I[2] )와 유사하다.

 *Kulārṇavatantra*Ⓐ

śāstreṣu muhyati[503)]

 Ⓦ

···tvā[c] chāstrām a···[504)]

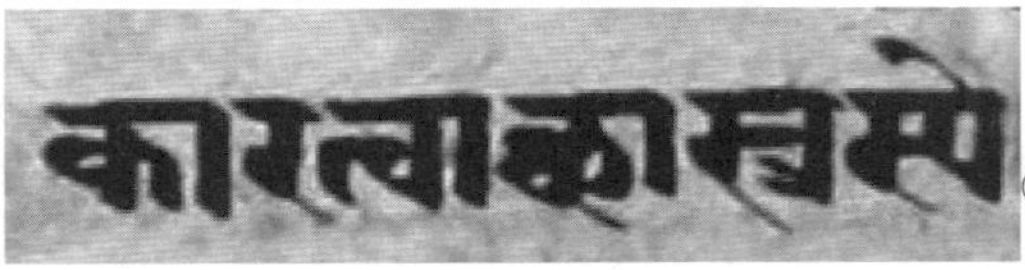 Ⓦ

kāratvā[c] chātrasye···

502) '마치 경전에 의해서'
503) '경전들 속에서 길을 잃다'
504) '···이므로 경전들(śāstra)···'

 Ⓦ 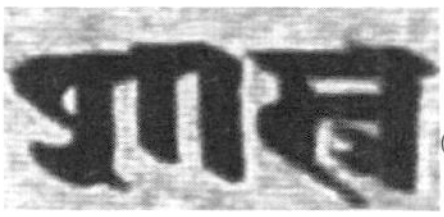 Ⓐ

śāstrasamāpti… śāstra

3) Type III  stra

Type III은 한 개의 필사본에서 발견되었다.

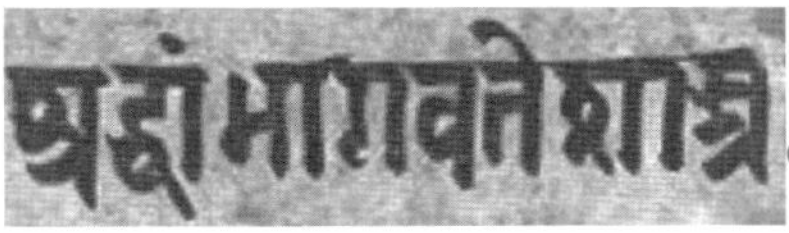 Ⓦ

śraddhāṃ bhāgavate śāstra…

6. stha स्थ

I		II				

stha은 Type I과 Type II가 있는데 두 유형 모두 필사본에서 빈번하게 발견된다.

1) Type I  stha

 Ⓦ

ūṭasthanityeṣu puruṣeṣu[505)]

 Ⓣ

tat sthūlaśarīraṃ[506]

 Ⓦ

kūṭastha

2) Type II  stha

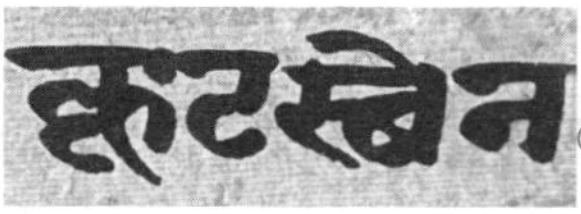 Ⓐ

kūṭasthena

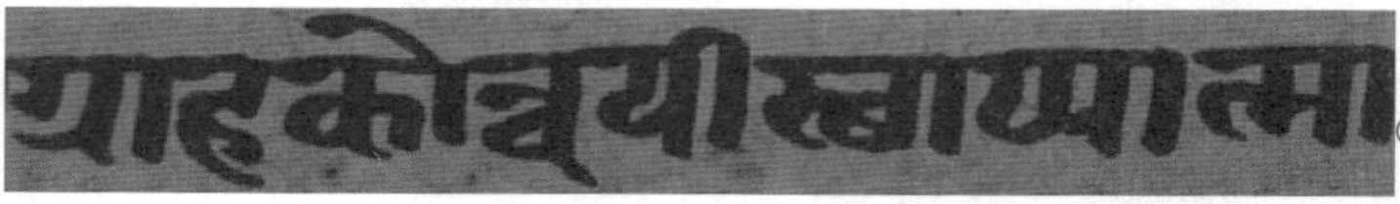 Ⓐ

grāhako {'}nvayīsthāpyātmā

 Ⓦ

sthūla

505) '불변이고 영원한 사람들 중에'
506) '그것이 조대신(粗大神)이다'

7. s-

1) sṛ-

Ⓦ

sṛṣṭi

2) smṛ

Ⓦ

smṛtī···

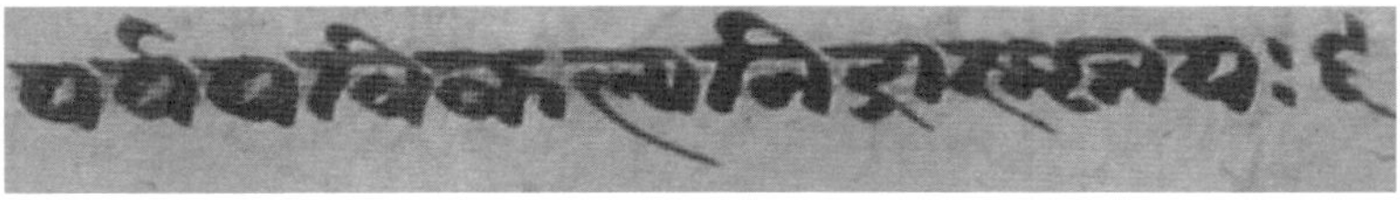

···paryayavikalpanidrāsmṛtayaḥ6 *Yogasūtra-ṭīkā* of BhojadevaⓌ

3) stv

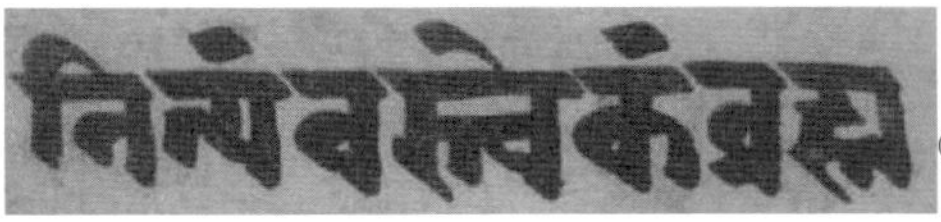
Ⓣ

nityaṃ vastv ekaṃ vrahma[507]

---

507) nityaṃ vastv ekaṃ brahma '영원한 것은 오직 브라흐만이다'

4) sva

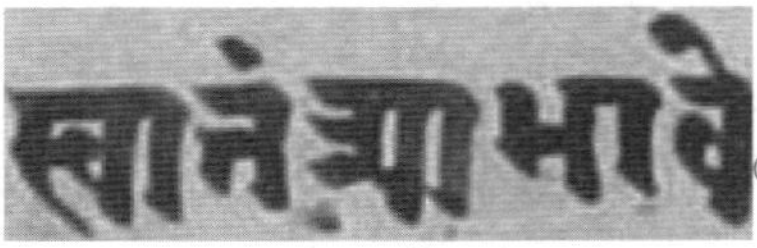 Ⓦ

svātaṃtryābhāve[508)]

 Ⓣ

svarūpaḥ[509)]

8. -s-

1) tsu

 Ⓐ

yasmāt suṣupte

3) tsṛ

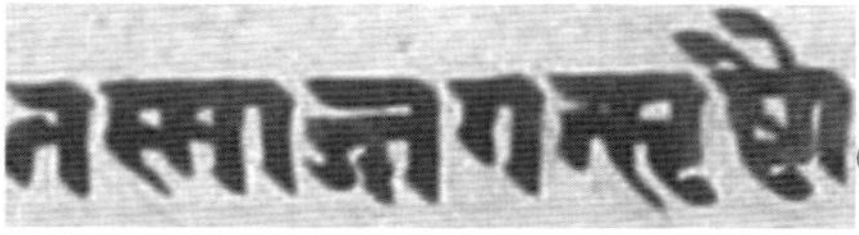 Ⓦ

tasmāj jagatsṛṣṭau[510)]

---

508) '독자적으로 존재할 수 없는 것에'
509) '본성으로 하는 자'(*Bvr*)
510) '그것으로부터 세계가 생성될 때'

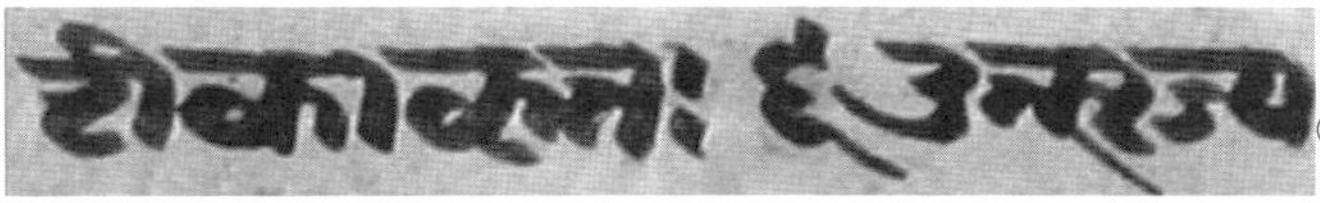 Ⓦ

ṭīkākṛtaḥ 6 utsṛjya

4) tsmṛ

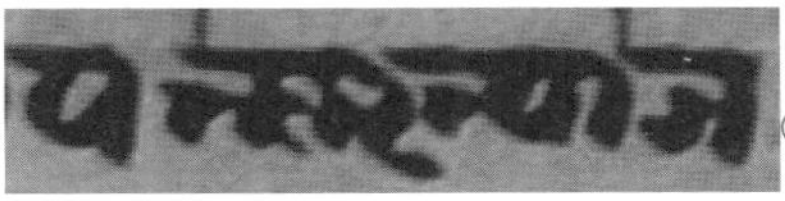 Ⓦ

yat smṛtyā ja···

5) tsva

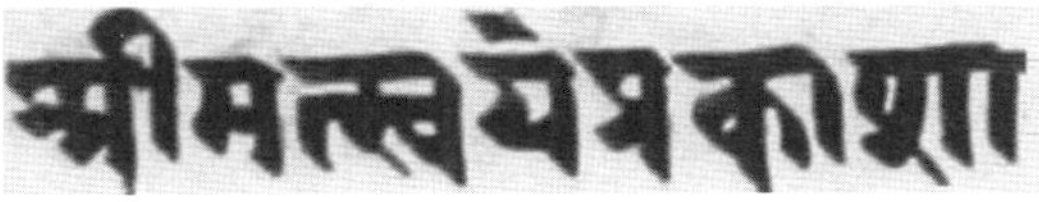 Ⓦ

śrīmat svayaṃprakāśā···

6) nsu

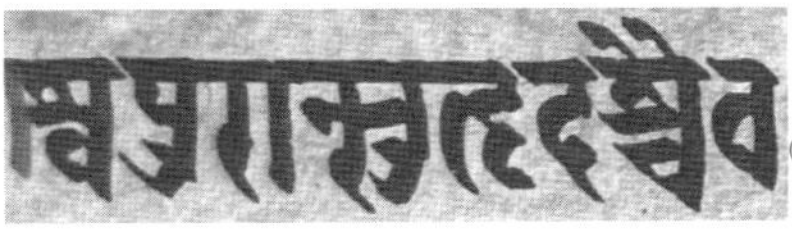 Ⓐ

śvapurān suhṛdaś caiva[511)]

---

511) *Corr.* śvaśurān suhṛdaś caiva '장인, 그리고 친구'

기음
ha

1. ha ह

I^1	I^2	I^3	I^4	II	III^1	III^2

h-						
 haṃ	 huṃ	 hi	 haṃ	 hī	 he	 hi
III^3	IV^1	IV^2	V	Etc.		

h-						
 he	 haṃ		 he	 he		

1) Type I[1]  ha

Type I[1]은 전형적인 형태이다.

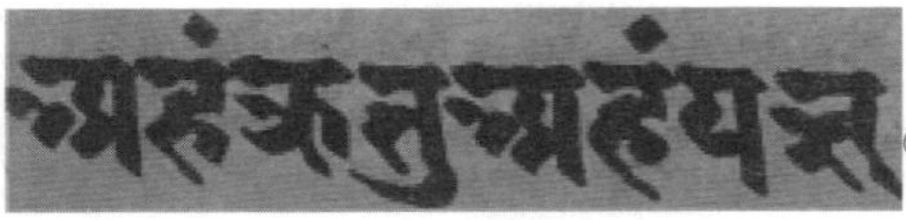
Ⓐ

aham kratu aham yajña… 512)

2) Type I[2] ha  ha

Type I[2] 역시 전형적인 형태이다.

MahābhārataⒶ

aṇur vṛhatkṛśaḥ513)

mahāhrado mahāgarto mahābhū… *Mahābhārata*Ⓐ

Unknown Scroll MSⒶ

haṃ kṣaṃ vahimātrā514)

512) '내가 행위 주체이고 내가 제사를 지내는 자 … [라는 그릇된 생각을…]'

513) aṇur bṛhatkṛśaḥ

 *Kulārṇavatantra*Ⓐ

ahite hitasaṃjñaḥ

 *Kulārṇavatantra*Ⓐ

sahasrāṇāṃ sahasrai…

 *Tattvabodha* of ŚaṅkaraⓉ

iha svargabho…[515]

3) Type I^3  ha  ha

Type I^3은 조금 더 부드러운 형태이지만 쉽게 판독된다.

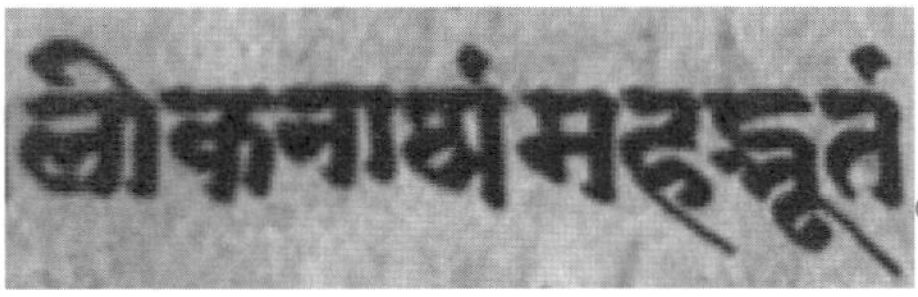Ⓐ

lokanāthām mahadbhūtaṃ [516]

---

514) haṃ kṣaṃ bahimātrā

515) iha svargabhogam: '이승과 천상에서의 향락을'

516) '세상의 보호자를, 초자연적 존재를'

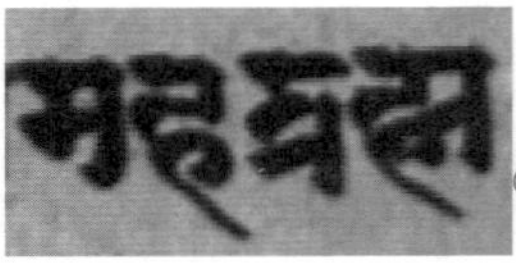 Ⓐ

mahad vrahma[517]

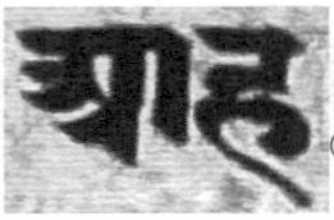 Ⓐ

āha

 Ⓦ

ity ādyahaṃ buddhir dehā…[518]

4) Type I[4]  **ha**

Type II는 약간 각지고 좌우로 넓게 된 형태이지만 역시 쉽게 판독된다.

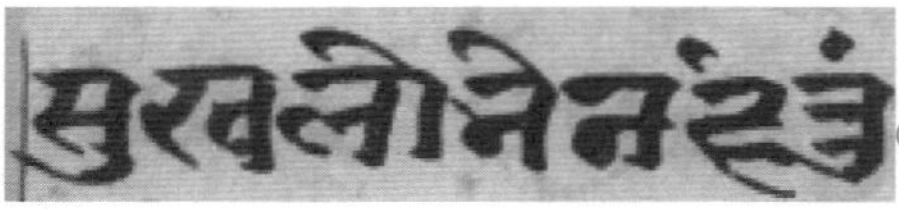 Ⓐ

sukhalobhena haṃtuṃ

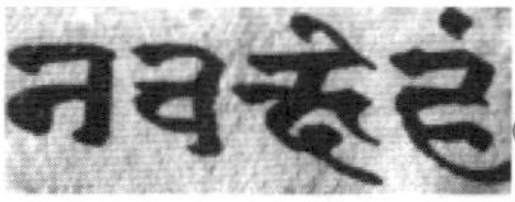 Ⓐ

…n avakṣe haṃ[519]

---

517) mahad brahma
518) '…라는 등등으로 나는 현자이며 나는 몸을…'
519) *Corr.* …n avakṣe 'haṃ

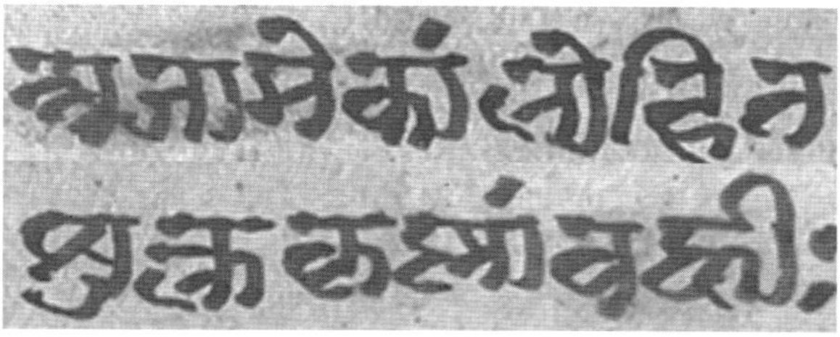

Sāṃkhyatattva-kaumudī of Vācaspati Miśra Ⓐ

l. 1 ajām ekāṃ lohita-

l. 2 śuklakṛṣṇāṃ vahvīḥ[520]

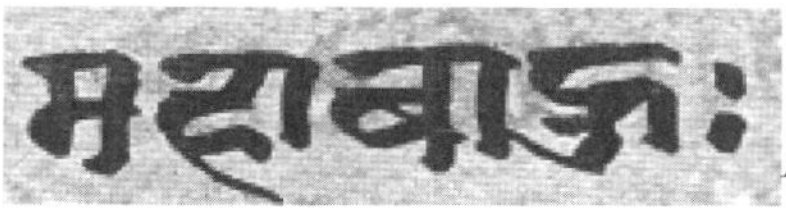

Bhagavadgītā Ⓐ

mahābāhuḥ[521]

한편 위 그림의 다섯 번째 음절 (hu)는 'hu의 다양한 이체자 중 하나'(hu: Type II[1])이다.

Ⓐ

mahīkṣitāṃ

위 그림의 세 번째 음절은 'kṣ-'의 다양한 이체자 중 하나'(kṣa: IV[2])이다.

---

520) ajām ekāṃ lohitaśuklakṛṣṇāṃ bahvīḥ
'불생(不生), 유일자, 붉고, 검고 흰색으로 된 자가 수많은'

521) '강인한 팔을 지닌 자는'(*Bvr*)

5) Type II  ha

Type II는 세로로 길게 된 형태이다.

bāhyahetuṃ[522)]

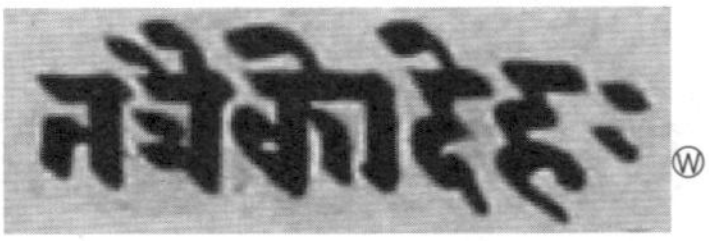

tan naiko dehaḥ

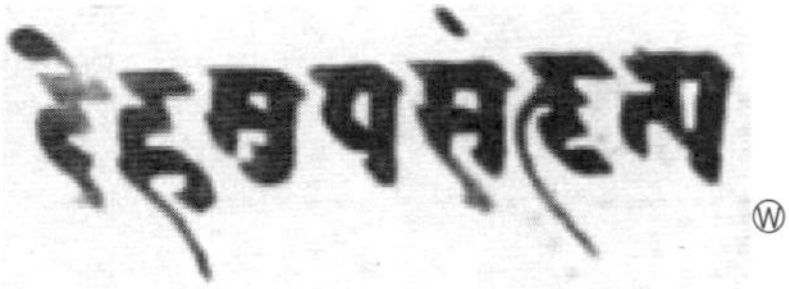

deham upasaṃhṛtya[523)]

한편, 위 그림의 여섯 번째 음절 hṛ()는 hṛ의 다양한 이체자 중 하나(Type V)이다.

---

522) '외적 요인은'
523) '신체를 거두어들인 후'

 *Vedāntādhikaraṇamālā*Ⓦ

yugapad vahudehānāṃ[524]

6) Type III^1 **ha**  **ha**

Type VI은 왼쪽이 둥글게 흘러 내린 형태이다.

 *Mārkaṇḍeya-purāṇa*Ⓐ

mahiṣe

Ⓐ

haṃtu···[525]

7) Type III^2  **ha**

Type III^{2}은 Type III^2 보다 왼쪽이 더 단순화된 형태이다.

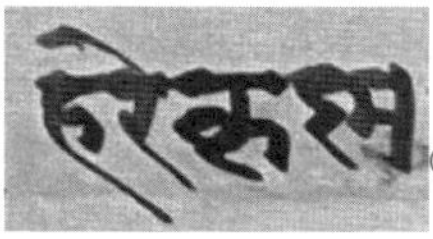Ⓦ

hare kṛṣna[526]

---

524) yugapad bahudehānāṃ

525) hantu···

526) 하리여! 끄리쉬나여!

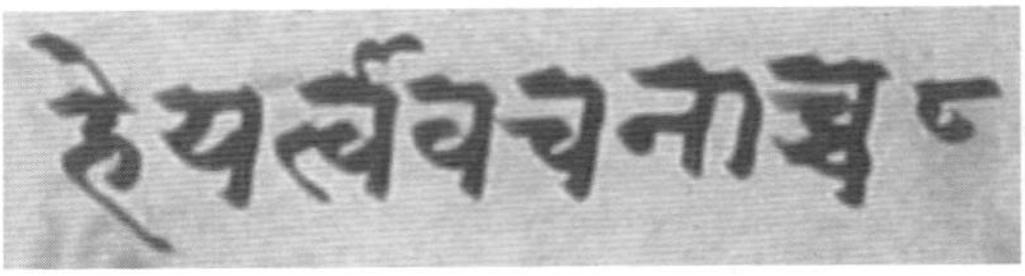 *Brahmasūtra*Ⓦ

MS^{ac} heyatvavacanāc ca 8

→ MS^{pc} heyatvāvacanāc ca 8

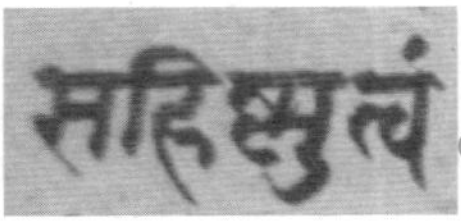 Ⓐ

sahiṣṇutvaṃ

7) Type III^{3}  **ha**  **ha**

Type VI^{2}는 Type III^{2}과 동일하되 왼쪽의 선이 끊어진 형태이다.

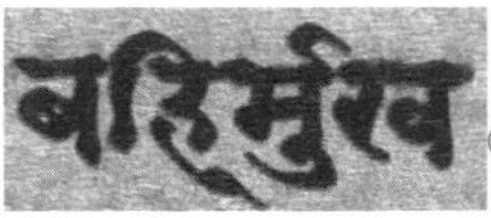 Ⓨ

bahir mukha⋯

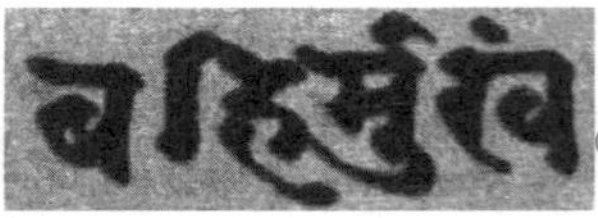 Ⓨ

bahir mukhaṃ

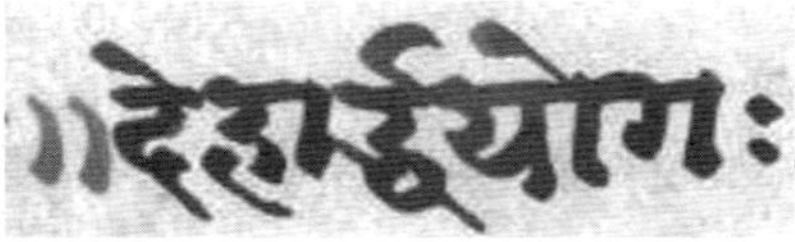 Ⓨ

dehārddhayogaḥ

 Ⓨ  Ⓨ

bahirmukhaṃ bodhahetuḥ

8) Type IV[1]  ha

 Ⓦ  Ⓦ

haṭhavidyopa…[527)] grahā

2 iha khalu bhagavān pataṃjaliḥ[528)] *Yogasūtra-ṭīkā*Ⓦ

 Ⓦ

haṃ

위 그림의 haṃ은 ruṃ과 유사한 형태이다.

* ruṃ

aruṃdhatī bhavej jihvā *Pavanavijaya-svarodaya*Ⓦ

---

527) haṭhavidyopadeśam…'하타의 지혜에 대한 가르침을'
528) '2. 이제, 실로 바가반 빠딴잘리께서는…'

9) Type IV²  **ha**

Type VI는 간소화된 형태이다.

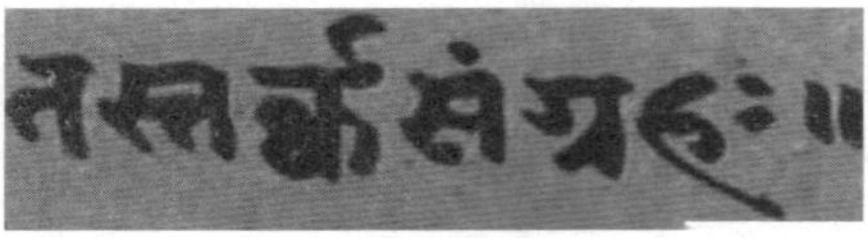 *Tarkasaṃgraha*Ⓦ

…tas tarkkasaṃgrahaḥ529)

10) Type V³  **ha**

Type II³은 아래 부분이 제비 꼬리처럼 처진 형태이다.

6 āsāṃ krameṇa lakṣaṇam āha *Yogasūtra-ṭīkā*Ⓦ

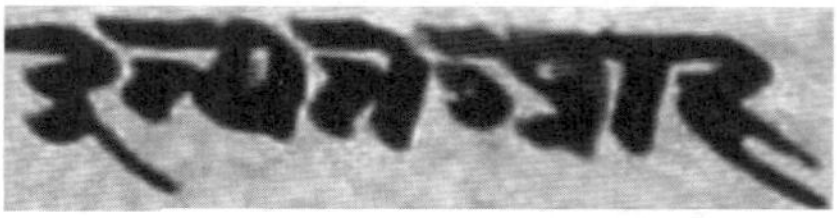 *Yogasūtra-ṭīkā*Ⓦ

ity ata āha530)

Ⓦ

sahasrāṇī nāḍīdvāraṇi paṃjare531)

529) …tas tarkasaṃgrahaḥ
530) '… 이므로 여기서 [다음과 같이] 말했다'
531) '몸에는 "[칠만 이]천"개의 나디들이 있다'

 ⓦ

tad dhi jahati[532)]

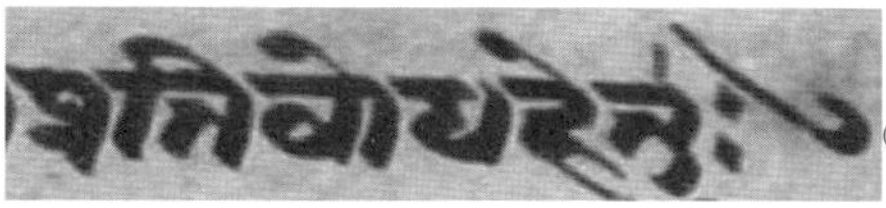 ⓦ

prativodhahetuḥ 7[533)]

11) 기타

 ⓦ

hetudāyinī[534)]

첫 음절의 h-는 Type IV[1] ()이 더 간소화되고 옆으로 퍼진 형태이다.

---

532) '진실로(hi) 그는 포기했다'
533) pratibodhahetuḥ 7
534) '원인 제공자(*f.sg.No.*)'

2. hu 

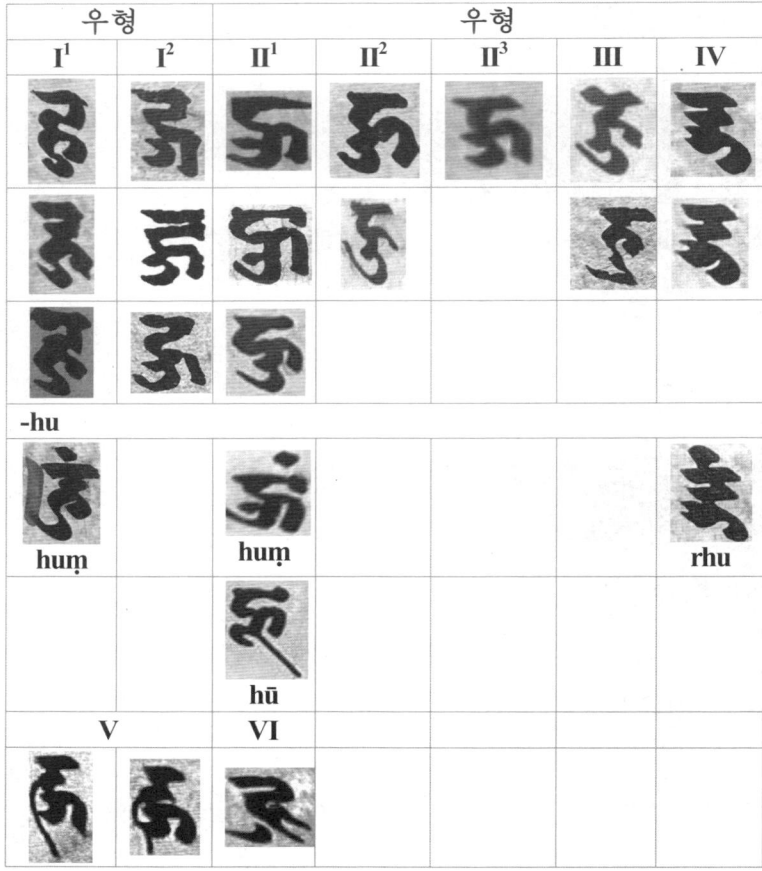

우형		우형				
I¹	I²	II¹	II²	II³	III	IV

-hu						
 huṃ		 huṃ				 rhu
		 hū				
V		VI				

hu는 오른쪽에서 시작하는 유형과 왼쪽에서 시작하는 유형이 있다.

1) Type I[1]  hu

Type I[1]은 전형적인 형태이다.

KulārṇavatantrāⒶ

vahunātra kim ukte[535]

Ⓐ

vahudhā (bahudhā)

2) Type I[2]  hu

Type I[2]는 dga, dgu, dgra와 유사한 형태이다.

* dgu

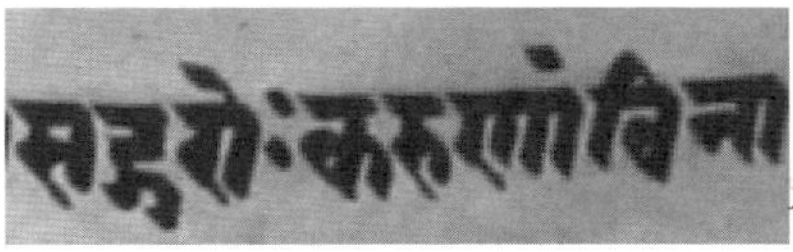
HaṭhapradīpikāⓌ

sadguroḥ karuṇāṃ vinā

*dgra

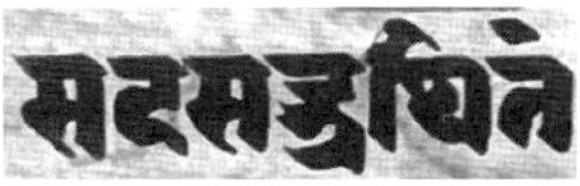
MahābhārataⒶ

sad asad grathitaṃ

---

535) bahunātra kim ukte '여기서 무슨 덧붙일 말이 필요하겠는가'

 Ⓦ

gorakṣāsanam ity āhur idaṃ[536]

 *Pañcadaśī*Ⓦ

ekadhā bahudhā

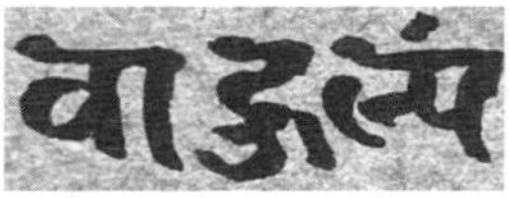

vāhulyaṃ[537]

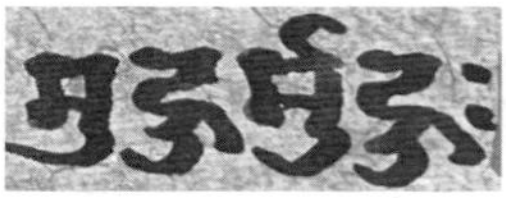 *Mārkaṇḍeya-pūraṇa*Ⓐ

muhur muhuḥ

 BhagavadgītāⒶ

vahuśākhā hy anaṃtāś ca[538]

---

536) '사람들은 이것을 고락샤-아사나로 불렀다'
537) bāhulyaṃ
538) bahuśākhā hy anantāś ca

 *Bhagavadgītā*Ⓐ

mahāvāhuḥ śaṃkhān dadhmu …[539]

위 그림의 네 번째 음절 hu는 dg-와 유사한 형태이다.

*dgo

Ⓐ

tad gotvalakṣaṇaṃ

3) Type II[1]  hu

Type II[1]은 위의 Type I[1]와 유사하지만 왼쪽에서 시작한다는 점에서 차이가 있다.

 *Bhagavadgīrā*Ⓐ

prāhur yogaṃ

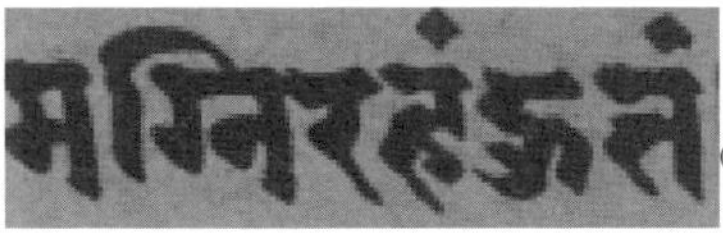Ⓐ

…m agnir ahaṃ hutaṃ

---

539) mahābāhuḥ śaṃkhān dadhmu …

UpadeśasāhasrīⒶ

{'}pi bahudhaiko[540)]

UpadeśasāhasrīⒶ

ato huṃphaḍādi···

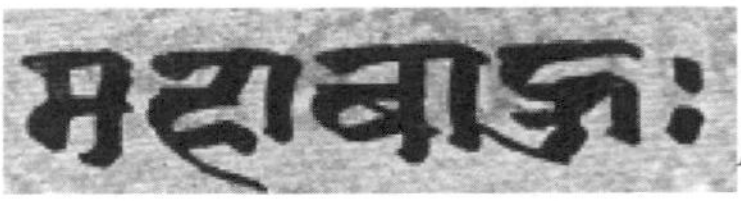

BhagavadgīrāⒶ

mahābāhuḥ

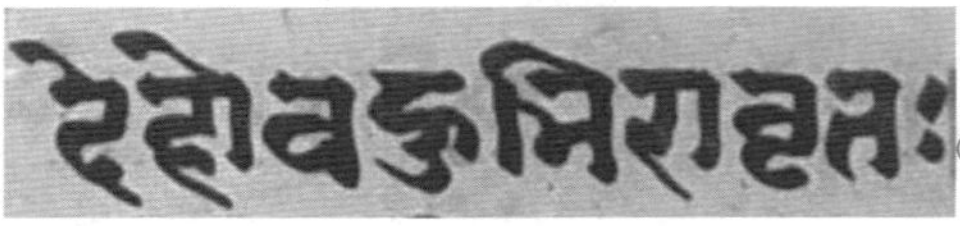

Ⓦ

deho vahubhir āvṛtaḥ[541)]

아래 그림의 두 번째 음절은 hū이다.

MahābhārataⒶ

vahūdaraṃ vahudaṃṣṭrākarālaṃ[542)]

---

540) '···다양성과 단일함···'

541) deho vahubhir āvṛtaḥ

4) Type II^2  hu

 *Mahābhārata*Ⓐ

muhur muhuḥ

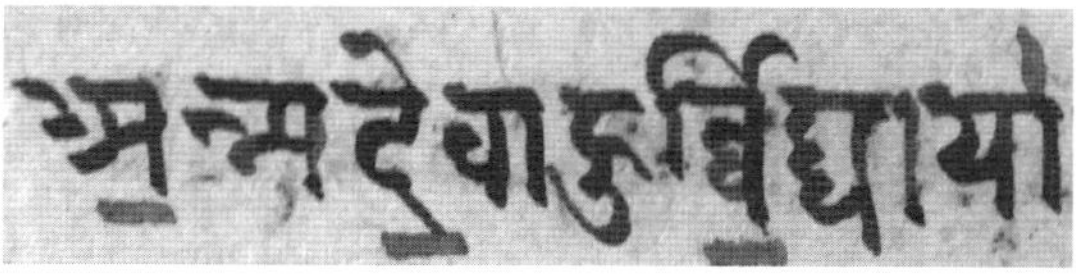 *Īśa-upaniṣad*Ⓐ

anyad evāhur vviddyāyā··· (anyad evāhur vidyāyā···)

4) Type II^3  hu

Type II^3은 Type II^2가 더 간소화된 형태이다.

Ⓦ

bahudhā[543]

5) Type III  hu

Type III는 위의 Type II^3이 조금 더 간소된 형태이다.

---

542) bahūdaraṃ bahudaṃṣṭrākarālaṃ
543) '다양하게'

bahubhir jalpair bhramaṃ *Yogasūtra-ṭīkā* of Bhojadeva Ⓨ

 *Mārkaṇḍeya-purāṇā* Ⓐ

muhur muhuḥ

6) Type IV  hu

Type IV는 다소 변형된 형태로 특정 필사본 한 개에서 발견되었다.

 *Mahābhārata* Ⓐ

prāhur nārāyaṇaṃ

 Ⓐ

yam āhur jagatā

 Ⓐ

bāhumukuṭaṃ

 Ⓐ

yam ekaṃ bahudhātmānaṃ prādurbhūta

 Ⓐ

surucir hutabhug vibhuḥ

Type IV의 hu는 'hra'(Type III )와 유사한 형태이다.

* hra

mahāhrado mahāgarto mahābhū··· *Mahābhārata*Ⓐ

7) Type V  hu

Type V 역시 변형된 형태이다.

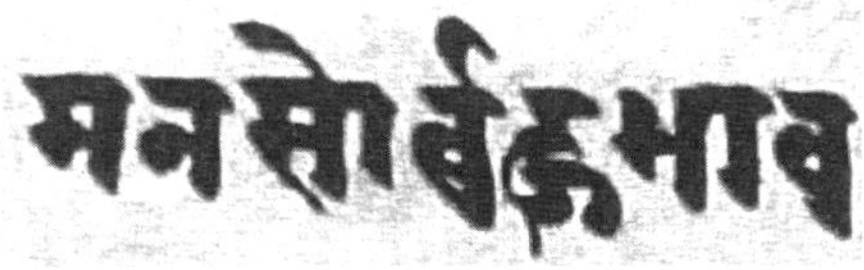 *Vedāntādhikaraṇamālā*Ⓦ

manasor bahubhāva[544)]

---

544) '···과 마음의 다수(bahu)성···'

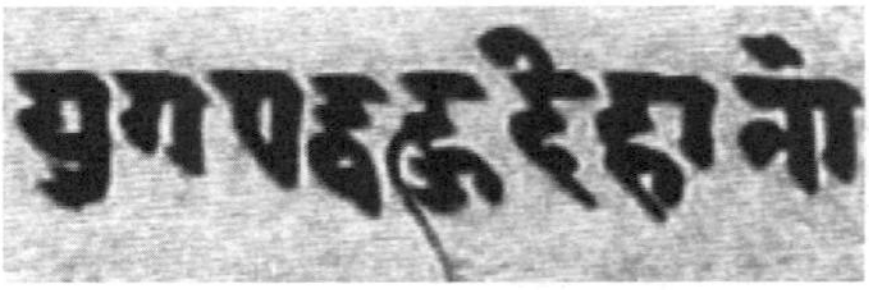 *Vedāntādhikaraṇamālā*ⓦ

yugapad vahudehānāṃ[545]

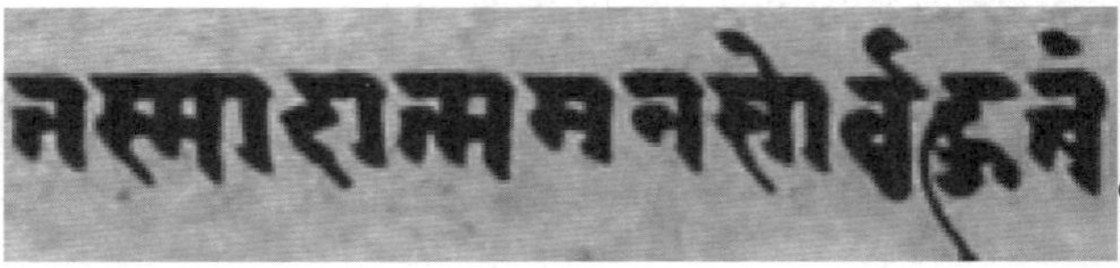ⓦ

tasmād ātmamanasor vahutvaṃ[546]

8) Type VIII  hu

Type III은 모음 u가 h앞에 붙은 형태()이다. 행간을 고려한 형태로 추정된다.

yogabhiś ca bahubhir jalpair bhra··· *Yogasūtra-ṭīkā*ⓦ

---

545) yugapad bahudehānāṃ '한 쌍의 많은(bahu) 몸들의'
546) '그러므로 아뜨만과 마음의 다수성(bahutva)은···'

3. hṛ हृ

우				좌		
I	**II[1]**	**II[2]**	**III**	**IV**	**V**	**VI**

hṛ는 형태가 다양하며 다른 글자로 오독될 가능성이 많다. 유형은 크게 오른쪽에서 시작하는 것과 왼쪽에서 시작하는 유형이 있다.

1) Type I  hṛ

Type I은 전형적인 형태이다.

2) Type II[1]  hṛ

Type II[1]은 h가 약간 변형된 형태로 tṛ와 유사한 형태이다.

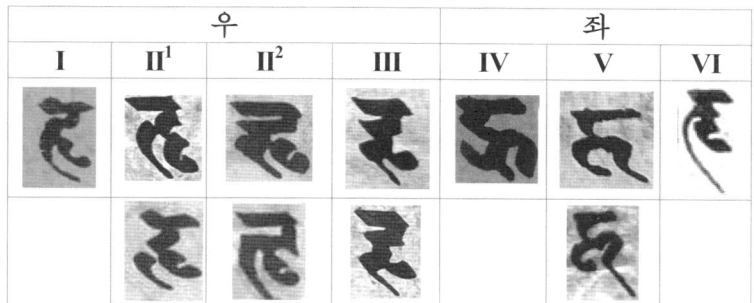

BhagavadgītāⒶ

śvapurān suhṛdaś caiva

 *Bhagavadgītā*Ⓐ

pāṃcajanyaṃ hṛṣīke···[547)]

 Ⓨ

parihṛtaduḥkha[548)]

3) Type II²  hṛ

Type II²는 tṛ(Type II )와 유사한 형태이다.

 Ⓣ

surhṛdaḥ puṇyakṛtyāṃ[549)]

4) Type III  hṛ

Type III는 오른쪽에서 시작하는 형태의 이체자이다.

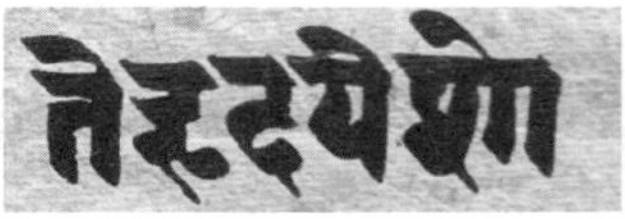 *Kulārṇavatantra*Ⓐ

···te hṛdaye śo···

---

547) pāñcajanyam hṛṣīke

548) *Corr*: parihṛtyaduḥkha

549) *Corr*: suhṛdaḥ puṇyakṛtyāṃ

 *Kulārṇavatantra*Ⓐ

vadaṃti hṛdayānaṃdaṃ[550]

5) Type IV 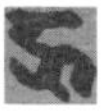 hṛ

Type IV는 특정 필사본에서 발견되었는데 'hu', 'dgra'와 유사하다.

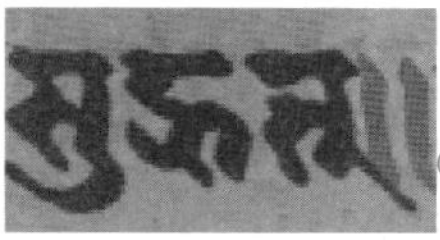Ⓐ

suhṛt[551]

6) Type V  hṛ

Type V는 간소화된 형태로 다수의 필사본에서 빈번하게 발견된다.

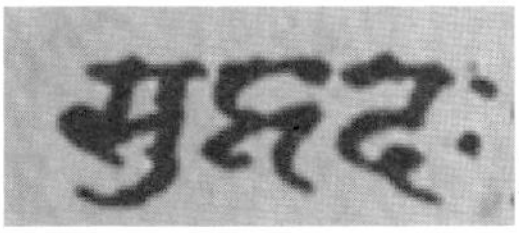 *Tattvabodha*Ⓐ

suhṛdaḥ[552]

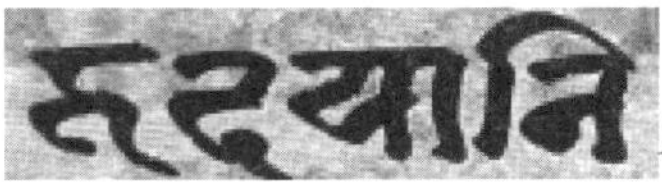 *Bhagavadgītā*Ⓐ

hṛdayāni

---

550) vadanti hṛdayānandam '마음에서 흘러나오는 환희를 말한다'
551) '친구'
552) '친구는'

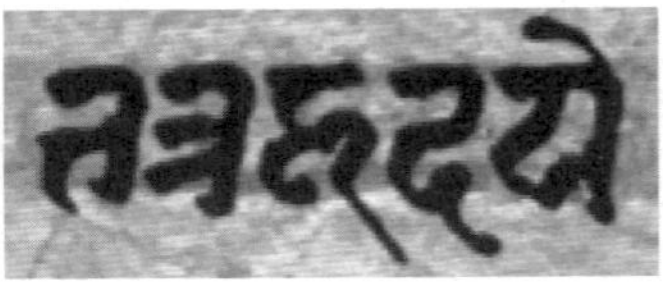 *Mahābhārata*Ⓐ

tatra hṛdaye[553)]

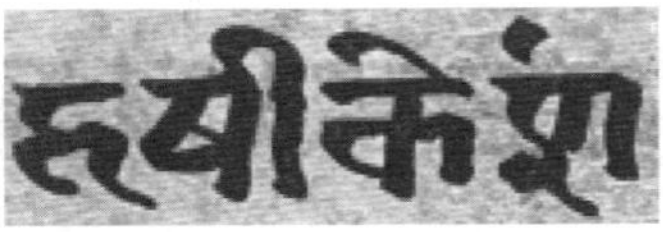 *Bhagavadgītā*Ⓐ

hṛṣīkeśaṃ

Ⓐ

na prahṛṣyet priyaṃ[554)]

7) Type VI  **hṛ**

Type IV는 특정 필사본 한 개에서 발견되었다.

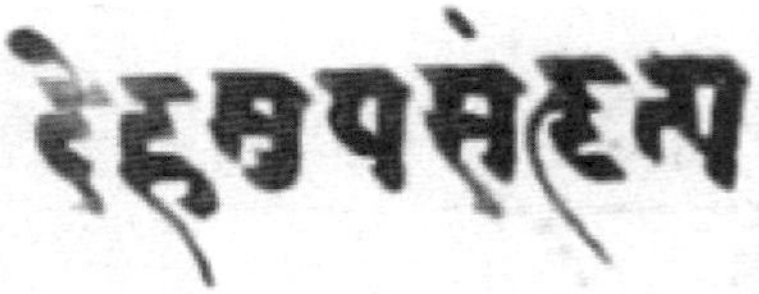 *Vedāntādhikaraṇamālā*Ⓦ

deham upasaṃhṛtya[555)]

---

553) '그곳에서 심장에(hṛdaye)'

554) '…하지 말고 연인을 즐겁게해라(prahṛsyet)'

555) '육신을 거두어들이고서(upasaṃhṛtya)'

4. hṇa हण

I	II	III				
 hṇā	 hṇa	 hṇā				
	 hṇa					

1) Type I  hṇa

Type I은 전형적인 형태이다.

2) Type II  hṇa

Type II는 약간 변형되었다.

 *Kulārṇavatantra*Ⓐ

pūrvāhṇe ca parāhṇakana hi[556)]

3) Type III  hṇa

Type III는 ṇa가 오른쪽에 붙은 형태이다.

Ⓣ gṛhṇātīti[557)]

556) pūrvāhṇe ca parāhṇakam na hi

5. hn- ह्न

 hna						
 hne						

필사본의 경우 hna는 위와 같은 형태가 빈번하게 발견된다.

vahne rājasāṃśat pādeṃdriyaṃ saṃbhūtaṃ[558)]

Tattvabodha of Śaṅkara Ⓣ

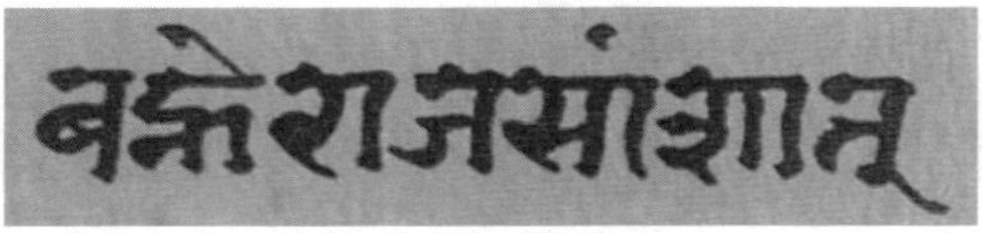

bahne rājasāṃśāt[559)] *Tattvabodha* of Śaṅkara Ⓐ

557) ''손에 쥔다'는 라고'

558) bahne rājasāṃśat pādendriyaṃ saṃbhūtaṃ
'불 요소에서 라자스가 지배적일 때 발이라는 감관이 생겨난다'

559) vahne rājasāṃśāt '불 요소에서 라자스가 지배적일 때'

6. hma 

I^1	I^2	II	III	IV		

Type $I^{1,\ 2}$는 전형적인 형태이다.

1) Type I^1  hma

 *Haṭhapradīpikā*Ⓦ

vrahmaraṃdhre[560)]

Ⓦ

jagajjanmādibrahmalakṣaṇaṃ[561)]

위 그림의 세번째 음절 jja는 'jj-'의 다양한 이체자 중 하나이고 아홉 번째 음절 kṣa 역시 다양한 이체자 중 하이다.

---

560) brahmarandhre '브라흐만의 동굴에'
561) '세계(jagat)의 창조(jannma) 등등과 같은 브라흐만의 특성이'

2) Type I^{2}  hma

 Ⓦ  Ⓦ

iyaṃ brahmavidyā[562] brahma

3) Type II  hma

Type II는 왼쪽이 간소화되었다.

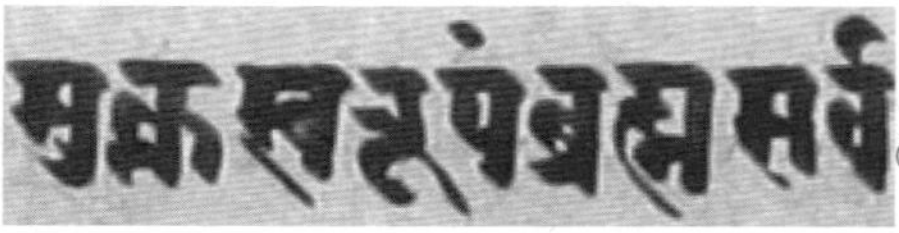 Ⓦ

muktasvarūpaṃ brahma sarva…[563]

5) Type III  hma

Type IV는 특정 사본 1개에서 발견되었다.

 *Mahābhārata*Ⓐ

vrahmasanātanaṃ[564]

---

562) '이것이 브라흐만에 대한 앎이다'
563) '해탈을 본성으로 하는 브라흐만이 모든 존재[의…]'
564) brahmasanātanaṃ: '브라흐만(brahman)의 영원성은'

6) Type V  hma

Type V는 왼쪽이 간소화된 형태이다.

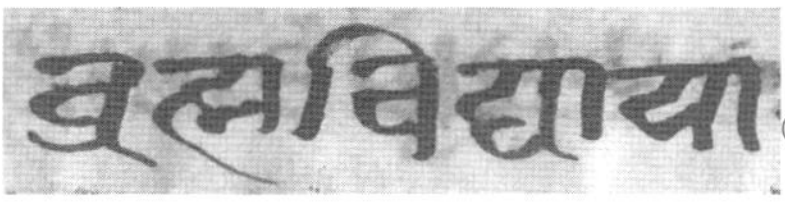
Ⓐ

brahmavidyāyā

Ⓦ

evaṃ ca brahma

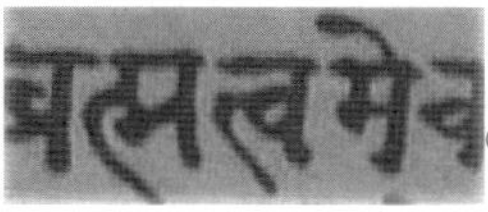
Ⓦ

brahmam eva

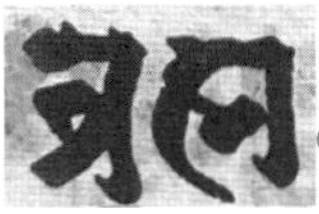
Ⓦ

vrahma (brahma)

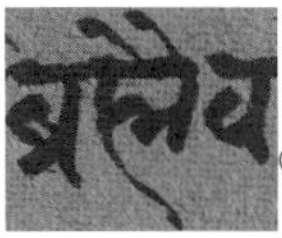
Ⓐ

brahmaiva

아래 그림의 bra에서 b가 간소화되어 nra와 유사한 형태로 되어 있다.

Ⓦ

brahma

7. hya 

I[1]	I[2]	II[1]	III	IV	VI	

1) Type I[1]  hya

Type I[1]은 전형적인 형태이다.

2) Type I[2]  hya

Type I[2]는 h가 사선으로 간소화된 형태이다.

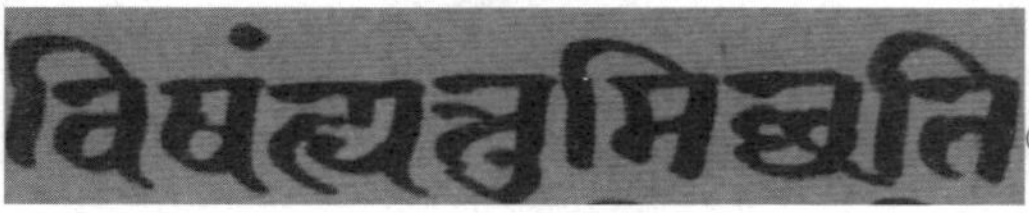Ⓐ

viṣaṃ hy attum icchati[565)]

Ⓦ hy anya.. 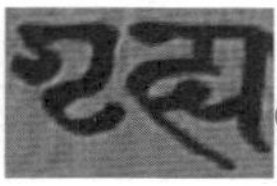Ⓦ gṛhya

---

565) '그는 독(毒)을 소화시키길 원한다.'

3) Type II^1  hya

Type II^{1}은 한 층 더 간소화된 형태이다.

Ⓦ

guhyād guhya[566]

Ⓐ

bāhyeṃdriyani[567]

Ⓐ

vahuśākhā hy anaṃtāś [568]

Ⓐ

hastāt tvak caiva paridahyate

4) Type III  hya

Type III은 Type II^{1}이 간소화된 형태로 특정 사본에서 발견되었다.

Ⓦ

bāhyahetuṃ[569]

---

566) '비밀스러운 것보다 더 비밀..'
567) '외적 감관들은'
568) bahuśākhā hy anantāś ca
569) '외적인 이유(hetu)로'

5) Type IV  hya

Type IV 역시 특정 사본에서 발견되었다.

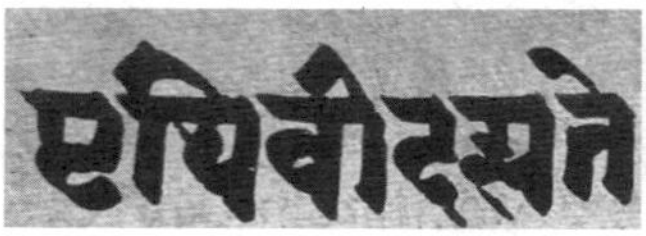 *Kulārṇavatantra*Ⓐ

pṛthivī dahyate[570)]

 *Kulārṇavatantra*Ⓐ

śāstreṣu muhyati[571)]

6) Type VI  hya

Type IV는 변형된 서체로 드물게 발견되었다.

Ⓐ

guhyam annam annāda···[572)]

 *Mahābhārata*Ⓐ

guhyaiḥ[573)]

---

570) '대지가 달구어졌다(dahyate)'
571) '경전들 속에서 길을 잃다'
572) '비밀(guhya), 음식, 환희…'
573) '비밀들로써'

 Ⓦ

paramātmā eṣa hy evānaṃda[574)]

8. hyu ह्यु

I	II					

hya의 형태가 다양하듯이 hyu의 형태도 다양하지만 hyu의 경우 모음 u가 아래에 붙은 유형과 오른쪽에 붙은 유형으로 나눌 수 있는데 Type I은 hya의 형태에 비추어 판독할 수 있다.
Type II의 예는 다음과 같다.

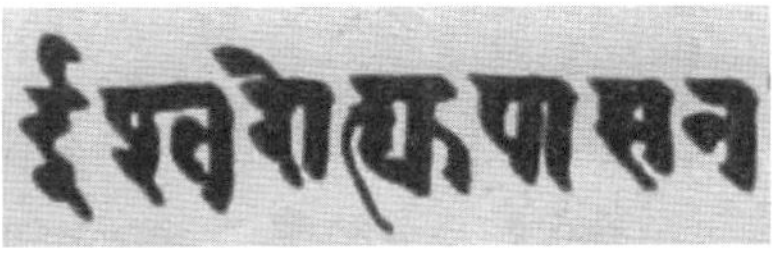

īśvaro hy upāsana···[575)] *Vedāntādhikaraṇamālā*Ⓦ

위 그림의 네 번째 음절 는 드물게 발견되는 특이한 결합자음이다. 오른쪽의 는 앞에서 살펴보았듯이 모음 u가 오른쪽에 위치할 경우의 형태이고, 왼쪽의 는 아래 그림에서 보이듯 hya의 특이한

574) paramātmā eṣa hy evānanda '이 지고한 아뜨만은 오직 환희…'
575) '왜냐하면 경배[의 목적을 위해…] 이쉬바라가…'

형태(Type III. hya )의 일부이다. 따라서 위 그림의 네 번째 음절을 h+y+u로 볼 수 있다.

9. hra ह्र

좌		우				
I[1]	I[2]	II	III			

hri ह्रि						
I[1]	I[2]	II	III			

hrī						

hra(ह्र)의 경우, 필사본에서는 위의 형태가 주로 사용되었다. Type I은 왼쪽에서 시작하는 형태이고 Type II, III은 오른쪽에서 시작하는 형태이다.

1) Type I[1] hra

Ⓐ Ⓐ

naiva hriyate[576) hriyata ity arthaḥ[577)

 Ⓐ

hrīd hīr ity evam ā…

2) Type I²  hra

Type I²는 조금 더 간소화된 형태이다.

 Ⓐ

hriyate sarvaiḥ

 *Siddhāntakaumudī* Ⓐ

hrasva[578]

3) Type II  hra

Type II는 오른쪽에서 시작하는 형태이다.

 Ⓦ

…tir udāhriyate[579]

---

576) '결코 주눅들지(hriyate) 않았다'
577) '주눅들었다(hriyate)는 의미이다'
578) '단음(單音)'
579) '…가 예시되었다'

4) Type III  hra

Type III은 더 간소화된 형태로 특정 필사본 한 개에서 발견되었다.

mahāhrado mahāgarto mahābhū… *Mahābhārata*Ⓐ

여기서의 hra는 'hu'(Type IV )와 유사한 형태이다.

* hra

prāhur nārāyaṇaṃ *Mahābhārata*Ⓐ

10. hva ह्व

우		좌		중	
I[1]	I[2]	II	III	IV	

필사본의 경우, hva(ह्व)는 오른쪽에서 시작하는 형태, 왼쪽에서 시작하는 형태, 가운데에서 시작하는 것과 세 유형으로 나누어진다.

1) Type I[1]  hva

Type I은 오른쪽에서 시작하는 형태이다.(*Śvetāśvetara-upaniṣad*Ⓦ)

ajām ekāṃ lohitaśuklakṛṣṇāṃ vahvīḥ[580)]

2) Type I[2]  hva

 *Mārkaṇḍeya-purāṇa*Ⓐ

keśākarṣaṇavihvalāṃ

580) ajām ekāṃ lohitaśuklakṛṣṇāṃ bahvīḥ '불생(不生), 유일자, 붉고, 검고 흰색으로 된 자가 수많은'

 Ⓐ

saptajihvāḥ[581)]

3) Type II  hva

Type II는 왼쪽에서 시작하는 형태로 'dhga'와 유사하다.

 *Bhgagavadgītā-ṭīkā*Ⓐ

juhvati[582)]

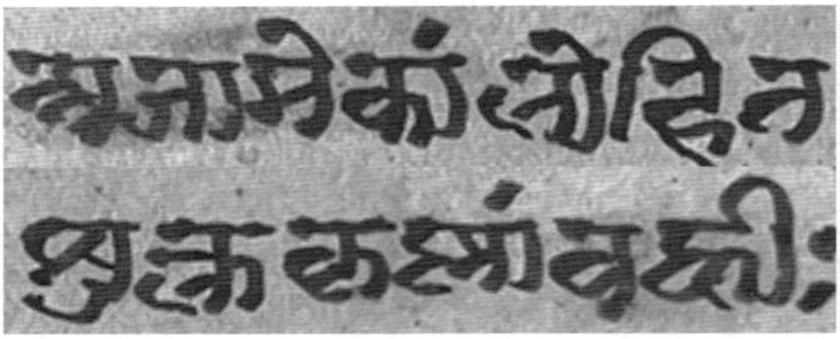

Sāṃkhyatattva-kaumudī of Vācaspati Miśraⓐ

l. 1 ajām ekāṃ lohita-

l. 2 śuklakṛṣṇāṃ vahvīḥ[583)]

위 그림의 두 번째 줄 마지막 음절의 hv-는 흘려 쓴 형태이다.

---

581) '일곱 개의 혀(jihvā)들'

582) '공물을 바친다(juhvati)'

583) ajām ekāṃ lohitaśuklakṛṣṇāṃ bahvīḥ
'불생(不生), 유일자, 붉고, 검고 흰색으로 된 자가 수많은'

4) Type III  hva

Type III은 Type II가 조금 더 변형되었다.

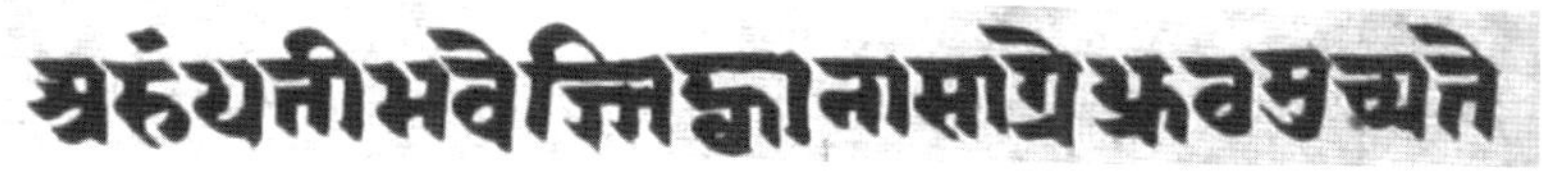

aruṃdhatī bhavej jihvānāsāgre dhruvam ucyate[584)]

Pavanavijaya-svarodayaⓌ

5) Type III  hva

Ⓦ

jihvāgre[585)]

584) '아룬다띠는 혀(jihvā)와 코끝에 확고히 머무는 것으로 말해졌다'
585) '혀(hihvā)끝에'

숫자

0 ०						

1 १						
	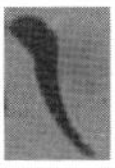			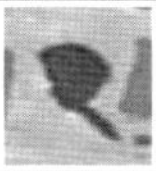		
2 २						

3 ३						
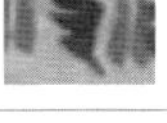			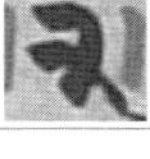			
4 ४						
		I			**II**	
				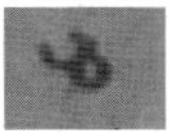		

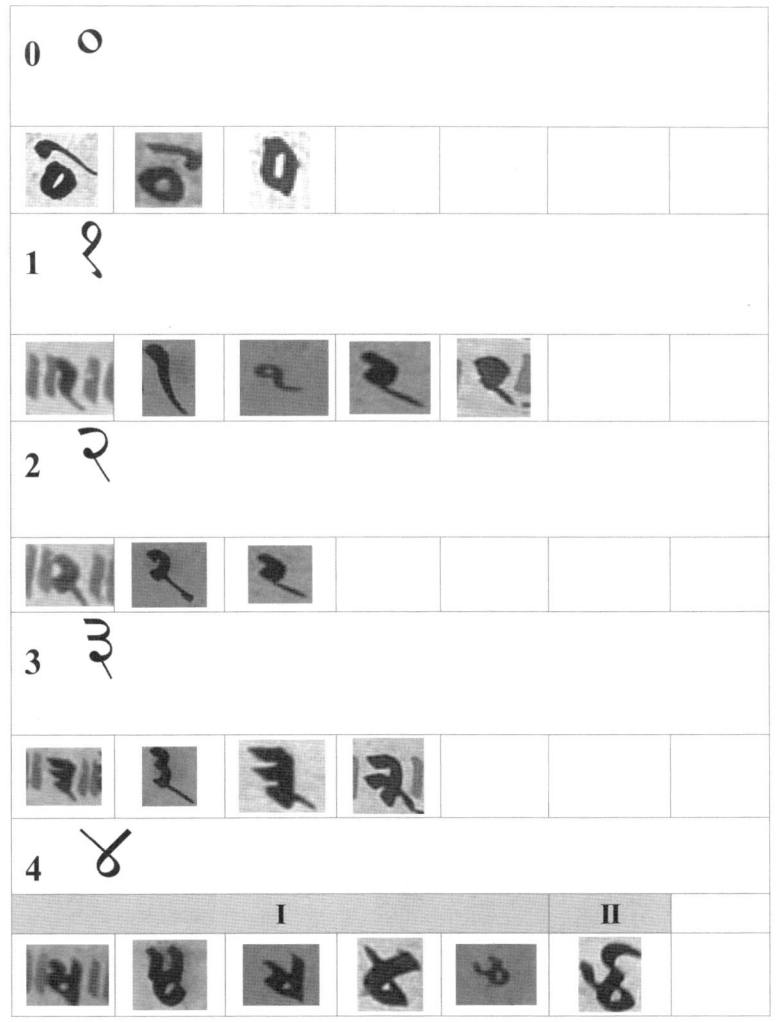

5 

I		II	III	IV	V	

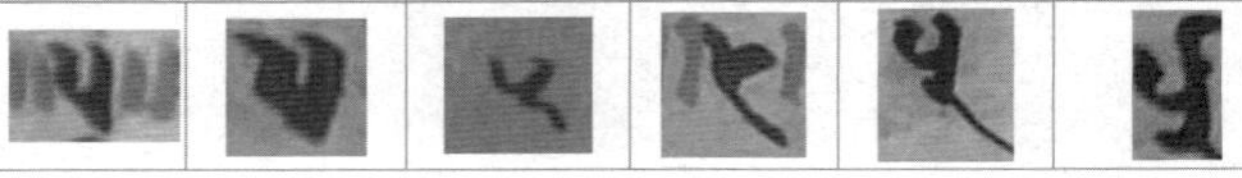

6 

I				II	III	IV

7 

8 

I						II

9 

I	II^1	II^2	III	IV	V	VI

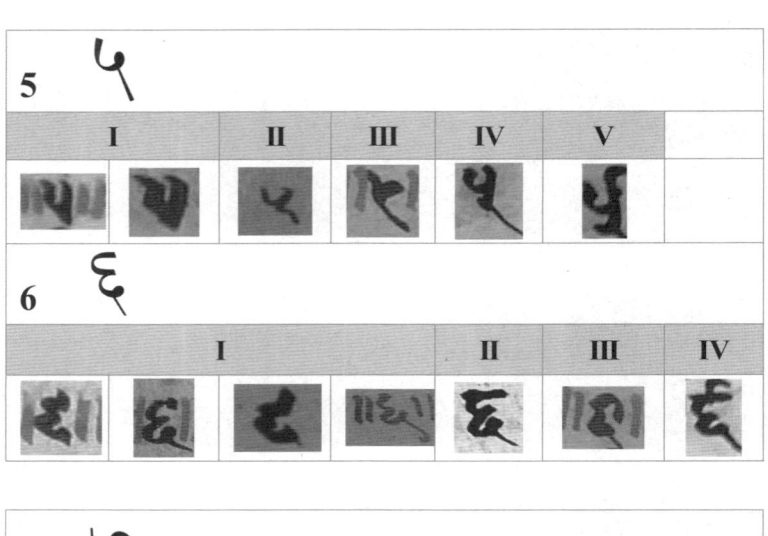

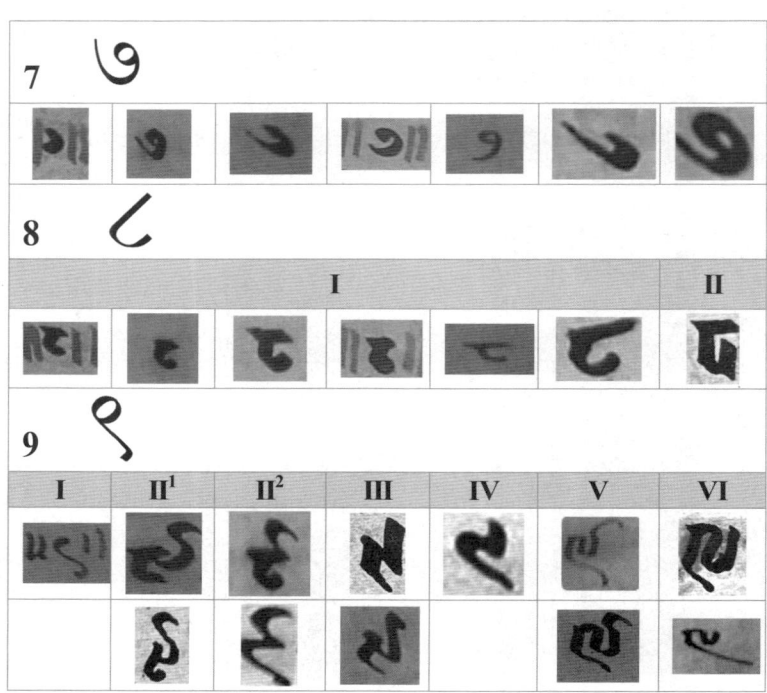

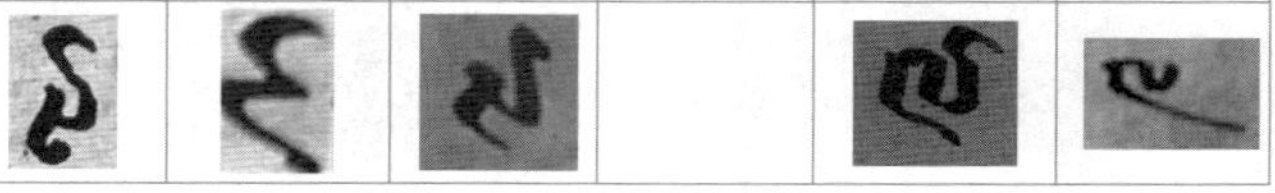

데바나가리 숫자 중에서 1, 2, 3, 4, 5의 경우, 거의 대부분 출판 서체와 비슷하지만 6, 9의 경우 약간의 차이도 발견된다. 하지만 폴리오의 일련 번호와 게송 번호는 연속적으로 매겨지므로 낯선 형태의 숫자가 발견될지라도 모두 판독가능하다. 숫자가 매겨진 부분은 콜로폰, 여백의 폴리오 번호, 게송 번호, 수정 기호 등이다.

1. 콜로폰의 필사 연도

(자세한 것은 제1부 '데바나가리 필사본의 구성과 특징' 항목을 참조)

(1) *Yogavāsiṣṭha*Ⓦ

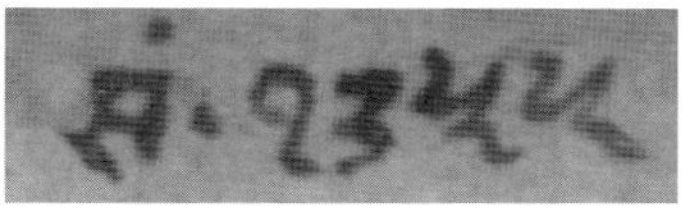

위 그림의 saṃ° 은 saṃvat력(曆)의 약호이므로 필사 시기는 saṃvat력 1355년으로 서기로 환산하면 1,299년이다.

(2)

Ⓦ

saṃvat 1795 caitraśu° 7 gu[586)]

'caitraśu śu°7'에서 'śu°7'는 'śudi 7'(제7일)의 약기(略記)이고 'gu'는 'guruvāsara'(목요일)의 약기이다.

586) saṃvat 1795 caitra-śudi 7 guruvāsare
'삼바뜨 력 1795년(A.D. 1739) 3~4월의 7일 목요일에… [필사했다.]'

(3) *Bhagavadgītā*Ⓐ

l.2 ···ḥ ‖ 18 ‖ śubham astu ‖ saṃva-

l.3 t ‖ 1731 ‖ samaya aṣā(!)

l.4 ḍhavadi prathamdīne liṣi(!)

l.5 taṃ kā···

위 그림의 경우 숫자는 두 번째 줄의 '18'과 세 번째 줄의 '1731'이다. '18'은 열 여덟 번째 게송이 끝났다는 것을 의미하고 '1731'은 필사 연도를 의미한다.

위 콜로폰에 따르면 이 사본의 필사 연도는 'saṃvat력 1731년'(서력 1675년)이고 필사 월(月)은 'āṣāḍha-vadi'(7-8월의 절반)이고 일자는 'prathama-dīna'(첫 번째 날)이다.

한편, 3번째 줄 끝부분의 'aṣā'는 'āṣā'(āṣāḍha)의 오기이고 4번째 줄의 마지막 글자 'ṣi'는 'khi'(likhitaṃ, 필사했다)의 오기이다.

(4)

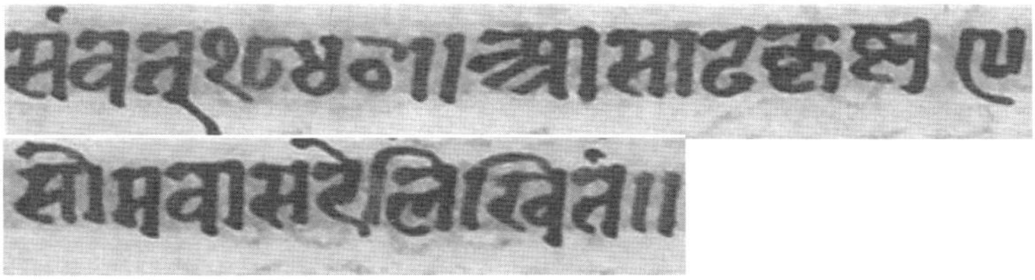

saṃvat 1840 ‖ āsāḍakṛṣṇa 9
somavāsare likhitaṃ ‖

'삼바뜨 1840력(A.D. 1784)년 āsāḍha(6~7월) 중에서 kṛṣṇa [-pakṣa](보름달에서 그믐달 사이의) 9일 somavāsare(월요일)에 필사했다.'

(5) *Saptasūtra* of Śaṅkara Ⓐ

l.1 … ‖ iti saptasūtrasamāpta ‖ śubham astu saṃvat
l. ‖ 1700 ‖ phāguṇāmāsa ‖ kṛṣṇapakṣe pūrṇamāsī śubhadine manikarṇi…

위 사본의 콜로폰은 서명(*Saptasūtra*)과 필사 연도(saṃvat 1700, 서력 1644년)와 월(phāguṇa-māse, kṛṣṇa-pakṣa, pūrṇamāsī, 2-3월 중에서 보름달에서 초승달까지의 15일 중 만월) 그리고 일자(śubha-dine, 상서로운 날)를 간략히 기록하고 있다.

(6)

 Ⓦ saṃvat 1792 (A.D. 1736)

2. 여백의 폴리오 번호

(1) *Jīvanmuktiviveka* of Vidyāraṇya Ⓐ

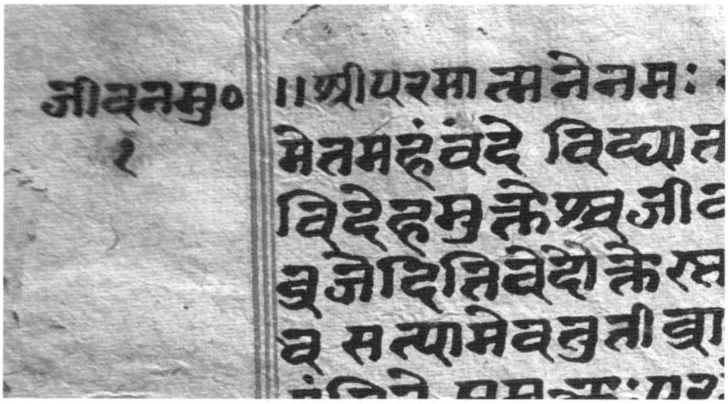

왼쪽 여백의 'jīvanmu°'(*Jīvanmuktiviveka*의 약자略字) 밑에 있는 숫자 '1'은 폴리오의 일련 번호이다. 폴리오 번호는 주로 필사본의 뒷면(verso) 왼쪽 여백의 상단에 있지만 오른쪽에도 병기된 예가 있으며 번호가 매겨지지 않은 경우도 적지 않다.

(2) *Sāṃkhya-tattvakaumudī* of Vācaspati Miśra Ⓐ

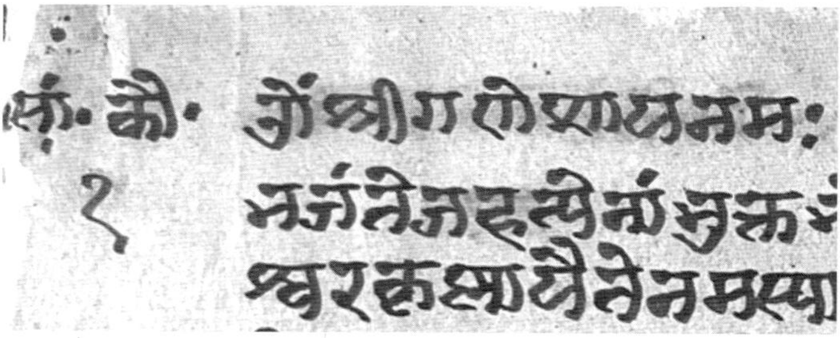

왼쪽 여백의 'sāṃ°kau°'는 '*Sāṃkhya-tattvakaumudī*'의 약호이고 숫자 '1'은 폴리오 번호이다.

(3) *Īśa-upaniṣaḍ* Ⓐ

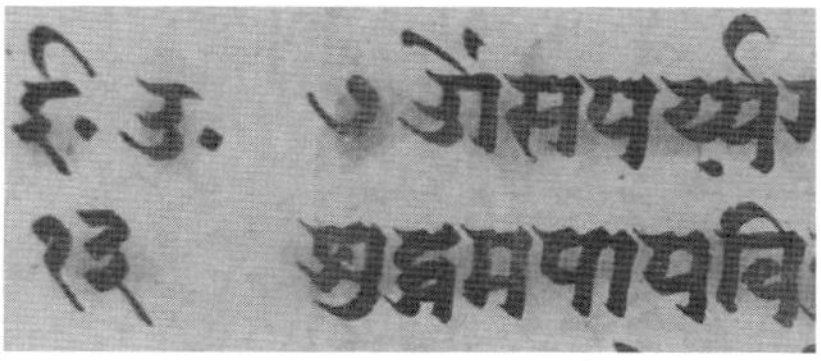

왼쪽 여백 첫 번째 줄의 'ī°u°'는 '*Īśa-upaniṣaḍ*'의 약자이고 '13'은 폴리오 번호이다.

(4) *Brahmasūtra*Ⓦ

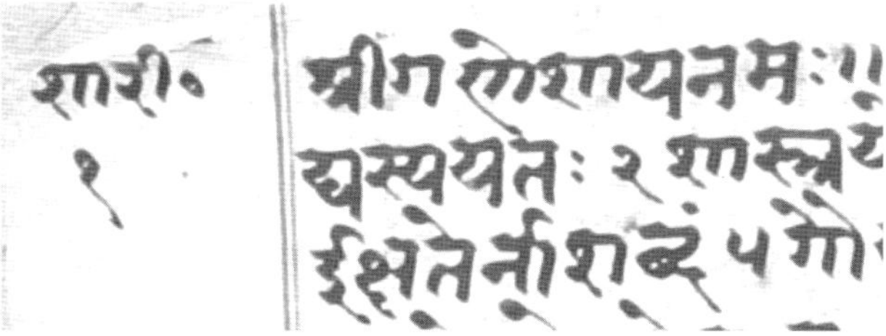

왼쪽 여백 상단의 'śārī°'는 *Śārīraka-mīmāṃsā* (= *Brahmasūtra*) 약자이고 숫자 1은 제1폴리오를 의미한다.

(5) *Haṭhapradīpikā*Ⓦ

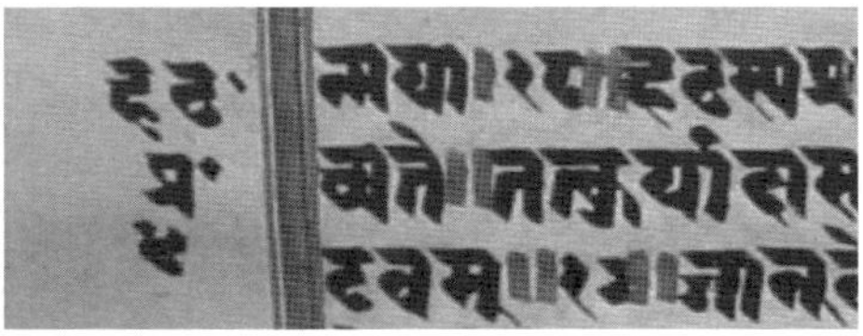

왼쪽 여백에 'haṭha°pra°'와 숫자 '4'가 표기되어 있는데 'haṭha°pra°'는 *Haṭhapradīpikā*의 약자이고 숫자 '4'는 폴리오 번호이다.

3. 본문의 게송 번호

(1) *Yogasūtra-ṭīkā* of Bhojadeva[Ⓦ]

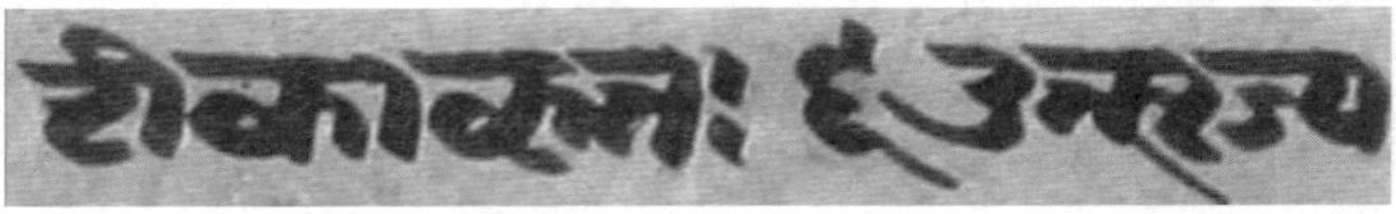

…ṭīkākṛtaḥ 6 utsṛjya[587] (*Yogasūtra-ṭīkā* of Bhojadeva[Ⓦ])

위 그림은 빠딴잘리의『요가경』에 대한 브호자데바의 주석 중 '주석의 동기 등'을 밝히는 부분 중 여섯 번째 문장이 끝났다는 것을 기록하는 숫자 6과 더불어 utsṛjya로 시작하는 빠딴잘리에 대한 새로운 찬송이 시작되는 부분이다.

(2) *Yogasūtra-ṭīkā* of Bhojadeva[Ⓦ]

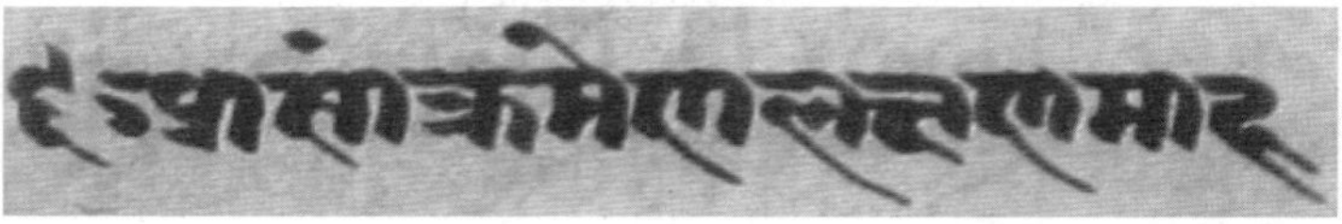

6 āsāṃ krameṇa lakṣaṇam āha[588]

위 그림 역시 브호자데바의 『요가경』 주석 중 여섯 번째 경문이 끝났다는 것과 더불어 직접 지각, 추리 등과 같은 바른 인식 수단들에 대해 차례대로 설명할 것이라는 내용을 담고 있다. 한편, 위 그림의 경우 필사본의 일반적 경향대로 띄어쓰기가 이루어지지 않았고 두 번째 음절 'ā'는 'ñprā'와 유사한 형태로 되어 있다.

---

587) '…[으로] 주석을 작성했노라 ‖6‖ …을 버리고서(utsṛjya)…'
588) '‖6‖ 이것들의(āsāṃ) 특성을 순서대로 말했다'

(3) *Upadeśasāhasrī*Ⓐ

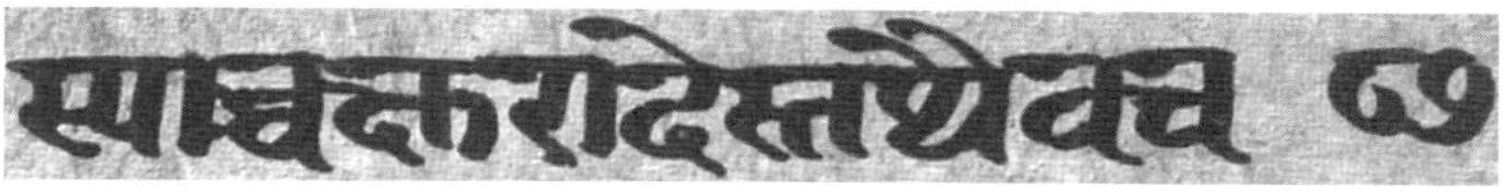

syāc cakṣurādes tathaiva ca 87 [589]

(4) *Yogasūtra-ṭīkā* of BhojadevaⓌ

2 iha khalu bhagavān pataṃjaliḥ [590]

(5) *Īśa-upaniṣad*Ⓐ

smarakṛtaṃ smara 15 [591]

(6) Unknown Scroll ManuscriptⒶ

42
43
44

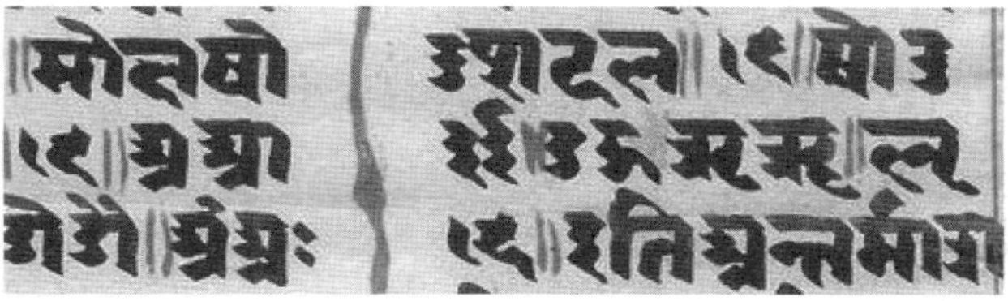

l. 42: mokṣaṣoḍaśadala 16 ṣoḍa ···
l. 43: 16 a ā i ī u ū ṛ ṝ ḷ ḹ ···
l. 44: o au aṃ aḥ 16 iti antarmātrā

---

589) '...일것이다. 그와 같이 눈(cakṣur)등의...||87||'
590) '||2|| 이제, 실로 바가반 빠땀잘리께서는···'
591) '행한 것을 기억하라, 기억하라. ||15||'

4. 글자 수정을 위한 숫자

(아래 예문에 대한 설명은 제2부 '오류 수정 유형' 항목을 참조)

(1) *Siddhāntakaumudī*Ⓐ

MS^{Ac} mukhanāsi^{2}sahi^{1}takayo

→ MS^{Pc} mukha**sahitanāsi**kayo[592]

(2) *Haṭhapradīppikā*Ⓐ

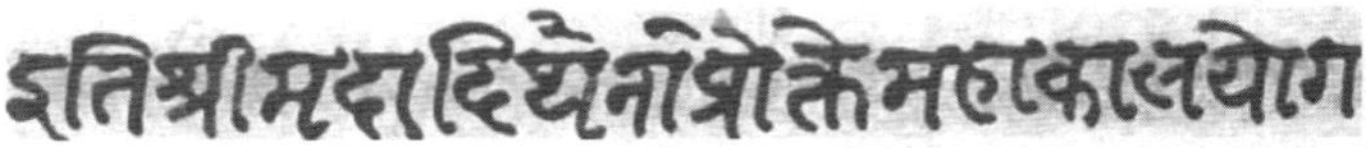

MS^{Ac} iti śrīmad āditha^{2}nā^{1}prokte mahākālayoga

→ MS^{Pc} iti śrīmad ādi**nātha**prokte mahākālayoga…[593]

(3)

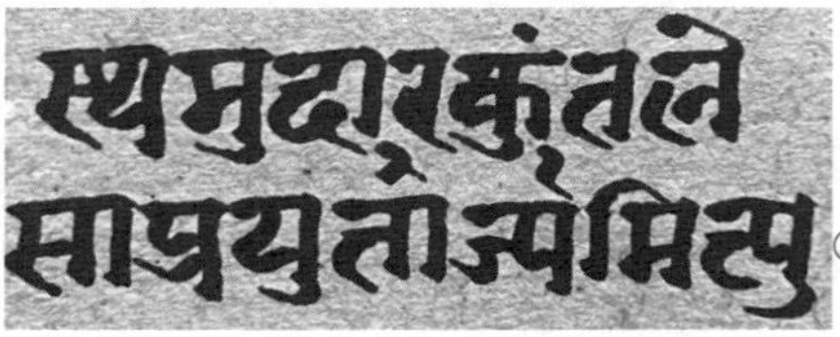
Ⓐ

MS^{Ac} *l*.2: sā prayutā^{2}jya^{1}m ity u…

→ MS^{Pc} *l*.2: sā prayu**jyatām** ity u…

---

592) '입과 연결된(sahita) 코…'

593) '이것으로 신령스러운 아디나타(ādinātha)께서 설파한 마하깔라요가[샤스뜨라]에서…'

(Ex.4)

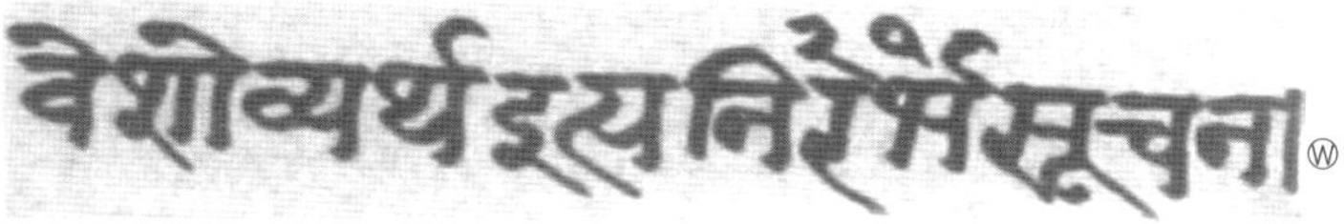

MS^{Ac} …veśo vyartha ity anira^{2}rbha^{1}sūcanā..

→ MS^{Pc} …veśo vyartha ity ani**rbhara**sūcanā..[594]

594) '…가 무의미하다는 것을 과도하지 않게(anirbhara) 지시하는…'

제5부 필사체 목록

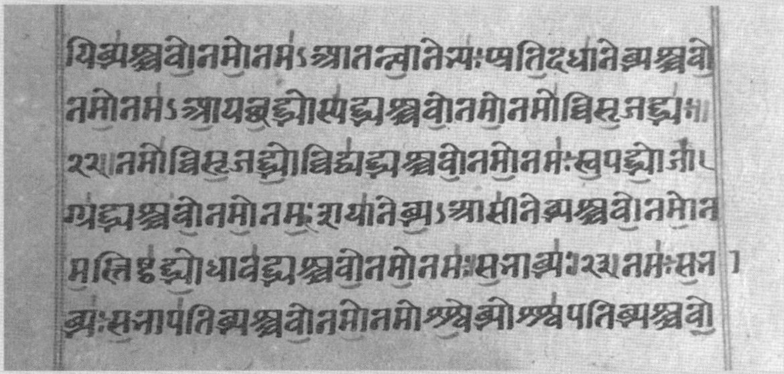

Yajur-veda. F.38rⒶ

1 yibbhyāś cca vo namo namaḥ ātannvānebhyaḥ pratidadhānebbhyāś cca vo

2 namo namaḥ āyachaddbhyo syaddhyaś ca vo namo namo vvisṛjaddbhyaḥ ||

2 22 || namo vvisṛjaddbhyo vvidyaddbhyaś ca vo namo namaḥ svapaddbhyo jā-

4 ggraddbhyaś ca vo namo namaḥ śayānebhya’āsīne-bhyaś cca vo namo na-

5 mas ttiṣṭhaddbhyo dhāvaddbhyaś cca vo namo namaḥ sabhābbhyaḥ 23 namaḥ sabhā-

6 bbhyaḥ sabhāpatibbhyaś cca vo namo namo {’}śśvebbhyo {’}śśvapatibbhyaś cca vo

모음 a, ā, i, ī, u, ū, ṛ, ṝ, ḷ, e, ai, o, au

자음과 결합자음

1. ka행 ka, kha, ga, gha, ṅa
2. ca행 ca, cha, ja, jha, ña
4. ṭa행 ṭa, ṭha, ḍa, ḍha, ṇa
5. ta행 ta, tha. da, dha, na
6. pa행 pa, pha. ba, bha, ma
7. 반모음 śa, ṣa sa
8. 기음 ha

숫자

0 1 2 3 4 5 6 7 8 9

도표의 약호

하형 : 모음 u가 아래에 붙은 형태
우형 : 모음 u가 오른쪽에 붙은 형태
좌 : 왼쪽에서 획이 시작하는 형태
중: 중앙에서 획이 시작하는 형태
우 : 오른쪽에서 획이 시작하는 형태
좌우 : 좌우로 결합된 자음
상하: 상하로 결합된 자음

모음

I. a, ā

a अ						
I	II	III	IV			
	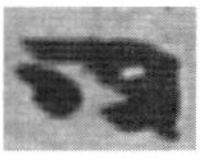					
	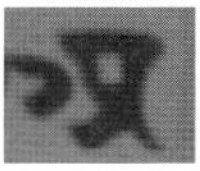					
ā आ						

II. i, ī

i इ						
I	II	III	IV			

ī ई						

III. u

1. 머리글자 (Initial bowel *u*)

u उ						
I		II^{1}	II^{2}	II^{3}	III	IV

2. 자음 뒤 (Diacritical bowel with *u*)

하형						
I^{1}	I^{2}	I^{3}	I^{4}	II^{1}	II^{2}	II^{3}
 ku	 gu	 jju	 hu	 hu	 hu	 hu
 ku	 su	 du	 hu	 hu	 hu	 hu

우형					
II^{1}			II^{2}	II^{3}	
 su	 śru	 kṣu	 kṣu	 kṣu	 ru
 śu	 su	 dhu	 dyu	 vyu	

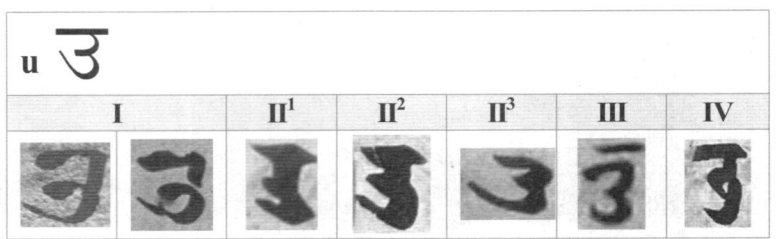

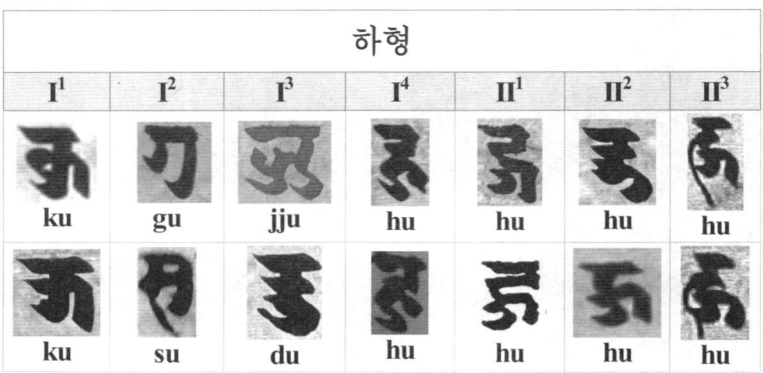

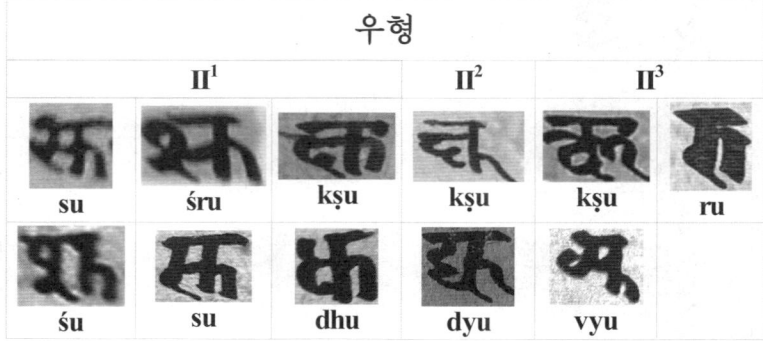

IV. ū

1. 머리글자 ū (Initial bowel *ū*)

ū 						
I^1			I^2			II

2. 자음 뒤 ū (Diacritical bowel with *ū*)

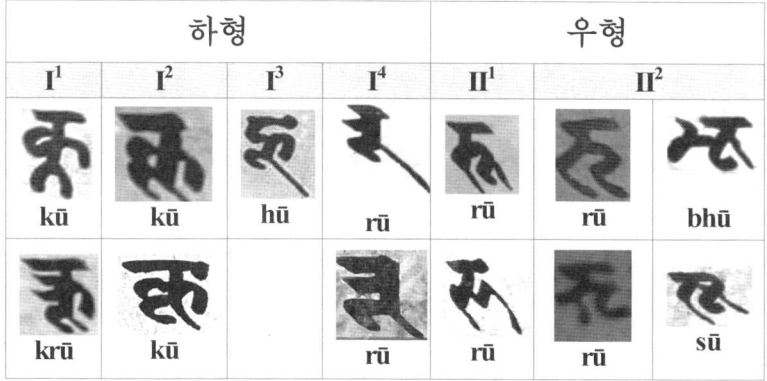

하형				우형		
I^1	I^2	I^3	I^4	II^1	II^2	
 kū	 kū	 hū	 rū	 rū	 rū	 bhū
 krū	 kū		 rū	 rū	 rū	 sū

3. u3

u3	

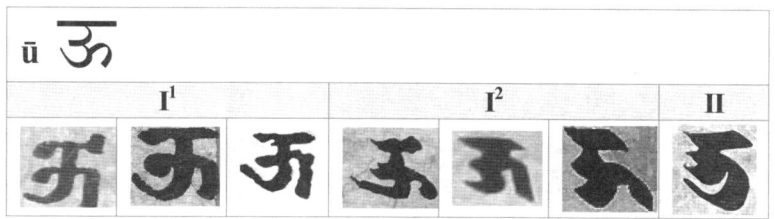

IV. ṛ, ṝ

1. 머리글자 ṛ, ṝ (Initial bowel *ṛ, ṝ*)

ṛ ऋ						
I^{1}	I^{2}	II^{1}	II^{2}	III		

ṝ						

2. 자음 뒤 ṛ, ṝ (Diacritical bowel with *ṛ, ṝ*)

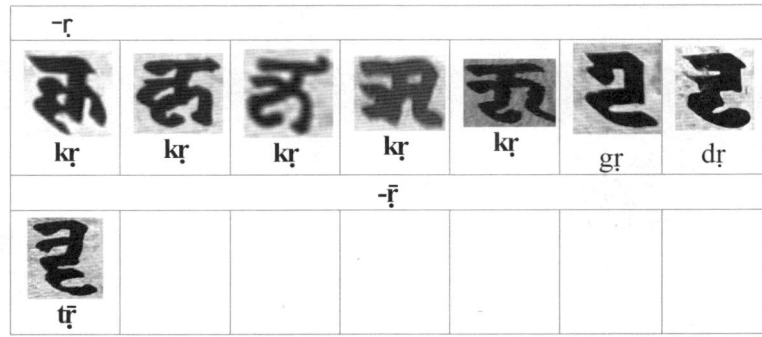

-ṛ						
 kṛ	 kṛ	 kṛ	 kṛ	 kṛ	 gṛ	 dṛ
-ṝ						
 tṝ						

VI. ḷ, ḹ

ḷ ऌ						

ḹ						

VII. e

e ए						
I^1	I^2		I^3	II		

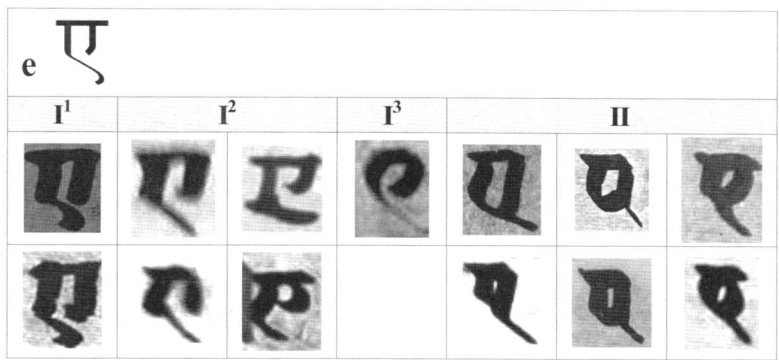

VIII. o

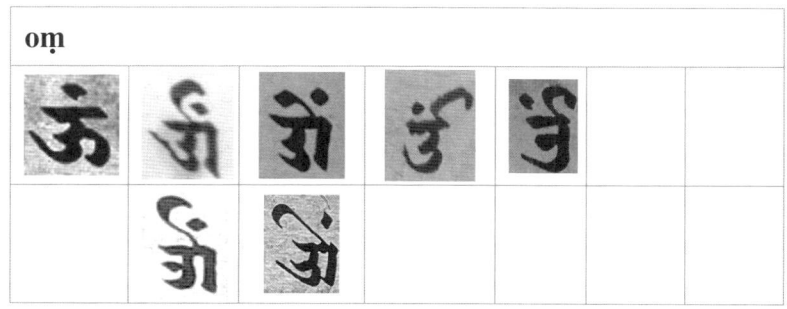

oṃ						

자음과 결합 자음

ka 행

I. ka

1. k क्

I^1		I^2	II			

2. ka क

I^1	I^2	II		III^1	III^2	IV

k-

	 kiṃ	 kai	 kā	 kā	 kai	

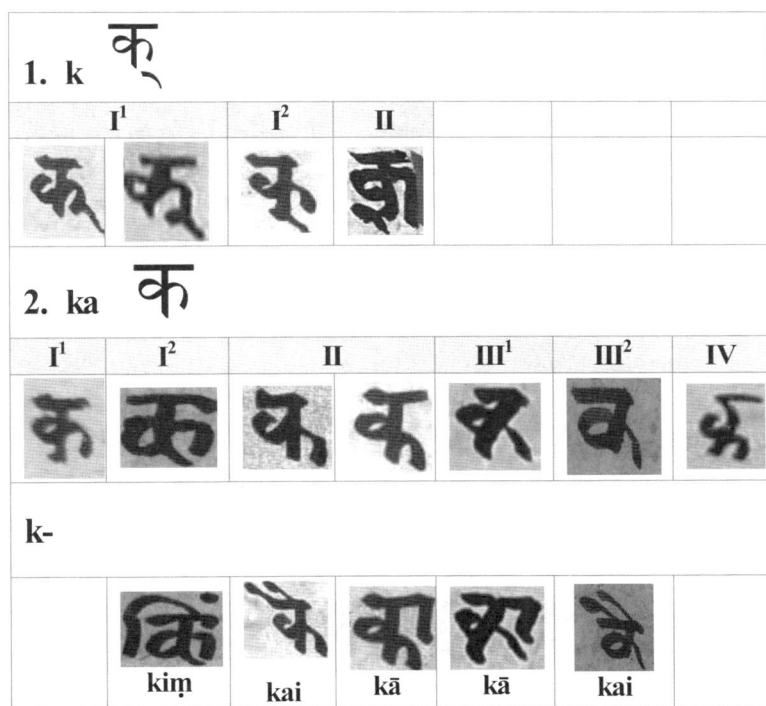

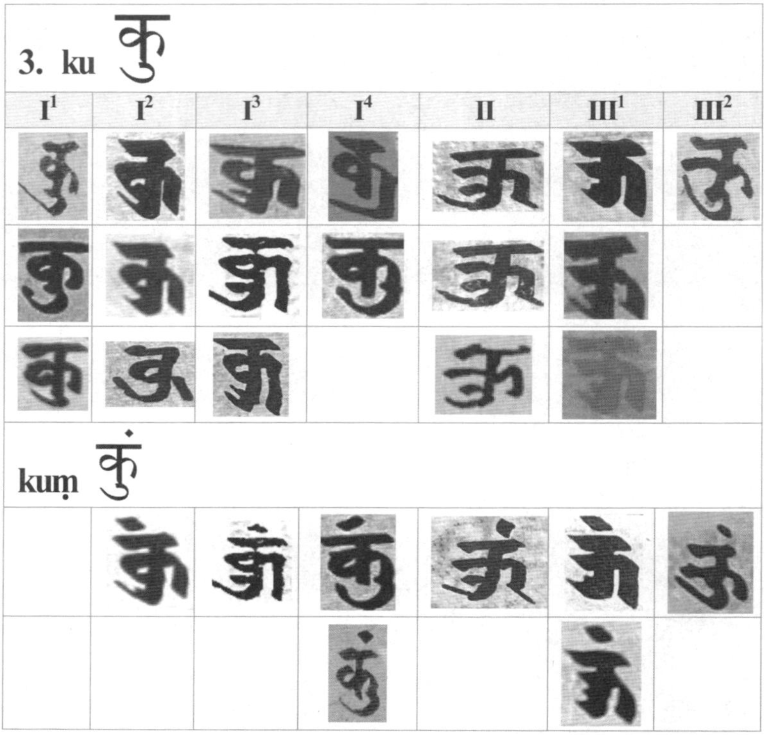
3. ku कु
I1
I2
I3
I4
II
III1
III2
kuṃ कुं

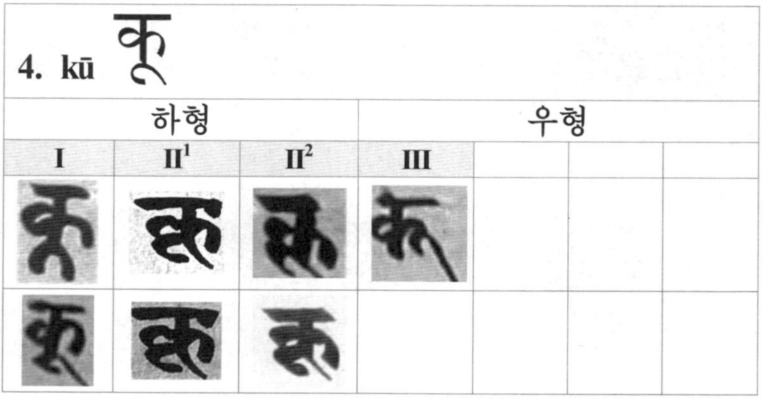
4. kū कू
하형
우형
I
II1
II2
III

5. kṛ कृ

I	II[1]	II[2]	II[3]	III[1]	III[2]	IV

					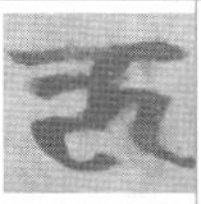	

-k-						
 kkṛ	 tkṛ	 tkṛ				
 kḷ						

6. kta क्त

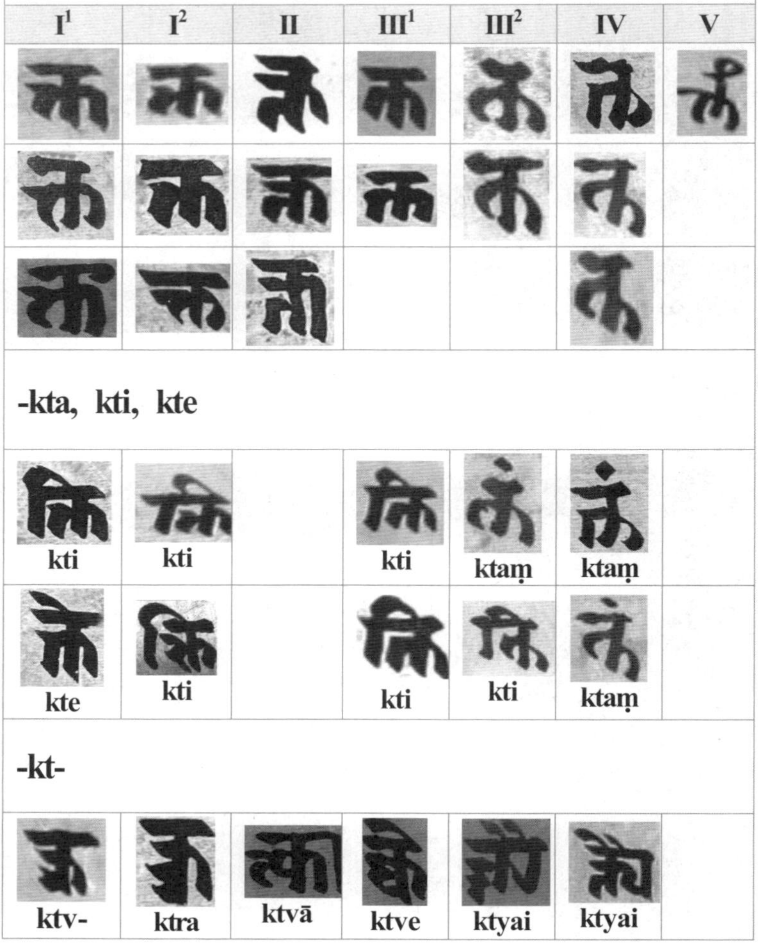
I1
I2
II
III1
III2
IV
V
-kta, kti, kte
kti
kti
kti
ktaṃ
ktaṃ
kte
kti
kti
kti
ktaṃ
-kt-
ktv-
ktra
ktvā
ktve
ktyai
ktyai

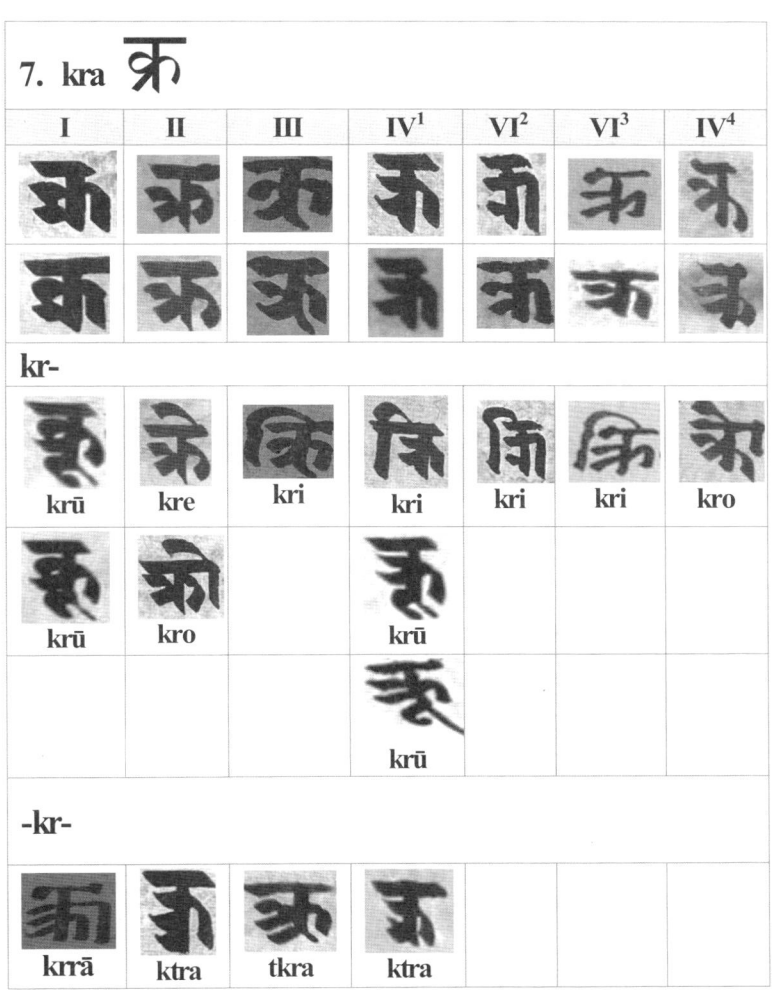

7. kra क्र

I	II	III	IV[1]	VI[2]	VI[3]	IV[4]

kr-						
 krū	 kre	 kri	 kri	 kri	 kri	 kro
 krū	 kro		 krū			
			 krū			
-kr-						
 krrā	 ktra	 tkra	 ktra			

10. kla क्ल

I	II					

kl-						
	 kli	 kli				
	 kle	 kle				

11. kva क्व

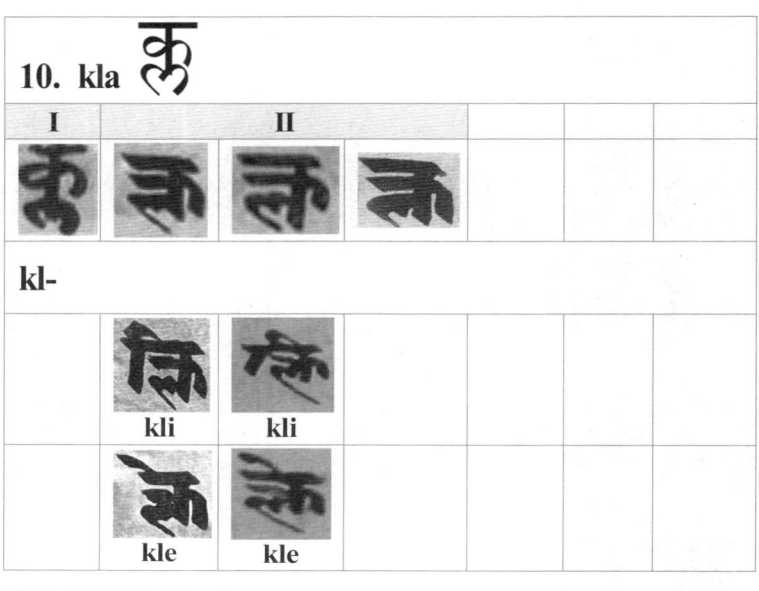

12. kṣa क्ष

A 그룹	B 그룹					
I	II	III	IV¹	IV²	V¹	V²
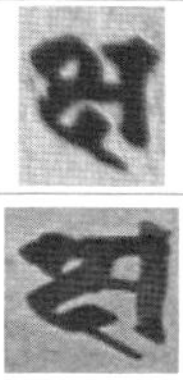	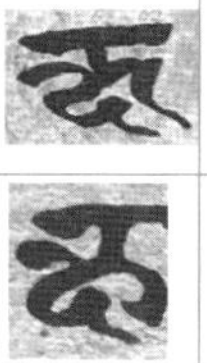	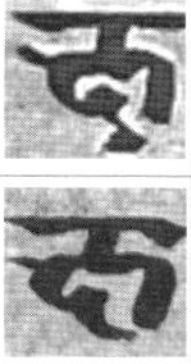				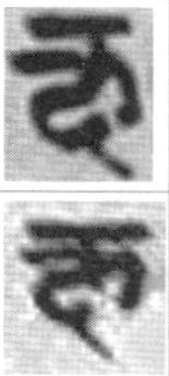
kṣ-						
 kṣu		 kṣe	 kṣya	 kṣṇu	 kṣu	 kṣya
C 그룹						
VI¹	VI²	VI³	VI⁴	VII	VIII	IX
			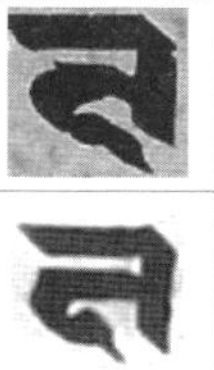	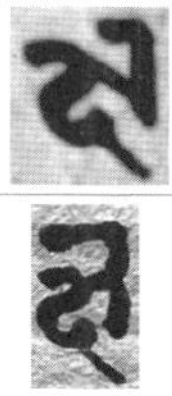	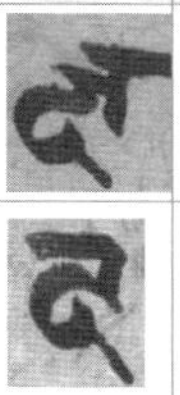	
			kṣ-			
 kṣva	 kṣya	 kṣmī	 kṣmī	 kṣu	 kṣī	 kṣya
D 그룹						
X						

13. kṣu क्षु

하형

I	II[1]	II[2]	II[3]	II[4]	III	

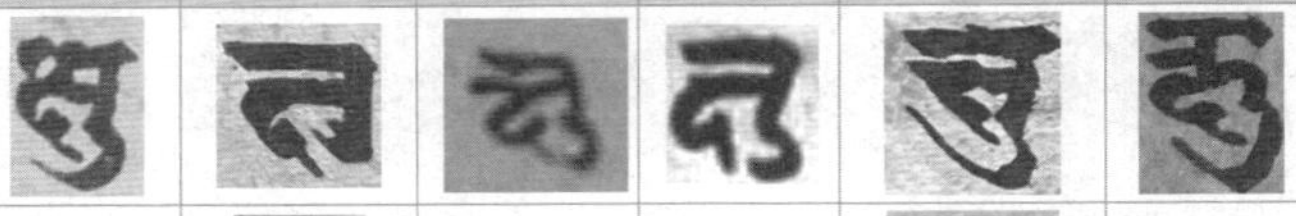

우형

IV[1]	IV[2]					

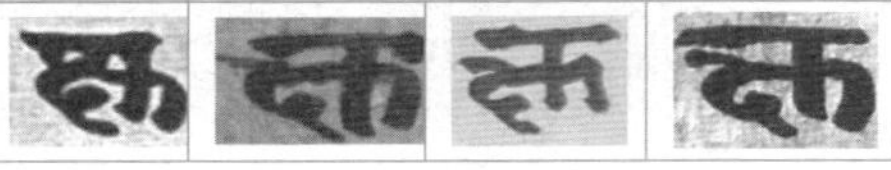

kṣ-

14. kṣma क्ष्म

I	II	III[1]	III[2]	III[3]	IV	V

kṣma	kṣma	kṣma	kṣma	kṣma	kṣma	kṣmī

15. kṣya क्ष्य

I	II	III	IV[1]	IV[2]	V	VI

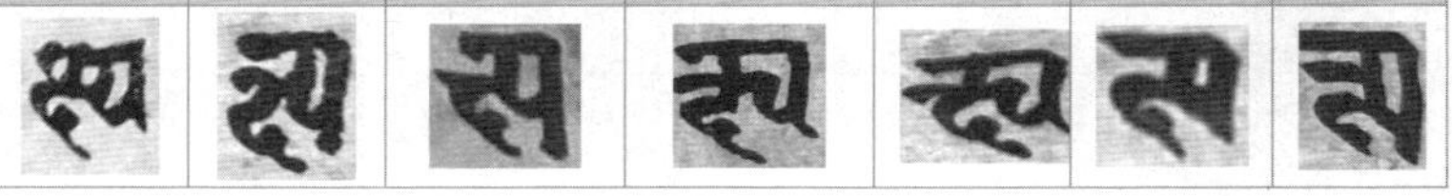

II. kha

kha ख						

III. ga

ga ग						
gu						
I	II[1]	II[2]				

-gu						
I	II					
 dgu	 dgu					
g-						
 gda	 gde	 ggnī	 ggra	 gdha	 grya	 grū
-g-						
 dgo	 dgra	 lgu	 dgra			

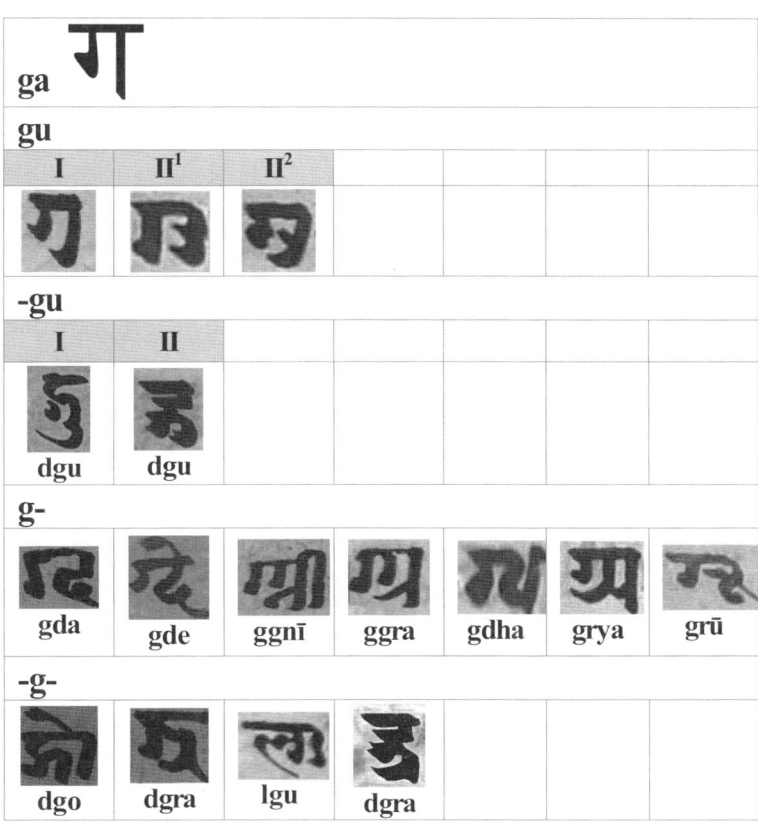

IV. gha

1. gha घ

I	II^1	II^2				

gh-						
 ghu	 gho	 gho				

ghna

I	II					

3. ghra घ्र

I		II				

V. ṇ-

ṅga ङ्ग						
I^1	I^2	II				

ṅg-						
 ṅgai	 ṅgu					
 ṅvā	 ṅma					

ca 행

I. ca च						
1. cca						

2. -ca (śca)						
I		II			III	

II cha छ						
I^{1}			I^{2}	III		
			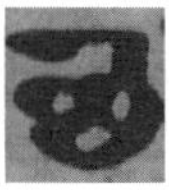			
1. ccha च्छ						
I	II	III	VI	V		

2. cch-						
	 cchru	 cchū	 cchaṃ			

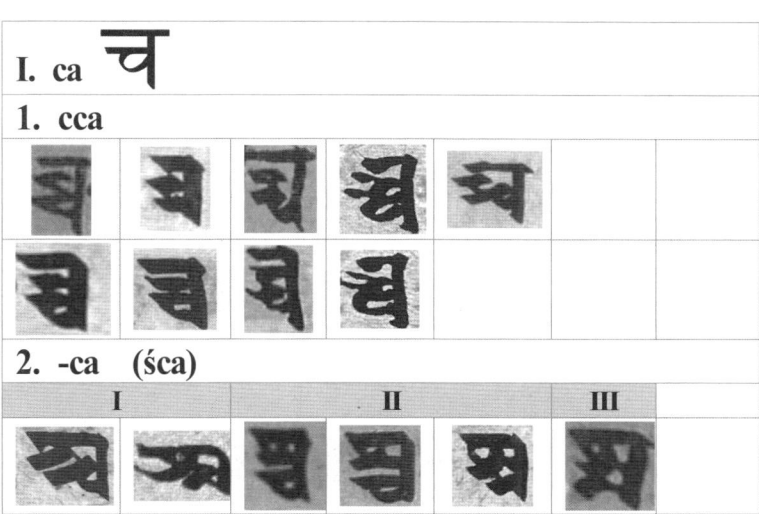

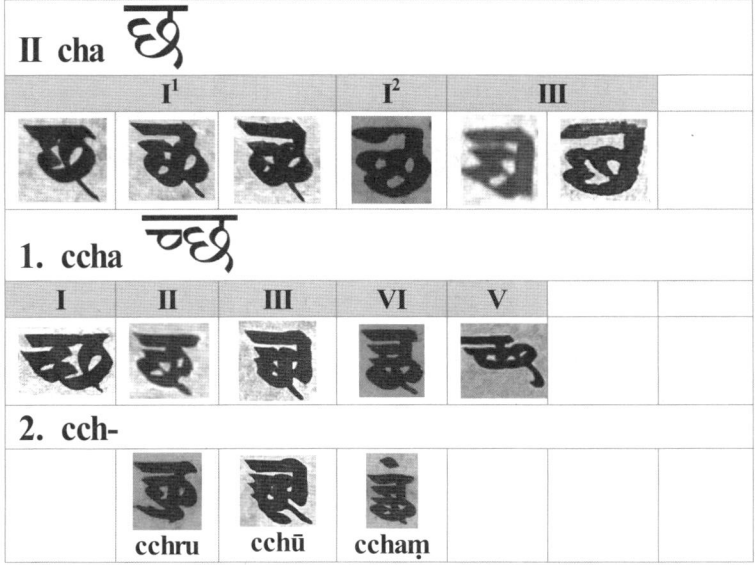

III. ja						
1. ja ज						
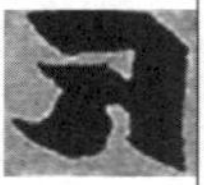						
2. jja ज्ज						
I	II	III	IV	V		

jj-						
 jjī		 jjā	 rjjyo	 jjā		
3. jju ज्जु						
I. 하형		II. 우형				

-jj-						
 rjju		 rjju				

4. jña ज्ञ						
I[1]	I[2]	II[1]	II[2]	III		

(jñā)						

5. jjñā ज्ज्ञा						

IV. jha झ						

jha-						
 jhaṃ	 jhra					

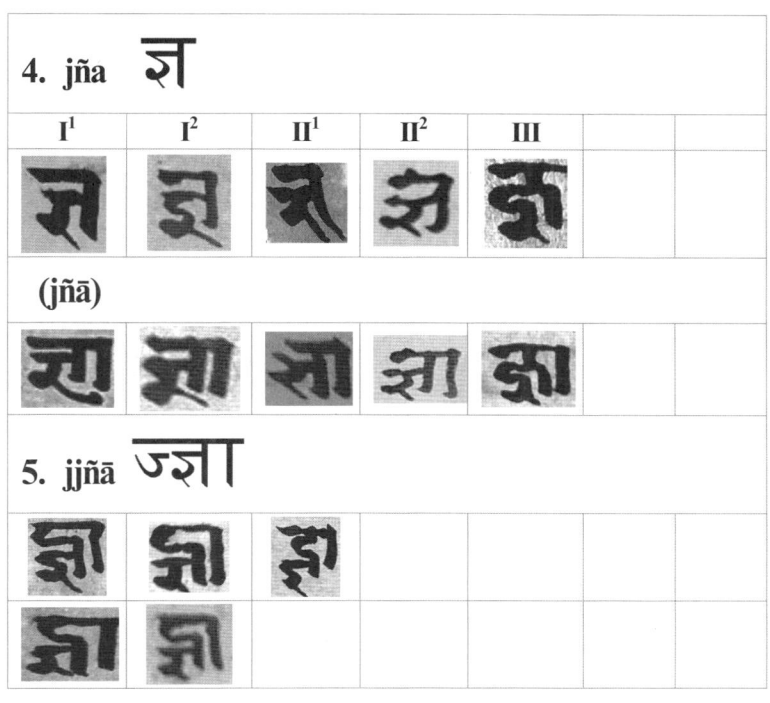

ṭa 행

I. ṭa ट

I¹			I²	II		

ṭ-						
 ṭā	 ṭu		 ṭu	 ṭi		

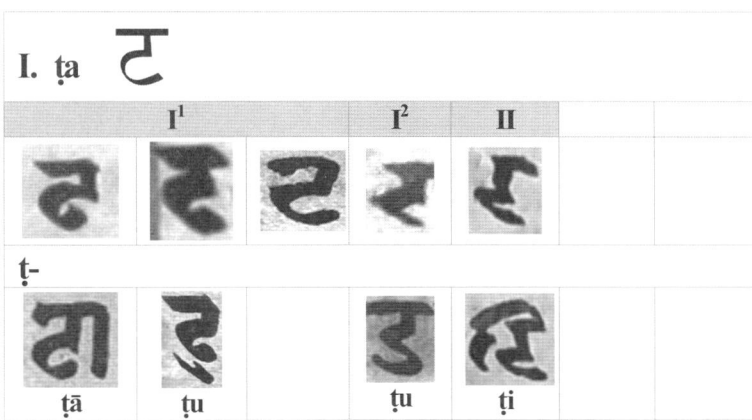

II. ṭha ठ

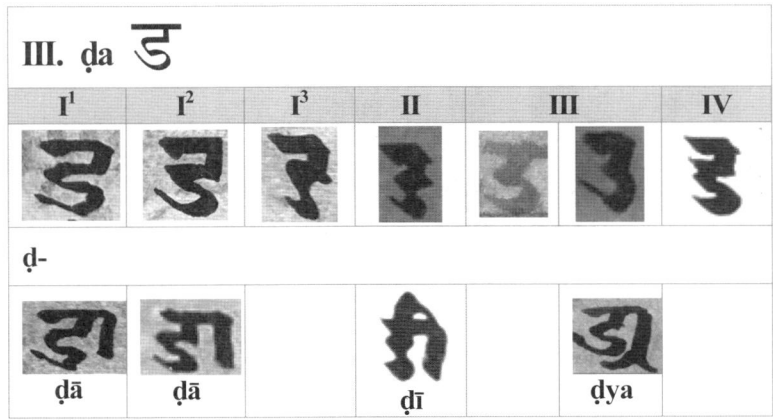

III. ḍa ड

I¹	I²	I³	II	III		IV
				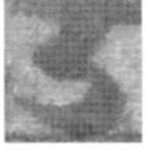		
ḍ-						
 ḍā	 ḍā		 ḍī		 ḍya	

IV. ḍha ढ

I		II				

ḍh-						
 ḍhe	 ḍhā		 ḍhā	 ḍhā		

V. ṇa

1. ṇa ण

I[1]	I[2]	I[3]	I[4]			

	 rṇī	 rṇā				

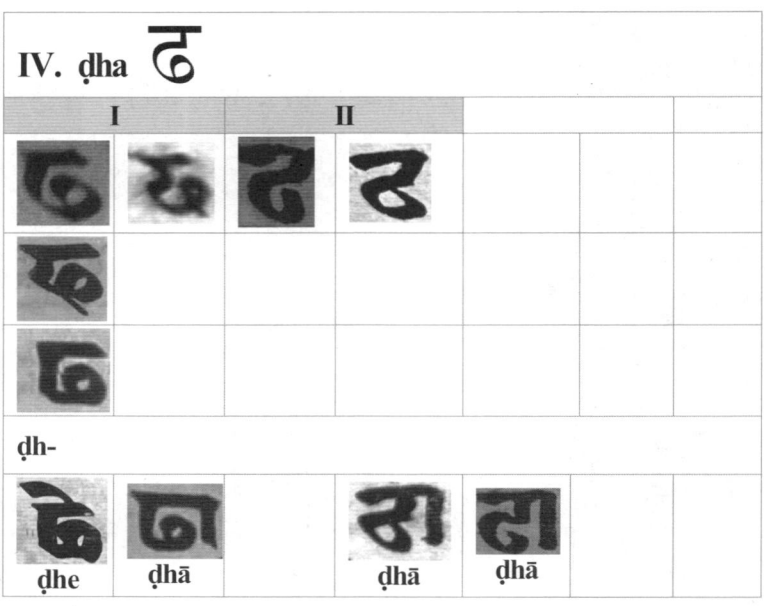

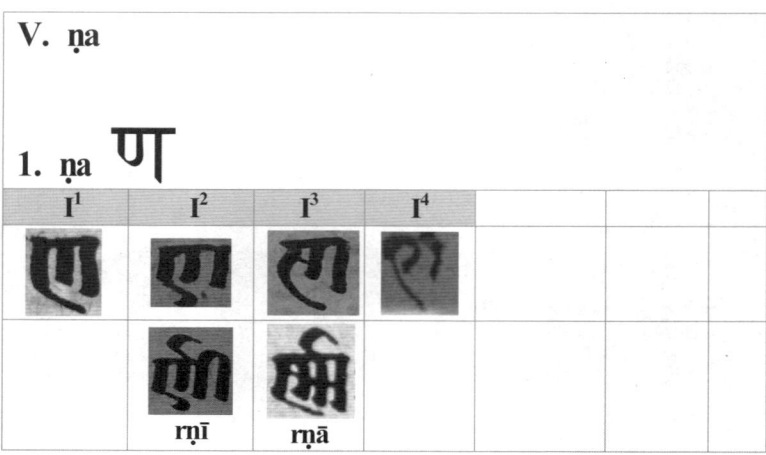

2. ṇu णु					
하형		우형			
I		II			

3. ṇ-					
 ṇḍu	 ṇḍu	 ṇṇa			

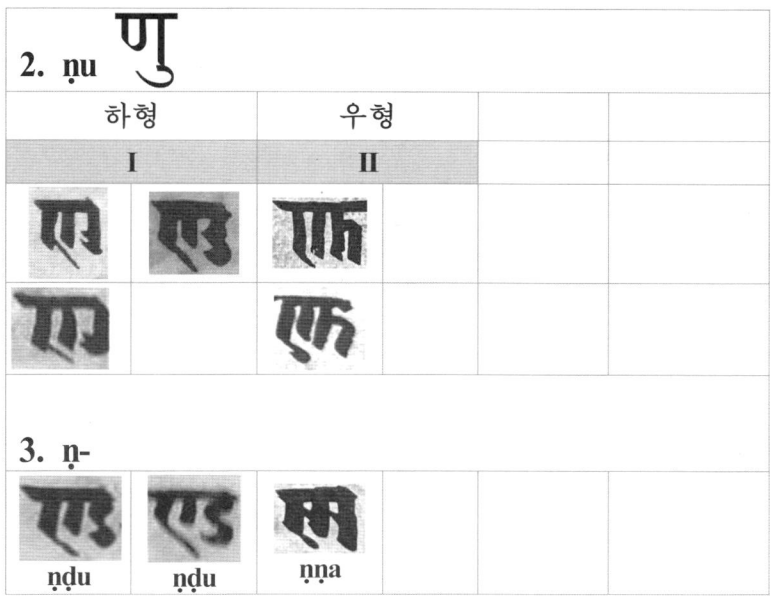

ta 행

I. ta त

1. t त्						
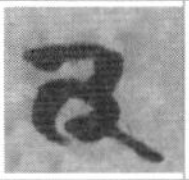						
2. tu तु						
하형			우형			
I^{1}	I^{2}	I^{3}	II			

-tu						
하형			우형			
I		II	III			
 stu	 stu	 stu	 stu	 stu		
			 stu	 stu		

3. tṛ तृ						
I	II	III	IV			

-tṛ						
 ktṛ	 rttṛ	 rttṛ	 rtṛ			
4. tṝ						

t- (tk-)						
 tka	 tku	 tkra	 tkṛ			

5. tta त						
I	II	III				

-ttu						

-tt-						
 stto	 sttu					

tm- (tma) त्म						
		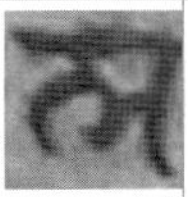				
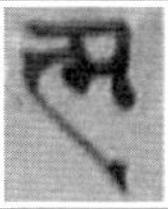						

6. tyu त्यु

하형			우형		
I			II		

7. tra त्र

tr-						
 tre	 trā	 tra	 tru	 tre	 tre	 trā

8. tva त्व

I	II[1]	II[2]				

-tv-						
 ktvā	 ktve		 sttvā	 sttvā		
ts-						
 tsmṛ	 tsṛ	 tkra	 tsṛ	 tsra		

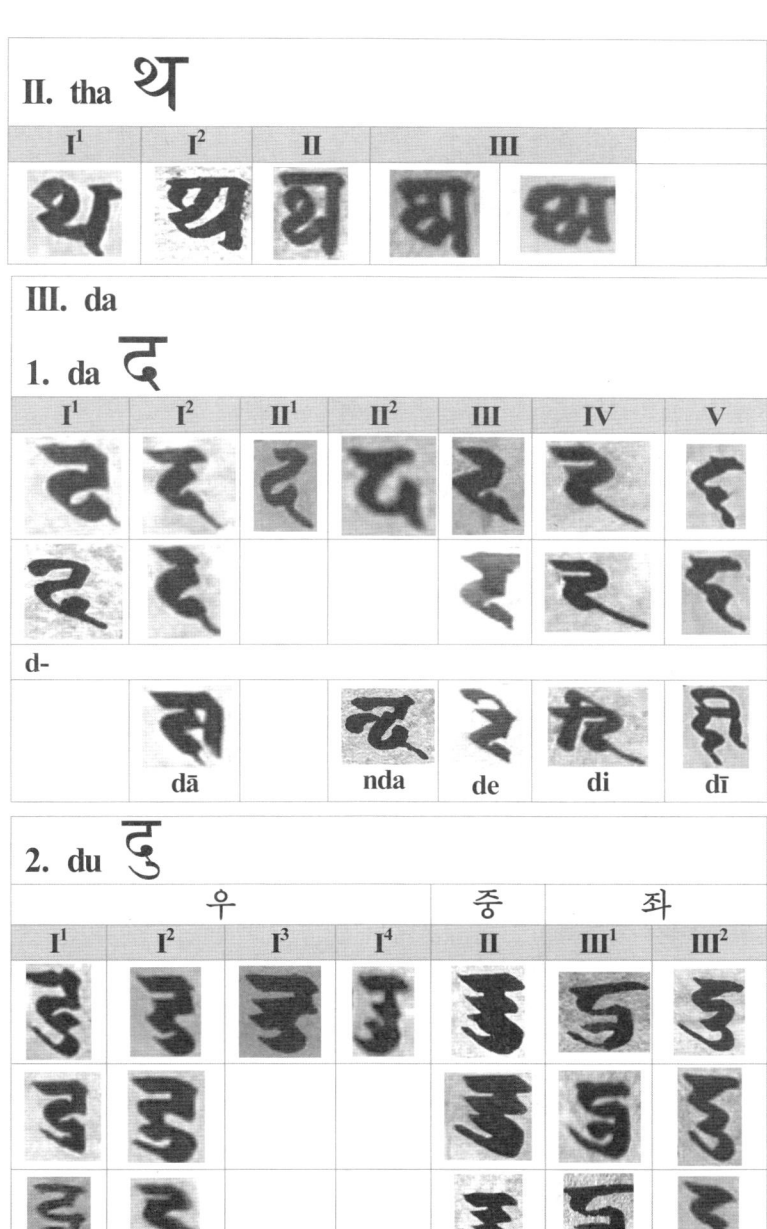

II. tha थ

I1	I2	II	III		

III. da

1. da द

I1	I2	II1	II2	III	IV	V
			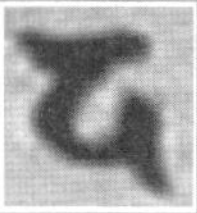		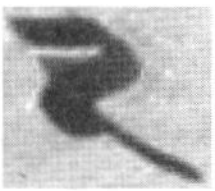	

d-						
	 dā		 nda	 de	 di	 dī

2. du दु

우				중	좌	
I1	I2	I3	I4	II	III1	III2

3. dū 

I	II	III				
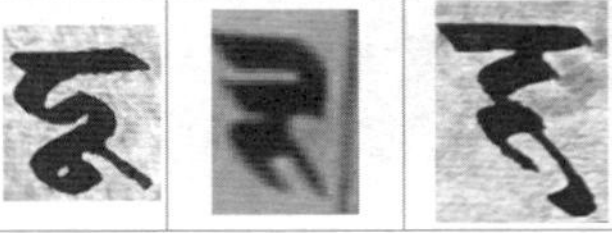						

4. dṛ 

I	II[1]	II[2]				

	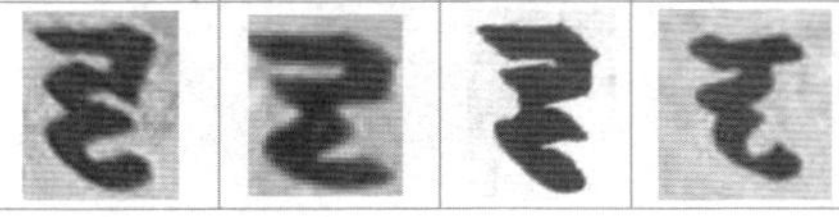					

5. dg-

(1) dga 

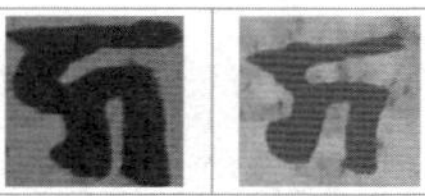						

(2) dgu 

좌		우				
I		II[1]	II[2]			

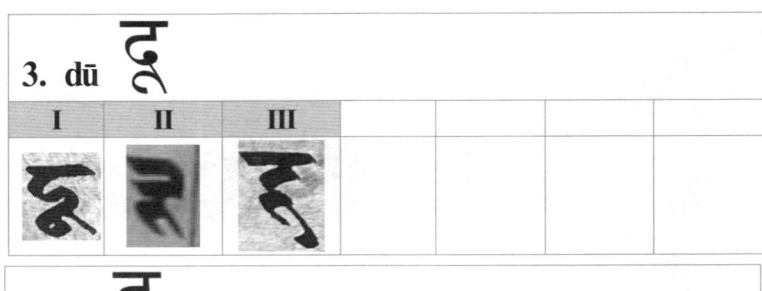

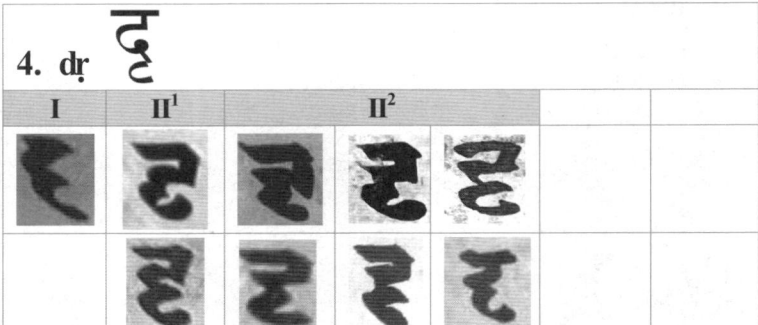

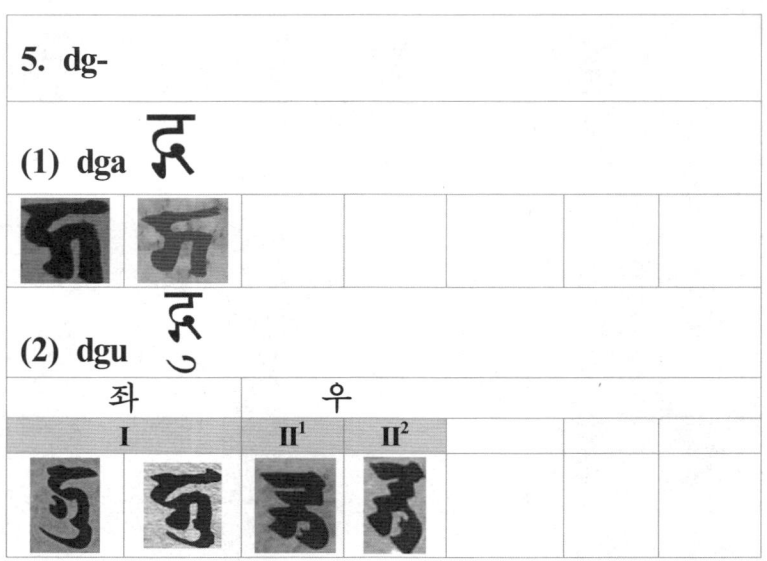

(3) dgo द्गो						

(4) dgra द्ग्र						

(5) -d						
 **nda**	 **bda**	 **bda**	 **bda**	 **dghrā**		

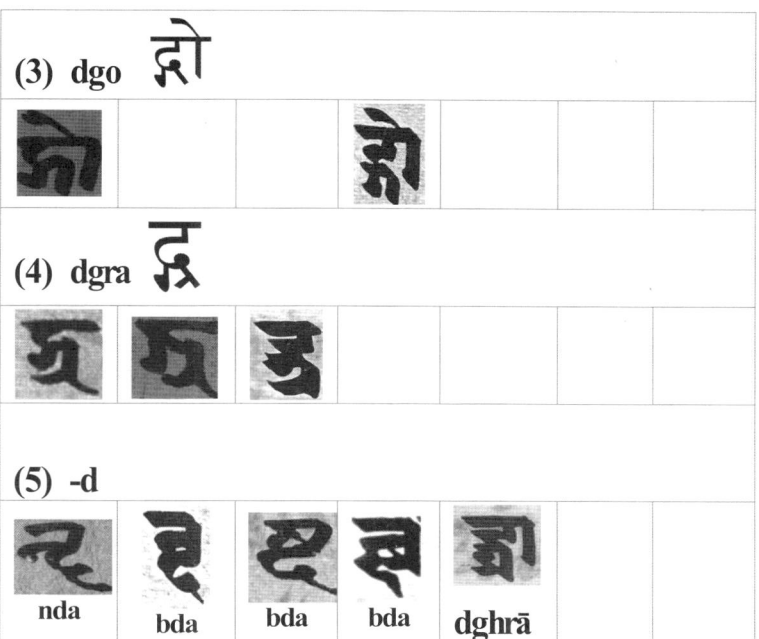

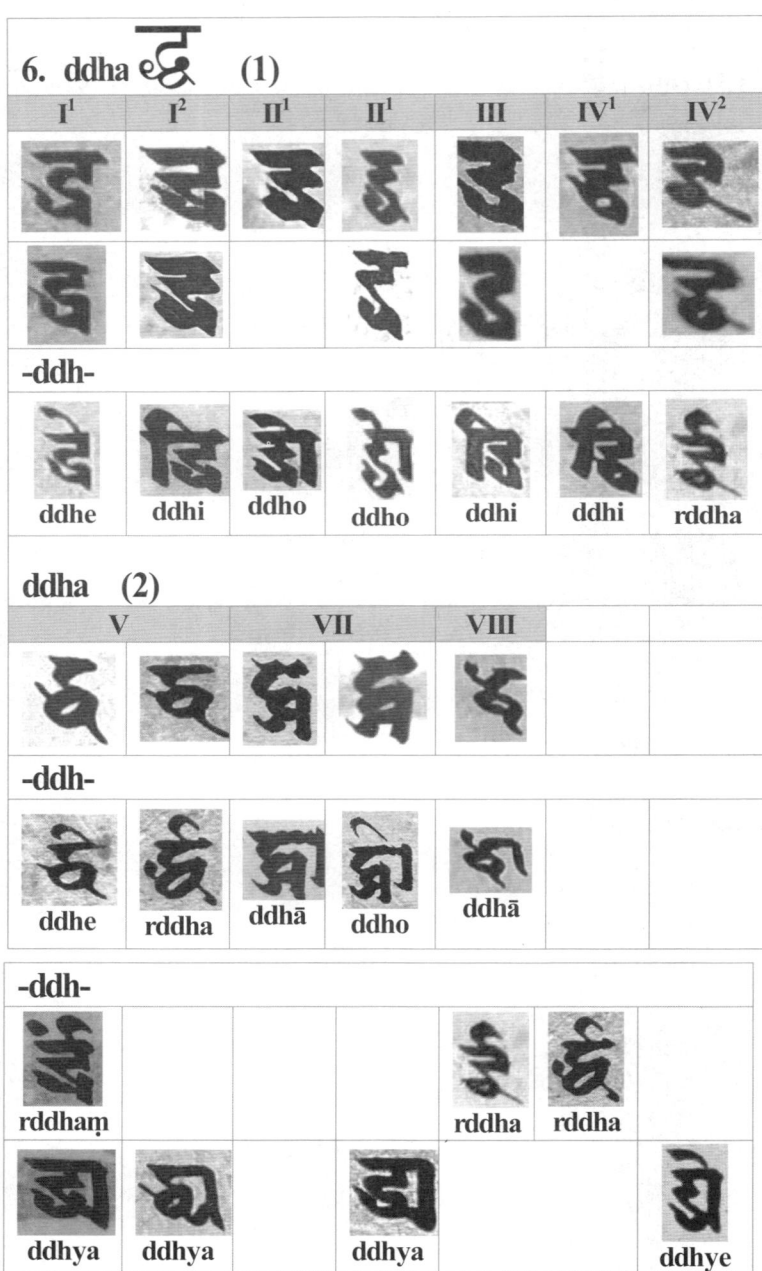

6. ddha  (1)

I[1]	I[2]	II[1]	II[1]	III	IV[1]	IV[2]

-ddh-						
 ddhe	 ddhi	 ddho	 ddho	 ddhi	 ddhi	 rddha

ddha (2)

V		VII		VIII		

-ddh-						
 ddhe	 rddha	 ddhā	 ddho	 ddhā		

-ddh-						
 rddhaṃ				 rddha	 rddha	
 ddhya	 ddhya		 ddhya			 ddhye

7. dbha 

I[1]	I[2]	II[1]		II[2]		

dbh-						
 dbhṛ	 dbhi			 dbhā		

dbhū

I	II	III				

8. dma 

I	II					

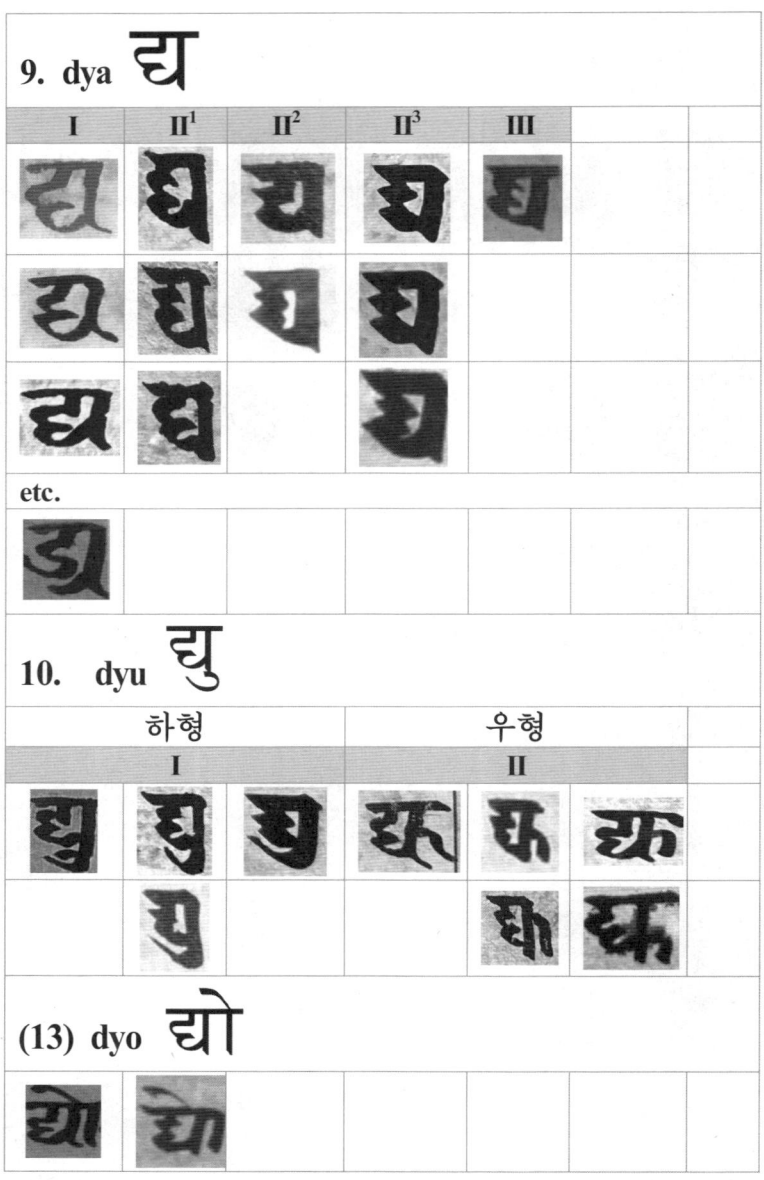

9. dya द्य

I	II[1]	II[2]	II[3]	III		

etc.						

10. dyu द्यु

하형			우형			
I			**II**			

(13) dyo द्यो

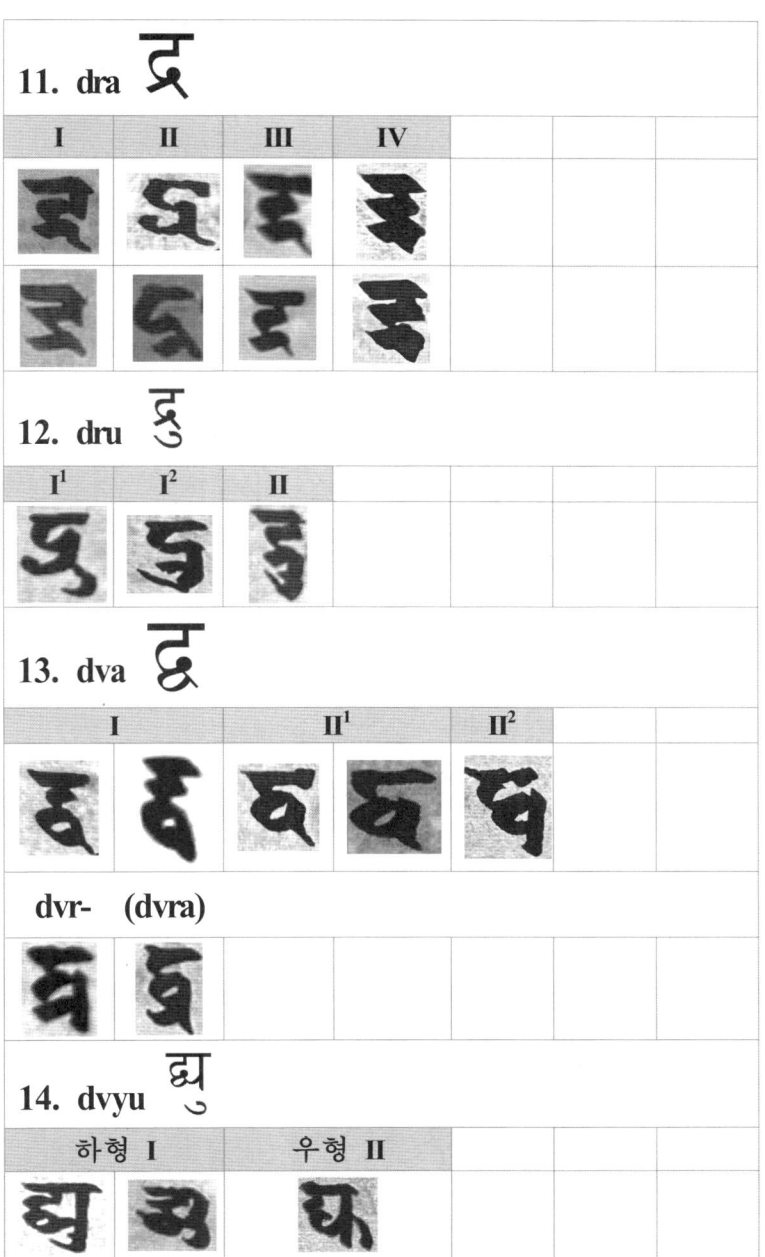

11. dra द्र

I	II	III	IV			

12. dru द्रु

I[1]	I[2]	II				

13. dva द्व

I		II[1]		II[2]		

dvr- (dvra)

14. dvyu द्व्यु

하형 I		우형 II				

IV. dha

1. dha 

I^1	I^2	I^3	II	III		

dh-

 dhā	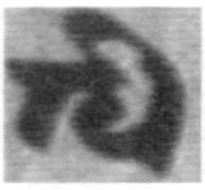 dhi	 dhu	 dhā			
 dhī	 dhū	 dhā	 dhā			
 dho		 dhṛ	 dho			

2. dhu 

I 하형		II 우형				
I^1	I^2	II^1	II^2			

3. dhru ध्रु

하형		우형				
I[1]	I[2]	II[1]	II[2]	II[3]		

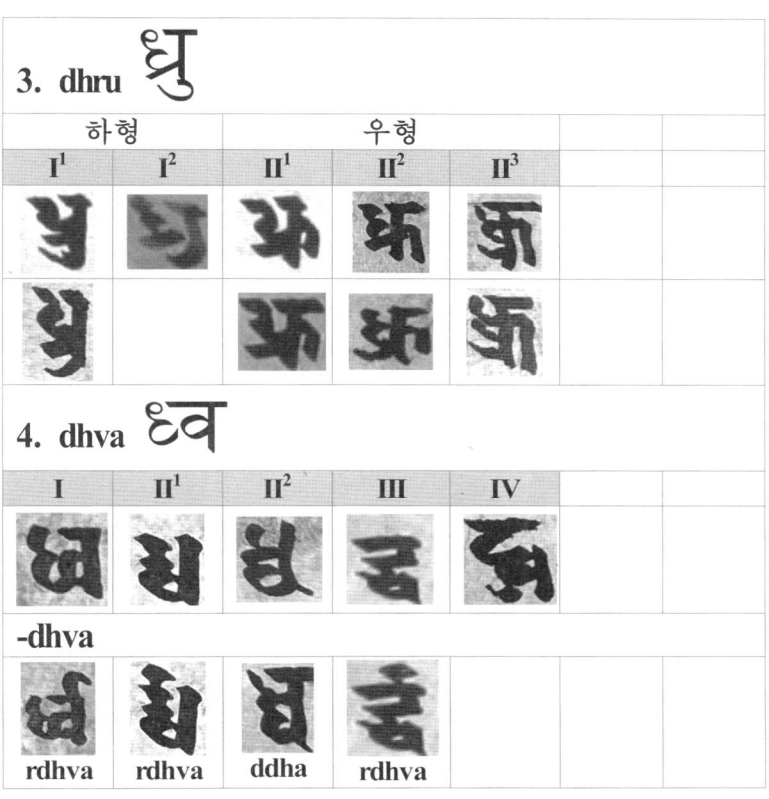

4. dhva ध्व

I	II[1]	II[2]	III	IV		

-dhva

 rdhva	 rdhva	 ddha	 rdhva			

V. na न

1. n						

2. nda न्द						
I[1]	**I[2]**	**II**				

3. nna न्न						
좌우		상하				
I[1]	**I[2]**	**II[1]**	**II[2]**	**II[3]**	**II[4]**	

4. -n-						
 **nka**	 **nnai**	 **nbha**	 **nrū**	 **nsu**		

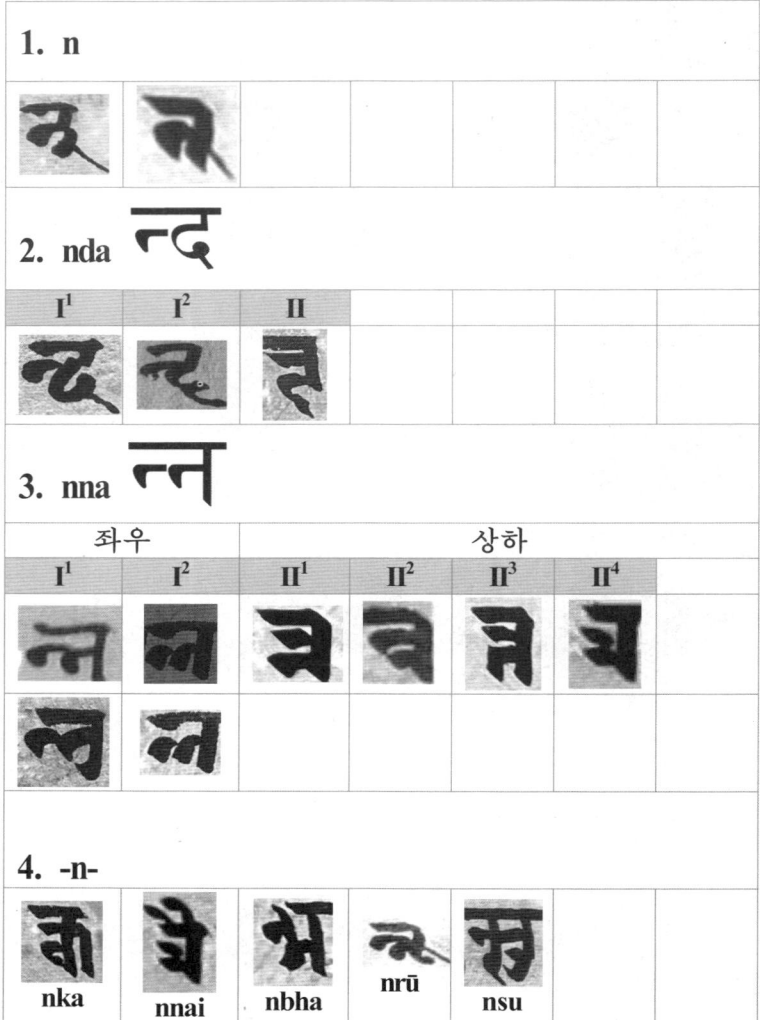

pa 행

I. pa प						
pu						

pū						
I^1	I^2	I^3	I^4			

pṛ						

II. pha फ						

phu						

-ph-						
 sphu	 sphu	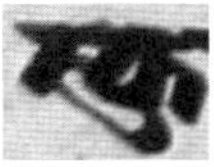 sphu				

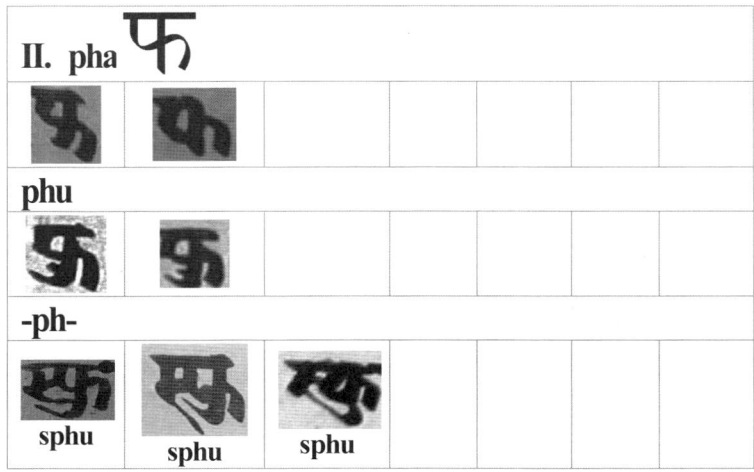

III. ब

1. bda ब्द

I	II	III	IV			

2. bdha

IV. bha भ

I	II[1]	II[2]	III			

1. bh-

 bhū	 bhya	 bhi	 bhā	 bhu		

2. bhū भू

하형			우형			
I[1]	I[2]	I[3]	II			

3. bhru भ्रु

하형		우형				
I		II				

4. -bhr-

 rbhra	 rbhra					

5. -bh-

 dbhu	 dbhū	 dbhṛ	 bbhyo	 dbhū	 dbhū	

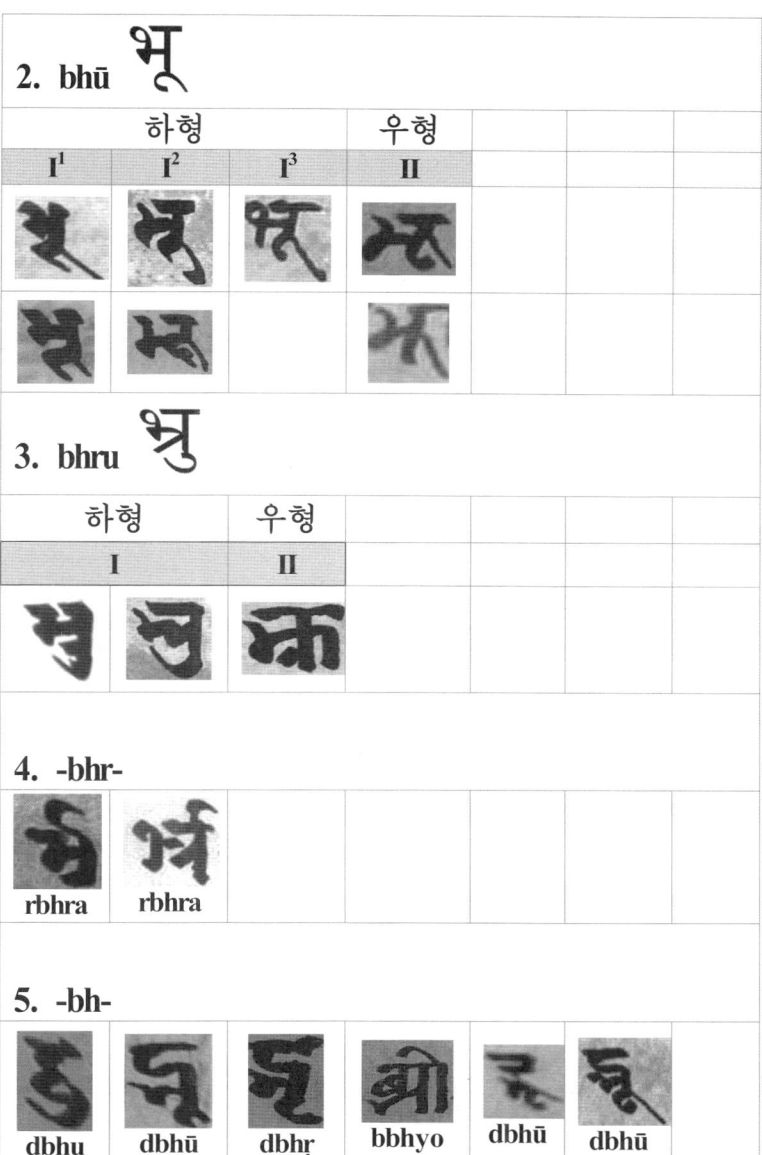

V. m						

mu मु						
I^1	**I^2**	**I^3**	**I^4**			

-m-						
 **tma**	 **rmma**	 **smṛ**	 **mlā**			

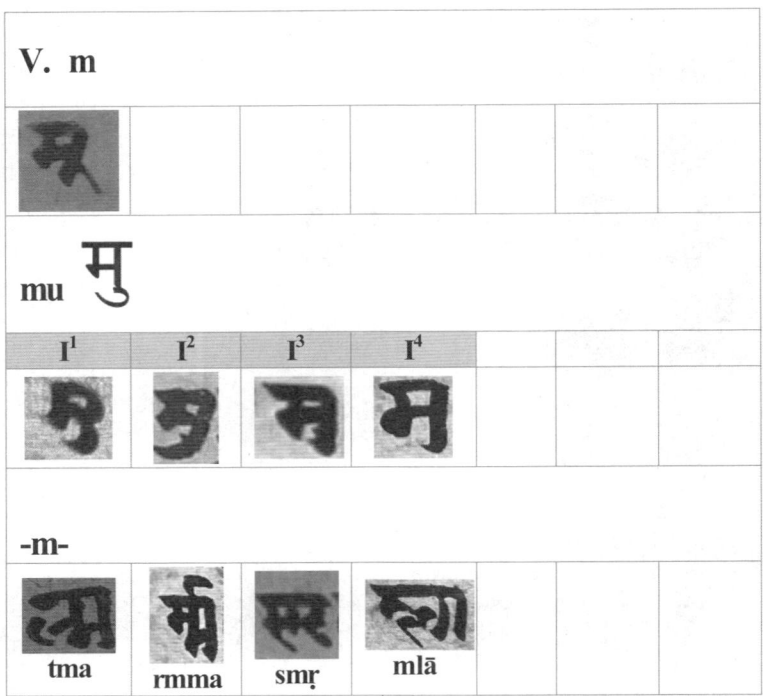

반모음 (ya, ra, la, va)

I. ya

1. य

I		II				

-ya

dya	dya	dya	hya		hya	hya

2. -yu

하		우				

tyu	hyu	hyu	tyu	tyu		

3. yū यू

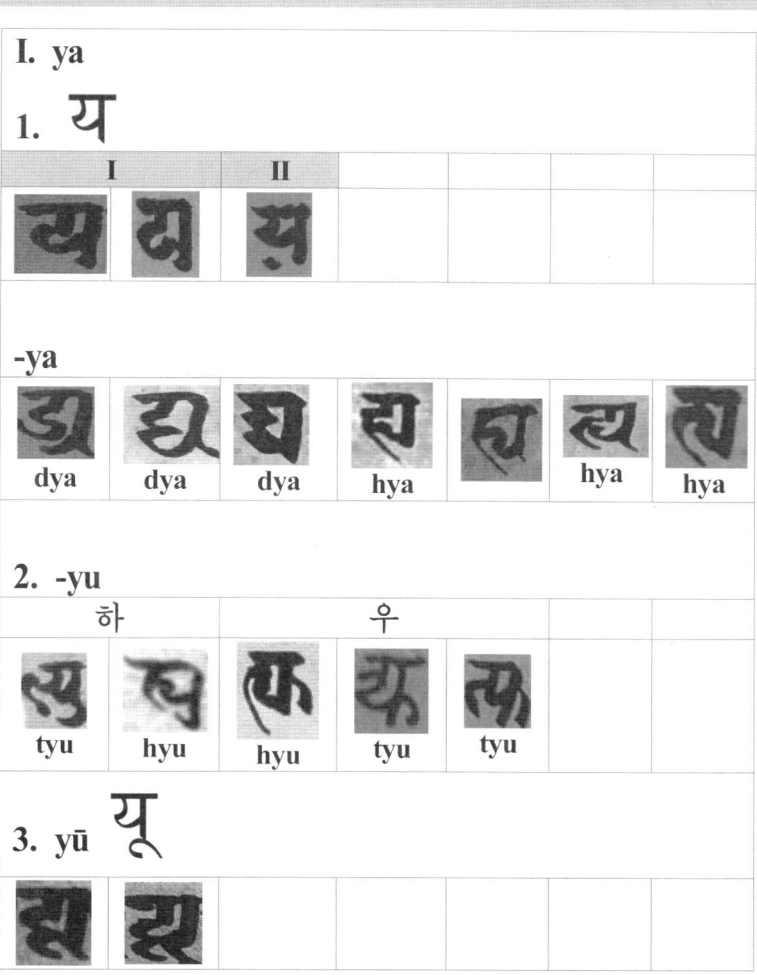

II. ra

1. ra र

I^1	I^2	I^3	II	III		

-ra						
 hra	 hra	 hra	 hra	 rbhra	 rbhra	

2. ru रु

I^1	I^2	I^3				

ruṃ						

3. rū 

우형		하형				
I[1]	I[2]	II[1]	II[2]	II[3]		

	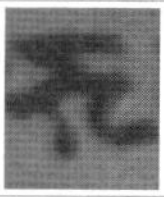					

4. -r-

 rvṛ(rbṛ)	 rmma	 rvva	 rdhru	 rhṛ	 rhra	 rṇā
 rddhaṃ	 rddha	 rbhra	 rdda	 rvva	 rcca	 rddha

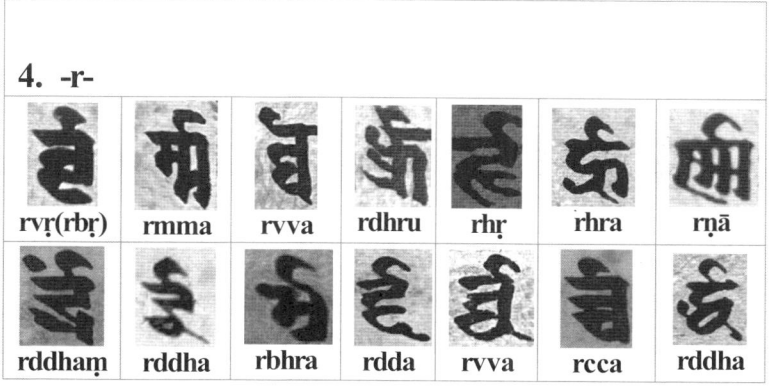

III. la

la ल

I^1	I^2	II^1	II^2	II		

l-						
 lū		 lu				
 lgu	 lyaṃ		 lma		 lla	

IV. va

1. va व						
v- (vṛ)						

-v- (vyu)						
하형		우형				
 dvyu	 dvyu	 dvyu	 vyu			
-v- (vra)						

vv-						
 vvṛ	 vvi	 vvya	 vvrā			
-v-						
 rvṛ(rbṛ)	 sva	 tsva	 rvva			

치찰음 (śa, ṣa, sa)

I. Śa

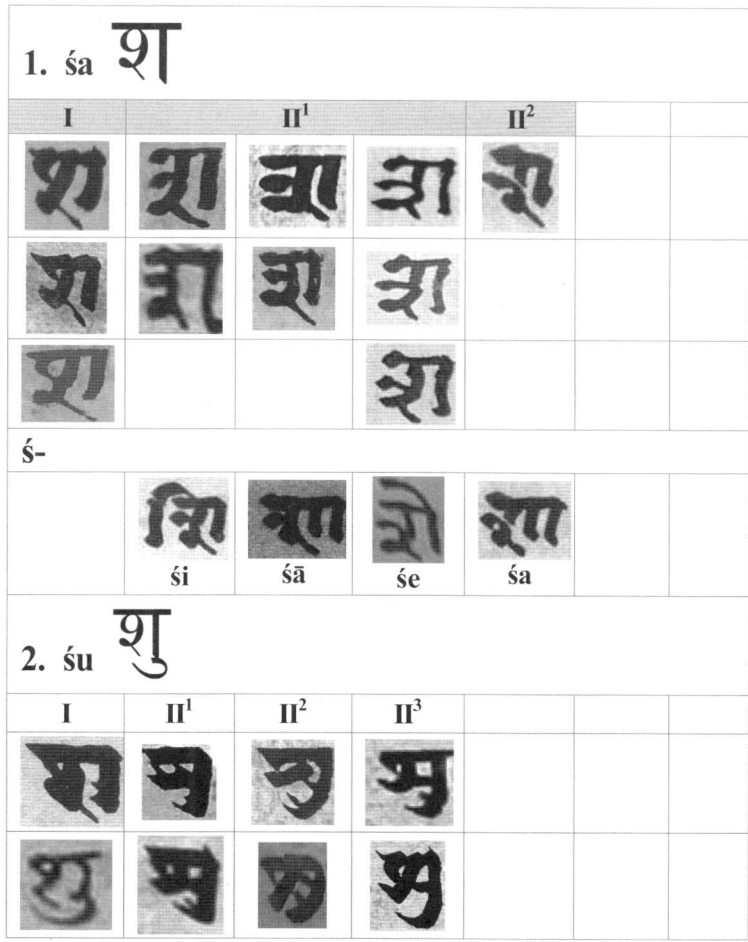

1. śa श						
I	II^1			II^2		

ś-						
	 śi	 śā	 śe	 śa		
2. śu शु						
I	II^1	II^2	II^3			

3. śca 

I		II		III	IV	

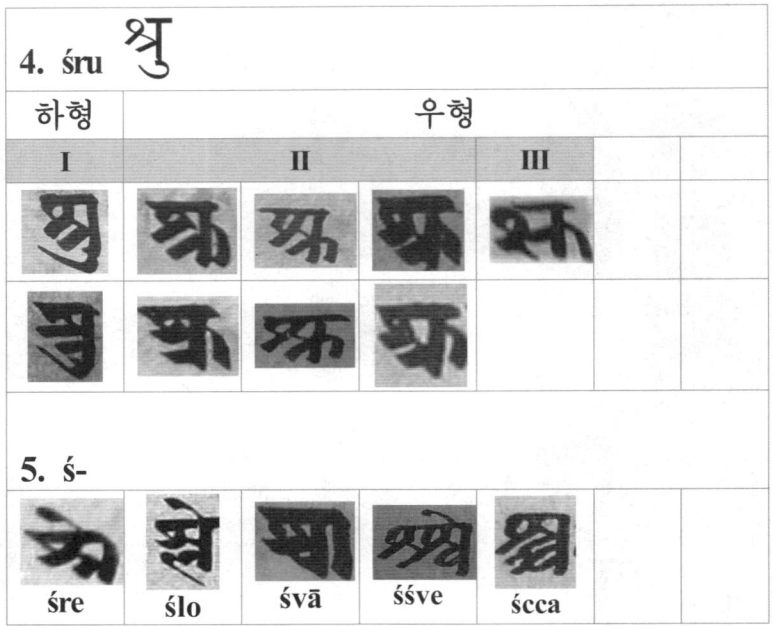

4. śru 

하형	우형					
I	II			III		

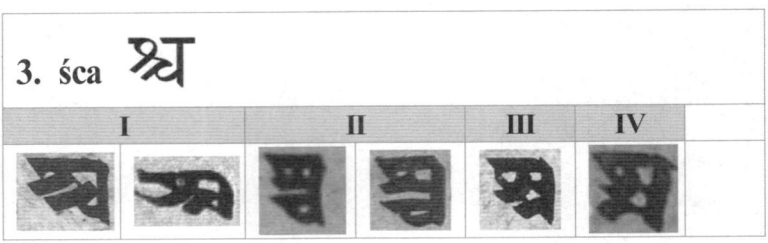

5. ś-

 śre	 ślo	 śvā	 śśve	 ścca		

II. Ṣa

1. ṣa ष						
I		II				

ṣ-						
 ṣu	 ṣu	 ṣu	 ṣo	 ṣu		
2. ṣka ष्क						

3. ṣk-						
 ṣkra	 ṣkri	 ṣkṛ				

5. ṣṭa ष्ट

ṣṭā

ṣṭy-

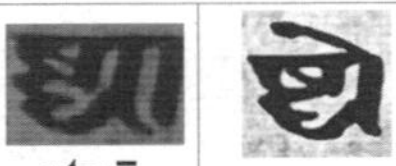

ṣṭyā ṣṭye

ṣṭrā

ṣṭvā

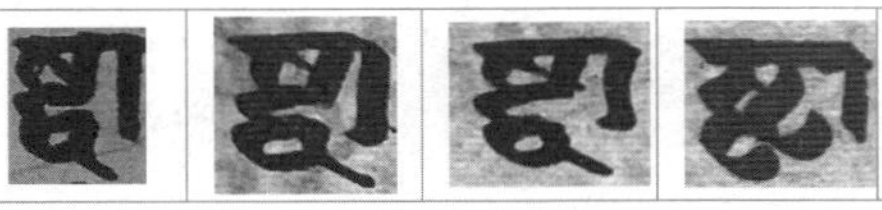

ṣṭha ष्ठ

I			II		

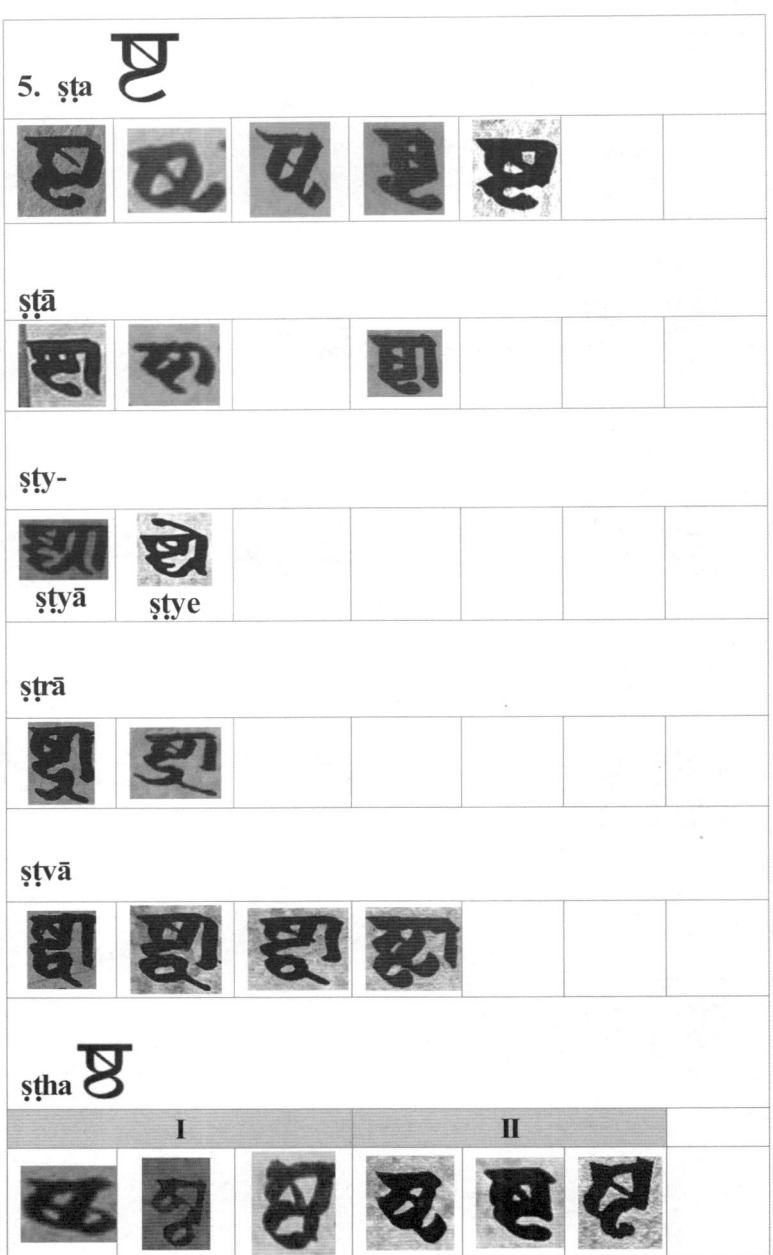

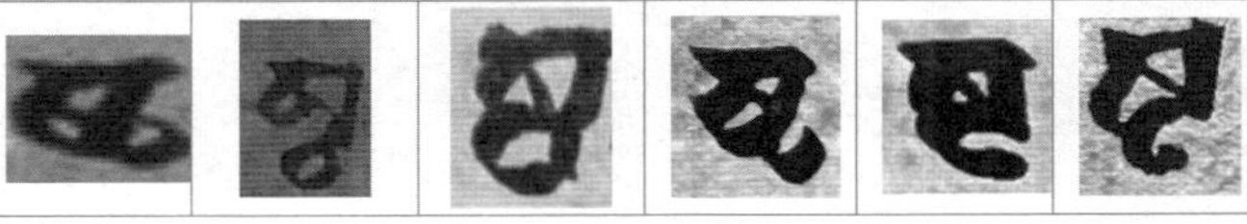

ṣṇa ष्ण

I¹	I²	I³	II		

-ṣṇa kṛṣṇa कृष्ण

-ṣṇa

 tṛṣṇā	 vārṣṇeya	 sahiṣṇutvaṃ
 taduṣṇadravyā		

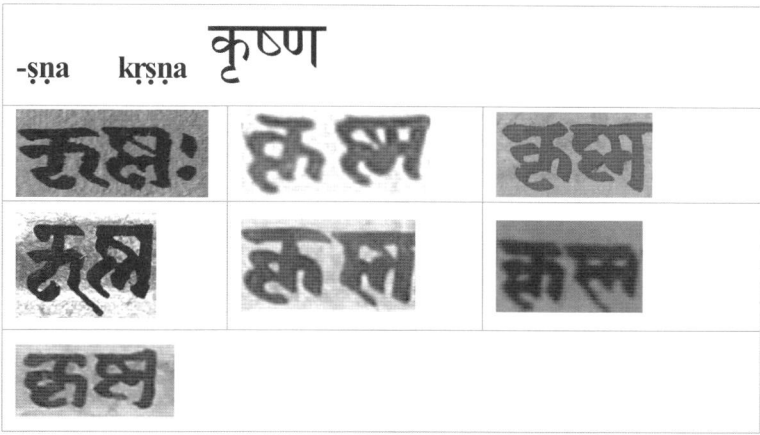

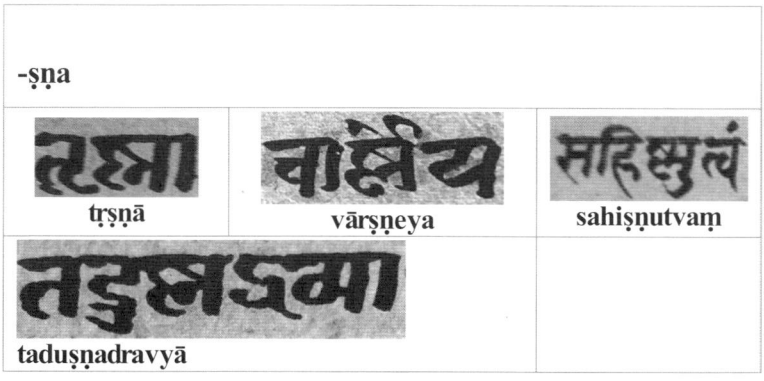

ṣṇu ष्णु					
하형			우형		기타
I[1]	I[2]	I[3]	II		
					 ṣṣṇṇu

-ṣṇu- viṣṇu विष्णु		
		 ...r viṣṇu

ṣva षव						

-ṣ-						
 ṣprā	 ṣya	 ṣye	 ṣṣpa			

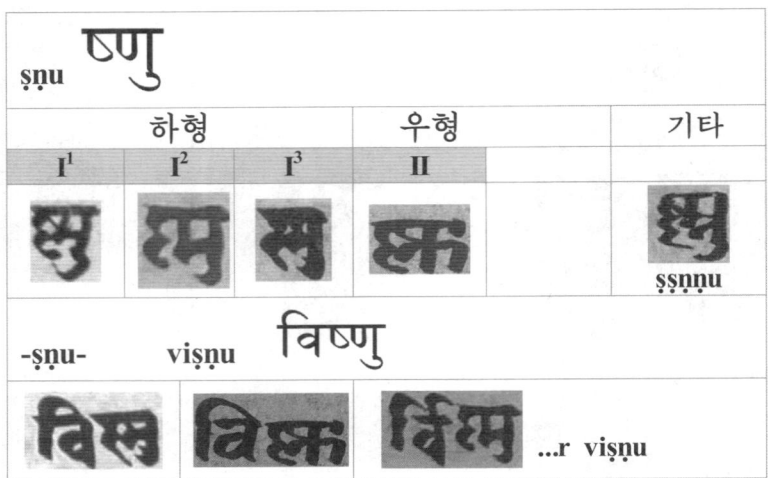

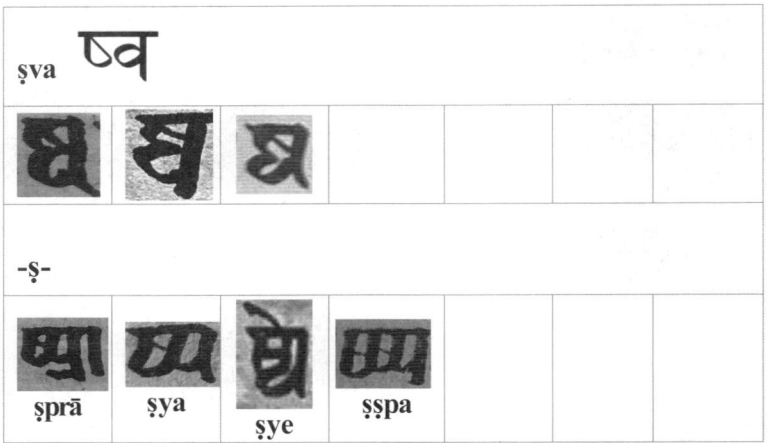

III. Sa

1. sa स						
I		II	III			

			 si			

2. su सु						
하형			우형			
I^1	I^2	I^3	II			

3. sū सू						

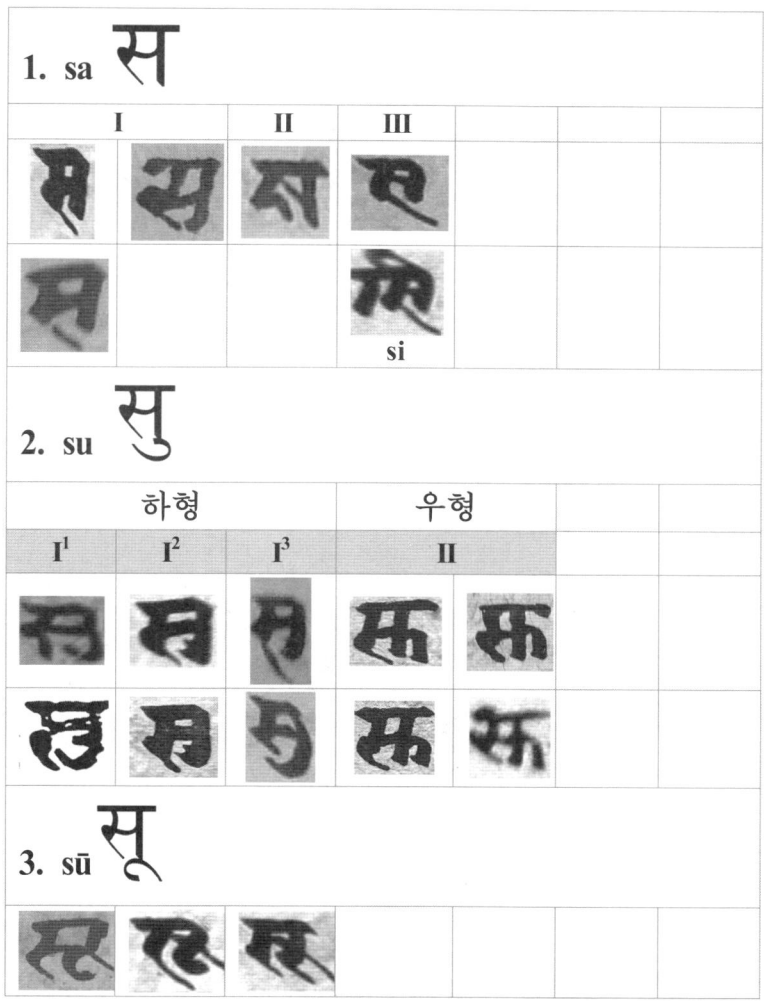

4. stu स्तु

하형			우형			
I^1	I^2	II	III			

st-

 sttu	 stto					

5. stra स्त्र

I		II		III		

str-

 strā	 stre	 strī	 stre			

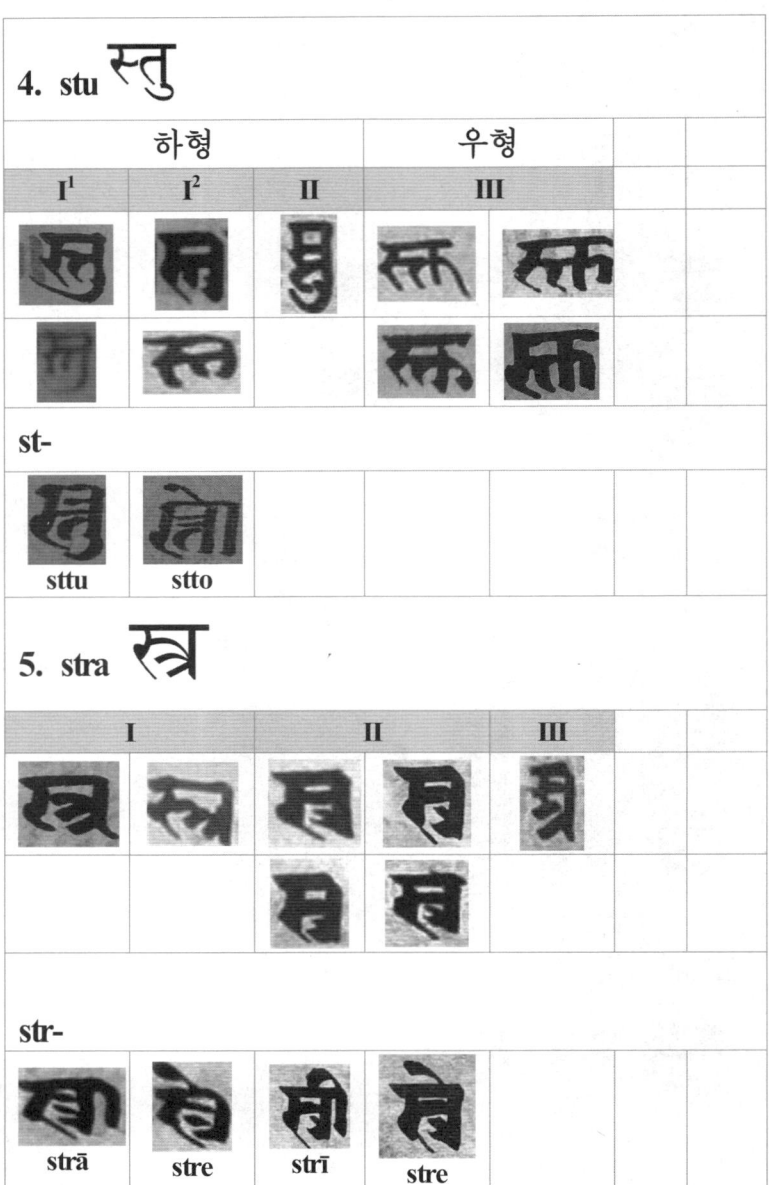

6. stha स्थ						
I		II				

sth-						
 sthā	 sthū	 sthā	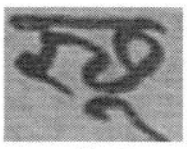 sthū			

7. sphu स्फु						

8. sva स्व						

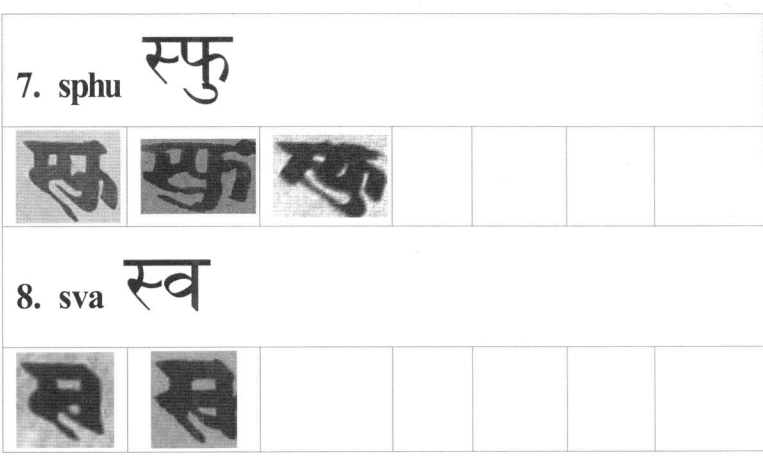

기음 (ha)

1. ha ह

I^{1}	I^{2}	I^{3}	I^{4}	II	III^{1}	III^{2}

h-						
 haṃ	 huṃ	 hi	 haṃ	 hī	 he	 hi
III^{3}	**IV^{1}**	**IV^{2}**	**V**	**Etc.**		

h-						
 he	 haṃ		 he	 he		

2. hū 

우형		우형				
I^1	I^2	II^1	II^2	II^3	III	IV

-hu						
 huṃ		 huṃ		 hū		 rhu
V			VI			

h-						
 he	 he	 hi	 he	 he	 he	 he
 hi	 hi	 he	 he	 haṃ	 hu	

3. hṛ हृ

우형				좌형		
I	II[1]	II[2]	III	IV	V	VI

4. hṇa ह्ण

I	II	III				
 hṇā	 hṇa	 hṇā				
	 hṇa					

5. hna ह्न

 hna						
 hne						

6. hma ह्म

I^1	I^2	II	III	IV		

7. hya ह्य

I^1	I^2	II^1	III	IV	VI	

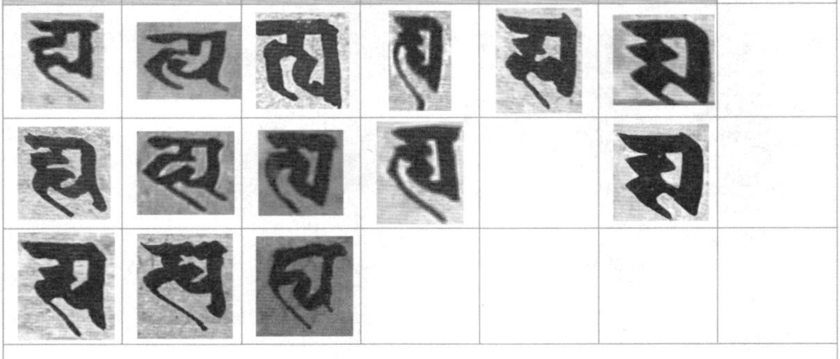

hy-

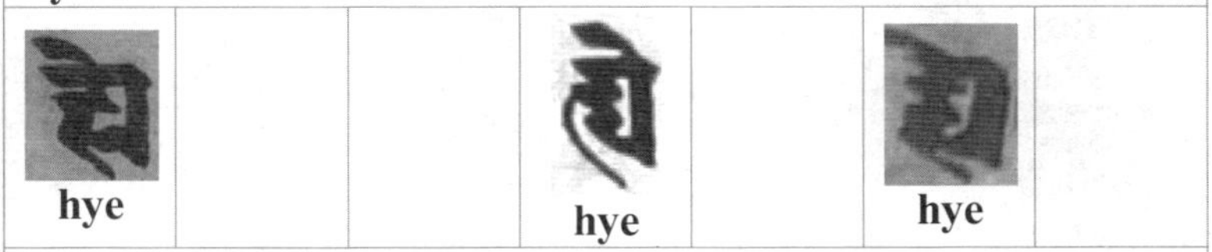

8. hyu ह्यु

I	II					

9. hra ह्र

I^1	I^2	II	III			

-hra

 rhra						

(1) hri ह्रि

I^1	I^2	II				

(2) hrī

10. hva ह्व

우		좌		중	
I^1	I^2	II	III	IV	

숫자

0 ༠

1 ༡

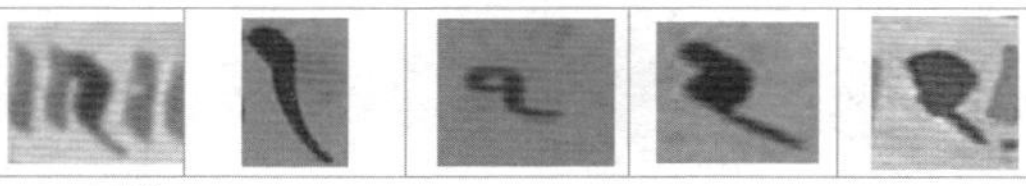

2 ༢

3 ༣

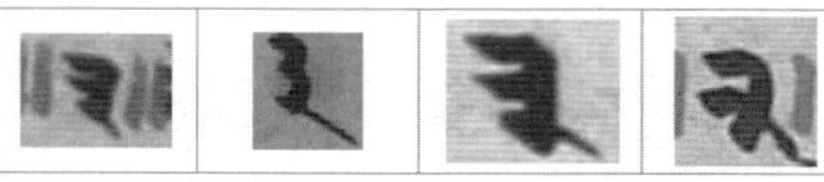

4 ༤

I	II

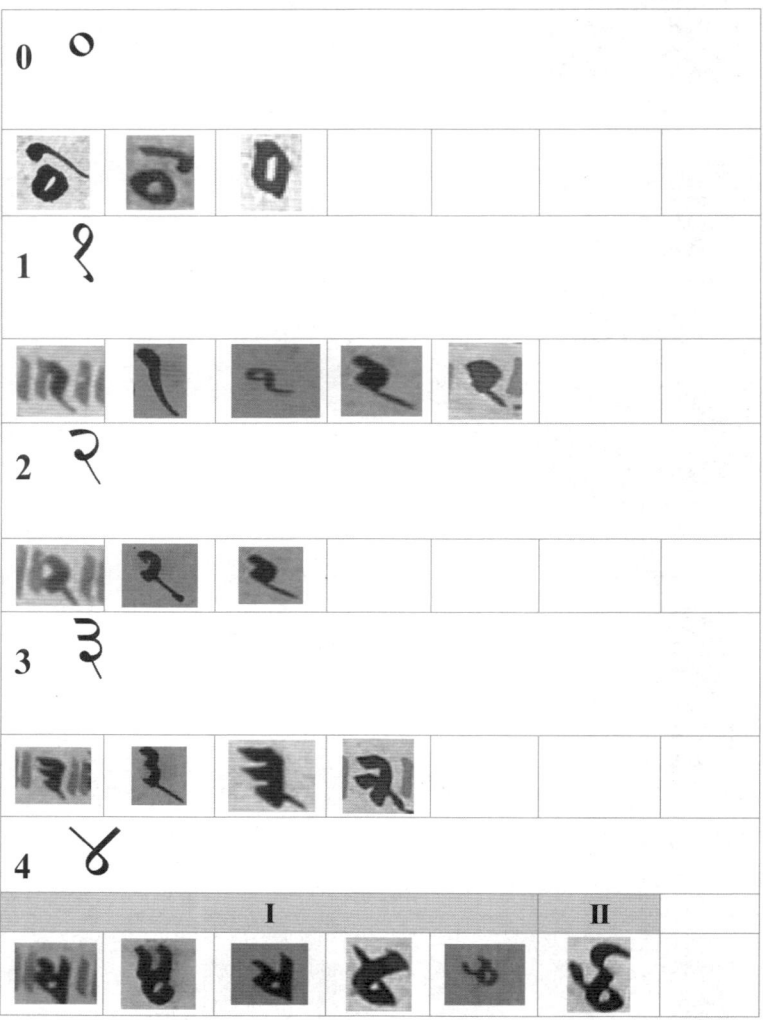

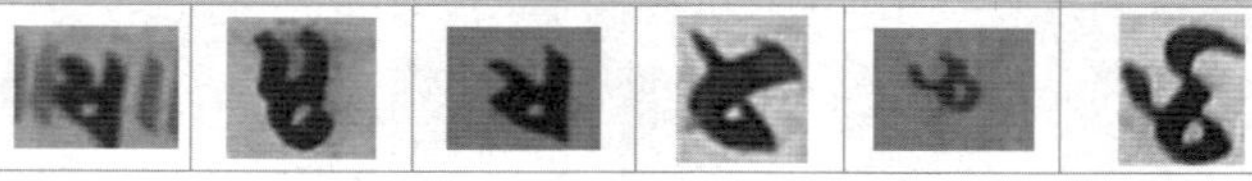

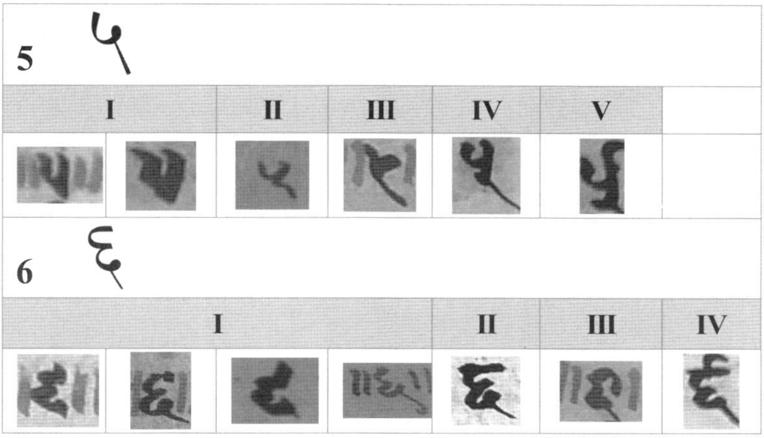
5
I
II
III
IV
V
6
I
II
III
IV

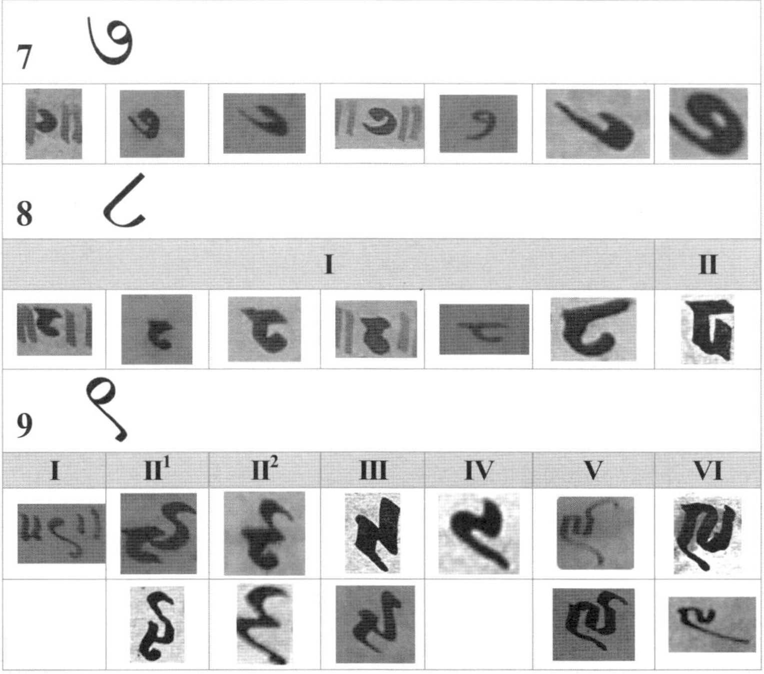
7
8
I
II
9
I
II1
II2
III
IV
V
VI

참고문헌

I. 일차 자료

1. 산스크리트 필사본

1) 베다

MS. *Yajur-vada*Ⓐ

MS. *Rg-veda* 1Ⓐ

MS. *Rg-veda* 2Ⓐ

MS. *Rg-veda* 3Ⓐ

2) 우빠니샤드

MS. *Kaṭha-upaniṣad*Ⓐ

MS. *Īśa-upanisad*Ⓐ

MS. *Īśa-upanisad with ṭikā* of BrahmānandaⒶ

3) 문법서

MS. *Siddhānta-kaumidī*Ⓐ

MS. *Laghusiddhānta-kaumidī*Ⓐ

4) 운율서

MS. *Śrutabodha* of Kāli1dāsaⒶ

MS. *Śrutabodha-ṭīkā*Ⓐ

5) 바가바드 기따

MS. *Bhagavadgītā* 1Ⓐ

MS. *Bhagavadgītā* 2Ⓐ

MS. *Bhagavadgītā* 3Ⓦ

MS. *Bhagavadgītā-ṭīkā* Ⓐ

6) 마하바라따, 뿌라나, 문학
MS. *Mahābhārata* 1Ⓐ
MS. *Mahābhārata* 2Ⓐ
MS. *Mārkaṇḍeya-purāṇa*Ⓐ
MS. *Yogavasiṣṭha*Ⓦ
MS. *Yogavāsiṣṭha-ṭīkā*Ⓦ
MS. *Yogavasiṣṭhasāra-vivaraṇa*Ⓦ

7) 샹꺄
MS. *Sāṃkhya-tattvakaumudī* of Vācaspati MiśraⒶ
MS. *Sāṃkhya-kārikā*Ⓦ

8) 고전 요가
MS. *Yogasūtra* of PatañjaliⓌ
MS. *Yogasūtraṭīkā* of BhojadevaⓌ
MS. *Yogasūtravṛtti* of NāgojībhaṭṭaⓌ
MS. *Yogamaṇīprabhā* of Rāmānanda SarasvatīⓌ

9) 하타요가
MS. *Unknown Scroll Cakra Manuscript*Ⓐ
MS. *Gheraṇḍasaṃhitā*Ⓦ
MS. *Gorakṣaśataka*Ⓦ
MS. *Haṭhapradīpikā* of SvātmārāmaⓌ
MS. *Pavanavijayasvarodaya*Ⓦ

10) 베단따
MS. *Aparokṣābhūti*Ⓐ
MS. *Aparokṣābhūti-ṭīkā* of VidyāraṇyaⒶ
MS. *Brahmasūtra*Ⓦ
MS. *Brahmasūtra-bhāṣya* of ŚaṅkaraⓌ
MS. *Jīvanmukti-viveka* of Vidyāraṇya 1Ⓐ
MS. *Jīvanmukti-viveka* of Vidyāraṇya 2Ⓦ
MS. *Pañcadaśī* of Vidyāraṇya 1Ⓦ
MS. *Pañcadaśī* of Vidyāraṇya 2Ⓦ

MS. *Pañcadaśī* of Vidyāraṇya 3[W]
MS. *Saptasūtra* of Śaṅkara[A]
MS. *Tattvabodha* of Śaṅkara 1[A]
MS. *Tattvabodha* of Śaṅkara 2[A]
MS. *Tattvabodha* of Śaṅkara 3[A]
MS. *Tattvabodha* of Śaṅkara 4[A]
MS. *Upadeśasāhasrī*[A]
MS. *Upadeśasāhasrī-ṭīkā*[A]
MS. *Vedāntasāra-ṭīkā* of Nṛsiṃha Sarasvat[W]

11) 니야야
MS. *Nyāyasūtravṛtti*[W]
MS. *Tarkabhāṣā*[W]
MS. *Tarkasaṃgraha*[W]
MS. *Tarkāmṛta*[W]

12) 미망사
MS. *Mīmāṃsāsūtra*[W]
MS. *Tantravarttika* of Kumālila Bhaṭṭa[W]

13) 딴뜨리즘
MS. *Kulārṇavatantra*[A]
Ⓐ: 하타요가원전연구회(https://cafe.daum.net/natha) 컬렉션
Ⓦ: 울너 컬렉션(Woolner Collection) Woolner Project: https://istb-staticsites.univie.ac.at/woolner/

14) 인터넷, 출판본
Ⓗ *Haṭhapradīpikā* (https://www.theluminescent.org/2020/12/lightonhathayoga-projectlaunch.html)
Ⓚ *Kumbhakapaddhati* (*Kumbhakapaddhati*, Lonavla, Kaivalyadhamma, 2000, p.xxvii Fascimile of a folio of MS. No. 4577 of BORI)
Ⓣ *Tattvabodha* (Lālacandra śodha pustakālaya.MS.1920)
Ⓥ *Vākyasudhā-ṭīkā*(Lālacandra śodha pustakālaya.MS.1450)
Ⓨ *Yogasūtra-Maṇiprabhā*(unknown)

2. 이차자료

박영길

2010 「산스끄리뜨 필사본의 오류 수정 유형과 서체 목록」, 『인도철학』 30호. 서울: 인도철학회, pp.17-77.

2012 「*Subodhinī* 필사본 단편(F.35r-v)에 나타난 요가호흡법」, 『요가학연구』 8호. 익산: 한국요가학회, pp.31-87.

2015 「고전 산스끄리뜨의 아누쉬뚜브-쉴로까 운율: 박뜨라(Vaktra) 운율군을 중심으로」, 『불교연구』 42호. 서울: 불교연구회, pp.432-469.

2018 「고전 산스끄리뜨의 아리야(Āryā) 운율: 라뜨나까라샨띠의 *Chandoratnākara*를 중심으로 」, 『불교학리뷰』 23호. 논산: 금강대학교, pp.91-128.

2020 「고전 산스끄리뜨의 교차운율(Ardhasamavṛtta): 께다라브핫따(Kedārabhaṭṭa)의 Vṛttaratnākara와 강가다사(Gaṅgādāsa)의 Chandomañjarī를 중심으로」, 『동서인문』 13호. 대구: 경북대학교 인문학술원, pp.171-220.

2020 「고전 산스끄리뜨의 바이딸리야(Vaitālīya) 운율군(群) 연구 (1) : 바이딸리야와 아우빠찬다시까를 중심으로」,『인도철학』 58호. 서울: 인도철학회, pp. 147-191.

심재관

2013 『인도 사본학 개론』. 서울: 씨아이알.

ACHARYA, Diwakar Nath

2006. *Vācaspatimiśra's Tattvasamīkā: The Earliest Commentary on Maṇḍanamiśra's Brahmasiddhi. Critically Edited with an Introduction and Critical Notes*. Stuttgart: Franz Steiner Verlag·Wiesbadan.

BENDALL, Cecil

1881 "On Some Interesting Post-colophon Statements of Sanskrit Manuscripts preserved in the Asiatic Society Library", *Indological Studies* (*Prof. D.C. Sircar Commemoration Volume*). New Delhi: Abhinav Publication, pp.75-80.

DIMIROV, Dragomir

2002[a] *Verzeichnis der Orientalischen Handschriften in Deutchland.* Franz Seiner Verlag GMBH·Wiesbaden.

2002[b] "Tables of the old Bengali Script-on the Basis of Nepales Manuscirpt of Daṇḍin's Kāvyādarśa", *Wiener Studien zur Tibetologie und Buddhismuskunde* (Edited by Dragomir Dimitrov, Ulrike Roesler and Roland Steiner) 53. Wein: Wien University, pp.27-78.

GRUENDAHL, Reinhold

2001 *South Indian Scripts in Sanskrit Manuscripts and Prints-Grantha, Tamil-malayalm-Telugu-Kannada- Nandinagari.* Wiesbaden: Harrassowitz.

LAMBERT, H.M.

1953 *Introduction of Devanagari Script.* Oxford: Oxford University Press.

MATSUDA, Kazunobu

2002 "A Brief Survey of the Bendall Manuscripts in the National Archives, Kathmandu", *Buddhist and Indian Studies in Honour of Professor Sodo Mori. Hamamatsu*: 國際佛教徒協會., pp.259-265.

NARAYANA, Ala

2005 "History of Manuscritology: Study of Medical Manuscripts", *Bulletin of Indian Institute of History of Medicine* 35. pp.61-76.

WEZLER, Albrecht.

1995 "*German Research in Nepal* [Nepal-German- Manuscript Preservation Project(NGMPP)]", *Acta Orientalia* 56. pp.169-172

후기

산스끄리뜨 필사본을 처음 연구했던 것은 지난 2007-2010년 오스트리아의 비엔나 대학과 파키스탄의 펀잡대학 그리고 한국의 금강대학이 공동으로 진행했던 울너 컬렉션에 대한 국제 연구 프로젝트(the Woolner Project: https://istb-staticsites.univie.ac.at/woolner/)를 통해서였다. 울너 컬렉션의 약 9천 여 필사본은, 파키스탄이 인도에서 독립한 이후 반세기 동안 방치되어 있었지만 2000년대 중반, 당시 비엔나 대학의 연구원이었던 강성용 교수에 의해 비밀 서고가 열리게 되었다.

하지만 당시, 국내 학계에서 산스끄리뜨 필사본을 직접 다루며 연구했던 예는 드물었고 따라서 국내 연구자가 필사본의 본문이나 여백에 담긴 정보를 온전히 파악하는 것은 쉽지 않았다. 필사본의 다양한 서체, 심지어 그 유래를 추정하기도 힘든 이체자들이 첫 번째 장벽이었고 두 번째 장벽은 필사본 특유의 아바그라하 누락, 비음의 아누스바라화, 자음 중복 현상 그리고 정체를 알 수 없는 무수한 부호들이었다.

하지만 3년 동안 울너 프로젝트를 진행하고 함부르크, 라이덴, 비엔나 대학팀으로부터 자문을 받으면서 나름대로의 노하우를 가질 수 있게 되었다. 그 이후 시행 착오를 줄이기 위해 필사체를 목록화하고 오류 수정 유형을 분류해왔는데 그 중에 일부는 개인 성과물로 『인도철학』 25집(박영길 2010)에 발표하였다. 그 이후 울너 프로젝트를 통해 확보하고 분류했던 자료를 기반으로 목록화 작업을 계속 진행하던 중 2019년 교육부와 한국연구재단의 연구지원사업에 본 과제가 선정되면서 본격적으로 필사본을 분석했다.

데바나가리 필사본에 주목했던 것은 크게 두 가지이다. 첫 번째는 현존하는 필사본 중에서 가장 큰 비중을 차지하는 것이 데바나가리 필사본이기 때문이다. 전통이 단절된 불교와 달리 인도학(철학, 문학, 의학, 천문학 등등)의 경우 19세기까지 필사 전통이 지속되었고 특히 16-19세기에 폭발적으로 산출된 양질의 필사본은, 인도학의 어떤 분야의 종사들이라 할 지라도 자신의 의지와 무관하게 일차적으로 다루어야 할 자료가 데바나라기 필사본이기 때문이다. 두 번째는 이와 유사하게 현재 인도는 국가 차원에서 산스크리트 필사본을 인터넷으로 공유하고 있고 앞으로는 누구나 필사본을 접할 수 있게 될 것이다. 그 중에서 그중에 가장 손쉽게 접할 수 있고 분량적으로도 절대적인 비중을 차지하는 것이 데바나가리 필사본이다.

하지만 별도의 문자 교육을 받지 않은 일반인이 데바나가리 필사본에 접근하는 것은 쉬운 것이 아니다. 그 이유는 데바나가리 필사본에 담긴 정보를 온전히 파악하기 위해서는 문자 교육와 훈련 그리고 시행착오를 통해 획득된 다양한 정보가 필요하기 때문이다.

본서의 본문에서는 약 60종류의 필사본을 다루었고 제5부의 목록에서는 울너 프로젝트 당시에 촬영하고 분석했던 필사본 100여 종과 필자가 확보했던 40여 사본을 다루었다. 본서가, 필사본에 실제로 접근하는데 조금의 시행 착오라도 줄여주었으면 한다.

본서를 마무리하며, 2007-2010년 당시 울너 프로젝트의 한국측 책임자였던 최기표 교수님과 한국 측 입안자였던 심재관 교수님께 감사드린다. 울너 프로젝트와 그 이후의 필자의 개인 프로젝트를 진행하면서도 많은 분의 도움을 받았다. 세 차례의 자문과 Proof-reading을 해주었던 함부르크의 하루나가 아이작슨 교수님과 라이프찌히의 사다난다다스 교수님 그리고 오랫동안 교류해온 옥스퍼드의 제임스 말린슨, SOAS 런던대의 제이슨 버치 교수에게 진심으로 감사드리고 오랜 벗, 도쿄대의 카토 타카히로 교수에게 감사드린다.

책을 마무리하면서도 많은 분의 격려와 도움을 받았다. 산속에서 마무리 교정을 할 수 있게끔 武原齋 산방을 열어준 이승렬 선생님, 그리고 늘 따뜻한 격려를 보내준 이영희 교수님과 정해경 교수님께 감사드린다.

2025년 5월

박영길